近代日本对华宣传战研究

（1868—1937）

许金生 著

復旦大學出版社

目录

图表目录

前言

一、研究目的和意义

日本明治政府建立后不久，即显露侵华野心，并且逐渐形成了大陆政策。为了顺利推行其对华政策，日本政府十分注重利用各种手段开展对华宣传，在华操纵报刊、通讯社进行宣传就是主要手段之一。

近代中国特殊的国情，为列强操纵报刊、通讯社进行宣传战提供了十分有利的土壤。所谓特殊国情，一是在1928年国民政府采取措施，限制外国人特权之前，外国在华报社、通讯社依仗着治外法权的保护，可以肆无忌惮地登载一切不利于中国与政府要员的消息，登载各种敏感新闻，甚至捏造新闻，以迎合读者的需求而争取市场。与此相对，中国报刊、通讯社处于政府压迫之下，往往无法发挥媒体的正常作用。这就使得外国媒体不仅横行无忌，而且处处能赢得读者市场。二是在国民政府的中央通讯社强大之前，中国自己没有能够代表一国的强大通讯社。"外人所设之通信社，其为本国宣传，夫人而知之。然我国报纸以经济拮据，不得不用，所谓饮鸩止渴也。欧战以前，我国报纸之国外新闻，大率译自外报。欧战发生，始出资购买，与外报同日登载。然谓各报注意国外新闻乎，则又未必。平时则徒以充篇幅，有事则为人宣传，似至今未觉悟也。"①缺乏迅速获得消息渠道的中国报纸，即使明知外国通讯社的通讯有问题，由于不采用就无法报道国内外要闻，因此只能或者说乐意大量登载。三是中国政局混乱，军阀割据，党派林立，报纸

① 戈公振:《中国报学史》，岳麓书社，2011年，第211页。

受其补助,为之宣传,并且各报尤其是小型报社为了生存,往往主动寻求包括外国势力在内的各种势力的经济补助。四是中国报社、通讯社大多规模小,故往往不设特派员,报纸之影响仅限于发行地,对于更广地区的舆论产生的作用极为有限。五是中国的报社大多没有组织完备的编辑部,亦未培养出通晓世界情况、具有相当见识、对舆论产生决定性影响的记者,很多编辑则缺乏或者说没有新闻常识和国际知识,对于外来稿件只是简单拼接,照样登出。因此在译载外文报纸,登载外国通讯社通讯时,即使是对中国不利的内容也会原样采用①。

在以上状况下,各国列强出于扩张的需要,纷纷在华发行报刊、设立通讯社、建立宣传机关,“从时间上看,英国人办的为最早,他们是最先闯进中国这个半殖民地的老牌侵略者。从数量上看,以日本人办的为最多,反映了这个后起的帝国主义者,到处伸手,急于瓜分中国的狼子野心”②。对于日本人在华发行的报刊、通讯造成的严重危害,当时的中国新闻人任白涛有深刻认识。他在九一八事变后数日就给“新闻界故友”邵力子发信,请其设法取缔新闻界的外国敌对势力,信中指出:“日本利用新闻政策,破坏中国国家组织,十余年来,收效极宏。近日报刊又大登入寇敌军恐吓布告,此风不除,国将不国,报将不报。”③

对于日本这种可能导致“国将不国”的对华宣传政策及其活动,自20世纪初中国的报刊就不时载文揭露,还出现了比较系统的论著。任白涛的《国际通讯的机构及其作用》(1939)、《日本对华的宣传政策》(1940)便是代表作,前者对日本通讯社在对华宣传战中的活动及其危害进行了揭露,后者对日本对华宣传的动因、公开的宣传机构、在华宣传工具作了详细述评。不过,囿于时代的局限性,以上论著依据的资料基本上来自当时的报章,未能利用相关核心资料对日本的宣传政策、组织,以及相关报刊、通讯社的活动进行深入系统的考察。

战后,尤其是20世纪80年代以来,此课题受到了中、日学界的重视,仅

① 有关外国报纸与通讯社在华的特殊地位、作用,详见南满洲铁道东亚经济调查局编:《支那に於ける新聞発小史》,1927年,第44—47页;任白涛:《日本对华的宣传政策》,商务印书馆,1940年,第2、112—114页。《国际通讯的机构及其作用》,商务印书馆,1939年,第73页。

② 方汉奇:《中国近代报刊史》上册,山西教育出版社,2012年,第39页。

③ 任白涛:《日本对华的宣传政策》,第5页。

就七七事变爆发前日本在华宣传活动的研究而言，所获成果就令人瞩目。

首先，有关日本官方与军方的宣传机构，日本学界对于外务省情报部、陆军省新闻班的形成背景、过程、作用及其活动等已有深入考察①，也有研究围绕内阁情报委员会的设立等重点分析了日本法西斯化过程中大众传媒组织化的政策及其机构与变化②。以上虽未专门论及中国问题，但为深入研究这些组织对华宣传政策的制定与相关活动提供了有力帮助。

其次，有关日本通讯社在华活动状况，日本通信社史刊行会编《通信社史》(1958)在述及日本通讯社发展历史时，对于相关通讯社的在华活动有所描述，是深入研究的重要线索。有山辉雄著《情报霸权与帝国日本》(Ⅰ、Ⅱ)(2012、2013)利用大量原始档案，对近代以来日本通讯社产生、发展的背景与过程、与政府的关系及其国际地位之变化进行了系统考论，是研究近代日本以通讯社为媒介建立东方情报霸权，对外实施宣传战的重要著作。其论述有不少内容涉及中国，对于系统研究日本通讯社的在华活动大有裨益。森田贵子(2004)对于日军"天津编译社"的成立背景与活动，以及与日本对华政策的关系也有一定考论，是研究日本军方在华宣传活动难得的作品。

再有，关于近代日本在华操纵报刊的活动，就直接相关的专题研究而言，日本研究者大谷正(1992，1996)就日俄战争前日本外务省在华进行的报刊操纵活动进行了详细考论，是此方面的开山之作。此外还有以下个案研究：梁华璜(1980)、中村孝志(1992)、毛章清(2010)先后对《闽报》《全闽新日报》与台湾总督府及其御用团体的关系及其宣传活动进行了研究，森田贵子(2004)对第一次世界大战期间日军在天津创办 *China Advertiser* 的背景及其活动进行了深入考察。

国内外很多论著在论述近代日本人对外宣传活动时或多或少也涉及了日本官方等的在华操纵活动。在日本，大谷正著《近代日本の対外宣伝》(1994)在考察日俄战争前日本政府在历次重大事件中组织的对外宣传活动时，述及一些在华的情况。中下正治著《新聞にみる日中関係史》(1996)不

① 详见福岛铸郎:《戦時言論統制機関の再検証「情報局」への道程-1-内閣情報委員会設立とその背景》,《総合ジャ-ナリズム研究》第 23 卷(1—3),1986 年。小野晋史:《陸軍省新聞班の設立とその活動——大正期日本陸軍の言論政策》,《法学政治学論究》第 55 期,2002 年。

② 例如,内川芳美、香内三郎:《日本ファシズム形成期のマス・メディア統制——マス・メディア組織化の政策および機構とその変容-1-》,《思想》第 445 号,岩波书店,1961 年。

仅就《国闻报》《同文沪报》《汉报》与官方等的关系进行了深入剖析，而且在梳理近代日本人在华发行的报刊时，对与日本官方等有特殊关系者基本上都扼要作了说明。李相哲著《満州における日本人経営新聞の歴史》(2000)，在分析《满洲日日新闻》论调的同时，考察了“满铁”在东北地区的报业活动和九一八事变后关东军的宣传政策及其具体举措。松村正义著《日露戦争と日本在外公館の“外国新聞操縦”》(2010)专辟一章论述了日俄战争期间上海、天津、香港、芝罘、厦门、福州、汉口日本领事馆在当地的舆论收买活动。在中国，王向远著《日本对中国的文化侵略》(2005)以专章扼要论述了七七事变前日本利用报刊在华进行的文化侵略活动。郑匡民的论文(2005)在论述明治时期日本在华经营的中文报刊时，对于此期与日本官方有特殊关系的报刊均有扼要揭露。翟新著《近代以来日本民间涉外活动研究》(2006)对于《同文沪报》与东亚同文会、日本外务省的关系及其在对华宣传方面的舆论特色与作用则有严密的考论。周佳荣著《近代日人在华报业活动》(2007)在全面梳理近代日本在华报业活动时，对于一些报纸与官方的关系也有揭露。冯悦著《日本在华官方报》(2008)是对 *North China Standard* 的系统性研究著作，对于该报与官方的关系及在对华宣传中发挥的作用有比较全面的论述。此外，一些论文在考察日人经营的下列报纸的发展概况、舆论倾向及其作用、主笔的办报观念等时，或多或少论及日本官方等的操纵活动：《顺天时报》(刘爱君，2006)、《国闻报》(孔祥吉、村田雄二郎，2008)、《盛京时报》(程丽红、刘爱君，2011、2012)、《汉报》(阳美燕，2008、2012)等。以上成果虽然主要集中于某时段或相关报刊的个案研究，但仍为全面系统地深入研究近代日本在华新闻政策及其报刊操纵活动奠定了坚实的基础，并提供了宝贵的线索与启发。

根据上述研究现状，可以说，既有研究成果中虽有对某时段或者某些特定报纸、通讯社的深度考察，但因分析角度、考察对象等的限制，从结果论而言，第一，这些著述未能对近代日本对华宣传政策及其与在华报刊、通讯社操纵活动之关系进行全面与系统的解析；第二，因缺失整体考察的视角，在一些问题的解释上存在片面性；第三，国内的一些研究未能充分利用日方原始档案，致使论及日本官方与有关报纸的实质关系、操纵手段和发挥的作用等时大多止于表层解析，缺乏充分有力的论据，甚至还有错误解读；第四，由于研究完全集中于几个代表性的个案，致使大量案例被忽略，直接影响到了结论的全面、准确性。

有鉴于此，本书基于日本国立公文书馆、外务省外交史料馆、防卫省防卫研究所所藏原始档案等第一手资料，结合近代日本的对华政策，在解析其对华宣传政策的基础上，力求对近代日本在华报刊、通讯社的操纵活动加以全面系统的考察，从这一侧面揭开近代日本对华宣传战的内幕。

二、研究的范围

本书的考察范围限定如下：

(1) 时间与地域。仅对1868年至1937年这一时段内日本在中国内地的报刊、通讯社操纵活动加以考察。也就是说，日本在国内针对中国而实施的活动不在其内。此外，1895年后的台湾与九一八事变后的东北地区也未纳入。因为日本在以上地区的活动是通过殖民政府或傀儡政权公开进行的，与1937年前在华其他地区的同类活动有很大差异。

(2) 宣传工具。随着时代的变迁，宣传工具趋于多样。报刊、通讯社是近代最重要的舆论宣传工具，在此仅围绕这两者加以考察。

(3) 操纵手段。在影响舆论方面，日方总是不择手段。例如，对于“排日”言论“激烈”的报刊，属于日本租界外的，日本在华外交机构往往通过抗议、交涉的形式向有关当局直接施压；属于日本租界内的，则以直接取缔为手段，迫使这类报纸停刊或缓和论调，由此达到目的[①]。本书考察的是日本官方或军方等暗中策划并且实施的诸如投资、贷款、补助、收买等手段，对于其他行为则不予以关注。

(4) 有关受操纵的报刊等。首先，依据持有人来判断可分两种。一是非日本人，比如中国人、欧美人，如果长期与日方发生特殊关系——接受日方投资、贷款、钱财等，其持有的报刊等完全属于本书的考察范围。二是日本人。日系报刊等，无论何种文字，都与日本官方、军方、国策会社、在华日侨组织（如居留民团）或工商团体（如商工会议所）有着千丝万缕的联系，都

① 有关例子，详见陈冠兰：《近代中国的租界与新闻传播》，中国书籍出版社，2013年，第五章第四节。

会或短期或长期从某方得到经济资助。例如,东北的日系报刊等基本上都得到过“满铁”长期或短期的补助①。而且,在华日系报刊等的数量还特别多。仍以东北为例,据“满洲公论社”1927年调查,当时公开发行的日系报纸有26种(其中日文20种、中文5种、英文1种),周刊与旬刊有4种,杂志有9种,如果加上内部发行的则更多②。从它们的立场而言,因为是日本人主办,即使各方面不提供补助,不加以操纵,碰到“大是大非”问题,也必定站在日本的立场上鼓噪,何况它们还时刻处于日本领事馆的监督之下。因此,本书仅考察两类日系报刊、通讯:其一是与日本官方等有特殊关系的所有中文、英文、朝鲜文、蒙古文报刊与通讯;其二是受到日本官方等出于对当地中国人间接宣传的需要而长期资助的日文报刊、通讯。换言之,对于主要功能在于供当地日侨社会交流信息,或者出于调查、研究中国某个方面而刊行的日文报刊,如商工会议所、“满铁”等刊行的经济类杂志,东亚同文书院等刊行的报刊,基本不纳入考察范围。其次,依据持有人以外的受操纵者来判断。有关报刊等是否受操纵,除了持有人外,如果主笔、记者、通讯员长期与日方发生特殊关系,该报也被纳入考察之列。就像持有人被操纵,主笔、记者不一定知晓一样,主笔、记者、通讯员被操纵,持有人也未必知晓。因此,本书列入受操纵之列的报刊不一定意味着整个报社都受到了操纵。从理论上而言,报刊持有人对报刊色彩的影响最大,主笔次之,记者、通讯员较弱,但如果日方常年对主笔、记者、通讯员定期提供钱财等,则一定是获得了预期效果才长期“投资”的。因而这类报刊也纳入考察范围。

(5) 报刊语种。对中文、日文、英文、法文、蒙古文、朝鲜文报刊加以考察,俄文报刊不包括在内,因为日方操纵下的俄文报刊,发行目的完全在于对境内外俄国人进行宣传,对于中国读者产生的间接影响极为有限。

(6) 有关操纵主体与受操纵对象的关系,在时间上有长期与临时两种。日方临时性收买活动十分活跃,特别是中日之间突发重大变故时,因短暂多变,难以判断这种关系的真实有效性,本书仅对长期维持特殊关系者加以考察。

---

① 中村明星:《満洲朝鮮新聞雑誌総覧》,新闻解放满鲜支社,1929年,第211页。
② 满洲公论社编:《満洲新聞雑誌総覧》,1927年,第50—61页。

三、本书的架构

本书由七章构成。

第一章，分四期考察近代日本的对华宣传政策及其在华报刊、通讯社操纵活动概况。第一期就甲午战争起至日俄战争前日本对外侵略扩张中的对华宣传政策进行探究，弄清日本政府在此方面所做的尝试，以及对日后制定对华宣传政策的影响。第二期为日俄战争起至第一次世界大战结束，探析此期日本对华宣传政策的内容，以及在整个对华政策中的定位及其变化，尤其是两次抵制日货运动对日本政府制定对华宣传政策的影响，同时对日本在华操纵主体、工具、手段、对象加以概述。第三期始于第一次世界大战之后，终于九一八事变爆发。结合受操纵报刊、通讯社数量与地位之变化，探究五四运动后日本制定对华宣传新政策的背景及其内容，考察日本官方宣传中枢外务省情报部与对华宣传机关东方通信社、陆军宣传核心机构陆军省新闻班的建立背景及其在对华宣传上发挥的作用，同时就 1923 年抵制日货运动、1928 年日军入侵山东期间日本的宣传政策加以探析。第四期以七七事变爆发为时间下限，考察九一八事变后日本制定对华宣传政策的主体、国家宣传中枢内阁“情报委员会”的设立背景与过程，重点考察“情报委员会”、同盟通信社在对华宣传上的职能、举措以及采取的宣传策略，并分析操纵工具、手段等的变化。

第二章，就日本外务省、军方组织的在华报刊、通讯社调查活动加以考察。围绕日常与定期两种调查方式，全面考察各调查主体的具体构成、调查目的、内容、规模、范围、成果及其相关制度等。

第三章，探析实施宣传政策的主体。将日本在华操纵主体分为驻华外交机构、长期驻军、以满铁为主的国策会社、御用民间团体四类，考察其有关宣传工作的定位与职能，弄清各自在操纵活动中扮演的角色、使用的手段、发挥的作用等，在此基础上对各主体的特点与优势加以概括。

第四章，考察操纵手段。从全资主办、部分投资、贷款或充当贷款担保人、补助、收买、邀请访日这几个方面，通过具体案例，对实施以上手段的主体、背景、制约措施、效果等加以考察，弄清操纵主体针对操纵对象所采取的具体手段,以及各手段的特点。

第五章,考察日方在华操纵报刊的实际状况。将日方的活动区域分成东北地区、北部地区、东部地区、中部地区、南部地区,尽最大可能全面考证、梳理各地的受操纵对象,重点考察受操纵对象与日方建立特殊关系的背景、过程,弄清日方的操纵手段与有效操纵时间。在此基础上,概述各地受操纵报刊的数量、语种及其分布状况,说明分布特点。

第六章,对日方操纵的通讯社加以考察。深入解析相关通讯社与官方、军方的关系,考察其成立背景、经营方针、宣传活动与效果,并且就一些重要通讯社在相关时期对华宣传中的地位与作用加以论述。

第七章,对操纵的效果加以考察。主要通过日方操纵的报刊、通讯登载的日常内容、临时指定内容,以及重大事件发生时的应对状况,考察操纵主体旨意的贯彻情况,由此检验操纵效果。此外,亦通过日方操纵的一些代表性报刊的长期发行量,从侧面证实其影响力。

当然,在关键史料依然大量欠缺的情况下,要全面考察并获得圆满的答案十分困难。尽管如此,本书将在大量使用原始档案的基础上,充分发挥周边零散的史料的作用,循丝觅迹,抽丝剥茧,尽量接近或者还原史实。

四、主要资料来源、体例等说明

本书使用的史料主要源自日本外务省外交史料馆、国立公文书馆、防卫省防卫研究所,可在“亚洲历史资料中心”(アジア歴史資料センター)网站查阅。注释中JACAR为该网站缩写。JACAR后的字母“A”表示该资料为国立公文书馆所藏,“B”表示外务省外交史料馆所藏,“C”表示防卫省防卫研究所所藏。在注释中出现的日文资料均直接使用日文,不作翻译,以便读者查核。

对于日文史料中出现的一些地名或地域名称,如“支那”“满蒙”“南满”“北满”“北支(那)”“北清”“中清(支)”“南清(支)”“间岛”等,在注释时照旧沿用。当然,这些名称有的是近代日本对中国的蔑称,但为了方便读者查阅原资料,加上这些日方造出的历史名词往往带有特定的地域概念,尽管笔者并不认同,但还是保持原貌。此外,有些中国的地名也沿用历史名称(如直隶、奉天、间岛、迪化等)，不另加注；日文中的一些固有名词，诸如“中国课”之类的机构名称也照样使用；此外，文中涉及的货币单位较多，基本保持原貌。

行文中出现的报刊、通讯的发行量，除了特别加注者，均出自笔者所编《近代日本在华报刊通信社调查史料集成(1909—1941)》(全 10 卷，线装书局 2014 年版)各卷，不一一加注。另外，英文报刊与通讯社，行文中均使用原文，不进行翻译。有通用译名的，在首次出现时括注其中文名。

行文中常述及日方用于操纵报刊等的费用，须以当时的价值衡量。例如日本小学教师初任时的月薪，1900 年 10 日元左右，1920 年至 1935 年 50 日元左右，因此当时每月用于操纵某报的费用即使是数百、数千日元，都是不菲的金额，数万更是巨款，文中就此不再说明。

第一章　近代日本的对华宣传政策与在华报刊等操纵活动概况

一、从属、被动的宣传：对外宣传的副产品与民间团体的活跃（1868—1903）

1. 甲午战争前后的对外宣传与在上海、香港的活动

1868年日本明治政府建立，开始走上资本主义道路。打着“文明开化、富国强兵”旗号的明治政府对外目标主要有两个：一是修改被迫与列强签订的不平等条约，早日跻身“文明国家”之列，与列强平起平坐；二是向大陆扩张，获得资源与土地，并且把两者作为表里一体的事业。

要实现以上目标，就需要争取列强的理解和支持。日本政府很早就意识到宣传的作用并加以运用，而且看上了报纸这一对于日本而言仍属于全新的近代大众传媒。据研究，日本政府自觉地、有意识地开始对外宣传活动，可以上溯至寺岛、井上两外相时代①。两者在任期间正式开始修改不平等条约的交涉，处理因台湾问题与中国的冲突，以及与朝鲜的外交摩擦。为了对日有利，两者都在对欧美宣传上采取了一定的举措，具体方法是日本的外交官、日本在外使馆雇用的外国人直接行动，或将日本政府在国内发行的御用英文报纸分发给欧美机构和个人，或请托甚至用金钱收买在西方有影响的欧美媒体人在报纸上登载对日有利的报道，努力向外宣传日本是忠实学

---

① 两外相的任期，寺岛宗则为1873年10月—1879年9月，井上馨为1879年9月—1885年12月。

习西欧文明的模范生,并且日本政府的对华、对朝政策符合欧美列强的外交原则,照顾到了欧美利益。例如,1875年江华岛事件发生时,寺岛外相指挥日本驻外使馆,连续主动向欧美提供事件发生的过程等所谓真相,"致力于使人们知晓日方的政策意图。可以说这是前所未有的积极宣传日本政策意图的对外宣传活动的萌芽"①。1884年底甲申事变发生后,井上外相则指挥日本驻英、德等国公使收买所在国报社或记者,试图利用当地报纸反驳来自中国的报道,极力说明日本驻朝鲜公使的行动是受朝鲜国王之请,日本采取的是不干涉内政的方针。此类活动是日本政府动用包括报纸在内的各种手段影响舆论为本国外交政策服务的初步尝试,为其进一步制定宣传政策积累了经验。

以上活动均在中国境外进行,但有些宣传显然是针对中国的。有研究指出,日本政府的对华宣传活动,即"报刊操纵"最早有可能上溯至明治初期,只是相关史料没有发现②。日本最早驻华外交机构在上海建立以后,就一直注重通过当地中英文报纸收集舆情③。从此迹象来看,确实有这种可能性。

外务省在华操纵报纸的活动,有案可稽的始于甲午战争期间。对甲午战争日本蓄谋已久,在舆论造势,尤其是利用报纸、通讯社宣传方面,日本政府也下了很大工夫。战争的主导者"伊藤博文相信,利用媒体攻势取得国际舆论支持,就等于拿下了战争一半的胜利"④。那宣传什么才能获得支持呢?日本政府的宣传方针是倾力主张发动战争的正当性,极力标榜日本发动的是"文明之战""文明对野蛮的战争",以此博取欧美列强的同情,排除其因不希望远东形势激变而试图调停所做的干涉⑤。

外务省利用大众传播工具的手段主要有三种。一是利用在日外国记者、通信员等。例如,有条件地允许外国和本国记者随军采访,充分利用他们发出有利于日方的战地新闻,为日本做宣传⑥。二是指示驻外机构收买当地报社、通讯社人员。当时日本还没有自己的通讯社,也没有能够影响国外的

---

① 大谷正:《近代日本の対外宣伝》,研文出版,1994年,第41页。

② 大谷正:《中国および朝鮮における日本外務省の「新聞操縦」——1894年~1913年》,《専修法学論集》第55号,1992年,第359页。

③ 例如,日本驻上海首任领事品川在1874年日本侵台期间,通过报纸收集的情报与舆情(領事品川:外務省ヨリ品川領事公信書抜並新聞抄訳上申,1874年。JACAR: A03030299400)。

④ 宗泽亚:《清日战争(1894—1895)》,世界图书出版公司,2012年,第224页。

⑤ 详见大谷正:《近代日本の対外宣伝》第四章。

⑥ 宗泽亚:《清日战争(1894—1895)》,第224—232页。

日文报纸，甲午战争前及战争期间完全靠国外通讯社、报社将有关日本的新闻向世界各地输出，这样难保内容都对自己有利。日本政府想到的是从背后对外国媒体做工作，这就是外务省的所谓“报纸操纵”工作。具体方法有向欧美记者提供方便或秘密资金加以拉拢，秘密收买报社等。其中 1893 年底赴伦敦担任日本公使的青木周藏极为出色，在积极与英国上层接近的同时，努力“改变英国对清国的友好性舆论”①。三是利用路透社。青木在陆奥外相支持下与该社先后两次签订密约，时效共两年，约定以日方提供巨资为条件，路透社独家发布日本政府提供的公告、声明、辩解、新闻材料，并且在发布政治性电讯前，先向青木通报，从各地收到与日本利害有关的稿件，则向日本通报概要。合同一直持续至 1896 年②。此为日本官方有计划地利用通讯社进行宣传之始。

在中国境内，日方采取的手段是收买报纸。从现有史料看，日本驻上海、香港领事在此方面很活跃。当时中国为数不多的报纸，尤其是有影响力的英文报纸集中在中国的舆论中枢上海。香港的舆论地位虽不及上海，但也是中国南部的舆论中心。

在上海，中国的报纸在甲午战争爆发后激烈抨击日本的侵略行径。总领事大越认为中国的报纸对日本不利的误报多，并且捏造事实攻击日本，在舆论上对己十分不利，于是在撤离上海前找到 *China Gazette* 报主兼主笔亨利・奥谢（O'Shea），秘密达成协议，以登载日本方面提供的战报为条件，至战争结束为止每月向报方提供洋银 300 圆。该报由此成为日本在沪喉舌（详见第五章。又，本章出现的报刊、通讯社与日方的关系在以下相关章节均有详述，不再加注说明）。在香港，领事中川也积极争取英文报纸的支持。当时香港的英文报纸有 *Hongkong Daily Press*、*China Mail*、*Hongkong Telegraph*。中川除了积极给它们提供对日本有利的“新闻”外，还收买 *Hongkong Daily Press* 和 *China Mail* 充当日本的传声筒。

有研究指出，日方在上述两地期望影响的对象并非中国人，而是欧美人及其母国③。不过，日方操纵的英文报纸上登载的内容被翻译成中文以各

---

① 坂根义久校注：《青木周蔵自伝》，平凡社，1970 年，第 267 页。
② 详见有山辉雄：《情報覇権と帝国日本》（Ⅰ），吉川弘文馆，2012 年，第 199—218 页。
③ 大谷正：《「新聞操縦」から「対外宣伝」へ——明治・大正期の外務省対中国宣伝活動の変遷》，メディア史研究会编：《メディア史研究》第 5 期，1996 年，第 73 页。

种形式传播时也会影响当地舆论。仅从报纸报道的角度而言,一是受操纵的报纸登载与当地中文报纸不同的消息时,无形中会"纠正"这些报纸的报道,比如有关战争的进程和大小战役的结果,这种"纠正"中国人当然不相信,不过,当事后证明有些"纠正"有正确成分时,其影响也就渐渐产生了。二是中方的报刊获得战争新闻的速度和数量都不如英文报纸。"新闻"的先入为主十分重要,英文报纸的新闻通过各种渠道为当地人所知,自然影响到中国人。因此,即使是操纵英文报纸,日方实际上也会在很大程度上影响到当地的舆论。

以上领事的活动,尽管是日本对外宣传的副产品,但毕竟是外务省在中国境内利用报纸影响舆论之始,日本官方的在华报刊操纵活动由此拉开了序幕。

2. 戊戌变法前后的在华宣传活动

甲午战争后,日本大肆对华扩张,在中国东北开始与俄国的利益产生冲突。为了对付俄国,日本政府在严密关注其在远东动向的同时,以"保全中国"为幌子,鼓吹中日唇齿相依,主张两国修好,以温和面孔拉拢中国要员,以拆散中俄同盟,争取中国共同对抗俄国的南下。日本一些与政府基本政策同调的民间团体也走到了中日外交的前台,配合政府,高唱"日中提携论"。报刊在此被视为营造这种舆论的重要工具。

政府方面,主要是操纵天津《国闻报》和上海 *China Gazette* 为日本代言。《国闻报》原为中国维新派人士主办,1898 年外务省开始资助。其间报馆因受到清廷打压面临关停,外务省于翌年完全盘下,试图利用其"谋求日本利益,扩大日本的权力范围"①。*China Gazette* 由英国人经营,在甲午战争期间就被日方收买,战后仍一直维持特殊关系。

民间团体方面,1898 年成立的东亚同文会成员先后来华办报,开展舆论活动,广泛联络中国官僚士绅,宣传自己的主张(详见第三章),《汉报》《闽报》《亚东时报》《同文沪报》便是其产物。《汉报》1896 年、《闽报》1897 年由宗方小太郎②等主办,经费是向军方、外务省申请所获。《亚东时报》为该会

① 領事鄭永昌:機密第一号,1898 年。JACAR: B03040605800。

② 有关宗方小太郎在华活动各方面具体情况,详见冯正宝:《評伝宗方小太郎:大陸浪人の歴史的役割》,熊本出版文化会馆,1997 年。

在上海的机关报，1900年4月被《同文沪报》合并。《同文沪报》1900年1月由东亚同文会盘下《字林沪报》改名而成，该会会员负责经营。时值戊戌变法前后，他们在报上载文支持变革，在变法失败后救援维新派人士，发文抨击清朝的腐败政治，支持维新派，由此获得了一些中国人的好感，所办报刊也很有市场。

东亚同文会自成立起就一直以外务省的补助金为组织运营的主要财源，所以多处受制于政府的政策。其对华方针都是围绕着日本国家利益原则之轴转动的①，从这一意义来说，它就是御用民间团体。该会以上述报纸为阵地，积极宣传其主张，充当了“启发诱导”中国读者支持日本国策的喉舌。

就日方掌控的上述报纸的地域分布看，《亚东时报》、《同文沪报》、*China Gazette* 所在地上海是中国的舆论重镇，是各国列强扩张经济、文化势力的首要之地；《闽报》位于福州，自甲午战争后，日本实施“南进”政策，将福建省纳入势力范围，在经济、金融、文化方面全面渗透，《闽报》完全是作为文化“南进”的工具出笼的；《汉报》位于汉口，日方鉴于该地地理位置重要，并且没有引导舆论的报纸，将其作为日本人在长江流域经营报纸发展势力的最早落脚点；《国闻报》所在地天津是日、俄进行宣传战的鏖战地，围绕当地的报纸，两国展开争夺，日方从1898年起将俄方觊觎的《国闻报》逐渐掌控在手中。以上报纸的地区分布与日本在华各种势力的发展状况完全吻合，同时显示了其在华宣传阵地的初步布局。

上述报纸，除了 *China Gazette*，都是以中国读者为对象的中文报纸，并且都由日本人直接经营。这些中文报纸差不多都是东亚同文会的言论机关，接受外务省补助，“作为由外务省直辖报纸操纵政策的初期之例，亦引人注目”②。

据研究，甲午战后至庚子事变发生，对于这些中文报纸的收购、创办，外务省极少积极参与③。从以上状况看，外务省也并非没有作为，对《国闻报》的操纵，无疑开启了其在华直接经营中文报纸之先例。不过，除此以外，对

---

① 翟新：《近代以来日本民间涉外活动研究》，中国社会科学出版社，2006年，第116页。

② 中下正治：《新聞にみる日中関係史——中国の日本人経営紙》，第200页。

③ 大谷正：《「新聞操縦」から「対外宣伝」へ——明治・大正期の外務省対中国宣伝活動の変遷》，第74页。

上述报刊的收购、经营确实都是民间走在前面，外务省只是根据申请提供资金，基本上属于被动状态。与此相对的是，代表国家利益的民间团体走向宣传的前台充当官方的代言人，军方也开始染指在华报刊，这都是前所未有的，日本在华操纵报刊的主体在此段时间显著增加。

3. 庚子事变后对在华日系报刊的统制

1900年庚子事变爆发，日本迅速派军队参加镇压，但欧美报纸仅仅报道自己军队的行动，完全忽略了镇压过程中发挥重大作用的日军的存在与“贡献”。这对于努力跻身于欧美先进国之列，渴望得到认可的日本来说十分失望。在外务省统一指挥下，日本再次大规模对欧美展开宣传攻势，使得一些欧洲报纸登载日军在事变中的“功绩”等。

庚子事变期间，俄国乘乱在中国东北迅速发展军事和经济势力，事变之后更是向中国提出无理要求，企图迫使清政府承认东北是其势力范围。此举激起中国民众极大愤慨，也与意欲在此扩张的日本发生严重冲突。日本政府抓住时机，再次展开宣传，抛出兴亚主义和“日中联盟论”，竭力宣传亚洲是亚洲人的，争取中国共同抗俄。

利用报纸进行宣传仍是其手段之一。庚子事变前，《国闻报》和东亚同文会控制下的《汉报》等支持中国改革派，令清廷不满。为了拉拢清廷，庚子事变期间，外务省和驻华公使开始变换政策，加强对相关中文报纸的管理，使其论调完全与政府保持一致。

1900年3月西德二郎公使给外务省的报告称：“在清国与我国人民有关而发行的各报，往往登载不合适的评论、报道。现已充分领会训示要旨，今后由本官加以监督，对不适合者进行相当的处分。……由本官向各领事训示，使各领事监督各自任地内与我国人有关的报纸，事关重大者，则立刻禀报本官，请求本官的指示。另外，与东亚同文会有关的报纸，有必要对这些报纸加以监督，请调查后寄送给在下。”①报告说“现已充分领会训示要旨”，说明外务省此前已经下达了管控在华日系报纸的指令。外务省此前只是对北方的《国闻报》加以监督，对南方的日系报纸不加干涉，对在华相关报

---

① 西德二郎：清国ニ於テ本邦人民ノ関係シテ発刊スル新聞紙ニ関スル件，1900年。JACAR：B03040669100。

纸完全加以统制的举措是前所未有的。这说明外务省开始意识到围绕对华政策在华统一进行宣传的必要性。

根据外务省的指令，西德二郎公使严格督促各地领事加强监督，并且在翌月上书外务省称："《国闻报》的评论、报道常带有表示赞同改革派的意义……除了伤害清廷感情，毫无利益可得。"主张放弃该报。外务省也认为支持改革派的该报已经"有害无益"，指示公使将其卖掉①。不过，因受事变影响，《国闻报》未来得及处理就于 1900 年 7 月关停，而《汉报》也因当地政府的打压于同年 9 月盘给中方。这样外务省加以统制的对象仅剩下福州《闽报》与上海《同文沪报》。尽管如此，外务省因忙于对欧美宣传并未主动开拓新的操纵对象，可以说"在中国的'报纸操纵'始终是消极的"②。

与外务省相比，日侨对办报明显热心得多。在北京，1901 年中岛真雄创办《顺天时报》，在外务省与军方资助下经营，成为日本在北京攻击俄国南下政策、拥护日本在东北权益、鼓吹中日联盟的唯一报纸。在天津，西村博靠总领事馆支持，利用清廷对《国闻报》的赔款于 1901 年创办中、日文报纸《天津日日新闻》（后仅为中文），1902 年 1 月又创刊日文报纸《北清新报》，恢复了日方在天津的宣传阵地。1903 年 5 月日侨靠总领事馆支持再次创办日文报纸《北支那每日新闻》。当然，外交机构对这些报纸的论调是加以指导的。

上述报纸分布于中国重要城市，因当时各地报业仍十分落后，它们所发挥的宣传作用是可想而知的，尤其是《顺天时报》直接办到了北京，为日本官方在中国政治中心建立宣传阵地打下了基础。

综上所述，日本在华报刊操纵活动此期还处于初始状态。值得注意的是：第一，日本官方早在甲午战争期间已经开始此种活动，但只是对欧美宣传的副产品，后来开始资助东亚同文会在华主办的报刊，但属于被动性质；庚子事变期间，出于对华政策的需要才开始有意识地全面领导在华宣传机关的活动，其零散被动的对华宣传政策开始得到改观。第二，各操纵主体大多登台，外务省登台最早，军方、御用民间团体紧随其后。因此，可以说日本

---

①　西德二郎：国聞報ニ関スル件，1900 年。JACAR：B03040605900。

②　大谷正：《「新聞操縦」から「対外宣伝」へ——明治・大正期の外務省対中国宣伝活動の変遷》，第 74 页。

在华操纵活动一开始就显露出政、军、“民”并举之势。第三,操纵的报刊语种多样化,不仅有中文报刊,还有英文、日文报刊。第四,操纵的手段多样化,有收买、补助、直接主办等。第五,操纵的报刊以中国首都为中心,分布于南北重要城市,渐显在华宣传阵地之布局。

二、独立、主动的宣传:纳入国策的对华宣传政策及相关活动(1904—1918)

1. 日俄战争与在华报刊操纵活动的独立和活跃

1904 年日俄战争爆发。战争初始,日本政府就全面展开对外宣传,除了通过使馆、外国代理人收买当地报社、通讯社外,还专门派遣“民间宣传大使”赴欧美活动,争取各国,尤其是英美两国舆论的同情①。

日俄战争在既是中立国又是战场的中国进行,中国处境十分特殊。在战前与战争期间,日本采取包括宣传在内的各种手段极力拉拢中国政府和民众,孤立帝俄。报纸作为对华宣传的利器开始得到日方的重视。

“日俄战争一开始,在情报的传播、扩散上,无可置疑在亚洲地域各城市中,最敏捷并且反应最显著者,仍然是中国最大的商业都市、国际都市上海,除此之外,别无他者。”②战争开始前与战时,上海的欧美英文报纸普遍对日本表示好感,德文、法文报纸则登载对日不利的报道。与中文报纸相比,中国读者更重视外文报纸的消息。因此,日本在上海总领事馆积极拉拢英文报纸,除了利用老关系 *China Gazette* 外,1904 年起又与 *Shanghai Daily Press*、*North China Daily News*、*Shanghai Mercury* 联系上,通过提供补助等进行拉拢,使它们为日本唱赞歌。与此同时,总领事馆还利用中文报纸《同文沪报》和《申报》进行宣传。《同文沪报》本来就是外务省的传声筒,对于《申报》,总领事馆则是给予主笔一些好处,以期站在日本一方。此间,三井物产上海分店也加入操纵之列,以提供资助、贷款的方式帮助总领事馆操纵《申报》与 *Shanghai Daily Press*。以上值得关注的,一是对《申报》的操

---

① 详见松村正义:《日露戦争と日本在外公館の“外国新聞操縦”》,成文社,2010 年。

② 同上书,第 221 页。

纵。以往日方收买的均为外国人经营的英文报纸,利用的中文报纸都是日本人自己经营的。日俄开战后,因主要宣传对象是中国人,日方操纵的中文报纸十分有限,需更多中文报纸发声,《申报》由此被收买。此为日本官方收买外国人经营的中文报纸之嚆矢。二是三井物产之举标志着国策会社加入到在华操纵报纸之列。

华北一直是日俄争夺舆论之高地。在山东芝罘,1904 年中西正树在日军资助下创办中文报纸《山东日报》,在当地制造亲日排俄的气氛。在北京和天津,外务省深感《顺天时报》作用之重要,于 1905 年 7 月暗中盘下,使其成为官方在北京直接主办的机关报。该报与《天津日日新闻》在战争中自然是日本的主要喉舌。此间,北京公使还设法接近中国人经营的《京话日报》《北京日报》,在短时间内施加了一些影响。天津总领事馆也发展了新的操纵对象。一是 1904 年以提供补助为诱饵将 *China Times* 掌握在手中,使之成为日方在京津地区的英文喉舌。二是设法令英国人主管的受俄国势力影响的 *Peking and Tientsin Times* 改变态度,开始亲日。三是 1905 年初与《大公报》报主攀上关系,使其长期具有一定的亲日倾向。

从资金投入看,日本在日俄战争期间的对外宣传规模空前。外务省用于处理紧急事件的临时预算中有"机密费",甲午战争时为 19 万日元,庚子事变期间为 67 万日元,日俄战争期间为 328 万日元,其中相当多的部分用于"报纸操纵"①。当然,此时日本的对外宣传重心完全放在与俄国的战争上,这些费用主要用于对欧美宣传,即使在中国的活动也是如此。"日俄战争时在中国的报纸操纵,从资金上看对英文报纸的支出最多,对中文报纸的工作次之,而对姗姗来迟的日文报纸的援助微乎其微。"②

在此次对华宣传中,在华外交机构如前所述非常投入,外务省则发挥了组织、领导作用。1905 年 8 月 18 日,外务省向驻华外交机构等发出指令称:"有关时局,本省翻译了诸外国报纸杂志类报道、论说等。使其登载于当地发行的报纸杂志上,令公众自然获知各国的舆论趋势以及我国情况等,对于日中(日韩)两国关系益处不少。今后将译稿一一发出,望根据时机公开分

---

① 大谷正:《近代日本の対外宣伝》,研文出版,1994 年,第 338 页。

② 大谷正:《「新聞操縦」から「対外宣伝」へ——明治・大正期の外務省対中国宣伝活動の変遷》,第 76 页。

发各报社。”[①]即外务省出于宣传日本战绩与争取中国民众需要，决定将翻译的新闻材料分发给驻外机构，让它们直接或间接提供给当地报刊登载。外务省在庚子事变期间只是强调全面管理在华宣传机关，统一舆论口径，而此次是统一提供宣传材料，这在对华宣传上属于首次。外务省对在华宣传的统一工作有了实质性进展。

日俄战争后，日本的大陆政策，一是北守南进，二是“满洲”经营。在中国东北，日本开始在军事、经济、文化等各方面展开布局，1906 年 6 月建立南满洲铁道株式会社(以下简称“满铁”)，7 月成立关东都督府；在中国南方，日本以福建省为中心积极扩张其经济、文化势力。伴随着大陆政策的推进，日本对外报刊操纵活动出现的新倾向之一，便是在东亚地区的宣传活动走向独立和活跃[②]。

中国东北首先成为日本建立宣传阵地的要地。随着日本势力全面进入，日系报业以营口、大连、奉天为中心迅速发展。营口、大连是东北的重要港口，也是战后日本实施军政之要地，而奉天是东北的行政中心，人口众多，具备发行报纸的条件。在军方、官方、“满铁”等资助下，日本人纷纷在上述城市创办报刊，支持政府的殖民政策。1905 年有日、中、英文报纸《满洲日报》与日文报纸《辽东新报》，1906 年有日文报纸《奉天公报》、中文报纸《盛京时报》，1907 年有日文报纸《满洲日日新闻》，1908 年有日文报纸《奉天日报》《南满日报》创刊。其中，《满洲日日新闻》是“满铁”创办的第一份机关报。这些报纸“一贯以满铁、关东军、外务省的力量为背景”，“作为推行日本国策的先驱”，为“满洲开发”摇旗呐喊[③]。

而在京津地区，公使馆、总领事馆继续操纵着《顺天时报》、《天津日日新闻》、《北清新报》、《北支那每日新闻》、《大公报》、*China Times*。在上海，总领事馆依然注重英文报纸的特殊作用，1905 年与 *Shanghai Daily Press* 断绝关系后，仍拉拢 *North China Daily News*、*Shanghai Mercury*，同时还与 *Shanghai Times* 建立特殊关系。在福建，《闽报》则发挥着策应南进政

① 外務省次官：无名公函，1905 年。JACAR：B07091174100。

② 大谷正：《「新聞操縦」から「対外宣伝」へ——明治・大正期の外務省対中国宣伝活動の変遷》，第 71 页。

③ 李相哲：《満州における日本人経営新聞の歴史》，凯风社，2000 年，第 82 页。

策喉舌的重要作用。在汉口,领事馆则向外务省提议尽快掌握一份报纸,以便在中部地区扩张日本势力,"为我国政策辩护"①。

日俄战争发生后日本的在华报刊操纵活动可以概括为如下几点:其一,这种活动完全是为政府对华政策服务的。日本政府以往组织的在华宣传基本上是甲午战争、庚子事变、日俄战争对欧美宣传的副产品,而日俄战争后则完全是围绕对华政策进行的。其二,外务省通过统一发布宣传材料,加强了对在华宣传工作的一元化领导。其三,外务省收购《顺天时报》为直属机关报,将宣传阵地直接建立于中国的政治心脏。其四,操纵的报刊数量倍增,从 1903 年的 7 种增至 1907 年的 16 种,增加之多之快是前所未有的。其五,除了京、津、沪等地外,日方以报刊建立的宣传阵地,在重点"开发"的东北地区迅速增加。其六,国策会社加入操纵之列,尤其是"满铁",不仅自己办报,而且对东北日系报刊普遍予以资助,一举扩大了日方在华操纵主体的阵容。日本在华报刊操纵活动表现出来的这种独立与活跃,说明日本政府针对中国的宣传政策已经基本形成。

2．"二辰丸事件"与对华宣传政策

1908 年初因"二辰丸事件"引发的抵货运动,是中国首次掀起的抵制日货运动。运动规模之大、影响之广、冲击之深令日方震惊。运动开始后日本在华外交机构一直密切关注事态的发展,尤其注意中国的舆论动向,在自主摸索对抗措施的同时,纷纷上书外务省献计献策,企图扑灭运动之火焰。外务省则根据各地形势不断下达指示,要求采取相关措施。

上海总领事永泷反应最快,3 月 20 日就致电外务省告知在广东自治会的联络下,翌日各地报刊将同时登载消息,号召抵制日货,请求外相对中国政府施加压力,设法阻止②。

广东是运动发源地,排货最为积极,鉴于当地报纸在运动中作用显著,上野领事 4 月初致电林董外相请求向中国施压,禁止"国耻"等针对日本的文字出现在报纸上,并且报告说自己"目前正想方设法扑灭抵货论,让报纸避免登载不利的文字"。林董回电要求总领事与当地政府交涉,同时指示

① 领事水野:漢口ニ於ケル新聞ニ関スル件,1905 年。JACAR: B07091174700。

② 日本外务省编:《日本外交文書》(明治期)第 41 卷第 2 册,外务省发行,1961 年,第 80、83—87 页。

说:“为了平定民间抵货论,如果需要采取幕后措施,请提出方案,迅速报告本省。”上野立刻报告了想采取的幕后措施是:“当地有很多日刊报纸,将其中有影响的三四种纳入手中,让其尽可能登载公平的报道,同时对国耻会方面的消息和评论抵货的文章保持沉默,而努力将人心自然地转移至其他事情上。若要实施此计,每报目前大致要给予两千圆。此后数日对报道加以监督,努力使其对我有益。”显然,上野是试图收买中方报纸,通过“沉默”和转移舆论注意力的方法平息运动。对此方案,林董要求查清自治会的底细、当地与香港中文报纸总数、所属党派。上野不久调离广州,5 月下旬濑川继任总领事后,通过调查同样感到应该利用报刊影响舆论,因为广东的抵货运动虽趋于退潮,但其他地方还在盛行,例如南洋各地的华人发起抵货运动,“据说成为重要动机的是广州发行的报纸”。因而,“巧妙利用广州的报纸,相信或许会取得意外的效果”。他报告说,他已经通过极其秘密的方法与当地报界一两个影响最大的人物建立关系,为此请求大臣提供秘密资金,“操纵他们,使得广州报纸的论调大变,进而为制止抵货运动而尽力”。

及至运动后期,利用报刊影响舆论对抗运动,被外务省等视为对抗抵货运动的有效手段之一。例如,濑川总领事 7 月底撰写的《有关抵货运动真相与平息方法的报告》,在总结领事馆的“平息方法”及其效果时,认为借助报纸的力量是三大有效对策之一。操纵报纸的作用得到了高度评价。

要利用报刊影响舆论,不事先摸清当地各报的影响力、报刊持有者的政治背景与倾向、对日态度等基本信息,是无法制定操纵政策的。继要求广州总领事调查当地报纸后,同年 5 月 1 日林董外相给所有驻华外交机构发出指令,要求全面调查任地内重要报纸的主义、报主、主笔、资本、影响、所属、受社会欢迎程度等并上报,这是外务省首次组织在华机构对中国报刊全面调查。1909 年外务省决定每年都进行这方面的调查,并且制定了具体规定,外务省领导的长达数十年的在华报纸定期调查工作由此开始(详见第二章)。

抵货运动发生后,日本政府在处理对华关系时开始顾忌中国民众的对日感情。1908 年 7 月桂内阁成立后就日本在中国东北的“特权”与中国谈判,中日关系再度紧张,中国舆论猛烈抨击其无礼要求,反日气势再度高昂。日本政府对此十分不安,同年 9 月召开内阁会议通过的《对外政策方针》认为,日本对于中国必须在任何场合具有绝对优势,而现在的任务就是确保在

“满洲”的地位，然而，“清国对日本怀有的反感发展到现在这种程度，不仅不能达到上述目的，还有为他国介入日中之间进行离间中伤之虞。因而，帝国今后采取努力与清国融合感情、尽量使其对我信赖之方针”①。

不仅日本政府认为中国的对日“反感”已经成为阻碍日本在华发展的巨大障碍，在华日本企业也有同样的认识。1908年4月川崎造船所根据上海事务所来信给外务省政务局长山座致函称：“我国对清国官民感情不佳之倾向近来显著日甚，因而我公司业务也受到一些影响。”“不仅仅是外文报纸，中国大小报纸几乎一致采取攻击我国之态度，每天的报纸没有一处对我有利，目睹此现状不堪寒心。其中不乏误报、中伤、儿戏类等内容，由于我方不具备能够加以反击的有力报纸等机关，误报原封不动地被广传至清国内地，进入读者耳目。”②此信不仅抱怨两国官民“感情不佳”影响其在华业务，而且将原因归咎于中国报纸无处不在的对日“攻击”。

显然，日本官方等认为中国人对日反感，双方感情不“融合”、不“信赖”，是因为有人在“离间中伤”和“攻击”。在此情况下如何才能实现内阁的方针，建立“融合”“信赖”的关系呢？处于对华外交第一线的各地领事提出的建议仍是利用报纸宣传，其中最有代表性的是驻香港副领事船津辰一郎的呼声。

香港邻近抵货运动的发源地广东，受运动影响甚大。1908年12月船津以《有关需要设立机关报之鄙见》为题上书外务省呼吁建立机关报。建议由三部分构成。

第一部分标题为“南清地区报业的发达”。他认为，近来中国风气大开，各阶层购阅报纸的需求显著增加，两广地区尤其如此。例证是坐船来广东时船舱中各层次的中国人有一半在看报纸杂志，上层社会都订阅广东发行的报纸，在香港的中国人开的商店和饭店都会备一两份报纸。他还分析了香港、广东发行报纸的历史和现状，认为广东报纸历史短，但销路畅。

第二部分为“南清报纸的影响”。船津指出：“使得清国人如今对日本抱有恶感，应该有种种原因，相信大部分原因是报纸的力量。”他说日俄战争结束后在南京任职期间，中国报纸不能领悟日本的真意，说日本正准备分割中

---

① 日本外务省编：《日本外交年表並主要文書》（上卷），原书房，1978年，第306页。
② 松方幸次郎：外務省山座政務局長殿，1908年，JACAR：B03040813400。

国,日本与法国、俄国签约必定对华不利。对于当时处于悬案的“满洲”问题,认为日本包藏祸心。而上海各报即使弄清日法、日俄协约并未针对中国后,“为了刺激国民觉醒,大力宣传日本的祸心”,投一般读者之好,故意登载耸人听闻的报道,令“清人对日本的疑惧恰如杯弓蛇影”。船津还举例分析了报纸对中国人影响尤大的原因:一是中国人做文章往往使用夸张的文字,报纸往往夸大事实,误导世人。二是中国人尊重文字,因而对此过于相信。

第三部分为“创办机关报的必要性及其地位”。船津认为,“对我帝国的中伤性报道”,“必须反驳辨明,为此需要设立机关报”。从地理位置上看,上海、汉口、天津(或北京)、奉天、广州都需要,而广州、香港眼前更为迫切。具体方法是新办或收买现成的报纸,表面上完全由中国人经营,日方暗中掌控论调尺度,监管财务。最能保密的方法是日方与一报社秘密特约,给予一定补助,同时对报纸内容提出要求。船津估算用此法一年仅需三四千日元,如此一年花 1 万日元在广州和香港各设立一机关报为上策。除了中文报纸外,船津还建议在香港设立英文机关报。因为香港的英文报不能代表日本的利益,而且有些报纸总是登载对日不利的内容。现在日本在香港的经济势力发展很快,更使一些“外人”不快。日方需要自己的舆论机关驳斥攻击,维护国家利益①。

可以看出,此份呼吁建立宣传机关的报告是经过精心调查研究而成,不仅细致观察与分析了中国南方报业的发展状况、报纸对中国人对日感情的影响程度及其深层原因,还具体说明了日本在广州、香港建立机关报的必要性、具体形式、操纵方法甚至所需经费,能够为政府决策提供重要依据。

日本民间也有同样呼声。上述川崎造船所给外务省政务局长致函,目的就是建议外务省在上海创办报纸,信函最后说:“为了治愈这种不好的感情,在上海发行具有优势并且优质的我国机关报,时值最有必要之际”,“为了国家而请愿”②。

而以“对华经营”为己任的东亚同文会,在此间向外务省上呈的《对华经营助成案》所提的 14 个方案中,也有“新办中文大报方案”,希望在政府资助

① 副領事船津辰太郎:機関新聞ヲ設立スルノ必要ニ関シ卑見開陳ノ件,1908 年。JACAR:B03040816800。

② 松方幸次郎:外務省山座政務局長殿,1908 年。JACAR:B03040813400。

下，以东亚同文书院的名义在上海或汉口创办一大机关报，向中国官员、商会、学校赠阅，同时低价销售给读者，“以此冰释日本对华外交及其他各种经营方面的误解，并且间接可以在国家、社会各方面指导、帮助他们，更能资我国人通商发展之便”①。该会的在华事业此时已经没有针对中国人主办的报纸，面对中日紧张的局势，报纸重新得到了重视。

面对各方面的呼声，外务省的最终决策是在华建立通讯网，实施更广泛有效的宣传。有关在华经营机关报，外务省已经积累不少经验教训。例如通过经营《同文沪报》发现，即使有机关报，如果报道不丰富、迅速、吸引人，也难以立足和发展。外务省在1905年8月曾经给在华外交机构统一发送报道材料，但未能继续下来。给报纸提供新闻材料应该是通讯社的工作，但日本在华无通讯社承担此任。

在华建立通讯网，不仅能为相关报纸及时提供丰富的新闻材料，也能以当时十分受欢迎的电讯吸引中国报纸，广泛影响舆论，更能确保相关报纸宣传口径的统一，有效实施政府的对华宣传政策。1909年3月，外务省制定《清国报纸通讯纲要》并下发驻华机构，通报决定在华建立“南部通信”和“北部通信”两个系统，委托日本电报通信社（以下简称“电通”）充当“东京通信员”，通过上述两系统向中国的通讯据点发送经过外务省审查过的电讯。“南部通信”的第一站为上海，当地总领事馆收到后，除了指派专人设法向当地报社分发外，还负责电送日本独立通信社驻香港通讯员，由该通讯员提供给当地与广州的报社。“北部通信”第一站是奉天，当地总领事馆收到后立刻转电北京公使馆，北京公使馆进而用电报或电话通报天津总领事馆，各方收到电讯后都通过代理人向当地报社发布。

经过筹备，“北部通信”自5月，“南部通信”自6月起开始运作。同年8月外务省又将通信系统改为北部、中部、南部三个，北部照旧，上海接收到电讯后改为转电汉口，称“中部通信”，由汉口领事馆指派专人提供给当地报纸。香港则直接接收东京电讯，然后转电广州，称“南部通信”。外务省直接领导的在华通讯网由此完全建成，这是外务省首次利用通讯网在华建立统一的宣传系统，日本在华宣传工作进入全新阶段。

---

① 東亜同文会：対支那経営助成案，制作时间不明（文中出现“满朝就要灭亡”，推测制作时间为辛亥革命前夕）。JACAR：B03030268300。

日方操纵的报刊因此在抵货运动期间及其后迅速增加。在东北地区，日系报业继续发展，继《满洲日报》《辽东新报》《奉天公报》《盛京时报》《满洲日日新闻》《奉天日报》之后，至1913年又有日文报纸《北满洲》《辽阳新报》与中文报纸《泰东日报》创刊，还有针对欧美人发行的 *The Manchuria Daily News* 和针对朝鲜族的《间岛时报》。这些报纸或受外务省或受军方或受"满铁"资助，日本在东北的新闻势力发展迅速。

在京津地区，《顺天时报》、《天津日日新闻》、*China Times* 等在外务省操纵下，一直发挥着喉舌的作用。北京公使此间还设法接近《北京日报》《中国报》《帝国日报》，在短时间内施加了一定的影响。在天津，1909年松本君平靠外务省资助创办英文周刊 *China Tribune*，使得日方在本地区又多了一得力的英文宣传机关。

在上海，总领事馆采取种种手段加深与 *Shanghai Mercury*、*Shanghai Times* 的特殊关系，使它们长期成为日本的英文舆论工具。与此同时，为了填补因1908年《同文沪报》关闭在中文宣传方面产生的空缺，总领事馆不断拉拢中文报纸，一度与《时报》《新闻报》《中外日报》关系密切。

在中部地区，早就对利用报刊影响舆论感兴趣的汉口领事馆在1908年与《公论新报》、1913年与《大汉报》接上关系，通过种种手段施加影响，使得两报为日本发声。它们是继《汉报》之后日本在汉口重建的宣传机关。另外，1909年日侨创办的日文报纸《汉口日报》也得到了外务省的直接资助和指导，此后一直发挥着御用报纸的重要作用。在长沙，日本领事馆则在短期内对《湖南新报》《华瀛觉报》施加过特殊影响，试图在湖南建立宣传机关。

在南部地区，外务省等支持的福建《闽报》不断扩大影响；广州总领事馆在1908年与《国事报》主笔建立特殊关系，此为日本官方在广州操纵报纸之始。领事馆还将《七十二行商报》纳入争取对象；香港总领事馆1909年与中文报纸《寔报》、*China Mail* 建立特殊联系，向两报提供电讯登载，次年又将此关系延至《华字日报》。1909年日侨创办日文报纸《香港日报》也得到了总领事馆的资助。以上报纸都在不同程度上充当了日方的传声筒。

这样，在第一次抵制日货运动刺激下，日方操纵的报刊激增，由1907年的16种激增至1908年的24种、1909年的27种。外务省的报刊操纵费，对华支出所占比重也显著增加。例如，1909年对内外报社的资助金额为23 900

日元，其中《顺天时报》6 000 日元，上海一般报纸操纵费、给电讯处理者的报酬一共 3 200 日元，天津以 *China Times* 为主的各报操纵费 3 000 日元，《盛京时报》资助费 4 500 日元，以上与中国有关的费用一共 16 700 日元①，约占总费用的 70%。这还不包括实施《清国报纸通讯纲要》所需的所有费用，如果计入，总额还要高得多，外务省在对华宣传上倾注的力度之大由此可见一斑。

总之，"二辰丸事件"发生后的操纵活动有三点值得关注：一是外务省开始组织在华外交机构定期普查各地报刊的发行状况，为制定对华宣传政策提供参考。二是外务省利用新型媒体通讯社在华构建了覆盖东北、华北、华东、华中、华南地区的通讯网，强化了在华实施宣传政策之基础。三是外务省利用通讯网对华宣传，大大提高了宣传效率，确保了宣传内容的统一。四是受操纵的报刊大量出现于各大城市，操纵活动的强度前所未有。

3. 第一次世界大战期间的宣传政策及其活动

1914 年第一次世界大战爆发，引起世界格局巨变。在国际上，作为盟国和英国在东方的鹰犬，日本与英国等保持一致的舆论，因而对抗德国舆论、争取中国人支持是日本对华宣传的基调之一。在对华关系方面，大战的爆发与中国的内乱动荡状态都给了日本实施大陆政策的可乘之机。因此通过宣传为日趁火打劫提供舆论支持是日本对华宣传的又一基调。

日本趁火打劫的重要之举就是 1914 年 8 月出兵侵略山东，获取德国在山东的全部权益，并且乘机扩大各种势力。中国民众对此行径十分愤慨，开始酝酿新的排日风潮。而德国为了阻止中国参加到英美阵营则将矛头指向日本，挑动中国人的对日感情，在上海建立宣传总部，以 *Der Ostasiatische-Lloyd* 为中心展开舆论攻势，为"排日"推波助澜。

位于中国舆论最前沿的上海总领事有吉明敏锐地感觉到此变化和压力，认为当务之急是动员舆论工具为日所用。当时日方操纵的报纸虽不在少数，但是，由于外务省 1913 年 6 月停止实施《清国报纸通讯纲要》，"这类报纸都没有办法获得来自日本方面的新闻，只能用路透社提供的。尽管 1914 年日本创办了'国际通信社'，不过，根据跟路透社的协议，禁止'国际

① 外務省：新聞操縦ニ関スル経費計算，1909 年。JACAR：B03040817200。

通信社'向中国发送和散布新闻"①。就是说,日方即使想有所作为,也难以向相关报纸提供新闻材料。

为了改变此局面,有吉明向外务省提出,要真正操纵中国舆论,就必须在华创办日本的通讯社,同时需要有日本人经营的英文报纸。在获得外务省首肯后,经过暗中筹划,有吉明利用民间人士宗方小太郎出面,于1914年10月在上海创办东方通信社(以下简称"东方")。该社打着日本民办机构的幌子,实际上所有资金都来自上海总领事馆,接受其领导。创办之初上海总社只有宗方社长和波多博两人,另在北京、济南、东京各设通讯员1名,东京通讯员负责向上海发送电讯,总社将其翻译成中、英文,以中、英、日3种语言提供给当地的相关报纸。尽管起初规模很小,但作为日本在华最早设立的官方通讯社仍具有重要意义。

1915年大隈内阁提出企图灭亡中国的"二十一条",国人闻讯后舆论鼎沸,国内各报竟相刊载有关消息,强烈反对,第二次抵制日货运动在全国展开。在日本,大隈内阁赤裸裸的对华政策亦受到部分朝野人士的怀疑甚至批评,并且开始"反省"引起运动的原因,试图对症下药,找到解决问题的良策。例如,日本政界元老松方正义提出"对华政策意见",指责大隈的外交政策使日本在世界面前失去威信,认为日本应该作为"黄种人的先驱者对弱小的中国进行善诱、扶植",要注重日中两国的"共同利益"和"利害纽带"②。如何"善诱、扶植",京都大学教授、法学博士末广重雄以《如何实施日中亲善策》为题在《大阪朝日新闻》发表文章,指出,虽然有各种"亲善"方策,"我主张的当务之急是利用报纸杂志,作为启发中国人运动的手段"。因为"德国人在中国的启发运动,即利用报纸等言论机关向中国人鼓吹亲德排日的手段令人惊讶,美国人和英国人也各自有启发运动机关,美国人甚至连正义的传教士也正在成为排日论的先锋"。"为了针对欧洲各国人的非难中伤,辩护我国的立场,融合中国人的感情,在中国非建立完备的启发机关不可。"并且由官民共同投资设立③。显然,末广将中日"感情"不和归咎于欧美的中

---

① 通信社史刊行委员会编:《通信社史》,通信社史刊行会,1958年,第151、152页。

② 德富猪一郎编述:《公爵松方正義伝》,公爵松方正义传记发行所,1935年,坤第923—930页。

③ 末广重雄:《日支親善策如何(一~五)》,《大阪朝日新聞》1915年9月18—22日。

伤与日本在华“启发机关”不完备，主张通过在华创办报纸进行“善诱”来实现两国亲善。

面对对华外交的困境与各方建议，大隈内阁不得不重新考虑包括宣传政策在内的对华政策，利用报纸“善诱”中国的“排日”舆论便是对策之一。1915 年 8 月外务省将掌控下的东方通信社社长宗方、《顺天时报》社长龟井、《盛京时报》社长中岛、*Shanghai Mercury* 日方股东佐原（实由外务省出资，佐原为代理人）招至东京开会，讨论在华宣传政策。会议举行多次，外务省松井次官、小池政务局长、坂田通商局长亲自参加。9 月 18 日大隈外相以《关于我国在华报纸政策》为题致函在华公使与上海总领事等，告知会议内容与决定，“作为我方在中国的机关报而一直活动的仅有北京的《顺天时报》、奉天的《盛京时报》两报，最近在上海有东方通信社设立，负责向北京方面提供通讯”。“前述《顺天》、《盛京》两报对我方之帮助不大，废止论不绝于耳，但作为政府的方针，这两社属于我方对华经营的前卫，必须使之存续下去，并且期待更加发展。而其应该采取的态度，不仅在于非难、攻击中国方面，而且根据中方的态度，在不合适时大加抨击，在中国的做法对日本有利时表达赞同、称赞之意，由此直接、间接反映我方官、民之意向。本省就至今上述两社与东方通信社的利用方法与对华报纸政策的整体状况，多次与龟井、佐原、宗方、中岛等协商，虽然谈到大规模的计划，但鉴于现今政府的财政状况，内部决定姑且先着手实行以下计划。首先让《顺天》《盛京》两社之间开始交换电讯，《顺天》用电报将北京方面的消息发给《盛京》，《盛京》供给《顺天》满洲方面的消息，东方通信社则向《顺天》《盛京》两社发送电讯。”同时，要求上海总领事馆扩大东方通信社规模，增加东京专电，向香港、广州、汉口、济南等地发送电讯，并且收买中国记者，以便当地中文报纸采用东方通信社的电讯。外务省则划拨 27 840 日元提供支持①。

据此可知，为了“善诱”中国高涨的“排日”舆论，将“二十一条”强加于中国，大隈内阁重新制定了对华宣传政策，核心内容有二：一是将东方通信社由地方性小型通讯社发展为全中国规模的大型通讯社，使其承担起外务省在华宣传中枢的角色。二是协调统一在华宣传机构，结束 1913 年 6 月后外

① 外務省：本件ニ関シ在上海有吉総領事ニ左ノ通リ申送ルコト，1915 年。JACAR：B03040705800。

务省系统在华宣传工具各自为政的状态,把它们联合起来再次构建宣传网,充分发挥各自的宣传作用。

对外务省的决定,上海总领事有吉提出不同意见,认为东方通信社突然大规模发展的话,会暴露与日本政府的关系,有此费用不如用来提高电讯质量,总之"我方在华报纸操纵政策仍处于试验时期",不易操之过急①。但急于对抗抵制日货运动的外务省还是实施了原计划。

1916 年 10 月寺内正毅内阁成立,取代内外交困的大隈内阁。针对大战间出现的国际新形势,并且吸取前内阁的教训,寺内调整对华政策,高唱中日"亲善合作",标榜"尊重并拥护中国独立和领土完整","不干涉一切内政纠纷","与列强保持协商"等原则②,试图扩大日本在华利权。

至 1917 年 1 月寺内内阁制定出首个对华政策为止,日本各界人士纷纷献计献策,如时任参谋本部作战部长的宇垣一成于 1916 年 10 月提出《帝国之对华方针私议》,认为与高唱"日中亲善"这种"陈腐的常套辞令"相比,还是向天下人声明日本的要求、日本支援中国的程度,使得中国知晓日本的"真意"所在。可威胁、利诱并举,令中国依赖日本,例如兴办教育设施,派遣顾问、教习、技师,经营报纸杂志。对于后者,他建议在"满洲"、直隶、山东、长江沿岸、福建、广东创办中文报刊,报道内外发生之事,以开发中国人的"智见",使其"正确"理解"帝国之真意"。1916 年 12 月,内务大臣后藤新平向贵族院、众议院代表散发《对华政策之本案》时,将大内丑之助的《帝国之对支方针私议》作为自己提案的附件一并散发。附件明确指出了日本在对华政策上需要注意的问题,其中之一是政府需要加强对舆论的监控,以避免引起中国人反感和猜疑的言论和行为,并且建议在上海、北京、奉天经营中文报纸,普遍宣传"帝国之国是",在上海发行外文报纸,以此普及日本文化③。以上两个《私议》的共同点都在于建议发行报纸,向中国人宣传"帝国之真意""帝国之国是",代表了各方面利用舆论工具解决中日问题的一种思路与期盼。

---

① 総領事有吉明:支那ニ於ケル我新聞政策ニ関シ答申ノ件,1915 年。JACAR:B03040705800。

② 日本外务省編:《日本外交年表竝主要文書》(上),原书房,1965 年,第 424、425 页。

③ 《帝国之对华方针私议》《对华政策之本案》,转引自森田贵子:《日本陸軍の中国における新聞操縦》,《東京大学日本史学研究室紀要》(8),2004 年,第 20、21 页。

外务省在广纳众议的基础上于 11 月初商定出《对华策实行要目》，在预设大战后可能出现的状况后，列举了 15 个需要重点对华实施的“要目”，涉及外交、经济、金融、军事、宣传、教育、医疗、文化等方面。“要目”之三为：“需与北京、天津、汉口、上海、香港及广州各地欧美新闻记者及通讯员等保持接触，需收买我新闻记者或通讯员，对于英文报纸 *Shanghai Mercury* 报社的股份，则多多收购，掌握该社实权，并且需要在该地另外创刊一英文周刊，成为我机关。”《对华策实行要目》还分析了这类工作的现状，指出：“在华公使及领事官等各自用心直接与外国操觚者等交际接近，一向是我外交官最欠缺之处，因此希望反省此方面所下的功夫和手腕，并且做出努力。”

“要目”之七则要求充分发挥日本民间人士的力量，选用有能力者深入中国各地官民之间活动，为推动政府政策、扩大日本利权服务。作为具体事例还列举了在华“报人”的作用：“现在北京有顺天时报社社长龟井陆良、上海宗方小太郎等，像他们那样在中国人中间已扎下稳固地盘者，应该立刻根据上述新闻政策进一步努力，同时亦参与本项画策。”①

《对华策实行要目》对利用报纸、记者、通讯员的重视，最终反映到了政府的正式政策中。1917 年 1 月内阁通过了《关于对华政策》，其附属文件之一为《伴随对华方针、大纲的决定应采取的措施纲目》②。《纲目》包括舆论、军事、经济、外交等 21 项内容。其一即为“在北京及上海创办与我国有关系的英文报纸”。“北京及上海是中国政治舆论的两大中心，因为这两地有诸如《顺天时报》与《东亚日报》这类我国人经营的中文报纸，对当地中国人有相应的影响，但毋庸多言外文报纸在中国最有影响，特别是每遇外交事件发生，中国政府便使用至今的惯用手段，最早操纵外文报纸，总是努力博取外国人的同情。有鉴于此，为了与之对抗，围绕我对华政策，由外国人或通过外国人向中国人说明我方立场，以消除误解，必须创刊我国人经营的外文报纸。过去因为缺少此类机关，不知在我国对华外交方面招致了外国人多少误解。因而感到现在绝对需要在北京及上海创办英文报纸。”据此可见，为了向中国人、在华外国人宣传、说明日本的对华政策与外交立场，寺内政府将在华创办“最有影响”的英文报纸作为对华政策的重大举措之一。

---

① 本野大臣：对支策実行要目，1916 年。JACAR：B03030013000。
② 本野大臣：対支方針大綱決定ニ伴ヒ施設スヘキ綱目，1917 年。JACAR：B03030013200。

尽管大隈与寺内内阁的对华政策有异,但在操纵报纸等影响舆论以推行对华政策方面十分一致,都将其视为政策的重要组成部分。在以上思想指引下,以外务省为首,日本各种势力的在华活动迅速增强,操纵报刊、通讯社的力度是空前的。

有关报刊,受日本官方、军方等操纵者连年增加,由 1913 年的 22 种增加至 1918 年的 44 种,6 年中成倍增加。1918 年受操纵的报刊,从地区分布看,东北 11 种,京津地区 8 种,上海 6 种,山东 8 种,汉口 6 种,福建 4 种,香港 1 种。其中东北最多,山东增加最快,汉口也有显著增加。

东北地区最多,自然是日本积极"开发"东北的产物。除了既有的《盛京时报》等外,此期还出现了《醒时报》《吉长日报》《东满通信》《奉天新闻》《蒙文报》。它们受到外务省、军方等的补助,其中《醒时报》《吉长日报》是中国人经营的中文报纸,《蒙文报》是日侨发行的蒙文报纸,其他均为日侨发行的日文报纸。

山东增加最快与日军入侵有关。1914 年日军侵占青岛等地后实行全面统治,在文化方面,负责统治的"青岛守备队"采取了很多措施,发行中、日文报纸《青岛新报》就是典型之例,其中文版完全是针对中国人宣传,维护占领统治的。在济南,虽然远离日军占领区域,但随着日本各种势力涌入,依靠外务省和军方帮助,日侨也创办了中文报纸《济南日报》和日文报纸《山东新闻》,前者成为日方在济南的重要喉舌。当地中国人创办的《山东公言报》与商务总会的机关报《商务日报》也一度受到日方影响。在芝罘,《芝罘日报》则充当起日本领事馆的传声筒。

汉口宣传势力的加强,与 1912 年日军"汉口派遣队"①入侵此地有关。该军驻扎 10 年多,与领事馆一样积极染指当地报纸,试图影响舆论,*Central China Post* 持亲日态度,便是其设法接近的结果。在各方努力下,除了《汉口日报》外,《汉口新闻报》《国民新报》《汉口中西报》与 *Central China Post* 此间也受到不同程度的操纵。

在京津地区,1914 年至 1918 年间受日方操纵的报刊除了《顺天时报》、《天津日日新闻》、《大公报》、*China Times*、*China Tribune* 以外,新增中文报纸《北方日报》,日文报纸《新支那》《天津日报》,法文报纸 *Journal de*

① 始称"中清派遣队",后称"中支(那)派遣队",通称"汉口派遣队"。

Pékin，英文报纸 *China Advertiser*、*North China Daily Maii*。尽管日本官方仍未能如愿创办英文报纸，但日方在该地区英文报纸宣传的力量显著增强，政府的目标得到部分实现。

上海是日本政府指定建立英文机关报的要地，虽未付诸实施，但除了业已被操纵的 *Shanghai Mercury*、*Shanghai Times* 以外，*North China Daily News*、*China Press*、*Far Eastern Review* 也一度为日方所用，而《申报》《神州日报》这些当地有影响的中文报纸也或多或少受到操纵。日侨在官方等支持下还先后创办中文报纸《华报》《东亚日报》《亚洲日报》，充当政府的喉舌。

在福建，台湾总督府与外务省继续扩大其宣传阵地。除了全力支持《闽报》外，外务省在 1914 年又开始资助厦门《全闽新日报》，为日方今后进一步掌控打下了基础。台湾总督府及其御用机构“台湾善邻协会”还利用日侨在厦门创办中文报纸《南报》《中和报》，针对中国读者进行宣传，在福州创办日文报纸《福州时报》，间接影响当地舆论。

在广东和香港地区，台湾总督府将触角伸向广州，1916 年资助日侨创办中文报纸《南国报》，试图培植自己的代言人。香港总领事馆仍保持对中文报纸《华字日报》、日文报纸《香港日报》的补助，使其为己所用。

此期外务省在华操纵报刊的费用也随之剧增。如前所述，寺内内阁在 1917 年初制定对华政策时就将舆论宣传工作列入其中，表 1 是 1917 年度在华经营与操纵报纸的预算与至同年 7 月的实际开支。据此可知，政府的政策大多得到了落实。就实际开支而言，外务省在北京、上海、奉天、福州、芝罘用于经营报刊的费用共 62 400 日元。其中《东亚日报》最多，达 3 万日元；《顺天时报》次之，21 000 日元；《盛京时报》的费用也近 1 万日元。外务省在北京、天津、上海等地用于操纵报纸的费用也不菲，达 44 100 日元。其中天津两万居首，上海次之，超过 1 万日元。以上费用共计达 106 500 日元。此数据还不包括用于东方通信社等的费用，如果全部算上则更多。上述开支与 1909 年的在华操纵费 16 700 日元相比，增加了 6 倍多，充分显示了日本政府对在华操纵工作之重视。

表 1 还有“预算”，据此可知外务省在华有创办、操纵报纸的庞大计划，总费用合计达 22 万日元。从实际情况看，创办报纸的计划当年未能实施。但此“预算”反映了日本政府在华操纵报纸影响舆论的勃勃野心。

表 1　外务省在华报纸经营与操纵费(1917 年 7 月 19 日)①

(单位:日元,金额为年额)

<table>
<tr><th rowspan="2">地名</th><th rowspan="2">报　名</th><th colspan="2">报刊经营费</th><th colspan="2">报刊操纵费</th><th rowspan="2">说明</th></tr>
<tr><th>现在</th><th>预算</th><th>现在</th><th>预　算</th></tr>
<tr><td rowspan="2">北京</td><td>顺天时报</td><td rowspan="2">普通资助 15 000
特别资助 6 000</td><td>21 000</td><td rowspan="2">6 000</td><td rowspan="2">4 200(月额 350)</td><td rowspan="2">特别资助指因时局纸价上涨给予的资助</td></tr>
<tr><td>英文报纸(创办)</td><td>21 000</td></tr>
<tr><td>天津</td><td></td><td></td><td></td><td>20 000</td><td>10 000(月额 833)</td><td></td></tr>
<tr><td>上海</td><td>东亚日报</td><td>30 000</td><td>30 000</td><td>约 12 400</td><td>10 000(月额 833)</td><td></td></tr>
<tr><td>奉天</td><td>盛京时报</td><td>普通资助 6 000
特别资助 3 600</td><td>21 000</td><td>1 000</td><td></td><td></td></tr>
<tr><td>汉口</td><td>中文报纸</td><td></td><td>21 000</td><td>3 000</td><td>2 400(月额 200)</td><td></td></tr>
<tr><td>广州</td><td>中文报纸</td><td></td><td>21 000</td><td></td><td>2 400(月额 200)</td><td></td></tr>
<tr><td>济南</td><td>中文报纸</td><td></td><td>21 000</td><td>1 200</td><td></td><td></td></tr>
<tr><td>福州</td><td>闽报</td><td>台湾总督府资助 2 400</td><td>21 000</td><td></td><td>2 000(月额 166)</td><td>外务省代替台湾总督府资助</td></tr>
<tr><td>吉林</td><td></td><td></td><td></td><td>500</td><td>2 000</td><td></td></tr>
<tr><td>芝罘</td><td>芝罘日报</td><td>1 800</td><td></td><td></td><td>2 000</td><td></td></tr>
<tr><td>南京</td><td></td><td></td><td></td><td></td><td>2 000(月额 166)</td><td></td></tr>
<tr><td>长沙</td><td></td><td></td><td></td><td></td><td>2 000</td><td></td></tr>
<tr><td>云南</td><td></td><td></td><td></td><td></td><td>2 000</td><td></td></tr>
<tr><td>香港</td><td></td><td></td><td></td><td></td><td>2 000</td><td></td></tr>
<tr><td>合计</td><td></td><td>62 400(减去台湾总督府资助)</td><td>177 000</td><td>44 100</td><td>43 000</td><td></td></tr>
</table>

在通讯社方面,靠横滨正金银行等国策企业赞助,1916 年 12 月成立于东京的共同通信社在上海、北京等地设立分社,向中国报纸提供通讯,外务

① 外務省:新聞経営費及操縦費,1917 年。JACAR:B03040817200。

省从1917年起给予了资助。东方通信社则在外务省的大力支持下建立了北京、奉天、汉口等分社，不断扩大对中国报界的影响。因第一次世界大战德国系统的通讯社等撤出中国，欧洲留下的通讯社仅有路透社，该社在上海、北京、天津向中国报纸等提供通讯，与其相比，内容暂且不论，在通讯网这一点上东方通信社的优势可以说是显而易见的。

由于此期日本的对华宣传走向了独立与活跃，并且利用通讯社、报纸进行宣传逐渐成为政府解决对华问题的重要手段，因此，操纵的规模、主体、手段、地域都有显著发展。首先，受操纵的报刊数量持续增加，从1905年的16种增加到1909年的26种，又在1916年增至34种，1918年更达到44种。其次，报刊的语种除了中文、英文、日文外，还出现了法文、朝鲜文、蒙古文等。又次，作为操纵主体，与前期相比，外务省投入的力度显著增大，以"满铁"为主的国策会社异常积极，军方也十分活跃。再次，在操纵手段方面，外务省试图充分发挥通讯社的作用，利用其在华构建宣传网，并且更热衷于直接主办报社、通讯社。最后，操纵地域迅速扩大，由天津、北京、上海、香港、汉口、福州，扩大到青岛、济南、厦门、广州、东北大中城市等地，并且在东北地区、京津地区、山东半岛、汉口、上海、福建等地建立了长期稳固的宣传阵地。

三、"积极"政策的宣传：政、军宣传中枢的建立及相关活动(1919—1930)

1. 新宣传政策的出台与情报部、新闻班的建立

(1) 外务省情报部的建立与对华宣传新政策

第一次世界大战结束后，列强为了争夺、扩大在华权益，在加强政治、经济、军事扩张的同时，加紧向文化领域渗透发展，开始注重利用兴办文化、社会事业来宣扬本国政策，对他国进行排斥性宣传，以接近中国，争取民心。

日本在上述国际环境下也尝试制定新政策，尤其是文化宣传政策，以适应变化。有关采取新政策的必要性与迫切性，在大战期间已经显露。1918年9月原敬内阁诞生后，在宣传上首先面临3个课题：(1)在对外宣传方面，如何与各国对抗。(2)在对内方面，如何建立新的国家性新闻发布机构。由于日本经营对外通讯的"国际通信社"(以下简称"国际")与路透社签有合同，

不仅无法在中国从事相关活动,就连日本的新闻也不能向国外发送,导致反映日本国家意志的新闻无法输出。(3)如何建立一权威机构统筹、监督宣传活动。

继第一次世界大战期间各国倾力实施宣传战之后,1919 年 1 月召开的巴黎和会成为宣传战的新战场。对在此方面落后于欧美的日本政府而言,和会既带来了宣传上的压力,也提供了其深入观察、研究上述课题的好机会。会议开始不久,根据原敬首相的指示,外务省火速派遣两名官员与《读卖新闻》主笔伊达源一郎等赴巴黎,研究各国的情报与"广报"机构,重点考察通讯社的运营方法等,与日本全权代表牧野伸显和先期抵达的"国际"负责人肯尼迪商量对策。驻意大利大使伊集院彦吉也作为日本代表与会,原敬亦指示其就政府的广报组织与活动加以调查研究。伊集院经过考察后提出方案,认为日本需要在内阁设立强有力的情报局,即统制各机构的中央情报宣传机关,统一外务省、军方等的相关工作。牧野、伊达等也赞成此方案。

原敬审阅后认为:"这是无法实施的方案,陆军军阀、海军军阀仍是随心所欲,根本不可能实现情报的统合。自己即使是总理大臣,也因为无法做到而苦恼。""与这种无法实现的方案相比,还是在外务省成立有力的情报部,由此收集、交换、颁布情报等,进行强而有力的活动。"①

外务省于是围绕成立情报部展开研究。此时巴黎和会已经结束,日本认为中国吸取了第一次世界大战中宣传战的经验教训,成功地运用于和会,积极展开宣传攻势,在山东问题上赢得了世界的普遍同情,在世界舆论面前置日方于尴尬地步,使日本外交遭挫。受此刺激,参加巴黎和会的有田八郎、重光葵等外务省的年轻官员认为日本在山东问题上的不利状况,与本国外交政策的守旧笨拙有关,于是成立"外务省革新同志会",立志革新,推动本省的机构改革。对于宣传,该会编写了《外务省革新纲领要目》,主张设一局专司宣传,操纵报纸,向驻外机构通报国内情况等。这些主张最终都形成报告提交给了内田外相,为外务省营造了外交革新的空气②,"为今后的宣传政策强化论埋下了伏笔"③。

---

① 日本外务省百年史编纂委员会编:《外務省の百年》上卷,原书房,1969 年,第 1028、1029 页。
② 革新同志会:外務省革新綱領要目,1920 年。JACAR:B14090156300。
③ 有山辉雄:《情報覇権と帝国日本》(Ⅰ),第 368 页。

巴黎和会引发的五四运动，则是促使日本重新制定对华宣传政策的直接动因。五四运动爆发后，面对空前规模的抵货运动，日方努力寻找原因与对策。不过，日方不是反省自身的侵华政策，而是归咎于中国报刊的宣传与在华欧美人的“挑拨离间”。以在华外交机构对运动的观察为例，济南山田代理领事的报告名称就是《有关国耻纪念大会举行前欧美人煽动的报告》。上海有吉总领事也称运动是由当地中国各报纸与学生团体煽动起来的，广州太田总领事则认为当地“排日”骨干背后有欧美势力在活动，上海山崎总领事则报告说美国势力在上海抵货组织背后活动，“美国报纸记者总是与学生组织接近，一直致力于煽动排日”。作为对策之一，各地领事建议利用报刊等进行宣传。例如，1919 年 12 月南京岩村领事的报告在分析运动发生、发展的原因及其宣传手段后，认为日本方面采取以下对策才能见效：“1.收买上海等最有影响的中文报纸。2.使我方现在的机关报目前更加活跃。3.在各地增设我机关报。4.向各方面散发拥护我方政策的印刷品。5.派我方名人到中国各地展开演讲会。”①以上建议中有三点都是利用报纸。

有关五四运动的起因及其对策，日军在华驻军与中央决策机关也具有同样认识。例如，1918 年 6 月出任华北驻屯军②司令的金谷范三，经过对“排日”起因调查研究后认为：“中国一般民众的对日感情，与在华英美人的离间中伤互为因果，令人甚为忧虑。”而“离间中伤”的工具正是媒体。“研究其方策的结果，相信逆用阻碍亲善的原动力，即怀柔、操纵新闻记者是捷径。”③金谷在此将操纵媒体视为解决问题的关键，要求参谋本部加以重视。

同样处于对华关系第一线的青岛守备队司令官由比光卫在 1919 年 11 月向政府提交《对华政策私议》④，亦认为中国官民对日感情恶化的主因之一是，“嫉妒日本力量在华发展的英美势力”，“巧妙利用了中国人对日恶感”。而“谋求日中亲善，须先缓和排日气势，或加以防止”，“相信努力广泛

① 日本外务省编：《日本外交文書》大正 8 年第 2 册（下），外务省发行，1970 年，第 1157、1181、1183、1228、1229、1467、1468、1483、1484 页。

② 庚子事变期间入侵中国的日军长期驻扎中国，称“清国驻屯军”，后又称“支那驻屯军”“北支那驻屯军”“天津军”等，本书统一称华北驻屯军。

③ 駐屯軍司令官金谷：在天津支那新聞記者操縦ニ関スル件上申，1919 年。JACAR：C03022477800。

④ 由比光衛：対支政策私議，1919 年。JACAR：B03030275100。

博得中国官民,尤其是民间的理解,由此唤起对日亲善的舆论才是极其必要的。"为此他提出了11点建议,其一就是在北京、天津、济南、汉口、上海等重要城市设立普传机关,即创办报纸,以此消除误解,对抗中国和英美报纸对日本的攻击。

作为陆军最高决策部门的参谋本部,于1919年6月10日形成《需要迅速平息排斥日货运动》的决定,认为仍在中国各地扩大的"排日"运动逐渐带有危险性,运动发生的原因是"对于山东问题的误解",学生作为运动的主力能坚持下来,运动能扩大,是"英美人的煽动","运动的背后有有力的第三者做后援"。"对于如此形势,拱手旁观,等其熄灭,只会增加我商民的苦难,助长中国官民的轻侮心,使帝国权威坠落,更使欧美人徒收渔翁之利。"为此需要逼迫中国政府镇压运动,如果无效就警告将采取自卫手段,如果仍然无效则做好出兵武力干预的准备。此外,作为对策之一,参谋本部还提到了采取宣传手段,操纵报纸,即"利用各种宣传活动,尤其是中国官民,使其知晓排日运动只会导致中国危局的理由,并且操纵报纸,唤起舆论,采取怀柔政策,由此利用这次机会使其切实自觉日中共存的重要性"①。在此,武力威胁与宣传都被军方高层视为对付抵货运动的有力武器。

对于五四运动,日本的舆论界也纷纷寻找原因,为政府献计献策,其中不乏将起因归咎于他人教唆,呼吁在华建立宣传机关者。《神户又新日报》1919年6月刊登的社论《宣传设施之要》便是典型之例。该社论指出,此次运动的中心是学生,背后则有人唆使,如果日方在中国有什么机关,就能引导学生对中日关系加以理解,防患于未然。还有,即使运动发生后也能反宣传,使之缓和,不至于扩大到全国。对此,"需要充实对华宣传机关"。社论批评日本政府至今做得很不够,"英美人热衷于宣传政策,并且手法巧妙,足以为楷模,在我方而言,从未深入中国民众之思想加以丝毫注意,只是以现时政府者作为对策目标,或谋求亲善,或加以援助,仅此而已"②。

日本的通讯社经营者也发出同样声音。1919年9月日华共同通信社社长小川平吉给外务省上书《对华宣传机关扩张方案》③,在说明国家重视

① 参謀本部第二部:速ニ日貨排斥ヲ終熄セシムルノ必要,1919年。JACAR:B11090279200。
② 《宣伝施設の要》,《神戸又新日報》1919年6月16日。
③ 小川平吉:对支宣伝機関拡張案,1919年。JACAR:B03040802500。

宣传政策的重要性后，指出中国流行“排日”运动原因虽多，但最主要的是日本在华缺少宣传机关。他认为要扫除“排日”空气，“必须鼓吹亲日的气氛。因此，过去不完备的宣传机关需要整顿完善，更需要新办若干机关，实施有效而实在的宣传方法，而中央更需要设立统一指导的机关”。有关对华宣传机关，小川认为对于政府来说有经营通讯社、经营报纸、操纵中国报纸这三种。但是要同时实施好，中央就需要成立监督指挥机构，需要在重要城市办机关报，或利用既有报社。因此，他呼吁在东京设立官民一体的宣传总部和国家性通讯机关。小川是国会议员，其建议也代表了部分政治家的看法。

这样，面对第一次世界大战后世界出现的新格局、巴黎和会后的山东问题、中国规模空前的抵制日货运动，日本的对华宣传政策需要进行重大调整，这种要求既来自政府内部、军方，亦来自民间各种势力，建立政府领导的宣传机构，利用报纸对中国民众进行“亲善”宣传，解决中日之间出现的问题基本上成为朝野共识。

在以上背景下，外务省政务局第一课于 1919 年 4 月拟定出《关于新闻政策的新计划方案》①（以下简称《方案》）。该《方案》属于“极秘”级“未定稿”，因为是印刷品，相信已经大量印刷并分发到很多部门讨论。

《方案》共分 9 部分，包括“1919 年度所需经费概算细目表”、“在华各种报纸调查表”、外务省秘密补助的报刊表等，十分具体。内容如此细致，说明拟定者是精心准备，并且力争获得政府通过的。因为内容基本上是针对中国的，据此可以知道外务省在对华宣传政策上的基本构想。

《方案》首先论述了“对华新闻政策刷新的必要”以及今后采取的方针，认为中国官民容易受流言蜚语迷惑，不了解真相，或者因第三国公然或秘密煽动，往往反对、抵抗日本的对华政策及其措施，从而大大阻碍了政策的推行。事先预防和排除这种阻碍当然是必须的，但这只是消极应对，“应该更进一步，研究从中国民众中积极大量发现支持我国政策者”，促使两国国民的思想感情融和，“宣传是最根本的方法”；并且需要积极对华宣传，让中国民众了解“帝国”政策产生的背景和意义，懂得执行这些政策关系到两国的“共存共荣”和“东亚大局”的维系，否则就不可能取得效果。

---

① 外務省政務局：新聞政策ニ関スル新計画案（未定稿），1919 年。JACAR：B03040600400。

至于宣传的手段,《方案》认为:“宣传最直接的方法当属利用报纸和通讯机关。这些机关不仅在国内外政治上具有极大势力,现在实际上也成为外交上的一枢轴。如果说外交运作大半依靠此等机关实施也不过言。……中国近年来报业显著发达,中国人利用报纸的倾向正在加大,报纸的报道和言论的权威性明显增加。因此,报纸和通讯在中国亦愈发成为有效的宣传机关。”

《方案》拟定的“计划要领”主要有:(1)“刷新新闻政策的要诀就在于一改以往消极态度,大力采取积极操纵的方针。”(2)因为“满铁”、军方、台湾都督府等都在操纵,而新闻政策本来就是推行外交政策的一种手段,为了确保外交政策之统一,“在中国的报刊经营和操纵需要悉归外务省统一进行”。(3)“在中国增设处于我势力下的报纸,尤其是尽量将中国人及其他外国人现在经营的有影响的报纸吸收进我操纵圈内。”计划还列举了操纵的报纸名称与语种、操纵方法、所在地,中国的 29 个城市被定为机关报所在地。

有关通讯社的利用,“计划要领”是扩大东方通信社,增加补助,在各地增设支社与通讯员;在东京设立一官民合资的新通讯社面向欧美宣传;研究有效利用国际通信社和日华共同通信社的方法。

《方案》还对组织机构进行了规划:(1)设立一隶属于外务省政务局的中央机构负责新闻操纵,向在外使馆提供信息,下达新闻操纵方针;选择和提供新闻通讯材料,指导新闻论调;组织对华宣传的一般事务及有关补助的事项;调查外国的宣传事业与对华政策等。(2)在对华宣传方面设宣传协会专门管理此类事业。为了实施以上计划,《方案》的预算为 4 126 100 日元。

以上特别值得关注的:一是外务省将利用报刊、通讯社视为在华宣传“最直接的”手段,甚至将这种宣传机关上升至对华外交“一枢轴”的高度。二是改变外务省如今的宣传方针,将对华宣传由“消极”改为“积极”。三是建立以外务省为中心的一元化中央领导机构,全面领导对华宣传工作。四是将报纸与通讯社视为对华宣传的两大支柱,通过在华 29 个城市布局,建立庞大的宣传网络。五是新计划的规模庞大,预算总额近乎天文数字,例如外务省 1919 年度的“报纸经营及操纵费”实际为 255 400 日元,而以上预算是其 16 倍左右。

因为预算过于庞大,不可能获得国会通过,而军方、台湾总督府等也不会放弃对舆论的操纵，听从外务省领导，以上方案脱离实际，不可能实施[①]。然而《方案》毕竟是在总结日本对华宣传经验教训的基础上制作的，因而针对性极强，也有一定的切实性，更重要的是如实反映出了外务省今后的对华宣传政策取向和重点所在，为外务省制定切实的新闻政策奠定了基础。

在反复研究宣传政策的同时，外务省开始筹建原敬首相希望设立的情报部。根据原敬首相的指示，外务省决定在正式建立情报部前，于 1920 年 4 月先在外务省内启动其工作，任命伊集院彦吉为部长。伊集院 1893 年任芝罘副领事，后在英国等地工作，1908 年起先后任驻华公使、总领事，在华期间积极从事舆论操纵工作，积累有丰富经验。1919 年任驻意大利大使，大概是日本最早系统研究欧美宣传体系的驻外大使，又亲历巴黎和会，因此是首任情报部长的理想人选。

外务省将情报部的工作分为两部分，一是收集各种情报，洞悉各国政局，广为涉猎各种报刊、著作等，知悉其国舆论趋势；二是平时经营报纸、通讯，或接触它们，或与各宣传机关联系，不断让世界知晓日本政府的态度，对日本具有正确的认识，至少要发现对日本不利的或杜撰的报道，迅速采取合适的对策[②]。其下设远东部、欧美部、宣传事业部等。远东部的工作范围为中国内地与香港、澳门以及泰国，实际上几乎就是中国部。其具体工作有：关于在华宣传机关的经营、计划、补助，对东方通信社人事与会计的监督，调查中国的报刊、宣传机关、中国舆论、在华外国人舆论，也对中国及中俄之间的外交、政治等加以调查。

1921 年 8 月情报部的设置获得内阁正式批准，除了各部局改为“课”外，其他大致未变[③]。情报部的正式建立标志着外务省对外宣传中枢的确立，外务省领导的以报刊、通讯社为主要手段的“积极”对华宣传工作自此进入新阶段。

(2) 新闻班的建立与军方的对华宣传政策

第一次世界大战期间，日军开始关注与研究欧洲战场上的“总力战”“宣

---

① 大谷正：《「新聞操縦」から「対外宣伝」へ——明治・大正期の外務省対中国宣伝活動の変遷》，第 86 页。

② 外務省：情報部設置ニ関スル理由書，1922 年。JACAR：B14090156500。

③ 日本外务省百年史编纂委员会编：《外務省の百年》(上)，第 1032—1034 页。

传战”,并且在国内实施新闻管控。陆军方面,陆军省设立“报纸检查委员”,根据日本报纸法检查报纸有关军事方面的内容,也举行新闻发布会,发布军方消息。不过,有关此种会议,无具体定规,也无专门负责的机关,陆军省、参谋本部要员酌情随时召集记者,其中参谋本部负责情报的第二部长每周见1次记者①。

1918年8月日军出兵西伯利亚干涉俄国革命,遭到各方质疑,军方感到压力。新任陆军大臣田中义一决定实施“积极”的宣传政策,通过宣传活动,改变军方在国民中的形象,并且调查掌握各方面对陆军的舆论动向,以便采取对策。于是在次年1月,设立陆军大臣官房“报纸管理员”,由秦真次负责对舆论加以监视和报告,向日本国内的媒体提供军方希望发表的新闻材料。同年5月,以“报纸管理员”制度为基础成立由陆军大臣直接领导的“陆军省新闻班”(以下简称“新闻班”),基本任务是监视内外形势与舆论倾向,向大臣及相关机构报告;起草并且向媒体等提供新闻材料,引导舆论。班员有“中国通”冈村宁次少佐等5人。新闻班的建立标志着日本陆军宣传中心的诞生。

如前所述,新闻班建立前,陆军方面对外发布消息的主体不定,陆军省或参谋本部要员都会发布消息。两者在报道材料的提供以及提供的程度上无统一性,常有矛盾。新闻班建立后,两者决定协调分工,厘清责任,经过磋商,1919年11月1日制定了《向在外军队司令部等提供宣传资料的内部规定》②。文件首先说明了制定规定的原因:“由于华北驻屯军司令部已经对中国报纸进行操纵,松村经营的英文报纸也终于发刊,而浦潮派遣军亦已经通过弘报局对俄国报纸宣传,因此,需要向这些机关提供宣传资料,同时也需要进一步研究宣传方法。”文中提到的华北驻屯军司令部之事,是指对天津编译社的操纵,松村经营的英文报是指华北驻屯军资助的《公闻报》,因此,制定“内部规定”的发端应该是出于指导华北驻屯军等宣传工作的需要。

有关“主管事项”,陆军省负责:“(1)应使用电报或书面形式将供宣传的材料发送给相关的军司令部或机关;(2)关于重大问题,应遵照政府方针将宣传要领灵活下达给相关的军司令部或机关。”参谋本部的工作是:“(1)为

① 臨時軍事調査委員会:業務顛末書提出の件,1922年。JACAR:C03025405000。

② 陸軍省、参謀本部:在外軍司令部等へ宣伝資料供給ニ関スル内規,1919年。JACAR:C06031233300。

了陆军省主管的第一项目的，参谋本部须向陆军省提供材料。（2）关于陆军省主管的第二项，陆军省届时应向参谋本部征求意见，或参谋本部就此应随时提出要求。”据此规定，陆军省负责对外宣传，参谋本部从背后支持，提供材料并且把关，陆军方面对外宣传的混乱局面由此结束。

在此基础上，陆军省进一步制定了《有关向在外军司令部等发送宣传材料的省内细则》，要求新闻班负责上述“内部规定”所划定的陆军省主管事项，以陆军次官或高级副官的名义向驻外军司令部等发送新闻材料。新闻班起草完新闻材料后，根据需要与省内各局、科协议，或征求参谋本部的意见，需要的话，经过次官决裁，然后印刷好呈副官部。发送时，如果是电报，标记“陆宣第某号”，如果是书面寄送，则为“陆宣普（秘）第某号”，两者均按顺序标序号。以上细则的制定，使新闻班的职责、任务、与其他部门的关系得到了明确规范。

在对华宣传上，1919 年 11 月参谋本部与陆军省还制定了《关于向华北驻屯军司令部等提供宣传资料的内规》，决定今后以“陆宣甲”“陆宣乙”为名发送电文，前者是每天发送，后者根据需要发送。“陆宣甲”根据宣传资料的性质和价值的差异，发给旅顺、北京、天津、上海、汉口、青岛、台湾、朝鲜的日军相关机构。坂西利八郎此时正在北洋政府任顾问，自 1921 年 8 月后各类资料也发给他一份①。

通过成立新闻班，制定各种规定、细则，陆军方面建立起一套比较完整、规范的对外宣传制度，对华宣传工作进入新阶段。

新闻班成立后立刻投入以上工作。在对内外形势、舆论观察方面，根据收集到的情报定期编写发行《舆论概观》，供陆军大臣及有关部门参考。在宣传、引导舆论方面，新闻班作为陆军省与记者俱乐部交流的窗口，积极回答记者的提问，主动提供新闻材料，以“陆军省公布”“陆军省发布”“陆军省获得的电报”“陆军当局谈”等发布消息②。

在对华宣传方面，新闻班除了日常向在华日军组织提供新闻材料外，每逢重大事件发生时，更是全力收集材料，组织报道。陆军省等根据需要还会制定宣传纲领加以指导。

①② 臨時軍事調査委員会·業務顛末書提出の件，1922 年。JACAR：C03025405000。

当然,新闻班的任务是限定性的,无法逾越陆军方面,与其他政府部门无正常沟通联系的机制,在对外宣传上往往撇开政府。尽管如此,它的建立为日本政府30年代成立"情报委员会"统一领导对外宣传奠定了基础。

(3) 外务省、军方等的操纵活动

在利用通讯社对华宣传上,如前所述,日本朝野方面一直呼吁建立强有力的中央通讯社,外务省也认为"宣传事业中最为重要、有效的是依靠通讯进行的宣传"①。因此,外务省情报部成立后最引人注目的对华工作是建立直接经营的通讯社,"通讯社政策成为情报部事业的重要支柱"②。

情报部建立的通讯社,名为东方通信社。虽然是以上海的东方通信社为基础建立,并且沿用其名,但新的东方通信社属于外务省情报部直接经营,其组织机构、规模、职责范围都发生了重大变化(详见第六章"一")。外务省对其定位很高,在为议会准备的答辩材料中,针对"对华宣传方针是什么"这一问题所预备的回答是:充分发挥东方通信社的作用,使其完全成为有权威的通讯社,受各报的欢迎,"以东方通信社为对华宣传的根本机关"③。对于这一负有重大使命的通讯社,外务省情报部每年耗资50万日元加以建设,不断扩大功能和规模。与此同时,外务省还补助支持日华共同通信社的在华活动。

军方也看到了通讯社的特殊作用,陆军省新闻班以支付高额"通信购入费"的形式,资助能够在华从事自主报道活动的"电通"。在军方支持下,该社20世纪20年代起在华逐渐发展。而华北驻屯军则于1920年创办天津编译社,利用新闻班等提供的材料,向华北地区相关报纸等发布通讯,成为军方在华北的重要喉舌。

在利用报刊宣传上,面对新的形势,日本朝野都要求强化力度,并且寄予厚望。因此日方在华操纵的报刊继续增加,从1918年的44种增加到1920年的48种,再创新高。

在直接办报和扩大报刊补助方面,外务省是按照上述《关于新闻政策的

① 外務省:第四十四議会質問予想事項並答弁,制作时间不明。此次议会会期为1920年12月至1921年3月,该文件应该在此前制作。JACAR:B14090156500。

② 有山辉雄:《情報覇権と帝国日本》(Ⅰ),第372页。

③ 外務省:第四十四議会質問予想事項並答弁。JACAR:B14090156500。

新计划方案》思路积极推进的，军方也采取了积极政策。在1919年到1922年的4年间，外务省、军方、“满铁”等通过直接创办或补助等方法，新增操纵的报刊达20多种，它们主要是北京的*North China Standard*、汉口的《湖广新报》、广州的《岭南新报》《中华新报》《七十二行商报》、天津的《日华公论》、上海的《中华新报》与*China & Far East Finance & Commerce*、哈尔滨的《大北日报》《滨江时报》、间岛的《间岛新报》、大连的《满洲报》《东北文化月报》、芝罘的*CheFoo Daily News*。它们分布于中国南北要地，其中*North China Standard*、《岭南新报》《湖广新报》都是外务省上述既定计划中出现的，属于外务省重点投资、直接创办和领导的机关报。外务省在华同时投巨资创办3种机关报是前所未有的，显示了在中国首都北京建立英文喉舌、在宣传力量薄弱的中部重镇汉口与南部重镇广州建立强大宣传阵地的勃勃野心。随着它们的创办，外务省在华直接掌控的报纸有奉天的《盛京时报》、北京的《顺天时报》与*North Chian Standada*、天津的*China Advertiser*、上海的*Shanghai Times*、济南的《济南日报》、汉口的《湖广新报》、广州的《岭南新报》。它们南北呼应，构成了有力的报纸宣传网。

1920年前后，日本在华宣传的投资达到了空前规模，撇开军方不论，仅就外务省而言，其开支虽未达到上述《关于新闻政策的新计划方案》中的数目，但也增幅巨大，仅1920年4月至8月末的5个月间，情报部的事业费就达245.7万日元，其中用于美国的约为17万日元，约占总额的7%，用于欧洲的约24.6万日元，约占总额的10%，而用于中国的费用达93.7万日元，约占总额的38%，远远超过欧美，甚至超过两者总和。上述费用中仅用于操纵在华18种报纸的就达26万弗左右①，几乎与1919年度255 400日元的“报纸经营及操纵费”相同，足见外务省在华报刊宣传的力度之大。

由于东方通信社的费用属于日本国内的支出项目，因此以上开支不包括1920年起每年用于该社的50万日元。如果算入，外务省用于在华直接操纵的费用则更多。

这样，在“积极”政策指导下，外务省与军方两大宣传指挥中心利用通讯社与报刊在华建立起空前规模的宣传网，利用报刊宣传则进入鼎盛时期。

---

① 外務省:情報部設置ニ関スル理由書，1922年。JACAR：B14090156500。

2. 20世纪20年代初、中期的宣传政策及其活动

自20年代起至1927年4月币原喜重郎外相卸任,日本对华外交实行的是所谓协调路线,即与英美协调,对中国内政采取不偏不倚的政策,“尊重”中国的合理要求,文化外交仍是重要手段之一①。

在对华宣传上,“大正后期‘情报部’的事业内容,因为没有合适的资料,难以说明”②。不过,基于以上对华政策,作为日常性宣传,可以从1925年4月币原外相给天皇进讲的内容窥知一二。币原说,“情报部”的对外宣传工作,一是通过照片、幻灯等宣传日本各种状况,二是“情报部向外国的报纸、通讯社等提供正确的报道,并且对来自国外的通讯员、报刊记者、旅行者等提供各种方便,使其正确了解日本。而眼下规划中的事业是通过无线电台播送新闻信息。即以台湾凤山的无线电局向南洋、中国,磐城无线电局向太平洋彼岸中南美方面,每天在一定时间内广播日本发生的事情。这样,通过外国报纸每天登载,外国人不知不觉就会对日本有兴趣了解。能够把他们的思想、感情向我国有利的方向引导”。据此可知,情报部日常对外宣传政策的重点在于,通过向包括中国在内的外国的报纸、通讯社等“提供正确的报道”,树立日本的正面形象,培养其对日感情。这是与政府的文化外交完全配套的。

进入20年代后,中日关系充满波折,抵制日货运动多次发生。外务省自1908年起每次都将宣传作为对抗运动的重要手段,情报部的建立更与五四运动密切相关。这种在抵制日货运动中逐步发展起来的对华宣传系统,在实施上述文化外交政策过程中变得更为重要。

1923年3月掀起的抵制日货运动,是继五四运动后又一次的同类运动。运动初起的3月29日,上海船津总领事就以《估计抵制日货运动会继续,需要考虑缓和对策的建议》为题致电内田外相,认为此次旨在废除“二十一条”、收回旅大的运动,根据往例判断会发展扩大下去,“此际需要考虑出一缓和对策,诸如将其矛头转向内政问题”。他介绍了自己的做法:“根据以上趣旨,正利用我方的中文报纸努力鼓吹废督、裁军、振兴实业等。”③

---

① 详见熊本史雄:《大戦間期の対中国文化外交》,吉川弘文馆,2013年。

② 日本外務省百年史編纂委員会编:《外務省の百年》(上),第1037页。

③ 日本外务省编:《日本外交文書》大正12年第2册,外务省发行,1979年,第176、177页。

船津敏感地判断出新的抵货运动已经到来，并且会扩大。不过他的这套宣传策略未能奏效，运动迅速展开。7 月 7 日外务大臣内田以《作为对抗排日之措施，就利用报纸及其效果给予回电之训令》为题，向在华外交机构发出指示："作为对抗目前中国各地执拗的排日运动的方法之一，相信都在充分尽量利用贵地有关报纸，宣传排日不合道理、对中国并非得策。请电告迄今为止贵官在以上方面采取的措施及其效果。还有，如果需要报道材料提供给贵地报纸使用，根据需要，本省亦会充分寄送。"①此时运动已处于后期，训令是要求汇报利用报纸的具体做法及其效果，总结经验教训的。据此可推知，外务省在此前已经下达过利用报纸对抗运动的指令，否则不会有"相信都在充分尽量利用贵地有关报纸"之辞了。

外务省要求采取的这一"对抗排日的措施"，通过相关报告可知其实施情况。在天津，吉田总领事"根据以往的关系，给 *China Advertiser*、*North China Daily Mail*、《天津日日新闻》提供报道材料，使之始终阐明我立场，登载对我有利趣旨的评论。另根据'报三机密第三一号'贵函，让雇用的中国人翻译足以了解日本国内新闻报道等舆论鼎沸的电讯、通讯等，除了上述报纸外，还提供给《大公报》《北方时报》《大中华商报》等，更收买了《大中华商报》主笔，致力于与报界和抵货团体联系，收集情报。同时，以社论的形式在《天津日日新闻》登载向中国民众说明'二十一条'真相的文章，并且印刷成单行本两万份向天津及其周边地区广为散发"。报告提到了"报三机密第三一号"指令，应该是外务省要求将有关日文宣传材料翻译后提供给指定的报纸。从实施结果看，总领事不仅将译文提供给了指定的两报，也发给了其他中文报纸。在北京，公使馆在就"排日"事件发布声明的同时，不仅利用 *North China Standard* 做传声筒，还将相关消息提供给路透社等，供英文报纸登载，以引起欧美方面的关注。在济南，总领事利用《济南日报》"致力于揭露'二十一条'真相"，重点介绍外国人或外国报纸对此事的评论，攻击运动，"说明经济绝交运动极为危险，可视为断绝国交之一种，成为战争的前提"。临城事件一发生，该报全力报道，转移民众注意力。不过，因该报由日本人经营是众所周知的，为了避免激起"排日"，表面采取消极态度，利用东

① 日本外务省编：《日本外交文書》大正 12 年第 2 册，外务省发行，1979 年，第 159 页。

方通信社的通讯等介绍外国人的对华负面评论等。在福州,总领事馆则利用《闽报》,因当地遍知其为日系报纸,故采取低姿态。临城事件发生后也迅速详细报道,转移民众注意力。在上海,总领事馆在设法拉拢中国记者的同时,利用与东方通信社有关系的中、英文报纸不断载文宣传中方取消“二十一条”和收回旅大的要求是不当的,抵货则两败俱伤,刊登对日有利的评论、报道。在汉口,总领事馆收买 *The Central China Post*“为日本辩护,评论中国人的错误”,通过东方通信社与《汉口新闻报》建立关系,使其仅仅客观报道运动,“决不采取煽动性态度,一直持最为稳健的态度”,又与美国系 *The Independent News* 记者接近,使其不发表反日报道①。内田外相在运动后期还就汉口应该采取的宣传策略作了指示,要求总领事反馈宣传效果,估算所需费用,准备从资金和新闻材料方面支持②。在广州,总领事让当地比较有影响的《七十二行商报》避免登载“排日”报道③。

据此可知,为了对抗抵货运动,各外交机构在外务省领导下不仅积极利用报纸引导舆论,并且十分注意策略,而新建的东方通信社则在及时发布通讯引导舆论与收买中国报人等方面发挥了重要作用。

不过,被赋予重大使命的东方通信社因在日本国内没有分社,在搜集日本国内新闻上先天不足。与此相对,接受外务省支持的国际通信社在此方面虽有优势,但与路透社有约在先,不能在华发布通讯。外务省决定将两社联合起来,取长补短,充分整合和有效利用各方资源。在外务省主持下,1926 年两社合并建立了“日本新闻联合社”(以下简称“联合”)。因国际通信社与路透社的合约仍处于有效期内,“联合”使用东方通信社的名义在中国活动,1929 年“联合”与路透社签订新协议正式运营后,东方通信社才关闭。

与外务省一样,军方也加强了对通讯社的利用,在重点支持“电通”在华发展的同时,1926 年初关东军司令部在哈尔滨设立露西亚通信社,对东北以及关内重要城市的中文报纸发布《苏联通信》,试图影响舆论。

与在通讯社方面的积极政策相比,1923 年后各方面操纵报刊的力度开

---

① 日本外务省编:《日本外交文書》大正 12 年第 2 册,外务省发行,1979 年,第 159、161—162、210、1255、208、211 页。

② 内田大臣:排日運動緩和方ニ関スル件,1923 年。JACAR:B11090338700。

③ 吉田代理公使:貴電合第一三一号ニ関シ,1923 年。JACAR:B11090338700。

始下降。究其原因主要有三：一是日军青岛守备队、汉口派遣队撤回国内，上述地区受日方操纵的报刊明显减少；二是中国各地报纸普遍增加，读者获得信息的渠道越来越多，加上民众的觉醒，亲日报刊的市场越来越小，例如《顺天时报》《天津日日新闻》《闽报》《全闽新日报》因是闻名的日本机关报，在抵货运动中受到抵制，销量大减①，预期的效果在减弱；三是1923年9月日本发生大地震后，连续多年采取财政紧缩政策，政府行政经费被削减，1924年起外务省决定改变对华新闻政策，削减经费②，减少或取消对相关报刊的补助；四是因经营不善和中国民众的抵制，日方直接经营的报纸普遍严重亏损，加上大多完全没有获得预期的宣传效果，如外务省寄予厚望的《岭南新报》《湖广新报》，以及此期从军方接手经营的*China Advertiser*，都不得不关停。

在此种状况下，受操纵的报刊不仅既有的数量显著减少，1923年至1927年间新增的也十分有限，并且集中在东北。这样，日方操纵的报刊从1922年的49种减至1927年的37种，衰势显著。

当然，这并不意味着日方改变了对华"积极"政策，因为外务省等都在强化通讯社的在华宣传力量。日本在华操纵舆论工具的重心，开始由以往的报刊、通讯社并重，向以通讯社为主过渡。

3. 济南惨案后的宣传政策及其活动

1927年田中义一任首相，一改前任的"对华不干涉主义"，主张采取强硬立场，积极干涉中国内政，确保日本利益，为此多次出兵侵略山东，制造济南惨案，使得中日关系一度陷于困境。在这种对华外交政策下，宣传同样被赋予了重要地位。

日军1927年入侵山东时，就遭到中外舆论的谴责，中国的抵制日货运动有再起之势。济南惨案一发生，中外舆论哗然，中国报刊大量载文揭露事件真相，控诉日方暴行，以此激起民众同仇敌忾，争取世界同情和支持③。日本方面亦开足马力宣传，为其侵略政策辩护，并且将"惨案"的发生归咎于

① 吉田総領事：第一一九号，1923年。JACAR：B11090338700。

② 外務省情報部：関係新聞調査，1929年。JACAR：B10070264800。

③ 有关中方的宣传工作，详见赵庆云：《济南惨案与国际宣传》，《山东科技大学学报》2007年第5期。左世元、罗福惠：《济南惨案与国民政府的宣传对策》，《江苏社会科学》2007年第5期。魏舒歌：《战场之外：租界英文报刊与中国的国际宣传（1928—1941）》，社会科学文献出版社，2020年，第二章。

中国。中日双方为此展开空前激烈的宣传战。

日本在华面临两个宣传战场,一是在山东侵占的地区,主要由军方负责;二是中国其他地区,由外务省主导。

日军是入侵山东并且制造济南惨案的罪魁祸首,因此,与外务省相比,在对内外宣传上掌握着主导权。惨案发生后,为了占领舆论高地,日军中央制定宣传方针加以全面指导。参谋本部与陆军省5月12日、23日向在华日军及驻在武官发出的指令,可视为惨案后日军最初发出的比较全面的宣传方针。指令要求重点宣传以下内容:日军出兵山东的目的仅仅是保护日侨,达到目的后不逾越必要的范围半步;日军对南、北方军队始终保持中立,毫无阻止南军北伐的意图;惨案的发端是南军掠夺、开枪,以及其后有计划的挑战;中方为了掩饰而虚构宣传,其残暴行为有根有据;8日以后日军的军事行动不是报复,只是为了保护铁路与日侨;日军进攻济南时用尽手段保护军民与放弃抵抗的中国士兵;日军扫荡济南附近后,维持秩序,居民安居乐业①。以上方针的核心是混淆内外视听,掩盖自身的侵略目的与罪行,将惨案发生归咎于中国。5月16日参谋本部还下发了《对于济南事件的中方宣传与对策》,在详细列举中方的宣传内容、目的后,不仅要求反驳中方"捏造"的事实,还要主动宣传,积极向内外说明日军出兵的真正目的与"事件"的"真相"②。与12日的指令相比,此指令主要是针对中国的反宣传要纲,对于中国的宣传而言针对性极强。

在中国境内,日军实施宣传的主要是华北驻屯军、第六师团、第三师团,三者都有自己的宣传机构。

华北驻屯军参谋部有专职参谋日常负责"有关宣传事项","指导"中国、日本、其他国家的报纸及通讯社记者③。华北驻屯军组建"派遣队"4月19日入侵山东时,虽未建立专门的宣传组织,但随军参谋有此任务。后来随着事态的扩大,该军司令部在密切关注京津地区英文报纸论调的同时④,制定

---

① 参謀次長南次郎:済南事件ニ関シ電報ノ件通牒,1928年。JACAR:C04021700000。陸軍省調査班:宣伝資料送付の件,1928年。JACAR:C04021700200。

② 参謀本部:済南事件ニ関スル支那側ノ宣伝ト対策,1928年。JACAR:B02030045700。

③ 支那駐屯軍参謀部:支那駐屯軍参謀部業務分担表送付ノ件,1935年。JACAR:C01004191600。

④ 例如华北驻屯军5月开始每月将收集到的信息编印成《北支地区英文报刊的论调》《排日外文报刊论调概要》上呈、发放给相关部门。

《宣传业务实施概要》《对外国通讯员、英文报纸及通讯社宣传业务概要》，下达相关部门，指导对京津地区外国通讯员、英文报纸等的宣传。5 月 23 日派遣队组建特务机关，分中国、欧美两个班负责谍报、宣传工作。中国班的宣传任务是："关注中国的舆论，有关军事方面，则直接依靠我方舆论机关及我方能够利用的中国舆论机关加以宣传，向有利于实施国策及国际关系方面引导。""利用日本及中国的报纸。"欧美班的宣传任务有："以欧美各国，特别是英美为主要目标，就有关军事事项加以宣传，倾力使其知晓我国政策与所发生事情的真相，将国际关系引入有利方向。"为此，需要"努力向我国新闻记者、通讯员、列国军队、京津地区有影响的各国人士及时口头或书面提供种种材料，指导舆论，同时，收集情报"①。派遣队在出兵一个月后建立两个班负责宣传，说明开始将主战场转至宣传方面。

第六师团主力于 1928 年 4 月入侵山东，司令部设情报宣传部，受参谋长直接领导，由佐、尉官 5 人构成，其中两人组成宣传班，陆军省新闻班派员加入，成立初期人数不定，5 月下旬后宣传班基本上有 4 人。作为外宣窗口，其任务是：(1)就宣传事项向中央报告，向各地的军方派遣机关通报。(2)发布布告与声明。(3)利用报纸、通讯宣传。除了该机构外，各部队情报主任也负责宣传工作。

宣传班在利用报纸、通讯方面：一是直接操纵日系报纸《济南日报》《青岛新报》《大青岛报》等。二是直接或间接向媒体提供新闻材料，即"负责收集关于事变的证据物品"，向济南的记者、通讯员提供各种"准确"的宣传材料。这些材料在上报后还由中央机关及各地陆军派遣机关提供给所在地的报纸、通讯社。三是对来济南的各国记者(包括中国记者)说明"事件真相"，利用亲日的美国记者发布"真实"消息。四是在 6 月至 9 月间向中国各地和日本免费散发日方在青岛发行的报纸，每天千份。五是请上海大报记者 8 人至青岛、济南了解"真相"，"相信对消除他们的误解有很大效果"。

日军当时曾经散发过济南日本人被"虐杀惨状"的照片，见报后内外"反响"很大。它们就是负责收集"新闻材料"的宣传班雇用摄影师拍摄的大量"新闻照片""证据照片"之一。宣传班认为这些照片"因为是说明事变实情

---

① 参謀長松木健児，支那駐屯軍行動詳報送付の件，1928 年。JACAR：C04021742700。

唤起舆论的唯一资料”,“相信是本次事变宣传中最有效果的”①。

第三师团主力入侵青岛是5月下旬,司令部参谋部负责谍报宣传工作,8月下旬司令部设立情报部领导此工作。情报部“利用青岛的各报纸及上海的英文报纸等宣传出兵山东的真相与派遣部队的情况”。该部对于中方的宣传,“特别加以关注,总是抢先将国军公正的态度,通过山东地区的各种报纸、杂志,或者宣传册不断发布出去,努力说明其真相”②。

以上各军的组织机构、宣传方法等各有所长,华北驻屯军因长期驻扎在中国,建有固定的谍报宣传组织,具有较强的国际视野与相关宣传经验,更有业已操纵的报纸和通讯社,因而组织比较完整,分工细,宣传渠道多,各方面优势明显。第六师团等因是入侵山东的主力部队,掌握着大部分战地信息,当地的相关媒体也为其所用,是现地“新闻”的主要发布者。它们长短互补,在日军侵占山东期间共同构建了宣传网。

外务省主要负责山东以外地区的宣传。济南惨案发生后,外务省立刻指示各地外交机构利用媒体为日本辩护,5月26日向国际联盟及各国驻日外交机构发送日、英文《济南事件声明书》,说明惨案的“真相”,阐明派兵的理由与目的③。此后,外务省以“公表”“外务当局谈”的形式,不断向世界各地的日本外交机构发送宣传材料,由它们发送给当地政府、报社、通讯社等。

在中国,外务省全力利用东方通信社以及相关报刊宣传。不过,利用报刊的传统手段此时已经面临困境,因为随着国民革命军北伐的成功,中国民众的爱国热情普遍提高。在国民革命军掌控的地区,国民党充分调动舆论,展开宣传的新闻政策,大大挤压了包括日系报纸在内的外报生存空间,而那些以往受外国势力暗中操纵的中国“旧时代”报纸,在大革命浪潮中正失去市场而被淘汰,更重要的是抵货运动给予亲日报纸致命打击。惨案发生后,外务省等的在华身份公开的机关报都赤裸裸地登载颠倒黑白的“消息”,栽赃中国,为日军辩护,因此遭到中国民众的彻底抵制。《顺天时报》在1928年停刊,《盛京时报》《闽报》《全闽新日报》等也深陷困境。那些身份隐匿的报

① 第六師団参謀長黒田周一:時局間の謀略宣伝事項に関スル件,1928年。JACAR:C04021701400。

② 第三師団長安満欽一:山東派遣第3師団情況報告の件,1929年。JACAR:C04021741400。

③ 田中大臣:済南事件ニ関スル帝国政府声明書ノ件,1928年。JACAR:B02030093600。

刊，如 *Shanghai Times* 惧于中国民众的怒火，则保持低调。因种种原因暗中亲日的中国报纸或记者，此时也纷纷收敛。正因为这样，第六师团最后总结宣传工作时指出："在利用中国报纸上几乎一无所成，因为中国报纸从根本上具有排日思想。"①就是说，日方基本无法通过操纵报刊达到预期的目的。

令日方雪上加霜的是，1928 年起南京国民政府陆续颁布了各种条例、原则等，对媒体严加控制，全面强化对舆论的监督，由此结束了包括日系媒体在内的外国媒体在华"随心所欲"的"黄金时代"，使得 *North China Standard*、《闽报》、《全闽新日报》这类众所周知的日本喉舌陷入经营困境。

由于以上原因，日方在华操纵的报刊在此期继续减少，从 1927 年的 37 种减少至 1930 年的 27 种。27 种中有 14 种集中于日本势力强大的东北地区，其余的北京有 3 种，青岛、上海各有 2 种，天津、芝罘、厦门、福州、香港与济南各有 1 种。并且北京的 3 种中，《顺天时报》与 *North China Standard* 已名存实亡，在 1930 年正式关停，因此实际在发行的仅 1 种。以上报刊中中文报刊仅剩 6 种。对此，外务省不得不发出哀叹："日本人自己办中文报纸，想来利用它，最近有时代错误之观。"②日方以报刊为工具的传统宣传方式在中国已经完全走下坡路，而"对华宣传的根本机关"通讯社的作用变得愈发重要起来。

四、举国一致的宣传：国家宣传中枢的形成及相关活动(1931—1937)

1. 九一八事变后的宣传政策及其活动

1931 年日军策动九一八事变侵占中国东北，日本的侵华政策进入实质性实施阶段。事变爆发后中日双方都诉诸舆论，力争国内外舆论的支持，宣传阵地成为中日鏖战的主战场。日方为了使侵略行为正当化，并且为长期占领找借口，恶人先告状，开动一切宣传机器对国内外进行宣传，试图占领舆论高地，混淆视听，骗取内外理解、同情、支持。

---

① 参謀長松本健児：支那駐屯軍行動詳報送付の件，1928 年。JACAR：C04021701300。
② 外務省情報部：関係新聞調査，1929 年。JACAR：B10070264800。

九一八事变的次日,即9月19日,日军参谋本部负责谋略、谍报、宣传以及中国事务的第二课就拟定出了《对内善后策案》[①],认为:“此次南满事件,其如何解决,军部威信的兴衰自不待言,是决定帝国永远兴废的重大事件。”“必须断然实施以下事项。”“事项”共五大条。其中四条为统一军心、宫中意志、政府政策,以及迫使政府支持军方对华政策的具体措施。而名为“指导舆论”的第二条则列出了以下四点:一是“招待各报首脑,坦露衷心,求得谅解。根据需要以金钱收买之”;二是“向驻外武官汇寄所需资金,收买在外日本报社记者和通讯员,由此使得海外舆论有利”;三是向普通国民说明事件的原委和军方的立场;四是在朝鲜彻底宣传事变的原因在于“解除对朝鲜人的压迫”。

据此可见,日军高层一开始将此次“事件”的处理提升到了亡军亡国的高度,并且认为要达到“善后”——侵占东北的目的,就必须统一舆论、思想并下定决心,指导舆论的手段则是收买国内外报纸等媒体进行宣传。

日军此刻重视统一舆论,主要是由于日本缺少国家性权威的宣传机构。如前所述,外务省有情报部,陆军省有新闻班,各行其责。军方因具有统帅权,情报宣传机构的人事、预算权完全独立于政府之外。新闻班作为陆军发言人,对外宣传、舆论“指导”根本不通过政府机构,因此在一些问题上“总是与外务省情报部之间发生摩擦,关系微妙”[②]。而外务省情报部则随着不断强化,视军方为绊脚石。以日本在华宣传利器“联通”和“电通”为例,前者受外务省操纵,后者与军方关系密切,在宣传、报道上各行其道。为了统一、强化对外宣传,外务省准备以“联通”为中心,加上“电通”等建立一大规模通讯社,而军方总是从中作梗。

九一八事变发生后,这种各自为政的状况更是进一步加深。事变是军方一些人秘密挑起的,当初不了解底细的外务省在处理事变的态度和宣传上难免出现与军方不合拍的情况。陆军省则多次撇开外务省对内外发布声明,而事变的罪魁祸首关东军还在当地自主组织宣传。如此情况“致使国论不统一,给推行国策带来障碍”[③]。军方为了充分“讲述”事变的“真相”,完

① 第二課:对内善后策案,1931年。JACAR:C12120032900。

② 石川准吉编:《国家総動員史》(資料編　第4),国家总动员史刊行会,1976年,第963页。

③ 同上书,第109页。

全主导事变的发展方向，自然急于统一并且掌握“解决”事变的舆论主导权。这正是上述“善后策”出笼的主要动因。

紧接着，9 月 25 日参谋本部又制定出《有关针对时局紧急措施的提议》，提请相关方面决断。提议强调：“现今国家面临决定安危的重大时机，成功可期今后我民族百年之安泰，失败则致使国家陷入无法恢复之悲惨命运。”建议立刻实施八项“紧急事项”。其内容主要有巩固全体陆军的信念，针对政府有可能迫于国际压力退让而制定对策，派高级军官组成特别任务班赴东北建“满洲新政权”等。其中第四项是：“为了进一步活跃内外宣传，在陆军省内建立以秦中将为首的特务机关。为此需要在人事异动上作英明决断。”①

以上提议重点在于彻底贯彻军方一举解决“满洲”问题的意图，与此相配合，通过建立有力的宣传机构来指导舆论。9 月 19 日的“善后策”只提到“舆论指导”，但未涉及指导机构，此次建议则提出了实质性措施。军方已有新闻班，在此拟建的“特务机关”则被明确赋予了对外宣传的职能。“秦中将”即秦真次，新闻班首任班长，是军内掌管舆论机构的元老，1927 年起还担任过两年奉天特务机关长，因此也是“东北通”，九一八事变爆发时任东京湾要塞司令官，1932 年 2 月任宪兵司令，是军方要人，更是皇道派核心人物之一。以其为核心建立的宣传组织，明显带有国家宣传指导中心的职能。从后来的实情看，此机关并未设立。其原因可能在于，发布各种宣传性消息，涉及外交、政治、军事等领域，仅靠军方难以独断，何况对外宣传是外务省的工作，军方直接负责有损国家形象，因此遭到各方反对。但此建议显示了军方迫切组建国家宣传中枢并且加以主导的企图。

此后，军方和政府在制定解决事变的对华政策时，都会将“宣传”列入其中。如同年 10 月 6 日陆军三长官（陆军大臣、参谋本部长、教育总监）会议决定的《满洲事变解决方策》共有 5 条方策，第三条便是“对国民加以指导与宣传”。“宣传”被视为解决事变的三大要领之一②。该方策成为陆军中央部围绕时局正式决定的坚定不移的方针③。

---

① 参謀本部：対時局緊急処置ニ関スル意見具申，1931 年。JACAR：C12120036900。

② 陸軍：満洲事変解決方策，1931 年。JACAR：C12120034400。

③ 臧运祜：《七七事变以前的日本对华政策及其演变》，《抗日战争研究》2007 年第 2 期，第 6 页。

1931年12月,犬养毅内阁成立,陆军省与参谋本部在同月23日又共同制定了新的《时局处理要纲案(省部协定第一案)》,此纲要基本得到内阁赞同。其根本方针仍是在"满洲"建立傀儡政权,迫使中国政府根绝"排日行为"。作为处理要纲有15条,其第14条是:"需要不吝支出解决事件所需的军费,尤其是满蒙非武力的经营,对中国本土的谋略、谍报、宣传所需的经费。"①对华宣传被新内阁列为处理"时局"的主要手段。

1931年底国联决定派出调查团调查九一八事变,日本官方和军方都认为日本已经处于非常之时,必须迅速结束宣传上的混乱局面,以统一口径说明日本的立场、政策,让国际社会充分了解事件的"真相",争取同情和支持,打击中国的抗日信心和决心。因此,建立权威性的国家舆论管理和发布机构成为当务之急。

虽然在国家宣传机关的建立及其主导权的归属上仍属于悬案,但作为"善后策"的宣传工作,自事变一爆发即已展开。针对中国,日方在华操纵的报刊因抵制日货运动等影响,能有效利用的主要是英文媒体。因此外务省与军方在利用 *Shanghai Times*、*North China Daily Mail* 等的同时,积极开发新渠道。上海是中国乃至世界舆论的重要舞台,日本大使馆、总领事馆、陆海军的宣传部门和日本人俱乐部等于1931年10月共同组建了名为 Press Union(新闻联盟社)的英文新闻发布机构,专门给上海的西文报社、通讯社发送通讯。

外务省与军方还特别注重利用在华欧美通讯员、记者。事变发生后,各国在华通讯员、记者纷纷从上海等地紧急赶往东北实地调查报道,日方对此严密监视,伺机利用。重光公使等将上海外国记者等前往的信息致电告知关东军司令部,以便关东军第一时间向他们提供"合适"的材料,争取先入为主。因为事发突然,有些记者携带的现金有限,发电讯有困难,奉天总领事林久治郎则建议外务省,在外国记者前往当地邮局发电讯时,给予赊账的特别待遇②。在上海等地,日方还直接收买西方记者,如 AP 记者 H.Cooper 就与日方关系特别密切。日方的上述做法可谓一举三得,一是对在华欧美人宣传;二是通过他们向本国发回"现地"新闻,影响国外舆论;三是间接影

① 省部協定第一案:時局処理要綱,1931年。JACAR:C12120036400。
② 林総領事:第七一三号,1931年。JACAR:B02030275200。

响中国舆论，因为中文报纸也会译载英文报纸的消息。当然日方的收买也遇到过失败，如陆军武官辅佐官高桥拜访《纽约时报》驻沪通讯员阿本特，希望登载对日军有利的消息，许诺以重金作为回报。阿本特拒绝，并且将此事报告《纽约时报》总社。总社提出了抗议，弄得日方很尴尬①。

其时，Press Union 的建立可视为官方与军方共同组建宣传机构的尝试，但规模有限，属于应急之举，各方仍急切希望整合内外宣传力量，建立国家宣传机关。

2. 国家宣传中枢雏形的出现及其活动

犬养毅内阁成立后，与军方关系密切的官房书记长森恪在总理同意下，牵头外务、陆军、海军三省筹建情报委员会，并且要求各方共同研究合并“联合”和“电通”成立国家性通讯社的方案②。

1932 年 5 月在“非常时期日本”的口号下，陆军和外务省联合组成“时局同志会”，6 月 3 日在外务省首次举行会议，与会者有外务省文化部长、情报部长及其第二课长，陆军省和参谋本部的要员有 4 人。军方人数占多数，会议实际上也是由军方主导的，参谋本部代表提出的《对外宣传框架》成为讨论对象。其主要内容是必须改变以往消极辩解性的态度，采取积极宣传的方针，让内外了解事态的真相与日本的态度，尤其是经济发展是日本生存的绝对要求之理由。因此需要统一各方的宣传工作，特别是对下属机关加以统一，实现宣传工作的一元化领导。与会者对此表示赞同，并且认为要做到这一点仅靠外务省和军方远远不够，还需要递信省、内务省等参与。

其他机构获悉会议精神后均表示支持。在此基础上，同年 8 月陆军省军事科中国班长铃木贞一中佐向“时局同志会”提出《对外宣传委员会草案》，建议成立直接隶属于内阁的委员会负责领导一切宣传工作。各方代表对此草案加以修改，形成共识，并且认为必须立刻着手领导对内外宣传。因为在内阁设立官制需要制定预算，十分耗时，而形势急迫，代表们商定在该机构获得政府认可正式成立前，9 月先在外务省内设立临时情报委员会展开活动。

---

① 重光公使：第一一五二号，1931 年。JACAR：B02030275300。
② 石川准吉编：《国家総動員史》(資料編　第 4)，第 1529 页。

修改后的方案确定了情报委员会的方针,指出:“为了强化统一时局宣传,设立委员会,负责审议、研究宣传的方针、方法、手段等。另外,本委员会研究、准备非常时期或战时有关统一情报宣传机关的事项。”显然,“强化统一时局宣传”是委员会的工作核心。

1932 年 9 月 10 日,临时情报委员会宣布成立,即日起开始工作。外务次官任委员长,外务省、陆军、海军各派两人,文部省、内务省、递信省各派 1 人任委员。另设干事会,由以上各省派科长一级者担任,外务省情报部长任干事长。干事会每周二召开例行会议。委员会中军方人数之多引人注目,在主导权上具有优势。

临时情报委员会成立后,对宣传工作做了统一部署:(1)中央机关。确立有关宣传方针,统一实施;此外,发表政府当局或权威者的声明、谈话,与在东京的外国使臣联络,操纵报道机关,制作和分发各语种宣传手册。(2)满洲机关。报道当地实际状况,尤其是指导“满洲国”的宣传工作,向内外阐明、宣传、解释从中国本土分离独立的理由。(3)在外机关。一是与当地实权者联系,操纵报纸杂志,利用日侨等,根据中央机关的方针恰到好处地宣传相关事项;二是由中央政府及“满洲”挑选合适人选派往所需地方,指导在外机关;三是协调内外宣传工作,使国内舆论反映国际政局。

委员会还制定了一系列文件指导工作,其中的《宣传方针及要领》被用于统一各方宣传口径。“宣传要领”列出了以下要点:(1)有关东亚情况,中国的民族性、国家组织与政治、经济状况。(2)“帝国”政策的理想主义与现实主义。(3)“满洲国”的建国情况、培育成长状况。为了能分别针对美国、欧洲、中国进行宣传,围绕上述“宣传要领”还制订有“宣传实施纲要”。对于中国是在“宣传上使注意力转向内部争斗问题,以此使得对满洲死心。为此同时使用谋略”①。因此,以上文件完全是密切配合日本政府侵华政策的产物②。

组建国家性通讯社是委员会的重要工作,外务省和军方正式就“联合”与“电通”合并商谈,同时制定成立新通讯社的大纲。在政府主持下,“同盟

---

①　石川准吉编:《国家総動員史》(資料編　第 4),第 109—110 页。

②　有关这一时期的日本对华政策,详见臧运祜:《七七事变以前的日本对华政策及其演变》,2007 年。

通信社”(以下简称“同盟社”)于1935年底建立,代表日本政府统一对内外发声的国家性通讯社由此诞生。

至此,九一八事变后,围绕中国问题,出于统一舆论与宣传的需要,在军方积极推动下,日本国家宣传中枢的雏形——临时情报委员会终于建立,而国家的喉舌——同盟社亦应运而生。

临时情报委员会建立后,在华政、军“在外机关”与日军主导下成立的伪满宣传机构,即“满洲机关”的宣传工作走向统一。出于扩大对华侵略,尤其是“建设”伪满、策动“华北五省自治运动”的迫切需要,日方在中国一些特殊地区的宣传活动,在委员会指导下异常活跃起来。

通讯社是日方最为倚重的宣传利器。在同盟社成立前,日本在华活动的主要是“联合”与“电通”,“满洲机关”也开始加入,在天津、上海创办“大东通信社”发布通讯。

对于在华外国通讯员和记者,各操纵主体与事变初期一样仍极为重视,是“情报委员会”等编制的宣传材料的主要散发对象。为了准确把握这方面情况,陆军省新闻班1932年10月下令在华日军调查所在地外国通讯员的基本信息以及在事变中的活动情况①,而通过定期调查已掌握此方面情况的外交机构则紧盯当地外国通讯员与记者,伺机利用。

在利用报刊方面,日方在东北以外各地操纵的报刊此间有16种左右,集中于北方舆论重镇天津与南方舆论中心上海。在上海,除了既已操纵的*Shanghai Times*等外,外务省与军方又共同支持创办了报纸*United Services Review*,军方还对《江南正报》加以补助利用。在华北,日军等迫切需要利用舆论工具宣传其政策,而伪满也急于建立“喉舌”,宣传其所谓“合法性”,天津日租界的存在提供了建立宣传阵地的有利条件。于是20年代末本已失去活力的日方操纵的报纸又死灰复燃,英文报纸*Tientsin Japanese Telegraph Service*、中文报纸《津报》《振报》《中美晚报》《平津霹雳报》《庸报》《国权报》便是如此。这些“异调报纸”文化侵略色彩浓烈,“有专攻击我国领袖者;有督促使冀察明朗化者;有对伪满与冀东歌功称颂者;有刊登不堪入目诲淫小说者,琳琅满目,可谓美不胜收。”对于“华北事变”后京津地区报业的

① 新聞班:外国通信員調査の件,1931年。JACAR:C01002812700。

这种状况,有评论说:"自从冀东伪组织以及冀察政务委员会成立以来,人都知道平津各地在事实上已陷于毒化、恶化、丑化的环境,当地的报纸,必定也要成为毒化、恶化、丑化的报纸。"[①]此种评价完全恰如其分。

3. 国家宣传中枢的建立及其活动

日军占领中国东北后并不满足,不断制造事端向华北扩张,企图蚕食鲸吞。在日本国内,军方极端分子多次组织政变,法西斯化、军国主义化的步伐加快。为了对外顺利实施侵华政策,对内完成法西斯体制,日本需要建立更强有力的舆论控制与宣传中心相配合。

临时情报委员会虽已建立,但并非正式的政府机构,无法履行种种职责。例如同盟社成立后就面临政府监督管理机构缺位的问题。因此,要求迅速建立正式机构的呼声四起,陆军和一些民间团体甚至呼吁成立更强大的国家宣传机关——宣传省。例如,为了"弄清国防之本义,提倡强化之,以此促进对非常时局之觉悟",1934 年 10 月陆军省新闻班编写的《国防的本义与其强化之提倡》公开发行,列举第一次世界大战英国宣传战的成功之例,主张以英国的情报局、美国的公共信息委员会、德国的宣传省为楷模,"作为思想、宣传战的中枢机关,平时就需要有宣传省或情报省之类的国家机关"[②]。这种宣传在当时影响极大[③]。右翼团体"忧国社"则遥相呼应,1935 年 6 月设立"宣传省设置请愿运动准备委员会",散发宣传册《备战国际宣传战》,鼓吹设立宣传省是"将来使国策顺利进行的唯一的设施"。"东亚国势研究社"也散发宣传册《促进新设宣传省以备国际宣传战》,进行同样的活动[④]。

在以上背景下,政府决定尽快正式成立情报委员会,不仅负责宣传、报道,还统辖与前者关系密切的情报工作。1936 年 5 月议会通过设立方案,预算约 12 万日元,于同年 6 月正式成立内阁情报委员会。

内阁情报委员会为国家机构,隶属于内阁总理管理,由委员长及委员组

---

① 任白涛:《日本对华的宣传政策》,第 74 页。

② 陆军省新闻班:《国防の本義と其強化の提唱》1934 年,第 44、45 页。

③ 详见江口圭一:《満州事変期の陸軍省パンフレット》,《愛知大学法経論集　法律編》第 113 期,1987 年。

④ 详见忧国社:《国際宣伝戦に備へよ!》,1935 年;东亚国势调查所:《国際宣伝戦に備へ宣伝省の新設を促進せよ!》,1936 年。

成，内阁书记长官担任委员长。委员会设干事长及干事，干事长由专任情报委员会事务官担任。委员会由各省次官等20人组成，外务省情报部长、陆军省军务局长等任常任委员。干事则由内务省保安课长、外务省情报部两课长、陆军省新闻班长、海军省军事普及部第一课长等7人担任。以上人事覆盖到军政各层面，内阁书记官担任委员长，可以确保有效协调各官厅工作，并且把相关事项迅速反映、落实到政府最高层的决策中去。常任委员是各省厅专门负责宣传、情报工作的主管，与制定和实施国策密切相关，可以保证委员会所作决定的权威性，以及相关工作及时上通下达与有效沟通。

为确保宣传工作的高度协调统一，政府制定《情报委员会事务规程》，对委员会的职能、组织结构、各厅局的任务作了详细规定。1936年6月内阁会议通过《情报委员会职务》，赋予其负责国家的情报、报道、宣传三大任务。

报道任务为："对内外报道加以联络调整。""各省厅在发表有关国家政治、外交的谈话、声明等时，不管发表的形式如何，相关省厅都需要事先将原件送达，或打电话通报情报委员会，委员会与相关省厅联系，如果存在不同意见则加以调整，以此谋求对外宣传的内部统一。"实施方法是："(1)从国家性综合立场对有关国家的'新闻'加以检查研究，必要时则对所管官厅适当提出建议。(2)对于上述事项，委员会可根据需要召集会议，或由常设工作人员迅速与各官厅相关人员联系，以求调整，保持统一。(3)根据同盟通信社设立的宗旨，情报委员会与相关各厅协力谋求其健全的发展和功能的充分发挥。"

宣传任务是："启发、宣传(舆论指导)的联络调整。""情报委员会就各官厅启发、宣传工作进行密切联系，以期根据国策之大方策保持其统一，继而消除障碍，以资积极启发公正的知识和指导舆论。"实施方法为："(1)制定舆论指导方针。对于与舆论指导相关的大方针，以及处理随时出现的各种情报的方针加以研究，制定方案。(2)有关舆论指导的事先联络。实施启发、宣传时，尽可能事先联络，避免各厅之间发生矛盾冲突。为此，专职人员随时就调整研究必要的手段，必要时召开委员会讨论方针。"

以上任务的核心在于高度统一对内外的宣传、报道，指导、引导舆论为推行国策服务。军、政双方在九一八事变后围绕宣传报道所追求的国家宣传中心由此正式建成。

因中国问题而诞生的情报委员会,成立后的对外工作重点必然离不开中国。仅就现已掌握的史料而言,其在对华宣传战中的实际作用主要表现在以下方面。

一是统一制订宣传纲要。委员会建立前后,日本各种势力为进一步侵华,连续制造事端,激起中国抵制日本的浪潮。面对中国的舆论攻势,1936年9月委员会制定《有关日中问题的对外宣传方策》并下发给军政机构指导宣传工作①。《方策》详细规定了宣传方针、方法、对象。"宣传方针"强调宣传的目的在于"期待着针对处理现今时局的眼前效果,同时也期待着全面解决横跨在日中之间各种问题的长期效果,阐明中国的实情,以及导致日中之间不祥事件的根本原因在于南京政府的非合法性指导精神,纠正世界舆论的对华认识,使得中国政府顺应形势不得不改正其政策,以期其调整日中关系,消除帝国根据情况不得已采取强硬政策的国际性障碍"。有关宣传方法有4个:"(1)指导同盟通信社,使有关中国方面的对外'新闻'准确、迅速、丰富,同时对外国通讯社加以内部指导。(2)有关中山事件、萱生事件、长沙事件、成都事件、北海事件、丰台事件、汉口事件、汕头事件、上海水兵杀害事件及将来会发生的事件,想方设法迅速将真相向外务省在华机构、陆海军武官以及其他各政府机关在华派驻人员通报,与日本国内和政府在各国的派驻机关相呼应,与在我帝国的外国官宪以及派驻国的政府当局紧密联系,指导外国报刊,投稿,发送小册子,召开讲演会等,由此努力说明事件的真相,彻底阐明我方的想法。(3)亦与可靠的在外民间机构联系,通报真相,宣传上尽量努力利用。(4)关系当局的声明、对媒体的指导等对内宣传时,亦期待其对外反应的效果。"有关宣传对象,《方策》要求对世界各国进行宣传。据此可见,纲要不仅为军政部门宣传工作制定了统一的近期与远期目标,而且为驻外军政机关明确规定了通报途径与宣传方法,对于同盟社则充分发挥了其发布御用"新闻"的核心作用。

二是统一制定宣传策略。外务省与军方在对华政策上往往出现"二元外交",体现在对华态度上会有"强弱"不同,从而影响了"国策"的实施。委员会十分注重统一宣传上的口径,采取统一的策略。例如,中山事件、成都

① 情報委員会:日支時局ニ対スル対内対支宣伝方針,1936年。JACAR:C01004230700。

事件等连续发生时,1936 年 9 月委员会制定《对于日中时局的对内对华宣传方针》(以下简称《方针》),分发军政部门①。在针对中国宣传方面,《方针》首先就策略进行了指导:“鉴于过去的历史、南京政府的政策、中国国民排日抗日意识的彻底性等,对中国宣传日中亲善,已经难以期待其效果。另一方面,对于中国单纯威胁性宣传,则可能刺激其感情,使问题复杂化,促使事件不停发生,或招致彼等轻侮,反而导致促使我行使实力的结果。因此,毋宁在不言之中对应时局的推移,做好万盘准备,施加令人恐惧不安的沉默之威压。以此为主旨,对于威胁性宣传加以统制,时机需要时再实施。因此,目前对于日中时局,指导有关方面避免事先报道我方的具体处置方法。对华兵力的集中移动毋庸置疑,对于预想或推测我方的作战准备或行动之类的报道,除了当局的发表以外,也禁止报道。”有关宣传方针,则在于使“国民政府自觉对这次各起事件的重大责任,从根本上改正以往的政策,作为具体的实际证明,迅速以诚意解决华北问题等其他问题,同时必须努力根绝一切排日行为。强调帝国政府的以上要求没有任何无理不当,使其醒悟对欧美的依赖、排日抗日不仅最终对中国不利,而且阻碍东亚和平的确立。”这种策略的统一,无疑能使军政各方步调一致,提高宣传效果,顺利推行侵华政策。

三是指导同盟社在华构建宣传网,并充分加以利用。委员会制定的《对外宣传具体策》第一条就是:“指导同盟通信社,使有关中国的对外新闻正确、迅速、丰富,同时对外国通讯社加以内部指导。”“在有关日中问题的对外宣传上应该充分利用同盟通信社。”②实际负责具体指导、监督该社的是外务省情报部。情报部在提供“新闻”材料的同时,通过对同盟社总社“东亚部”(负责接收中国和“满洲”新闻)、外报局发信部(负责对在华分局提供通讯)的指导,操纵对华宣传工作。

委员会对同盟社的要求是,迅速强化在东亚乃至世界的通讯网,“确立对东亚通讯界的指导性地位”。同盟社为此将在华通讯员所在地由 7 个增至 20 个,支局由 12 个扩大到 13 个。它们分布于中国东北和沿海大城市,其中上海、天津和北平都发行中、英、日文 3 种语言的通讯。1937 年初同盟社又将上海支局升格为分社。上海是东亚信息中心,为了“确立对东亚通讯

① 情報委員会:日支時局ニ対スル対内対支宣伝方針,1936 年。JACAR:C01004230700。
② 奥平康弘编:《言論統制文献資料集成》第 20 卷,日本図書センター,1999 年,第 55 页。

界的指导性地位”,同盟社将在中国的近一半日常开支投向上海[①]。在情报局的直接领导下,同盟社利用遍布中国的通讯网为政府代言,完全发挥了在华宣传中心的作用。

当同盟社在华迅速扩张时,日方操纵的报刊在一些地方仍有活动,1937 年这种报刊仅 16 种。在上海,只剩下 *Shanghai Times*、*Far Eastern Review*,均为英文报刊,此间外务省、陆海军、伪满曾合力办过《弘报》,但很快消失。在京津地区,那些隐身于日本租界受日人操纵的报纸,在中国读者中没有市场,大多很快自行消灭,1937 年仅剩下《庸报》《东亚晚报》《新兴报》《冀东日报》,此外还有 *North China Daily Mail* 与两种日文报刊。在福建,《闽报》《全闽新日报》处于苟延残喘状态。在山东,《青岛新报》《大青岛报》《济南日报》仍进行宣传。在香港则有日文报纸《香港日报》毫不显眼地存在着。

对于报刊的这种状况,长期在华办报的《大青岛报》社长小谷节夫作为议员在 1937 年 1 月的临时议会上就外务省文化事业及其政策进行咨询时指出,是外务省对在华日系报纸支持不力才导致《顺天时报》《江南正报》停刊,失去为日本说话的喉舌。政府委员堀内谦介则答辩说:两报停刊是迫不得已,但近来日本通讯机关发达,可以将日本的情况事无巨细地迅速传给中国各报[②]。这里的“通讯机关”就是同盟社。确实,同盟社已经基本取代报刊,通过扩大在华宣传网强化宣传力量,在对华舆论宣传中发挥着关键作用,而正式成立的日本国家宣传中枢——内阁情报委员会,则全面领导着国家宣传工作,是对华宣传的总司令部。日本的对华宣传政策由此走向前所未有的统一。

结语

近代日本在华报刊操纵活动始于甲午战争期间,不过日本政府当时的对外宣传政策,并非针对中国制定,设定的宣传对象也非中国民众,涉及之地仅为国际城市上海、香港。因此这种活动只是日本对外宣传政策的副产

① 有山辉雄、西山武典编:《同盟通信社関係資料》第 5 卷,柏书房,1999 年,第 22—25 页。
② 大藏省印刷局:《官報》第 3045 号,1937 年 3 月 1 日。JACAR: B05015010600。

品，战争结束后，随着近期目的的消失，也就逐渐停止了。甲午战争后活跃于中国舆论舞台的是东亚同文会经营的报刊。受官方资助而代表国家利益的这一御用团体在利用报刊影响中国舆论方面十分积极。外务省虽提供资助，但都是应请求所为，属于被动性的。此间外务省也有过直接办报之举，仅为随机性的偶然行为，在如何操纵报刊影响中国舆论上，外务省既无长期一贯的明确政策，亦缺少经验，并且对于御用民间团体的报刊也未能有效掌控。庚子事变发生后，外务省出于对华政策的需要才开始有意识地全面领导在华宣传机关，统一宣传口径。因此，这一时期外务省的对华宣传政策是含糊而间断性的，受到操纵的报刊数量十分有限，并且在贯彻政府意图方面亦不理想，是日本对华宣传政策的萌生时期。

从日俄战争起，日本政府开始针对中国制定宣传政策，并且不断重视，日本的对华宣传工作走向独立与活跃。日俄战争发生后，外务省出于对华宣传的需要，在中国首都直接经营机关报而建立宣传阵地，并且对驻华外交机构统一发放新闻材料用于宣传，而各外交机构、军方，以及战后成立的国策会社"满铁"则积极操纵报刊，针对中国民众进行宣传。这种宣传彻底摆脱了以往对外宣传上的附属地位，完全围绕着国家对华政策之主轴展开。第一次抵制日货运动的发生给予日本政府巨大冲击。为了对抗运动，外务省全面制定宣传政策，为对华政策服务，在建立对华报刊定期普查制度的同时，首次尝试利用通讯社、报纸在中国各大城市构建宣传网，有组织地实施宣传活动。第二次抵制日货运动发生后，日本政府将在华操纵报刊影响舆论上升至国家立策层面，宣传被视为解决对华问题的重要手段。在以上政策推动下，日方在华操纵的主体、规模、手段等都得到显著发展。因此，从日俄战争至第一次世界大战结束这段时间，是日本政府开始针对中国全面制定宣传政策，并且使之成为对华政策重要构成部分的时期。

第一次世界大战结束后是日本政府对华实施"积极"宣传政策的时期。大战之后，因国际形势的巨变与五四运动的影响，日本政府开始倡导对外"协调"，改变对华政策，注重文化外交，"积极"宣传成为该政策的重要构成部分。因此，日本政府试图利用舆论宣传工具对中国民众"怀柔""亲善"，以改善中日关系，顺利推行对华政策，在华利用报刊、通讯社宣传被视为"外交上的一枢轴"。其"积极"政策的具体举措就是建立外务省情报部。与此同时,受第一次世界大战影响而重视"总力战"的陆军省,开始注重对华"宣传战",并建立新闻班统一指导陆军的内外宣传工作。情报部与新闻班的建立象征着日本政府与军方对华宣传中心的形成,标志着日本对华宣传进入新的阶段。为了推行全新的对华宣传政策,外务省情报部直接经营"对华宣传的根本机关"——东方通信社,并且投巨资在华创办、操纵报刊,由此建立起覆盖中国主要城市的宣传网,军方亦在华大力操纵报刊、通讯社进行宣传。日本在华利用通讯社、报刊的宣传工作在 1920 年前后进入鼎盛时期,通讯社与报刊成为日本实施对华宣传政策并重的两大利器。不过,因中国民众不断觉悟而加以抵制,加上国民政府建立后强化对舆论的管制,20 世纪 20 年代后期日方操纵报刊影响舆论的传统手段逐渐失去原有效果,不得不减少对报刊的倚重,将操纵的重点转向在传播上有特殊功能的通讯社。

九一八事变爆发后,日本进入举国一致的宣传时期,对华宣传政策走向高度统一。事变引起中日关系巨变,宣传在日本对内外政策中的地位愈发重要。为了充分发挥宣传在对华侵略扩张中的作用,日本军、政双方改变各自为政的局面,着手组建国家宣传领导中心,统一对外宣传政策,由此建立起情报委员会,迈出了宣传领域法西斯化的关键一步。该委员会成为日本政府领导对华宣传的核心机构。而日本国家性通讯社同盟社的建立则标志着日本在华舆论操纵工作完全进入了以通讯社为主的时期。

第二章　官方与军方的在华报刊、通讯社调查活动

报刊、通讯社是近代日本实施对华宣传政策的主要工具，对其详细调查是制定操纵政策的必要前提。日本外务省、军方、“满铁”之类的国策会社、东亚同文书院之类的教育机构，一些民间团体，甚至个人都对中国报刊、通讯社进行过调查。其调查目的不尽相同，例如，“满铁”主要是收集情报，而官方与军方不仅要收集情报，掌握舆情，还要据此制定对报刊等的操纵政策。由于目的有异，调查的内容与重点也会不同。围绕本书的主题，以下仅考察官方与军方旨在加以操纵的调查活动。

一、外务省的调查

1. 日常调查的主体与内容

外务省在华调查主要利用分布于各地的外交机构。1872 年外务省在上海设立领事馆，是近代日本在华建立外交机构之始。从外务省留存的档案看，首任领事品川就十分注重从当地报刊收集情报，研究舆论动向并上报，为政府决策服务①。通过报纸等出版物收集情报与舆情，此后一直是日本驻华外交机构的日常工作。

据现已掌握的史料而言，出于操纵目的之调查始于 1900 年前后。例如 1900 年 3 月外务省给上海总领事代理小田切下达指令：“于其处发行的报

① 1874 年日本侵台期间，品川通过报纸收集的情报与舆情之例：蕃地事務局：外務省ヨリ品川領事公信書抜並新聞抄訳上申，1874 年。JACAR：A03030299400；蕃地事務局：外務省ヨリ品川領事電報清国出兵ハ福州騒動云云来柬並同件書類，1874 年。JACAR：A03030132300。

纸 *Der Ostasiatische Lloyd* 一向发表对我国不利的报道,该报目前在欧洲各国有十分多的购阅者,希望今后尽量使其避免登载对我国不利的报道。该报是何种背景的机关,由何种人物经营,还有对此采取的怀柔手段,在对此秘密侦察后火速报告。"[①]*Der Ostasiatische Lloyd*(《德文新报》)是当时上海的外文大报之一,在海外影响很大,由于发表对日不利的报道,外务省要求上海总领事馆通过调查找到"怀柔"之法。

作为操纵工作的第一步,这种调查随着外务省及其在华外交机构报刊操纵工作的日常化而逐渐频繁,调查项目越来越全面与细致。

外交机构的自主性日常调查一般涉及三个方面。一是当地正在发行的报刊等的人事、政治背景、对日态度、论调、经营状况等。每逢中日关系出现危机时,以论调为主的这种调查更为频繁,甚至对于有关报纸对日不利的新闻来源也会加以追踪。外务省在此方面留下的大规模档案便是佐证[②]。例如,1911 年前后香港总领事船津发现当地报纸经常登载一些"捏造"或"夸大"的"反日"电讯,认为这会煽动中国人的反日感情,严重影响日本形象,于是调查其来源。他发现电讯都来自英文报纸《北京日报》的记者李心灵,电讯先发给当地的报界公会(除了属于保皇党的《商报》外都加入),公会再分发给香港中文报纸,并且转给广东报界公会供广州报纸登载。香港英文报纸,除了 *Hongkong Daily Press* 外,都转载中文报纸的电讯。摸清源头后,船津电告外务省和驻北京使馆以上情况,希望设法阻断。在获知无法阻断源头后,船津设法让当地的一些中文报纸不登载来自北京的对日不利的电讯[③]。日方追查新闻来源的深度与广度由此可见一斑。

二是调查当地的新刊、复刊、停刊情况。对于前两者,调查发刊时间、报主简历、所在地、资金来源、政治色彩、刊行背景、发行量等,往往还会给外务省寄上样报。对于停刊者,则调查停刊时间、原因等。从外务省现存的档案看,日俄战争后每年都有大量此类报告。仅以 1930 年为例,各地领事报告的新刊报刊、新办通讯社就有《市民日报》《世界诚报》《天津工人》《平津时

---

① 青木外務大臣:德文新報ニ関スル件,1900 年。JACAR:B03040669000。

② 例如下列档案群:外務省外交史料館—戦前期外務省記録—1 門—政治 3 類—宣伝—2 項諸外国。

③ 船津辰一郎:中傷的北京電報発送者ト南清ニ於ケル新聞ト絶縁セシムル方法トシテ華字日報買収方ニ関シ稟申ノ件,1911 年。JACAR:B03040616300。

报》《人民日报》《日本研究》《青岛民报》《商学日报》《厦门晚报》《潍县日报》《广州时事日报》《广东商报》《广东新报》《华侨日报》《青岛公报》《北平晨报》，以及国民政府在辽宁省开办的通讯社等；复刊报刊、通讯有《京报》《胶东新闻》《厦门民国日报》《新民报》《华北日报》《民国日报》与中央通讯等；停刊报纸有《广东商报》、共产系香港中文小报。它们对于外务省研判各地舆论界的发展动态、相关报刊与通讯的价值，以及利用的可能性十分重要。

三是调查记者、通讯员的综合状况。弄清记者等的对日态度、政治与社会背景等是接近、收买的前提。以广州总领事藤田的调查为例，他 1920 年上任后总结前任在操纵报刊方面的经验教训，认为以前是在有突发事件时收买特定的人或报社，"从过去的成果和广州具有很多报社这一情况看，有效果甚薄之嫌。因此，今后尽量避开匆忙收买之手段，把重心放在平时的交际上。另外，不是将财力集中于特定人物或一报社的收买上，而是与影响大的报社记者交际，致力结为私人关系，形成相当交谊，收揽彼等人心。还有，尽量根据时节不定期地赠送合适的礼物，或选好机会给予相当多的钱财，相信这样才能多获成效。平时多沟通交流，一扫对日本的误解自不待言，使其对日本抱有好感，在有突发事件时，可资缓和不利的报道，亦增加收集情报预先获知事件便利的机会。以上极其重要"。

就是说，他想靠日常交往拉拢中国记者，建立牢固的关系，以便关键时利用。这就需要物色好有"交际"可能与价值的记者。在熟知报界内情的日本人帮助下，藤田调查广州记者的背景资料，然后以对日亲疏程度为标准，从中挑出三类人准备接近：(1)日本留学背景者。(2)1920 年夏赴日本考察团的团员。(3)其他对日友好者。最后进入名单的是，*Canton Times* 记者、主笔黄宪昭，《广东报》记者司徒冷观（留日背景、参加赴日考察团）、陈新吾（参加赴日考察团），《羊城日报》主任赵秀石，《广东晨报》《广东群报》执笔陈秋霖，《七十二行商报》记者钟独佛（留日背景），《大同报》记者陈萝生，《广东报》总理江仲雅，《七十二行商报》社长罗啸璈。藤田报要求外务省特批经费，用于实施计划，并且自信"靠此种因缘或友人的介绍，将彼等拉入日本一方并不困难"①。

① 藤田栄介：当館保管中ノ中華新報補助金ヲ新聞操縦費ニ使用方稟請ノ件，1920 年。JACAR：B03040617900。

为了寻找接近、收买的机会，报主、记者等的经济状况、个性嗜好也是调查重点。例如，天津总领事馆 1921 年对《益世报》编辑祁某的调查报告称："每月薪金 30 元，学识颇优，唯无多财产。""性格温良，只是有烟瘾。""据闻非天津人，农村出身。"也许其拮据的生活成为突破口，总领馆成功地收买了祁某，有时给 20 弗，有时给 40 弗①。接受了"补助"的祁某必定在某种程度上为日方所用。

不仅中国记者，在华外国记者、通讯员等也被纳入调查范围，需要时外务省甚至还动员日本驻其他国家的外交机构帮助。例如，九一八事变后外务省不仅要求各地领事调查所在地外国记者、通讯员的对日态度，还在上海公使有吉明的建议下，下令驻英、美、法大使收集当地报刊发表的来自中国，尤其是上海通讯员的电讯和文章，摘录或者原文发给上海公使馆，告知需要留意者的姓名，目的是："希望供利用、指导外国报纸、通讯社派驻中国各地，尤其是上海的派遣员时作参考。"②

除了自主调查外，各地外交机构也会根据外务省下达的指令随时行动。这种调查非常多，以下仅举三例为证。

一是针对中国带画报、插图的报刊的调查。1923 年 11 月伊集院外相给在华外交机构下达训令："现本省情报部拟将我国诸状况与时事问题制成照片，将其寄送给在外机构，各在外机构尽量让所在地的外国报纸及插图杂志刊登。为此，现在迫切需了解贵地的重要插图杂志名称及主要报纸登载外国照片达到何种程度，报纸是否发行画报。请寄送上述报纸及画报样本。还有，与上述报告分开，请调查插图报纸、插图杂志(包括讽刺画)，以及有关电影的定期刊物，并且提交报告。特此训令。"③利用图片宣传的效果远胜于文字，当时这种报刊很少，情报部试图利用相关报刊为日本作宣传。

二是针对中国记者的调查。1923 年 3 月 12 日外相内田康哉向在华外交机构发出以下训令："迅速调查和报告贵官管辖区内发行的报纸记者，尤其是有影响之记者的姓名、履历、人品人格或其他可作参考的事项。"④该指

---

① 在天津日本総領事館：无名文件，为收据、夹在其中的便条，1921 年。JACAR：B03040613500。

② 広田外務大臣：第 309 号・本官発英米仏宛電報合第 234 号，1934 年。JACAR：B02030963200。

③ 伊集院外務大臣：在外外字新聞ノ写真掲載並画報発行ノ有無照会ノ件，1923 年。JACAR：B03040891200。

④ 外務大臣：新聞記者経歴等調査方依頼ノ件，1923 年。JACAR：B03040890500。

令是在中国酝酿抵制日货运动之际下达，显然是为了从记者等身上寻找操纵的突破口，对抗运动。

三是对通讯社的调查。1928 年 11 月 13 日外务省下令在华外交机构对通讯社进行调查。调查项目有：(1)各外交机构管辖地各种文字的报纸及通讯社输入日本及各国新闻时是利用何种机构、渠道？(2)各外交机构管辖地的新闻是经过何种顺序向日本及各国输出的？“即希望详细了解以贵地为中心的‘输入新闻’与‘输出新闻’由何种色彩、系统者收发。”对于此项目，外务省还要求“尽量精密调查”并且火速报告以下情况：(1)对于管辖地内从事输入日本及外国新闻、输出中国新闻的通讯社，调查其名称、国籍、社址、组织结构、持有人、主要干部、政治色彩、收集通讯状况(分局与通讯员配置状况)、与其他通讯机构的联系、有无专用海底线路或无线电设备、发布通讯状况、在当地通讯事业界的地位与影响等值得参考的事项。(2)日本等各外国通讯社支局的名称、社址、支局干部(通讯员)的姓名、与各报社的联系情况、活动状况等。(3)各报社在日本及其他国家设立通讯员(特派员、委托者)的状况①。外务省早就将通讯社列入在华定期报刊调查的项目，但以往都是基本信息，此次调查的重点则在于“新闻”的输出与输入渠道，显然是试图查清各地报纸的新闻来源，以及中国新闻向世界输出的渠道，从源头上寻机把控，在舆论操纵上获得事半功倍之效。

以上调查都得到了贯彻执行，外务省还将调查结果汇编成册，印刷出来分发给有关部门。例如，对中国画报等的调查结果被编入了《有关海外的写真报道调查》②，对中国通讯社的调查被编印成《在华国内外通讯社的组织及其活动》③。这些调查资料编印出来后更便于决策部门随时查阅参考特定信息。

2. 定期调查制度的建立及其实施状况

1908 年起外务省还开始对中国报刊等实施定期普查，于翌年形成定期调查制度，这种制度可能一直持续到 1940 年前后④。

---

① 田中大臣：通信社調査ニ関スル件，1928 年。JACAR：B02031132300。

② 外務省情報部：海外に於ける写真報道に関スル調査，1924 年。JACAR：B03040891800。

③ 外務省情報部：支那に於ける内外通信社の組織及活動，1929 年。JACAR：B02130916300。

④ 例如，在以下资料中有 1939 年威海卫、太原等地的调查报告，报告标题是：“有关报纸、通讯社的定期报告”。既然是“定期”，说明这种调查制度依然存在。(外務省記録、A 門政治外交、3 類宣伝、5 項新聞雑誌書籍其の他、新聞調査報告。JACAR：B02031073100)

如前所述，定期普查的直接动因是1908年的第一次抵制日货运动。鉴于报纸在运动中发挥的舆论引导作用，外务省及其在华外交机构十分重视对报纸的利用，并且在运动期间就对有关报纸展开调查，试图操纵一些报纸为日本代言。然而，抵货运动是全国性的，仅仅在数地操纵报纸影响舆论加以对抗，效果有限。而此时的中国报业发展迅速，自1901年清政府实行新政开放"报禁""言禁"后，新办报刊不断增加，"中国民族新闻事业进入了一个蓬勃发展时期"。1906年清廷宣布预备立宪，"近代报刊的发展步子进一步加快，形成了中国新闻史上的第二次国人办报高潮"①。在此种形势下，不全面掌握各地报业的发展概貌以及相关报纸的基本信息，是难以制定决策的。

因此，外相林董于1908年5月1日给驻华外交机构发出如下训令："需了解贵地发行的重要报纸(包括中文及英文)的主义、报主、资本、受社会欢迎程度、主笔的派系(属于何机关)及势力等，请至急调查并且详细报告。另外，从以上报纸迄今为止的报道评论中，裁下与帝国有利害关系或有其他参考作用的内容，上呈本省。"②

外务省规定的以上调查对象和项目，都是事关选定报纸加以操纵的核心信息，"主义"、"主笔的派系"、有关日本的评论等代表报纸的政治倾向，是判断是否需要或能否利用的根本条件，"报主"的经历则可提供加以接近的线索，"资本"等状况则能反映报纸的经营情况，据此能寻得可乘之机，"受欢迎程度"则是判断是否有利用价值的根据。外务省领导的对华报纸普查工作由此揭开序幕。

当时日本驻华公使馆、领事馆及分馆共约28个，同年底各地均提交了报告。外务省收到后精心整理编辑，以《清国报纸调查》为题刊印成汇编集，于1909年2月寄发给驻华外交机构，要求以此为参照，核对所辖区域内的报纸有无遗漏或错误，及时订正，如果有报纸相关事项发生变化或出现新办的也需要补充上报③。

在初步了解中国报业总体状况后，外务省在1909年4月决定实施《清

---

① 方汉奇主编：《中国新闻传播史》，中国人民大学出版社，2002年，第135页。
② 大臣：新聞紙ニ関スル報告及切抜送附方訓令ノ件，1908年。JACAR：B03040830600。
③ 大臣：清国ニ於ケル新聞紙調査ニ関スル件，1909年。JACAR：B03040673900。

国报纸通讯纲要》，利用通讯社和报纸在华实施宣传战（详见第六章）。这样，对中国报纸的及时普查显得更为重要起来。1909 年 10 月外相小村再次给在华外交机构发出报纸调查的训令。其内容与前一年基本相同，但“重要报纸”前的“重要”已经删除，说明调查的范围扩大到了所有报纸。训令还规定“每年 12 月末提交调查报告”，并且在收到外务省的汇编集后，加以确认再次上报①。调查项目、报告提交时间、调查反馈形式的确定，标志着外务省对华报刊定期调查制度的建立。自此，一年一度的报刊普查成为日本外交机构的日常工作之一。

调查制度确立后，外务省根据需要后来又增加了项目。一是增加了通讯社、通讯员项目。具体增加时间不详，外务省 1919 年起编印的汇编集名为《有关中国的报纸及通讯调查》，说明“通讯”已成为其主要内容，现存资料中则有 1920 年 1 月内田外相给在华机构的相关指令，要求调查通讯社主办人及其简历和政治背景，通讯社的政治色彩、人员构成等，还指示调查以欧美人为主的通讯员的简历、政见等②。通讯社作为新式传播手段在 20 世纪初叶才传入中国，因其特殊作用日益彰显，如前所述，外务省在 1909 年就尝试利用，而华北驻屯军后来亦有同样之举。外务省增加此项目当然是将通讯社、通讯员纳入了重点操纵的范围。

二是增加了杂志等项目。虽然没有明文要求调查杂志和政府公报，进入 20 年代后各地尤其是京津沪三地的报告中，有关这方面的调查越来越多。从 1923 年起在杂志和政府公报比较集中的京津沪及汉口、济南等地，当地领事则将杂志单独列项报告，并且一直延续下来。这说明日益发展的杂志也受到了关注。

三是增加了编辑、干部项目。从实际报告看，1929 年起“编辑、干部”一律取代“主笔、重要记者”出现在调查栏目中，并且一直沿用。“干部”当然包括主笔和主要记者，“编辑”是新增的。此变动理应来自外务省的统一指示，应该与 20 年代起编辑在报社中的作用越来越重要有关。

这样，报纸、杂志、政府公报、通讯社、通讯员、报主、主笔等被作为常规调查项目固定下来。因调查项目多，为了避免遗漏，1923 年前后外务省每

---

① 大臣：新聞紙ニ関スル報告方訓令ノ件，1909 年。JACAR：B03040830600。

② 内田大臣：新聞及通信ニ関スル調査報告方訓令ノ件，1920 年。JACAR：B03040879800。

年例行下达调查指令或催促提交定期报告时往往会附上调查表样本,强调调查要点和撰写报告的统一标准。表2为1924年的样本,不难看出,有关操纵所必须了解的基本要素均罗列于其中。

表2　外务省在华报纸与通讯社调查样表(1924年)

<table>
<tr><td colspan="7">有关报纸及通讯等的调查
一、概况(记述报界现状概况及与报业相关的各种团体)
二、报纸、通讯、杂志</td></tr>
<tr><td colspan="2">名称</td><td colspan="2">主义</td><td>报主或社长</td><td>主笔及
重要记者</td><td>备考</td></tr>
<tr><td colspan="2">1.报纸名称。2.中文报纸,但有英文名称,或英语报纸,但有中文名称,均在此栏记述。3.使用的文字语种。4.报纸、通讯及杂志之别</td><td colspan="2">1.主义、主张。2.与政党的关系。3.除政党政治派别外,还有哪些关系,在哪方面具有势力。4.对日本的态度。5.所属国籍</td><td>1.报主或社长姓名、简历大要。2.重要出资人。股份公司的话,股东名</td><td>主笔及重要记者的简历大要</td><td>1.创刊年月。2.日刊、周刊、晨刊、晚刊之别。每份平均页数。3.印发份数。4.发行所地址。5.创刊至今的简史。6.报道特色。7.其他</td></tr>
<tr><td colspan="7">三、通讯员</td></tr>
<tr><td>姓名</td><td colspan="2">所属通讯社</td><td colspan="4">备考</td></tr>
<tr><td></td><td colspan="2"></td><td colspan="4">1.简历大要;2.特色、与各方面的关系、势力所在;其他</td></tr>
</table>

资料来源:外務大臣:新聞通信其他ニ関スル調査報告提出方ノ件,1924年。JACAR:B03040879800。

受调查的城市,1908年至1911年有27个,即哈尔滨、长春、吉林、铁岭、奉天、安东、辽阳、牛庄、天津、北京、芝罘、青岛、济南、汉口、长沙、重庆、成都、南京、芜湖、苏州、杭州、上海、福州、厦门、汕头、广州、香港。1914年则猛增到40个,除增加了东北中小城市外,还出现了太原、安庆、九江、南昌、武昌、贵阳、云南、梧州、桂林、南宁等。1921年又增至49个;1925年则达到顶峰,有77个,新增宜昌、常德、湘潭、开封、嘉兴、绍兴、诸暨、温州、衡阳、琼州、无锡、宁波等。进入30年代后,数量有所减少,1930年为58个,但1933年又达到74个,其中"满洲"36个,华北10个,华东和华中22个,华南6个。据此可以说,除了西藏、新疆、甘肃、宁夏等西北省市区外,中国大陆各地基本上都被纳入了调查范围。

调查地域的扩大跟中国报业在辛亥革命后迅速在中小城市发展密切相

关，同时也是日本驻华领事馆及其分馆增设之结果。外务省的调查令一直是对所有在华外交机构下达的。1908 年此类机构约 28 个，1919 年约增至 42 个，1923 年约 48 个。各地领事等不仅对领馆、分馆所在地调查，也将触角伸及所"管辖"的周边城市。嘉兴、绍兴、诸暨、温州的报告出自杭州领事就是一例。也就是说，调查已经深入到一些中等城市。

定期调查的报刊、通讯社数量，随着中国新闻业的急速发展，也呈直线上升趋势。表 3 是 1908 年至 1927 年之间一些年份受到调查的报纸和通讯社数量的粗略统计。据此可知，受到调查的中外文报纸 1908 年为 122 种，1919 年达 360 种，1925 年更增至 499 种；受调查的通讯社，也从 1919 年的 20 家激增至 1925 年的 227 家。受调查的报刊、通讯社数量之多可见一斑。

表 3　日本外交机构在华调查的中外文报刊、通讯社数量统计

类　别	1908	1911	1914	1917	1919	1921	1924	1925	1927
中文报数	95	125	150	194	280	311	336	405	307
外文报数	14	32	35	32	38	51	41	50	50
日文报数	13	14	27	35	42	27	42	46	42
报纸总数	122	171	212	261	360	389	419	499	399
通讯社数					20	73	123	227	149

资料来源：外務省政務局：《清国ニ於ケル新聞紙ニ関スル調査》，1909 年；《支那ニ於ケル新聞紙ニ関スル調査》，1912 年、1915 年、1918 年；外務省情報局：《支那ニ於ケル新聞及通信ニ関スル調査》，1920 年、1922 年、1925 年、1926 年、1928 年。JACAR：B02130815800；B02130240800、B03040676700、B03040679400；B03040890000、B02130798900、B03040871100、B02130807700、B02130818400。

在实际调查中，各地领事都按照指定的项目逐一进行了调查。以北京使馆为例，1920 年的调查报告长达 14 页，由中文报纸概况、北京的报纸现状调查表、通讯社、日本通讯员、外文报纸现状、外国通讯员六部分构成。"中文报纸概况"对该年度北京报纸的政治动向，尤其是对日本的态度作了分析，同时介绍了该年新发行的报纸概况及其政治色彩。其他部分均按照外务省的要求详细做了汇报①。此后随着报业的发达，北京使馆报告的篇幅也迅速增加，如 1928 年的报告达 105 页。因为篇幅非常长，为了便于查

① 小幡公使：北京ニ於ケル新聞調査報告ノ件，1920 年。JACAR：B03040879900。

阅,报告特地增加了"目次"。报告正文则分四部分:一是"中文报纸、通讯社及杂志",又分"综述""甲、报纸""乙、通讯社""丙、公报与杂志";二是"日文报纸、通讯社及杂志,附日本通讯员";三是"外文报纸、通讯社及杂志",亦分"综述""甲、报纸""乙、通讯社与杂志";四是"外国通讯员"①。根据此报告,北京地区的报刊、通讯业状况一目了然。

外务省组织调查的目的在于全面掌握中国各地报纸、杂志、通讯社、通讯员的信息,以便制定有效的操纵政策。因每年收到的定期报告数量甚大,直接利用非常不便,外务省从 1909 年开始就将各地报告编辑成集,冠以《清国报纸调查》(后来名称改变过多次)印刷成册,发放给本省下属部门与在华各外交机构,以及政府各部、陆军省、海军省、参谋本部、海军军令部、宪兵司令部等军政机关,并且数十年来连年不断。与此同时,外务省下令各地领事馆等收到汇编集后,对自己辖区的情况加以确认,并且继续调查,根据最新情况加以修订增改,为下一年度提交报告做好准备。因此,此种汇编集逐年准确、全面,为外务省选定操纵对象、研究操纵对策奠定了基础,也为军方等其他部门进行相关活动提供了丰富的信息。

概而观之,外务省组织的定期调查具有以下特点。一是建立有严格的报告与反馈制度。外务省通过规定调查项目、报告时间等建立起报告制度,同时也建立了将报告汇编成集给报告者的反馈制度。两者的有效存在,保证了调查任务的长期贯彻执行,也保证了调查者及时更新信息。二是调查全面深入。从调查对象看,报纸、杂志、公报、通讯社、通讯员、记者等都被纳入其中。从调查项目看,涉及政治色彩、各种关系、简历、实力、影响力等,凡是能用来判断是否有操纵价值及其可能性的要素均在其中。三是调查持续时间长。调查活动持续 30 余年,对一国新闻业进行如此长期且全面的调查,大概没有国家能与近代日本相比。四是调查地域广。调查从开始阶段就纵横中国各地。凡是日本外交机构驻地及相关地域都被纳入范围,除了西藏和西北省市外,中国各大中城市都出现在报告中。五是十分注重调查的时效。近代中国,尤其是 20 世纪的前 20 年新闻业变化非常快。外务省在原有资料的基础上,每年调查确认,适时增改项目,不断更新信息,充分保证了所获信息的有效性。

---

① 芳澤公使:新聞及通信ニ関スル調查報告書ニ関スル件,1927 年。JACAR:B02031060900。

二、军方的调查

1. 调查主体与调查制度

明治维新后，日军为了对华侵略扩张，利用各种手段派遣谍报人员来华。逐渐形成的谍报主体主要有使馆武官、驻在武官、应聘将校、长期驻军等，它们利用各自的优势收集情报。

日军在早期只是将报刊等公开刊行物视为获取情报的重要途径。例如，1875 年日本开始向驻外使馆派遣武官，福原大佐被任命为驻华公使馆武官，古川中尉等随行。他们到任后就将报刊作为重要情报源①。古川后来改任驻上海武官，任务之一就是收集各国报纸，翻译其中有价值的信息发回国内。自此，报刊一直被日军视为重要的情报来源。

日军后来也通过报刊等收集中国的舆情。这主要由具有实地调查之地利的在华长期驻军，即侵占台湾的"台湾军"②、驻扎东北部分地区的关东军、驻扎京津铁路沿线的华北驻屯军实施。各军专门负责情报工作的参谋部的日常工作之一就是通过报刊收集情报与舆情。以华北驻屯军为例，该军司令部在日俄战争后的 1905 年 12 月就以《报纸翻译》(第 3 号)为名提交了谍报报告，这意味着该军此时已经通过报纸收集情报与舆情上呈参谋本部等③。与华北驻屯军一样，关东军至迟从 1907 年起就以《通信摘报》为名专门报告通过当地中外报纸收集到的情报与舆情④。两军在组建初期就有如此系列报告，足见日军对此工作的重视。

日军以操纵为目的进行的系统调查，可以从其年度谍报计划中发现线索。1918 年起中国被日本列为"假想敌国"，参谋本部因此每年度制定包括舆论、宣传在内的对华谍报计划，下属相关部队则必须据此结合自身实际状

---

① 东亚同文会编：《对支回顧録》(下)，原书房，1968 年，第 182、185 页。

② 1895 年 5 月日本占领台湾后设台湾总督府，掌管军政、民政等，1919 年总督采取文官制度后，另设台湾军司令部负责军事。本书所称的"台湾军"泛指 1919 年前的总督府与其后的军政双方。

③ 详见拙著：《近代日本对华军事谍报体系研究(1868—1937)》第四章，复旦大学出版社，2015 年。

④ 関東都督府：通信摘報ノ件，1907 年。JACAR：C03022887200。

况制定年度计划①。现存关东军参谋部 1926 年“根据参谋本部制作的相关计划作成”的《关东军军事谍报实施计划》便是典型之例。该计划的谍报项目“内政”的细目中有“舆论机关”,具体内容是:“一、调查报纸杂志种类、普及状况、经营实态、与党派和外国关系等,研究作为宣传机关而利用操纵之法。二、调查主要报纸等对日中关系问题、重要时事的论调、报道。”据此可知,调查报刊是根据参谋本部的要求进行的。参谋部不仅需要调查,还需要“研究”“操纵办法”,调查目的一目了然。以上计划对向参谋本部提交报告的时间也有规定:“2 月定期报告。根据事件报告。”②据此可知,军方的相关调查分定期与临时两种,定期的每年须按时报告,临时的则遇到重大事件时报告。

日军这种定期调查的起始时间,因缺乏关键史料难以判断,据现已掌握的资料而言,应该不晚于 1920 年。现存早期的调查报告有 1920 年 2 月关东军参谋部编印的《东三省中文报纸调查表》③、1925 年华北驻屯军司令部编印的《华北言论机关调查》④。比较两份报告可知,编印格式完全一致,表格所列项目名称与顺序基本相同,华北驻屯军表格的顺序与名称是:报名、发行地、发行量、社长、主笔、主编、发行人、主义与系统(系统)、操纵者、资本主及资本金、创刊号发行年月日、摘要。关东军的表格仅仅是以“编辑”代替“主编”、以“主笔及主要记者”代替“主笔”,其他基本相同。这应该是基于参谋本部的统一指令及规定的项目形成的定期调查报告。这种调查持续至何时,未见相关资料。不过,至 1937 年,日军每年都制定年度谍报计划,并且随着侵华脚步的加快,计划更为细致周密,而华北驻屯军编印的资料目录中也能看到其 1937 年编印的《北支的言论机关调查(定期报告)》,因此,日军的定期调查,肯定一直持续到全面侵华为止。

有关定期调查的地域范围,与谍报工作一样,在华日军是有明确分工的。在收集谍报上,关东军一般负责东北及邻近地区,华北驻屯军一般负责华北地区、西北部分地区,台湾军的范围是福建及邻近地区。因此,报刊等的调查范围应该一样。事实也是如此,例如,华北驻屯军的报告基本上都名

---

① 有关日军的谍报制度,详见拙著:《近代日本对华军事谍报体系研究》第一章。

② 関東軍参謀長斎藤恒:関東軍々事諜報実施計画送付の件,1926 年。JACAR:C03022739100。

③ 関東軍参謀部:関東州及東三省漢字新聞調查表,1920 年。JACAR:B03040888800。

④ 支那駐屯軍司令部:北支那言論機関近況一覧,1925 年。JACAR:C03022731100。

为《华北言论机关调查》。

2. 定期调查的内容

驻华日军的定期调查对象，据现已掌握的资料，关东军的仅为中文报纸，华北驻屯军的既有中文报纸，也有外文报纸，“台湾军”等不明。从实际情况看，东北有中文、日文、俄文、朝鲜文等报纸。日文和朝鲜文报纸基本上是日本人经营，并且几乎都与关东军、“满铁”、外务省、日侨组织有密切联系，因此，不用调查其底细就十分清楚，也能随时加以利用。俄文报纸的宣传对象是在东北的俄国人，与对华宣传无关。大概是基于以上原因，关东军仅仅调查了影响中国民众舆论的中文报纸。华北驻屯军的主要调查范围为以京津为核心的华北地区。当时的天津是国际大都市，亦为北方舆论中枢。天津的以英文报纸为主的外文报纸不仅对华北的外国人，也对中国人有一定的影响，当然是日军争取操纵的对象。可见，华北驻屯军的调查对象很广。

定期调查的项目如前所示，它们都是用来判断操纵的可能性与价值的重要信息。“主义与系统”调查的是报纸的政治色彩以及所属派别或组织，它决定了对日态度。“操纵者”是调查实际掌控报社者，其可能是报主，也可能是幕后人物，是找到操纵突破口的关键所在。“发行量”是影响力的表现。“资本主及资本金”则是报社的经济实力所在。“摘要”的内容，从实际报告看基本上是该报以往与各界的关系及其政治色彩、对日态度等，也与操纵需要了解的必要信息密切相关。

报告的具体内容，以 1922 年 1 月华北驻屯军司令部编印的《京津外文报纸调查表》为例。对于 *Peking Daily News* 的说明如下：“系统”为英国，“操纵者”是“英国公使”，“发行量”1 500 份，“摘要”为“本报多次更换经营者，曾经由中国人经营，是段祺瑞、徐树铮等的机关报，安福系没落后，为现经营者盘下，谋求中、英友好，是英国外交部的机关报”。对 *Peking & Tientsin Times* 的描述是：“系统”为“英国”，“操纵者”是“英国公使馆尼桑少校”，他属于幕后人物，“发行量”3 000 份，“摘要”为“本报在京津地区很重要，社运隆盛，是极端宣传英国主义者。大战期间对日本表示好意，但停战以来突然改变态度，暗中煽动排日气势”①。以上这种调查，针对性极强，为判断是否

---

① 支那駐屯軍司令部，京津外字新聞調查表，1922 年。JACAR：B03040879500。

有操纵可能性与价值提供了比较全面的参考依据。

军方收到定期调查报告后,会印刷出来分送给相关部门,也会寄送给外务省等政府机构。例如,上述1920年2月关东军参谋部编印的《东三省中文报纸调查表》、1922年1月华北驻屯军司令部编印的《京津外文报纸调查表》就收藏于外务省情报部的文件中。这说明军方在这方面是与外务省共享情报的。

3. 日常调查的内容

如前所述,对报刊等舆论工具进行调查是日军各谍报主体的日常工作之一。

日军在华情报工作的中枢为驻华使馆武官,从现存档案中可以看到,各任武官都热衷于收集此类情报。例如,1921年7月20日东乙彦发出的《北京的外文报纸及外文通讯社》、1936年雨宫巽发出的《南京的言论机关调查》、1937年公使馆武官室发出的《上海附近的言论机关调查1—4》《上海发行俄西报纸杂志调查》等都属于此类。其调查项目,以《北京的外文报纸及外文通讯社》为例,报纸是名称、社长、主笔、发行量、系统、社长与主笔的简历、备考;通讯社是社长、主笔、至今经营时间、系统、负责人简历、备考。“备考”一般记载了资金来源、政治背景、对日倾向等[①]。这种调查显然都是以操纵为目的的。

长期驻军除了定期调查外,也进行日常调查。以华北驻屯军为例,1919年9月该军司令部就向参谋本部等上呈过《京津中文报纸调查表》[②],虽然不知道具体内容,但说明其至晚自1919年就开始对京津中文报纸进行普查。该军日常调查的情况通过表4可窥一斑。表中报告的编印时间在1935年至1937年之间,报告者有司令部及其下属特务机关石野公馆、河野公馆。调查以华北为中心,大多是地域性的,亦有《抗日出版物(排日)》这种专题调查。这些都说明华北驻屯军日常调查十分活跃,调查范围广泛而深入。

---

① 東乙彦:北京ニ於ケル外字新聞及外字通信社,1921年。JACAR:C03022629900。
② 支那駐屯軍司令部:漢字新聞調査表送付ノ件通牒,1919年。JACAR:B03040831500。

表4　华北驻屯军资料目录中所见报纸等的调查报告名单

报告者	报告时间	报告名称
华北驻屯军司令部	1935	济南的报纸
华北驻屯军司令部	1935	太原的言论机关
华北驻屯军司令部	1935	察哈尔省的言论机关
华北驻屯军司令部	1935	绥远省的言论机关
华北驻屯军司令部	1935	西安的报纸
华北驻屯军司令部	1935	河南省的报纸
华北驻屯军司令部	1936	华北的言论机关调查
华北驻屯军司令部	1936	中国与苏联相关的宣传机关概况
华北驻屯军司令部	1936	抗日出版物(排日)
河野公馆	1936	陕西省的言论机关调查
石野公馆	1937	山东省(除青岛)的言论机关调查

资料来源:支那駐屯軍司令部調查班:蒐集資料目録補修訂正追録,1937年。JACAR:C01004513500。

日军在华谍报主体除了日常自主调查外,也会根据中央下达的命令进行临时调查。例如九一八事变后,日军为了进行宣传战,下令关东军、"台湾军"、华北驻屯军、驻上海和北平武官、哈尔滨特务机关等调查所在地的外国通讯员的基本信息①。

从以上论述可知,调查报刊等舆论工具是日军各谍报主体在华的日常工作之一。在参谋本部指挥下,日军在华长期驻军的这种调查活动十分频繁,调查项目广泛,调查内容具有针对性与系统性,而且形成了定期调查制度与地域分工。日军的这种定期调查与日常调查相辅相成,能够为相关部门决策及时提供有效的信息。

结语

综上所述,出于操纵的目的,外务省与军方都在华实施了报刊调查工

① 新聞班:外国通信員調査の件,1931年。JACAR:C01002812700。

作。两者在此方面有很多共同点:在组织机构上,都在华遍布了调查主体;在制度上,都是日常调查与定期调查相结合;在调查时间上,都是数十年连年不断;在调查内容上,都十分细致而具有很强的针对性。当然,相对而言,外务省的调查时间更长,地域范围更广,调查内容更系统。而且,从现存档案看,双方在此方面做到了情报共享。因为情报来源不一样,相同的调查项目可以相互印证,不同的可以互补。这无疑提高了情报的正确性,扩大了情报来源。外务省与军方的上述调查活动,为制定操纵政策并且付诸实施打下了可靠的基础。

第三章　在华操纵主体

日本政府对华宣传政策的主要执行者是外务省及其驻华机构，军方虽然在对华外交理念上时或与外务省有异，但在对华扩张的总体方向上彼此是完全相同的，因此，其在华驻军亦为相关政策的重要执行者。而以国家利益为目的的国策会社、御用民间组织自然也是政府政策的积极拥护与实施者。以下就此四者有关宣传工作的职能与定位，以及在操纵活动中所处的地位、使用的手段、发挥的作用等加以考察。

一、外交机构

外务省是负责执行国家对外政策的部门，在日本对华宣传战中居于主导地位。因此其驻华外交机构是政府对华宣传政策的具体实施者。

日本驻华使馆、(总)领事馆及其分馆，不仅负有监视舆论动向、收集舆情、向政府提供建议和材料之责，还需要调查报刊、通讯社等舆论工具的基本信息，为操纵做准备，更需要根据政府的宣传政策操纵报刊等宣传工具为对华政策服务。

外务省驻华机构的年度日常预算中，一直都有“机密费”。此开支一般用于“谍报”与“宣传”，操纵费用就包含在后者中，并且很多文件都直接使用了“报纸操纵费”这一名称[①]。该费用每年预算中都有，不够时，还可以申请增加，情报部建立后更专门负责此开支。这种常年固定的开支从财政制度上保证了操纵工作的持续稳定进行。

---

① 例如，1908 年上海总领事永泷的下列报告中就出现了“报纸操纵费”：総領事永滝久吉：新聞操縦費ノ義ニ付上申，1908 年。JACAR：B03040813400。

驻华外交机构操纵报刊始于1894年,操纵通讯社始于1909年,自此一直持续至七七事变,是各操纵主体中从事此种活动最早最久的。由于外交机构分布广,从事过此活动者先后至少有二十多个,是各操纵主体中在华分布最广的。外交机构操纵的影响广大的报刊等在各操纵主体中也最多。例如,《顺天时报》、《盛京时报》、*North Chian Standada*、*Shanghai Times*、东方通信社等影响力显著的媒体长期以来都在外交机构掌控之下,是日本在华喉舌的代表。由于在华分布广,操纵时间长,外交机构操纵的报刊种数也最多。例如,至1937年各操纵主体通过收买而建立特殊关系的报刊至少有60种,其中约80%属于外交机构所为(详见第四章)。

外交机构在操纵报刊等方面有三个职能。

第一个职能是在外务省领导下,指导、监督外务省在华直接主办的报刊、通讯社。外务省出于宣传的需要,在华投巨资创办了报纸、通讯社,《湖广新报》、《岭南日报》、*North Chian Standada*、东方通信社等就属于此类,也全资盘下过一些报纸直接经营,例如《国闻报》、《顺天时报》、*China Times*、*Shanghai Times* 等。因为不便露面,外务省只能完全委托代理人经营。这就需要对其加以全面、及时的领导、监管。为了有效约束代理人的经营行为,充分发挥其喉舌作用,外务省会直接或委托所在地领事馆与代理人签订合约,明确约定彼此的责职(详见第四章)。当然,不管由谁与代理人签约,监管履约的工作都需由在华外交机构承当。

这种指导、监督是全方位的,其中的重点是财务与登载的内容。前者是控制经营者最直接有效的手段,外务省一般将各种资金先汇至当地外交机构的账户,外交机构审查经营者提交的财务报告后再发放现金。经营者的财务报告必须添附包括职工开支、各种杂费在内的收支明细表。若对报告产生疑问,外交机构可随时核查,并且根据实际宣传效果与经营状况,向外务省建议是否续约。对登载的内容进行指导、监督则更为重要,直接关系到操纵的效果。

天津《国闻报》是外务省在华直接经营的首份中文报纸,公使馆的监督功能在此时就得到了充分显露。1899年初外务省盘下交给西村博出面经营后,该报因发表一些支持维新派的文章而触怒清廷,令公使馆尴尬。1900年4月3日西德二郎公使致函外务省说:"清廷对该报十分注意,其有嫌恶之情已是事实，无法掩盖。一则因该报社所在地靠近北京，易引起当地政府关注，二则因该报社论、报道常有赞同改革派之意，尤其受清廷厌恶。据目前形势推测，将来我方若欲维持此报，反而伤害清廷之感情，徒使其增加疑惑，毫无益处。至于所谓启发清国人民云云，乃为凭空之妄念，事实上毕竟毫无效果。如遇良机，卖掉此报为上策。”[①]就是说，西德二郎通过对《国闻报》的观察，认为其言论已经严重影响清廷与日本的关系，其他的办报理念也与日本无关，其存在对日本已经毫无益处，于是建议放弃此报。外务省接受了此建议，只是因为庚子事变的影响，未能及时付诸实施。

再以《湖广新报》为例，这是外务省在华投巨资重点建设的御用报纸，对它的监管过程具有一定的典型性。

外务省是让法学士笹川洁出面创办、经营《湖广新报》的。笹川很早涉足中国事务，1900 年随日本国会考察团来华，见过李鸿章，结识了很多政要。《湖广新报》创刊时孙中山、曹汝霖、郑孝胥等都特地题辞祝贺过。外务省让他办报自然是利用其身份做掩护。该报发行后不久，小幡公使就致函汉口总领事濑川，要求对报纸内容整改。他认为创办该报的目的在于，“由公平的立场，力图开发中国文化，援助我对华政策，暗中与之呼应，并且消除日中两国政治、经济上的误会”。但该报登载的大多是政治报道，攻击北洋政府的段祺瑞等亲日派，并且大量转载“中美通讯社”“新闻编辑社”的通讯，而这两家通讯社是专门登载“排日”、“离间”日中关系报道的。与此相对，拥护日本立场、批评抵制日货运动的文章少之又少，看上去完全成了美国方面的机关报。公使还将同年 5 月 24 日、30 日、31 日的相关内容附上，并且翻译成日语作了点评，要求濑川就此调查，严厉监督，每天检查评论、报道内容，督促笹川每天在印刷前确认内容。

总领事濑川要求笹川作出解释，笹川辩解说报社每周开会屡次强调本报的使命是日中亲善，不可登载不合适的报道，但报社收到“排日”分子发来的威胁传单，职工自然受到影响，编辑部中方人员利用日方监督疏漏登载了那些内容，现已采取措施严防。濑川在向公使汇报上述情况的同时，也表态今后将严加监督。

---

① 西德二郎：国聞報ニ関スル件，1900 年。JACAR：B03040605900。

外务省也同样十分关注该报的论调，不时加以指导。例如，1919 年 10 月 14 日内田大臣致电濑川总领事说，最近《湖广新报》以《美国对东洋的野心》为题发表社论攻击美国。由于路人皆知《湖广新报》是日本的机关报，在此情况下发表这种文章没有好处，要求总领事提醒笹川从大局出发监督指导好报纸的舆论方向①。

外务省、公使馆、总领事馆持续监督一年多后，内田大臣得出的结论是，《湖广新报》不仅一直严重亏损，耗费巨资，发行量少，而且报道和评论也不丰富，"虽不能说有害无益，但不如说既无害，亦无益"。要求从各方面改善，不然就无法发挥国家宣传机关的作用。

其实，总领事馆在报社成立不久就派吉福四郎入社任副社长，实行全面监视。但笹川进行抵制和排斥，并且给外务省上书说当初与外务省次官币原喜重郎、政务局长小幡有口头约定，该报的论调及其报道的方针，听命于外务省最高干部，不受所在地总领事干涉，希望外务省完全信任经营者，充分提供补助，对报纸内容采取宽容态度②。这实际上是笹川在表示对总领事馆等干涉的不满。

对于该报出现的各种问题和笹川的不配合态度，外务省认为是没有选好经营者，继续办下去反而增加中国方面的疑惑，而重新挑选经营者也有困难，不如关停，将精力花在操纵中国报纸上。于是在 1920 年 6 月下旬通知笹川准备停刊。笹川面对外务省的强硬态度，表态说一定精简开支，提高报纸质量。濑川也建议继续办下去，因为当地十分"需要"日本的宣传机关。外务省经讨论制定的"指令"于同年 8 月 3 日下达：(1)报社的资产归外务省所有；(2)报社提交现有资产明细表；(3)财务均须听从领事指挥，收支的计算均须经过领事确认；(4)报纸的论调须遵守领事的方针，不违背其指示；(5)社长除非万不得已，日常均须居住在报社所在地，专心经营；(6)依据 1920 年 7 月、8 月之例，至 1921 年 3 月底每月的补助以 2 500弗为上限，不过，根据报纸的具体宣传效果，外务省也会终止补助③。

---

① 小幡酉吉：湖広新報記事注意方ノ件，1919 年；瀨川浅之進：湖広新報記事ニ関スル件，1919 年；内田大臣：第五三号，1919 年。JACAR：B03040619800。

② 内田大臣：第三一号，1920 年；瀨川総領事：第五一号，1920 年；笹川潔：信函(收信人为有吉情报部次长)，1920 年。JACAR：B03040619900。

③ 埴原外務次官：湖広新報及嶺南日報ニ対スル指令案，1920 年。JACAR：B03040618700。

“指令”强调了外务省与当地总领事对报社的全面领导权，要求篚川必须遵守。面对压力，篚川上呈“获知书”表示严守，外务省同意继续经营。不过，篚川不久因病归国，总领事馆派宇都宫在报社监督，但发现其监管不得力，社内的中国记者仍发表“出格”的文章。尽管宇都宫开除了相关记者，但外务省还是觉得报社管理混乱，在和濑川商量后决定于 1923 年 2 月底中断经营费用，关闭报社①。

不仅是《湖广新报》，外务省与使馆、领事馆在监管《顺天时报》、*North China Standard* 等报纸方面也有类似经历。《岭南日报》因外务省对经营者失望，比《湖广新报》关闭得更早，而《顺天时报》、*North China Standard* 的经营者等都因外务省等不满意，多次更迭。

外交机构的第二个职能是自主物色对象并加以操纵。其对象有两种，一是日侨发行的报刊等，通过提供经济补助予以控制；二是中国人或欧美人经营的报刊等，一般以“补助”等形式收买，建立特殊关系（详见第四章）。确定好操纵对象只是第一步，更重要的是随后的跟踪监督指导。

外交机构的这种职责在早期活动中就得到了充分发挥。《国闻报》最初是天津总领事馆物色并建立特殊关系的，庚子事变期间驻华公使西德二郎曾建议外务省卖掉机关报《国闻报》，便是最早之例。此后，随着日侨在华发行报刊的增多，外交机构选定的“喉舌”也不断增加。通过监管，外交机构对于其中表现不佳者，中止补助，例如《天津日报》、《日华公论》、《新民报》、《亚洲日报》、*China Tribune*、*China Advertiser* 等。对于在宣传上基本达到预定效果者，则长期补助，《奉天新闻》《间岛新报》《间岛日报》《青岛新报》等就属于此类。

由日本人经营的报刊，基调肯定是与本国政府保持一致的，发生的问题最多是宣传不力、不当，或者发行量锐减而失去影响力，而由非日本人经营的报刊，则什么情况都可能发生，监管更为重要。

以外务省在华操纵时间最长的英文报纸 *Shanghai Times* 为例，该报当初由美国人经营，上海总领事馆悄悄收买了主笔约翰・奥谢，1911 年 6 月总领事馆征得外务省同意后，动员横滨正金银行秘密贷款给约翰・奥谢，帮助他盘下此报，双方因此建立特殊关系。总领事馆开始全面监督报社，提出

---

① 瀬川総領事：湖広新報社説ニ関シ取締振リ報告ノ件，1923 年。JACAR：B03040620500。

整改建议与办报方针,要求多登载对日有利的文章。约翰·奥谢则认为平时登载过多,会让世人察觉到报方与日本政府的关系,关键之时为日方辩解便会失去效果,现在以尽量控制这方面的报道、评论为妥①。不过在日方坚持下,约翰·奥谢还是开始登载日本提供的电讯,报道日本政治、经济消息,还不时发表评论或"杂报",为日本辩护。

1912年前后报社经营出现困难,约翰·奥谢不时要求救济,总领事分析各种情况后认为该报地位下降,而所需资金巨大,即使投入资金也无改良的希望,因此委婉拒绝,但在1912年6月债务到期后,仍由总领事馆做担保允许延期一年返还。日方采取软硬两策无非是想让约翰·奥谢加强报纸的经营,放弃经济依赖。但约翰·奥谢由此生怨,在设法从中国方面获得巨额补助后,连续登载激烈的"排日"报道②。总领事馆立刻强硬交涉,而且以债务施压。1913年6月借款到期后,横滨正金银行要求约翰·奥谢每月归还500两,但年息5分,仍维持低息,"聊表好意"。约翰·奥谢更为不满,同年8月突然在报纸上就南京、昌黎事件频繁抨击日本,主张废除日英同盟。总领事有吉明发现后随即交涉。约翰·奥谢的解释是适当登载这类报道只是经营策略,可增加报纸销量,再说报社无法从日方获得充分援助,这样做也是迫不得已。有吉当面警告他无论任何原因,今后都不可发表极端的"排日"论调,否则将断绝一切援助。在给外务省的报告中,有吉明认为约翰·奥谢此举的原因,一是对日方不仅未继续补助与介绍日资企业登载广告,而且还催讨债务的怨恨;二是获得了其他方面的资助③。

从双方较量看,约翰·奥谢没有因日方的恩惠而唯命是从,而是不断变卦。其屡次刊登违背日方意愿的言论,既是出于经营的立场,取悦读者以争取市场,也是为了从日方争取到更大利益。其实,只要被操纵的不是日本人,这种逐利本能随时都可能出现。日方只能如此时时紧盯报纸内容,加倍监督与施压,以免鸡飞蛋打。

外交机构的第三个职能,是对所在地其他操纵主体操纵的报刊等加以监督、指导。为了确保对华外交政策的统一性,以统一口径对华宣传,外交

---

① 総領事代理浮田郷次:上海タイムス寄贈ノ件,1911年。JACAR:B03040608800。

② 外務省政務局:支那ニ於ケル新聞紙ニ関スル調查,1915年。JACAR:B03040676700。

③ 総領事有吉明:上海タイムスニ関スル件,1913年。JACAR:B03040608800。

机构自然对所在地其他操纵主体操纵的报刊等严加关注，尽力施加影响，而其他操纵主体往往也会因日常监管不便主动委托外交机构代行职能，并且作为条件，写在与受操纵者的合约中。例如军方与 *China Advertiser* 的经营者松村、善邻协会与《闽报》的经营者山中、善邻协会与《全闽新日报》的经营者山下之间签订的合约中都明文要求经营者在有关方面接受当地领事馆指挥（详见第四章）。

因此，外务省驻华外交机构作为在华分布最广、操纵历史最长、操纵报刊等数量最多的主体，不仅自主物色对象等加以操纵，而且还肩负监督、指导所在地与日方有特殊关系的报刊之职，可以说是日本在华最主要的操纵主体。

二、长期驻军

近代日本曾多次侵华，并且在多处长期驻军，“台湾军”、华北驻屯军、关东军、汉口派遣队、青岛守备军便是其产物。作为日本侵华政策的具体实施者，如前所述，它们的日常工作就有“宣传”与对舆论工具的调查，而长期驻扎则为实施操纵活动提供了“地利”。

与外交机构一样，长期驻军的日常预算中也有用于“谍报”与“宣传”的“机密费”，操纵费就包含在后者中，并且很多报告直接使用了“报纸操纵费”的名称[①]。此费用不够时可申请增加。因为每年预算中都有，属于固定开支，为操纵工作提供了稳定的经济保障。

日军在华操纵报刊，最早可以追溯至 1896 年资助宗方小太郎盘下《汉报》。日军何时要求驻华军队操纵报刊的，不得而知。如前所述，1918 年起中国被日本列为“假想敌国”后，在华驻军必须根据参谋本部的对华谍报计划制定包括“宣传”在内的年度谍报计划。关东军参谋部 1926 年制定的《关东军军事谍报实施计划》反映了相关内容。针对“舆论机关”，该计划规定：“调查报纸杂志种类、普及状况、经营实态、与党派和外国关系等，研究作为宣传机关而利用的操纵之法。”即关东军不仅有调查任务，而且需要“研究”操纵办法与有关实施结果，“每年 1 月末前定期报告”关东军司令部，“2 月

① 陆军方面，1921 年至 1924 年华北驻屯军与陆军省来往的文件名中一直出现此名称。（如，支那駐屯軍司令官鈴木一馬：新聞操縦費収支の件，1921 年。JACAR：C03022555600）

定期报告"参谋本部。就是说,这种"研究"是日常工作,每年都要定期报告。根据军方惯例推断,华北驻屯军等驻军必定制定有同样的计划,都有"研究"操纵报刊办法之任务。

当然,日军不会仅停留在"研究"上,付诸实施才是最终目的。华北驻屯军司令部 1935 年制作的《参谋部工作分担区分表》证实了这一点。该军参谋部第二部主任负责"宣传事项""有关日本报纸、通讯社记者的指导事项""有关外国报纸、通讯社记者的指导事项""有关满洲、中国的报纸、通讯社的指导事项"①。所谓"指导"实为操纵,其对象为中国、欧美、日本的报纸、通讯社及通讯员等。1937 年初参谋部仍有同样分工②。

以下就"台湾军"、华北驻屯军、关东军、青岛守备军、汉口派遣队的操纵活动加以考察。

"台湾军"一直把"对岸"的福建等中国东南沿海地区视为势力范围,从经济、文化、军事等各方面进行渗透。"台湾军"十分注重报刊在宣传上的作用,前岛真 1897 年底盘下《闽报》时就得到过台湾总督府的全力支持。总督府约在 1917 年初明确提出:"如果想左右中国南方的言论,使得我方对中国南方的政策得以实施,就必须在对岸枢要之地发行报纸。"因为在福建办报能够保证政府实施"南方政策",而且"对岸的报纸论调不仅左右当地思想界,其影响会直接波及本岛"③。

在此思想指导下,"台湾军"十分重视在福建等地建立宣传机关。由于军方抛头露面会影响宣传效果,总督府在 1917 年 11 月建立御用民间团体"善邻协会"出面实施其宣传政策(详见本章下文)。1918 年起中国被日本列为"假想敌国"后,"台湾军"制定的对华年度谍报计划因史料匮乏无法得知,但在此方面活动频繁则是事实,例如,一直大力支持日侨经营的《闽报》,插手台湾人经营的《全闽新日报》,利用日侨创办《南报》《中和报》。《闽报》《全闽新日报》数十年来即便经营严重困难也能存在,完全是靠总督府等资助。

---

① 支那駐屯軍参謀部:支那駐屯軍参謀部業務分担表送付ノ件,1935 年。JACAR: C01004191600。

② 支那駐屯軍参謀部:参謀部業務分担表送付の件,1937 年。JACAR: C01004364300。

③ 臺灣總督府民政部警察本署:台湾卜南支那卜ノ関係及現在ノ施設並将来ノ方針,制作时间不明(第件中的表格最晚统计至 1916 年底,故制作时间应在 1917 年及其后)。JACAR: B03041652300。

至七七事变爆发为止,“台湾军”一直是日本在福建最重要的操纵主体,全面负责该地区的操纵活动。

华北驻屯军是日军在中国大陆最早的长期驻军。京津地区在南京国民政府成立前是中国的政治心脏地区,而天津长期以来是北方的舆论中枢,因而成为各国实施宣传战的重要舞台。司令部设于天津的华北驻屯军身处对华宣传战的最前线,自然对舆论尤其敏感,对于利用报刊等操纵的重要性与必要性也有深切认识。

如前所述,华北驻屯军1918年起每年制定的谍报计划中都有操纵舆论工具之任务,由参谋部负责实施。据现存史料可知,1919年五四运动前后该军司令金谷范三就亲自“研究”对报刊等的“操纵办法”,试图建立“宣传机关”。他认为报纸对运动起到了重要作用,要缓和舆论,就需要怀柔、操纵记者,并且亲自筹办通讯社天津编译社,作为军方在华北最重要的宣传机关。为了配合此行动,军方还在京津地区收买一些中国报纸作为传声筒,帮助日人经营的*China Advertiser*复刊。天津编译社一直活动至1923年才因军方削减“机密费”而关闭。

1927年日本出兵侵略山东后,华北驻屯军的此类工作又活跃起来,不仅利用华北的一些报纸进行宣传,1928年5月左右还在天津设立“新华通信社”作为对华宣传机关,以中文向报社提供通讯,混淆视听。

九一八事变后,为了配合对华北的侵略政策,华北驻屯军利用汉奸等创办了不少报纸,进行毒化宣传。京津地区这段时间出现的*Tientsin Japanese Telegraph Service*、《津报》、《平津霹雳报》、《东亚晚报》、《冀东日报》、《新兴报》等便是其产物。其中一些报纸,华北驻屯军不仅用来宣传侵略政策,而且计划用作占领华北后的宣传、宣抚机关。

长期以来,华北驻屯军的活动十分猖獗,不仅操纵过多种中外文报刊,而且还多次创办过通讯社,是日本在京津地区的重要操纵主体之一。

关东军是日本在东北地区实施操纵活动的主体。1905年日俄战争后,日本在大连以及“南满”铁路沿线长期驻军。为了维护“军政”统治,驻军十分热衷于支持日侨办报。1905年创办的《辽东新报》和《满洲日报》、1906年创办的《盛京时报》都是驻军大力资助的结果。关东军是日本在东北最早操纵报刊的主体。

如前所述,自参谋本部1918年开始制定年度谍报计划以后,关东军每年都会制定相应计划,具体内容通过上述《关东军军事谍报实施计划》可以窥知一二。除此之外,关东军在1926年还针对东北单独制定了宣传计划。同年11月底关东军参谋长斋藤曾经向陆军省上呈过《对"满"宣传计划书草案》,所附说明是:"先前成为悬案的对'满'宣传计划,如别纸所示制定了草案,请审阅以便实施。"显然,关东军此前已有针对东北地区制定宣传计划的设想,但未成文,如今终于制定出来。草案全文如下:

对"满"宣传计划书草案①

一、目的:主要目的在于使在满洲中国官民知晓赤化带来的悲惨灾难,并且唤起信任帝国的信念,同时向日本介绍满洲、蒙古状况。

二、宣传机关的组织:不特设新的机关,对工作所需少数人员则加以聘用,由军司令部及奉天、哈尔滨两机关直接加以领导。不过,与外部交涉的所有工作,则通过第三方。由军方直接干涉的形式,当然需严格避免。

三、宣传实施方法:宣传手段采用临机合适的方法,现在同时使用以下三方法。

1. 印刷品之刊行:每月约两次(秘密出版)。

刊行中文宣传册或宣传招贴等,根据其种类分发给中国官民中的有知识者或学生、劳动者,并且这种刊行物不仅是文章,有时还穿插诗歌或绘画等,投中国人之喜好,不知不觉间对思想加以善导。

2. 通讯社之利用:现在在满洲经营的中国报纸都仰望由日本人经营的通讯社供给新闻材料,但日方各通讯社因经费不足,无法普及全满洲。因而现在对此通讯社提供一些补助加以利用,使其宣传所希望的内容。

3. 中国报纸之利用:现在中国报纸大部分都自发地防止赤化,因此只要助长其趋势就足矣。但与此相反,排日性报道亦不少,就此置之不理,从大局而言并不是希望看到的。针对特种报纸,需要不时收买该报主

① 関東軍参謀長斎藤恒:対満宣伝計画案送付ノ件,1926年。JACAR:C01003771600。

笔或有影响的记者，使其登载对帝国有利的内容，或缓和排日性气势。

4. 露西亚通信社之利用：现于哈尔滨经营的露西亚通信社被认为有相当的信誉，对其提供若干补助，作为对日本人的宣传及对华宣传的资料而利用。

5. 以上各项，第一项印刷品之刊行由军司令部直接操作。第二至第四项在军司令部指导下，由哈尔滨、奉天机关负责操纵。

以上计划准备实施两年，每年 2 万日元。其中每年给通信社的补助费 2 400 日元，对日和对华通讯社，每月各提供 100 日元。收买报纸人员的费用为 2 000 日元，由奉天、哈尔滨特务机关收买主要报社。

上述宣传计划由目的、组织、方法、分工、费用分配五部分构成，针对东北的宣传目的，一是反共，二是让中国人"信任"日本。宣传工作在参谋部、两特务机关领导下秘密进行。宣传方法有四，其中的三个都是通过对报纸、通讯社的"指导"来实施，具体手段是由特务机关收买主笔或有影响的记者，补助在东北受到中国报纸重视的日本通讯社，通过它们宣传。计划提到的"露西亚通信社"是 1926 年初关东军在哈尔滨直接创办的，自然属于充分利用的对象。据此计划可知，操纵报纸、通讯社以影响舆论，是关东军宣传的主要手段。

1927 年 2 月关东军参谋长斋藤向参谋本部上呈《关于对华宣传开始之件的报告》，汇报了露西亚通信社的对华宣传要领。据此可以判断以上《草案》获得了批准。

该计划实施时间是两年，应该实施至 1929 年。在此期间中日关系变化很大，关东军肯定会根据形势制定新计划取而代之。不过，无论怎么改变，报刊、通讯社肯定都是必要的宣传工具。

九一八事变后，关东军为了实现对东北的统治和对华北的扩张，在东北建立起强大的宣传机构，在上海、天津设立别动队，根据《关东军平时宣传计划》以及临时制定的计划进行宣传，宣传范围不仅包括东北，还将中国其他地区、欧美纳入了视野。

例如，1933 年 5 月关东军决定在高粱茂密期前围剿抗日武装。与此次军事行动相配合，参谋部制定了详细的宣传计划。尽管是在东北的军事行动,但宣传对象有伪满、日本、中国关内、欧美。其对华宣传要领有:坚决打击抗日反“满”力量,使得热河“国境”地区的中国军队丧失斗志,促进瓦解,促使“国境”地区民众亲日亲“满”;揭露蒋介石和国民党的失政与暴虐,宣传南京政府的华北政策只会促进其崩坏;介绍“满洲国”的发展成就,说明赤化是中国的灾祸等。宣传方法是:“通过在天津及其他在华各机关,努力及时提供合适的资料”,“与在华机关联系,努力操纵中国本土,特别是上海及天津、北平的外国舆论”[①]。以上所说的“外国舆论”,是指欧美在华的报纸、通讯社及其记者等。“在天津及其他在华各机关”,是指伪满在天津、上海等地的宣传机关,例如大东通信社与《庸报》《振报》《中美晚报》《国权报》等。显然,关东军将宣传触角完全伸向了中国主要城市。

1935年间日军策划华北“自治”运动,关东军在实施军事行动的同时,制定《关东军伴随着华北工作的宣传计划》,与此紧密配合。计划由方针、宣传要领、实施要领三部分构成[②]。宣传方针是:“关东军入关时,向中外彻底说明其正当性,同时提高华北民众反国民党、共产党意识,在华北一带酝酿出与中央分离的气氛,并且燃起这一带中国军队及中国民众的非战热情。”宣传要领则将宣传内容列为8条,试图通过宣传达到以下目的:(1)为日军侵略华北辩护;(2)为了使华北“分治”,离间中央政府、国民党与当地民众的关系,更鼓动民众反对国民党、共产党;(3)瓦解中国军民的抗日斗志。

计划要求关东军各地特务机关与下属军队在出动进入关内前配合华北军与中央进行宣传,参战部队进入华北作战地区后则根据需要自主进行,关东军分布于中国各地的宣传机关则亦积极开展宣传。

总之,九一八事变前,关东军利用报刊、通讯社建立的宣传机关基本上都集中在东北地区,关东军是日本在该地区的重要操纵主体之一。事变发生后,关东军不仅在东北,还在上海、天津等地积极建立宣传机关,成为这些地区的操纵主体之一。

汉口派遣队是辛亥革命时日本政府借口保护领事馆和日侨向汉口派出的驻兵,从1912年1月侵入,直到1922年7月才撤回国内,驻扎达十年之久。这支深入中国腹地的日军对于当地的舆论十分敏感,试图操纵舆论为己服务,先

---

① 関東軍参謀長小磯国昭:軍ノ分散配置ニ伴フ宣傳計画,1933年。JACAR:C01002893700。
② 内川芳美编:《現代史資料》(40),みすず書房,第400页。

后以电讯费等名义向英国人经营的 *Central China Post*、日侨经营的《汉口日报》《汉口日日新闻》提供补助①，是这一时期日本在汉口的重要操纵主体之一。

青岛守备军是指 1914 年利用第一次世界大战之机盘踞青岛的日军。在长达八年的所谓军政统治期间，守备队司令部资助当地日侨等创办了不少报刊，宣传"施政"方针，为军政统治摇旗呐喊。其中著名的有《青岛新报》(中、日文)、《济南日报》，它们长期发行于青岛、济南两地，充当日本侵华政策的传声筒。在日军统治期间，外交机构在此的同类活动有限，因此，青岛守备军实际充当了该地区操纵报刊的主角。

总之，作为操纵主体的长期驻军与外交机构相比，有以下特点：一是驻军每年都制定包括宣传在内的年度谍报计划，还会适时制定相关宣传计划，指导操纵工作。这种计划未见于外交机构。二是与外交机构遍布中国各地不同，驻军受驻地所限，操纵的报刊等主要在驻地及其势力覆盖范围内，如东北数地、天津、汉口、青岛、济南、福州、厦门。三是各操纵主体中，华北驻屯军尤为活跃，这与其司令部身处京津地区密切相关，而当地日本租界的存在也提供了方便。

三、国策会社

所谓国策会社，就是近代以来推行国家产业政策、扮演对外经济侵略主体角色的日本特殊企业。具体而言，在近代早期是指三井、古河之类的大财阀企业集团，横滨正金银行、朝鲜银行、台湾银行之类的特殊银行，"满铁"之类半官半民的企业。为了推行"国策"，顺利对华实行经济扩张，国策会社时常利用宣传这一手段相配合，而政府与军方在华实施操纵活动时，往往也"动员"国策会社直接或间接出资，共同参与。

与官方、军方相比，国策会社有自己的优势，一是财力雄厚；二是动用大笔费用时约束少，能够随时支出；三是可以公开出面从事此类活动。因此，在受操纵者背后经常能看到其影子，尤其是官方、军方不便出面时，往往充当替身，露面活动。

---

① 中支那派遣隊司令部：大正七年度自 7 月至 9 月機密費使用区分表，1919 年。JACAR：C03022479700。

各国策会社中,“满铁”既有负责宣传的部门,亦有直接经营的旨在宣传的报刊,在此方面最为引人注目。其他国策会社的在华此类活动尽管也很活跃,但大多是随机性的,而且往往是外交机构需要借助财力时才参与的。因此以下仅对“满铁”加以考察。

“满铁”的第一任总裁后藤新平在担任台湾总督府民政官时就十分重视对台湾及日本报纸的操纵,为统治台湾服务①。在“满铁”正式成立的前一个月,即 1907 年 3 月后藤等人来东北考察时,“最先关注的是报纸与印刷事业”,因为“要促进文化的话,无论如何都需要依靠报纸的力量”②。后藤此后还提出过“文装的武备”论,作为“经营”东北的方针③。以上这种依靠报刊宣传“促进文化”之设想,可视为其“文装”论的重要构成部分。

因此,“满铁”成立伊始就全力筹办报纸。当时大连已有日文报纸《辽东新报》,“满铁”想盘下,遭拒后决心自办,“准备办 1 份有影响的报纸,能够起到显示满蒙开拓指针的作用”④。后藤还认为:“《辽东新报》仅仅为日文,中国人自不待言,欧美人也无法共同利用,因而有引起误解我方满洲政策之虞”,“建议自备印刷设备,以日、中、英 3 种文字另外发行日刊报纸”⑤。中国人与欧美人也被列入宣传对象。

1907 年 11 月 3 日,“满铁”创办的设有英文、中文栏的日文报纸《满洲日日新闻》发刊。后藤对其寄予厚望:“以代表帝国殖民政策的唯一机关的抱负,以所谓殖民经营急先锋的自信,臧否议论,对于帝国官方和臣民所期待的满洲启发,唱拍相随,贡献之处决不可少。”⑥“满蒙开拓指针”与“殖民经营急先锋”既是对此报的定位,也透露了“满铁”赋予该报的特殊使命。

“满铁”作为“满蒙开拓”的实施主体,自此积极自办报刊,同时还大力支持、操纵日侨在东北的报业活动。为了统一领导对外宣传工作,“满铁”指定

---

① 鹤见祐辅:《後藤新平(第 2 卷)植民行政家時代》,劲草书房,1965 年,第 83 页。

② 沼田政二郎:《滿洲日日新聞が創刊した時の追憶》,《滿洲日日新聞》1926 年 6 月 23 日。

③ 详见沈洁:《滿州における社会事業植民地政策の策定過程:後藤新平の「文装的武備論」をめぐって》,《日本女子大学紀要》第 5 期,1994 年。

④ 李相哲:《滿州における日本人経営新聞の歴史》,第 87 页。

⑤ 《大連日日新聞創刊》《東京朝日新聞》,1907 年 10 月 15 日。转引自栄元:《租借地都市大連における『滿洲日日新聞』の役割に関スル一考察》,《総研大文化科学研究》(11),2015 年,第 47 页。

⑥ 李相哲:《滿州における日本人経営新聞の歴史》,第 89 页。

社长室文书课负责与新闻界联系。1928 年 4 月"满铁"改革制度时，文书课将上述工作交给情报课负责。"满铁"还建立起记者俱乐部，作为与记者深入交流、联系感情的固定平台。在以上背景下，正如 1929 年东北一日本报社对"满铁"的"贡献"所评价的那样，"满洲的报纸、通讯、杂志几乎都定期或非定期地接受'满铁'的补助而经营"①。东北是中国日系报刊最多的地区，按照以上说法，"满铁"20 年代末操纵的报纸约达 28 种、杂志约 10 种、周刊和旬刊约 3 种、通讯约 9 种②，在数量上显然超过了外务省和关东军在当地操纵的报刊。

虽然如此，《满洲日日新闻》《盛京时报》《满洲报》《奉天日报》《奉天日日新闻》《哈尔滨日日新闻》《松江新闻》《满蒙》《东北文化月报》与 *The Manchuria Daily News* 等才是"满铁"的重点扶植对象。表 5 是 1936 年"满铁"作为股份公司投资经营的报社名单。除了《大新京日报》以外，其他的在九一八事变前就受其掌控。这些报纸在创办之初就与"满铁"多少有联系，但组织形式转为有限股份公司基本上都是 20 年代中期，这与"满铁"此期强化对舆论的掌控力度有关。它们以中文、日文、英文发行，订阅量都很大，不仅在发行地，在整个东北地区都有影响力。

表 5　"满铁"投资经营的报社一览(1936 年 9 月)　　单位：万日元

报　名	所在地	有限股份公司创立时间	资本金	"满铁"盘下金额	"满铁"缴纳金	"满铁"持股
满洲日日新闻	大连	1913 年 11 月	公称 75	75	75	100%
盛京时报	奉天	1925 年 11 月	公称 35	25	25	87%
哈尔滨日日新闻	哈尔滨	1922 年 11 月	公称 20	15	15	75%
The Manchuria Daily News	大连	1933 年 10 月	公称 10	4.8	4.8	48%
奉天日日新闻	奉天	1927 年 11 月	10	5	5	
大新京日报	新京	1934 年 2 月	80			

资料来源：李相哲：《满州における日本人経営新聞の歴史》，第 83 页。

对于"满铁"，当时就有中国报人指出："南满铁路局是个最大的对华侵

① 中村明星编：《满洲朝鮮新聞雑誌総覧》，新闻解放满鲜支社，1929 年，第 211 页。

② 中村明星编：《满洲朝鮮新聞雑誌総覧》，1929 年。另外，"前言"亦有据 1927 年出版的《满洲新聞雑誌総覧》的统计。

略机关,同时,还是个最大的对华文化侵略机关,并且是个最大的对华施行宣传策略的机关。后者,国人似乎不很注意,不知道它的鬼魅的宣传伎俩,实在胜过其国的政党万倍,唯一的原因,就是它的经济实力。"[①]言辞虽有夸大,但将"满铁"认定为对华文化侵略机关则不无道理。

确实,"满铁"自建社之初就将报刊定位为"满蒙开拓指针"与在华经济扩张的"急先锋",因而创办报刊作为喉舌,并且指定社长直属的部门负责宣传,以《满洲日日新闻》为起始,对东北的日系报纸加以不同程度的操纵。凭借雄厚的财力,其在东北操纵的地域范围、报刊语种、种数均超过军方和外交机构,是日本在当地最大的操纵主体。

"满铁"只是国策会社的代表,从实际情况看,横滨正金银行、三井等众多国策会社都以提供贷款、补助、广告费等形式积极参与了报刊操纵活动,因财力雄厚,发挥的作用不可小觑。因此,国策会社是日本在华第三大操纵主体。

四、御用民间团体

明治维新后,日本民间团体出于各自的目的进入中国活动,其中有不少团体接受政府补助,深受政府政策左右而为国家利益服务,实质上就是打着民间团体旗号的御用团体。在对华宣传方面,这种团体因为打着民间的幌子,容易获得中国民众的亲近,在替政府代言上具有极大的隐秘性。在各种团体中,东亚同文会和台湾善邻协会便是典型代表。

东亚同文会由东亚会和同文会合并而来,成立于1898年11月,会员主要由一些特别关心"东亚"尤其是中国的政治家、新闻界要人、大陆浪人构成。成立初期的活动方针是:"保全中国、助成中国的改善、讨究中国的时事而期实行、唤起国论。"正如相关研究指出的那样,该会虽名为民间组织,但从成立起就一直以外务省的补助金为组织运营的主要财源,所以多处受制于政府的政策。就其对华方针而言,无论是早期对中国变法的支持,还是庚子事变期间的"联邦保全论",还是对俄强硬论,都是围绕着日本国家利益原

① 任白涛:《日本对华的宣传政策》,商务印书馆,1940年,第22页。

则之轴转动的。运营资金主要靠政府补助，又将国家利益放在首位，因此将其定位为御用民间组织并不为过，其利用报刊进行的宣传活动实质上就是准政府行为。

在“保全中国”“唤起国论”方面，东亚同文会的干部大多十分注重报刊的力量。井手三郎1891年在其早期著作《中国现势论》中就显示出对华宣传观，认为日本人眼下讨论中国问题应该“以我大日本帝国为东洋文明之中心，以中华帝国为东洋形势之中心”，“创出东洋一大势力，集亚细亚同胞之心力为一团，制服彼白人之跋扈强梁，使彼辈对于我东洋之政略归于泡影”。为此应着手与中国有志之士协作办报，并且期待以下效果：“第一，左右其十八省数百万人士之思想，支配其脑髓；第二，打破各省人民之顽梦，上震动彼之政府，下感化彼之凡民；第三，推进彼我之提携，振我东洋之元气，驱除虎视眈眈之外敌。”①正因为如此，井手在同文会成立不久，就向会长近卫笃麿建议在上海办报。1899年1月井手与宗方小太郎、中西正树等拟定了以在华要地发行报刊为主要内容的东亚同文会对华事业计划，《同文沪报》便是其产物之一。

该会干部根津一也认为在日中亲善方面首先须着手的是办报，“力说首先在中国各地办报，或对中国报纸提供补助，由此开启风气”。根津如此重视，据说是因为看到中国普通人家细心保管着旧《申报》，“虽然其民度仍处于低级时代，但看到中国人对待一报纸的浓浓兴趣和深厚敬重，不得不感到是文字之国，尤其是报纸势力之强大”。

1895年底来华从事谍报活动的宗方小太郎认为：“汉口为要地，现在成为中央铁路的起点，长沙市、重庆地区的情况越发迎来整顿的曙光，与长江上下游更具有重大关系，而像报纸之类，感到马上就会有必要。”宗方不仅敏锐地看到了报纸的潜在需要，而且指出：“该国报纸报道论说颇有势力，可动摇朝野人心。从日本今后对清国的政略上看，在诸如上海、汉口的要地，毋庸置疑需要拥有两三家报纸，作为国家的事业也好，为了将来也好，都要先做起来。”这反映了宗方对报纸在华的作用与创办的迫切性之认识②。

东亚同文会首任会长近卫笃麿也有同样认识。在东亚同文会成立之

① 翟新：《近代以来日本民间涉外活动研究》，第63、52、116、120、121页。
② 中下正治：《新聞にみる日中関係史——中国の日本人経営紙》，第72、73页。

初,鉴于当时中日所处的国际形势,近卫认为日本为获得“永远之大利益”的前提就是博得中国信任,为此需在中国要地办学校以教育青年,还需要“为其中年以上国民创办报纸以启发其耳目”。

依据上述理念,东亚同文会成立后一面在中国要地设立支部,一面按照“于各形胜枢要地区发行报刊以为清国舆论之木铎,启发诱导之机关”的宗旨,决定在中国南方地区开展形成舆论的活动①。在具体宣传方针方面,尽管东亚同文会中有分歧,但通过舆论的活动,“为日本扩大在华利益奠定有利的社会基础,这是东亚同文会把舆论活动作为主要的在华事业而积极推进的基本认识”②。

该会会员先后在华陆续创办了《亚东时报》《同文沪报》《汉报》《闽报》,作为将以上理念付诸实践的媒介。《亚东时报》由东亚同文会的母体之一同文会1898年创办,东亚同文会成立后加以继承,并且将从外务省获得的部分补助用于维持此刊,直至翌年4月被《同文沪报》合并,而《同文沪报》则被近卫会长视为该会的两大支柱事业之一,重点支持。以上报纸均为中文,因刊登支持中国改革派的言论,受到改革派欢迎。它们在“动摇中国人心”和充当日本对华政略据点方面发挥了重大作用。

庚子事变发生后,随着中国以及日本所处的国际形势的变化,该会成员对华观的分歧明显,难以统一。考虑到需要倾力对俄备战,而该会会员思想复杂,在办报方针上难以管束,外务省改变政策,在放弃《汉报》,将其盘让给中方的同时,将《同文沪报》直接收归自己管理。有研究者指出,外务省此举“给东亚同文会在华的舆论宣传活动打上了终止符”。此后,该会的事业重点从政治活动转到了教育文化活动上③。

不过,东亚同文会在处理中国问题上并未放弃报纸这一宣传利器。1911年中国面临着巨大动荡,该会认为是大展宏图之机,试图乘势发展在华“事业”,于是在辛亥革命前夕向外务省上呈《对华经营助成案》,强调“满朝就要灭亡成为共和国”,日本应该利用此时机做好准备,“努力迅速扶植利

---

①　近卫文麿日记刊行会编:《近卫文麿日记、附属文书》,鹿岛研究所出版会,1969年,第404页。转引翟新:《近代以来日本民间涉外活动研究》,第117页。

②　翟新:《近代以来日本民间涉外活动研究》,第159页。

③　同上书,第161页。

权，发展势力”。为此，作为本会的“对华经营”事业，提出了 14 项“事业”方案，请求政府“助成”。方案涉及通商、实业调查等，第八项为“新办中文大报方案”，具体内容是：“在同文书院经营的名义下，在上海或汉口创办一有影响力的中文大报，向国会议员、知县以上的中国官吏、商会、学校赠阅，同时低价提供给广大读者”，“以此冰释日本对华外交及其他各种经营引起的误解，并且间接可以在国家、社会各方面资助、帮助他们，更能资我国人通商发展之便”[①]。据此可见，该会仍试图将报纸作为“对华经营”的重器。

此时的外务省自身已经在华构筑了宣传网，直接进行宣传活动，因此对该会的此种请求并无兴趣。但该会一些会员仍希望继续在华办报，原《同文沪报》的经营者井手三郎最为积极。他在宗方小太郎、白岩龙平等支持下筹划在上海创办中文报纸《东亚日报》，外务省开始对此并不支持，在军方表示赞同后才答应资助。1916 年 10 月，《东亚日报》作为东亚同文会的机关报发刊。井手对于创刊要旨的说明是：“相信只有收揽其人心，才能振兴我对华政策，发展对华贸易。”[②]这里的“收揽其人心”是针对 1915 年的抵制日货运动而言，井手办报的目的一目了然。

紧随井手办报之后，东亚同文会于 1917 年 8 月“鉴于时势之发展”再次向外务省上呈《东亚同文会事业扩张补助申请书》，请求对 6 项事业增加补助，其中 5 项与在华教育和调查有关，其中有“在中国四地新设中文报纸”。具体理由是：“因为中文报纸在政治、经济上倡导日中联盟之必要，助成国交，促进中国的启蒙。”因而，“除了继续经营近来在上海创办的《东亚日报》外，还在汉口、重庆、济南、广州创办新刊报纸”[③]。为此向外务省申请“报纸事业”预算 10 万日元，以及对于《东亚日报》一年的补助费 3 万日元。

以上申请理由中的关键词“日中联盟”“启蒙”与 1900 年该会提出的日中“提携”“启发”如出一辙，可见时代已经发生巨大变化，而该会在此方面的理念未变。对此，外务省不会看不到，更重要的是外务省已经热衷于亲自在华办报，这一方案自然未能获准。随着 1918 年《东亚日报》与《华报》合并为

---

① 東亜同文会：对支那経営助成案，制作时间不明。JACAR：B03030268300。

② 井手三郎：漢字新聞東亜日報創刊ノ要旨，制作时间不明（从内容看在创刊后不久）。JACAR：B03040616600。

③ 東亜同文会：東亜同文会事業拡張補助申請書，1917 年。JACAR：B12081970000。

《亚洲日报》而脱离该会，该会在华中文机关报再度消失，1918年的预算中就未提到报纸[①]。此后，该会失去了在华发行中文报刊用于宣传的热情。

与东亚同文会相比，台湾善邻协会完全是台湾总督府出于对华宣传的目的而特意拼凑出来的"民间"团体。

台湾总督府自建立后就将福建视为扩张的势力范围，从各方面进行渗透。总督府民政部警察总署约在1917年初制定了《台湾与南中国的关系及现在的设施、将来的方针》，其中，"将来的方针"针对中国南部提出了"新闻政策"。报告认为："如果想左右中国南方的言论，使得我方对中国南方的政策得以实施，就必须在对岸枢要之地发行报纸。不过，对岸的报纸数量十分多，经营一两种不过是沧海一粟。若要达到巩固其根基、扶植其势力之目的，至少需要刊行下列报纸杂志"，即在广东发行10种，在厦门发行5种，在汕头发行3种，在福州发行7种。并且还提出应该根据以上各地不同的政治、社会土壤采取不同的新闻政策[②]。

以上"新闻政策"可谓"雄心勃勃"，要付诸实施，并且获得理想效果，台湾总督府是不便出面的，这就需要代理人，台湾善邻协会应运而生。

台湾善邻协会1917年11月作为财团法人由总督府与台湾银行等出资成立于台北，"旨在谋求台湾与中国南方、南洋地区的亲善，同时进行通商、贸易及其他事业的调查和援助，以图增进共同福利"[③]。而实际主要目的在于经营中国南方地区的报纸[④]，也有与美国资本竞争福州报纸印刷业而左右当地舆论之企图，因为当时福州的10余种报纸几乎都由美国资本经营的印刷厂印刷，这在利用报纸宣传上显然对美国有利。因此台湾警视总长、台湾银行副行长中川小十郎等相商，试图将上述报纸的印刷业务争取一些过来，以此维护日方的利益[⑤]。

协会一成立，就接管了台湾总督府掌控的在华舆论操纵工作，并且加以发展。当时福州有日系报纸1种，即《台湾日日新闻》社长赤石定藏依靠台

---

① 東亜同文会：大正七年度予算，1918年。JACAR：B12081970000。

② 臺灣總督府民政部警察本署：台湾ト南支那トノ関係及現在ノ施設並将来ノ方針，制作时间不明。JACAR：B03041652300。

③ 領事代理森浩：福州閩報館経営方ニ関スル件，1918年。JACAR：B03040815300。

④ 外務省政務局：支那ニ於ケル新聞及通信ニ関スル調査，1919年。JACAR：B02130261800。

⑤ 外務省情報部：関係新聞調査，1929年。JACAR：B10070264800。

湾总督府的补助经营的中文报纸《闽报》，协会在1918年掌握其经营权。厦门有日系报纸两种。一是原先得到外务省补助的中文报纸《全闽新日报》，协会在1918年初提供资助，次年6月又买下报纸的经营权和设备，逐渐全面掌控；二是1917年发行的日、中文报纸《南报》，协会也通过资助控制在手中。此外，协会还根据总督府的方针，于1918年初利用代理人在厦门创刊《中和报》，建立新的宣传机关。以上《闽报》《全闽新日报》一直由协会经营管理至1937年。

作为台湾总督府的代理人，善邻协会始终是日本在福建的最重要操纵主体，在对福建报刊宣传"事业"实施一元化领导、统一贯彻总督府宣传政策方面发挥了重要作用。

结语

综上所述，作为对华宣传政策的具体实施者，近代日本在华从事报刊、通讯社操纵的主体有四大类。

一是外交机构。外务省是政府外交政策的执行部门，其驻华机构自然是政府宣传政策最主要的实施者。在外务省领导下，外交机构的日常工作，不仅需要调查所在地的报刊、通讯社，主动物色操纵对象、建立特殊关系，而且负责监督、指导所在地与日本有特殊关系的报刊、通讯社，充分发挥着官方在舆论上的主导作用。与其他操纵主体相比，外交机构在华分布最广，从事操纵的时间最长，操纵的报刊等数量最多，影响最大，在对华宣传战中居于主导地位，因此是日本在华最主要的操纵主体。

二是长期驻军。驻军有常设机构依据调查制度对相关地域报刊等调查研究，并且每年制定宣传计划，研究操纵报刊之法，付诸实施。长期以来，报刊、通讯社都是军方的有力宣传工具，东北数地、天津、青岛、厦门、福州、汉口则是其主要舞台，尤其是华北驻屯军司令部所在地天津一直是军方活动最为猖獗之地。因此，驻军是第二大操纵主体。

三是以"满铁"为代表的国策会社。以"帝国殖民政策的唯一机关"而自负的"满铁"将报纸视为"满蒙开拓指针"，不仅设立专门机构负责宣传工作，亲自办机关报，倾力扶植，而且通过补助等手段对东北日系报纸全面操纵，是日本在东北最主要的操纵主体。其他国策会社亦凭借雄厚财力,通过各种手段积极参与官方、军方的操纵工作。所以,国策会社是第三大操纵主体。

四是民间御用团体。作为深受政府政策左右而为国家利益服务的这类团体,它们有的在 1900 年前后这一特定时段活跃于上海、汉口等地,影响一时,有的始终活跃于福建等特定地区,在操纵报刊、影响当地舆论方面也发挥了重大作用。

尽管在 30 年代前各操纵主体因所属关系不同,宣传口径不统一,会出现龃龉,但出于对华侵略扩张的同一目标,往往会各尽所能,联手行动,由此就形成了官、军、"民"三位一体共同操纵的体系。

四大操纵主体各有所长,形成了以下互补交叉的关系,使得操纵工作更可能全面深入、持久有效。

首先,在时段分布上,外务省属下的外交机构自始至终活跃于中国各地,而其他操纵主体有些在某时段特别活跃,在整体上起到了互相补充的作用。东亚同文会 1900 年前后、青岛守备军 1914 年起十多年的活动就是典型之例。

其次,在地域分布上,外交机构在中国分布最广,但也存在力量薄弱之处,其他操纵主体在一些特定地区则十分活跃,势力强大,起到了弥补、增强的作用。例如,"满铁"在东北各地、台湾总督府在福建、青岛守备军在山东的活动。

再次,各操纵主体在财力、活动方式上的优势不同,外务省、军方的优势在于有固定操纵费用,但只能秘密活动。国策会社财力雄厚,并且能公开办报,或直接资助操纵对象。民间团体虽然财力薄弱,但在宣传方式与资助操纵对象上也具有优势。

最后,多个操纵主体的存在,便于共同或轮流出资,稳定、扩大资金来源,牢固锁定、加深与受操纵者的关系,予以长期利用。

第四章　操纵手段

宣传政策的贯彻落实，需要切实有效的方法。报刊等是重要的大众传播工具，若操纵利用得法，在舆论宣传上便能获得事半功倍之效。

对于如何利用报刊、通讯社影响舆论，1919 年外务省编写的《关于新闻政策的新计划方案》将操纵方法分为三种：一是以日本人名义经营，即用外务省的资金创办报纸，或对日本人经营的现有报纸提供资金。二是以中国人或其他国家人名义经营，具体而言，即或以外务省的资金创办，或收购正在经营的报社的全部或部分股份，但报社的经营者名称不变，与日方的关系对外绝对保密，“需要伪装成好像站在中国人或其他外国人的立场进行评论”。三是对中国人或其他外国人正在经营的报纸提供补助，置于日方操纵之下，主要手段是收买重要记者。与前者相同，对与日方的关系要绝对保密。同时，“需要随时随地加以指导，登载我方希望的报道和评论，防止登载对我方不利的报道和评论，一有机会便加深关系”。以上方案无疑是外务省在总结在华经验教训的基础上提出的。

在华实际从事此种活动的一些当事人也颇有心得。1916 年来华发展通讯社的小川平吉 1919 年 7 月上呈外务省《对华宣传机关扩张案》，提出日本的对华宣传机关应该有三种：日本人自己经营通讯社、日本人自己经营报纸、操纵中国报纸。而操纵中国报纸又可分为：(1)实质上充当中国报社的报主。有些中国人利用租界和外国人的特权，以日本人的名义在租界注册办报。外务省应该对名义上充当报主的日本人提供经费，使其与中国报主及记者等交际应酬，实质上掌控报纸。(2)向需要融资的中国报社贷款，“该报纸自然就成为我笼中鸟”。(3)日本大公司联合起来拿出相当多的广告费在中国报纸做广告，控制中国报纸①。小川的扩张案不仅提出了有异于外

① 小川平吉：对支宣伝機関拡張案，1919 年。JACAR：B03040802500。

务省的报纸操纵法,还提到了通讯社。就实际情况而言,外务省与小川的方案基本上概括了当时日方在华操纵之法。

综上所述,日方在华操纵的手段大致可分为全资主办、部分投资、贷款及充当贷款担保人、补助、收买,如果再加上邀请访日,基本有 6 种方法。以下就此逐一加以考察。

一、全资主办

这是指日本官方、军方等在华全额投资主办报社、通讯社,委托代理人经营,但直接掌管人事、经费,指导、监督言论,以实现操纵的预期效果。

至 1937 年,在整个经营阶段或某特定时段属于日本官方、军方等直接主办的报刊有 20 多种,如北京的《顺天时报》、*North China Standard*,天津的《国闻报》、*China Times*、*China Advertiser*,上海的《同文沪报》、《神州日报》、《华报》、*Shanghai Times*、《公报(弘报)》,汉口的《汉报》《湖广新报》,福建的《闽报》《全闽新日报》《中和报》《南支那》,广州的《岭南新报》,奉天的《盛京时报》《奉天日日新闻》,大连的《满洲日日新闻》(《满洲日报》)、《满蒙之文化》、《东北文化月报》,哈尔滨的《哈尔滨日日新闻》等。属于官方、军方直接主办的通讯社则有东方通信社、天津编译社、露西亚通信社、"满洲国"通讯社及其大东通信社、Press Union、同盟社在华机构。

从操纵主体看,御用民间团体活动显著。东亚同文会是各主体中最早在华主办报刊的,其经营的《汉报》《同文沪报》是面向中国人宣传的中文报纸,在汉口、上海曾经名噪一时。不过该会直接经营两报的时间都很短。台湾善邻协会也主办有《闽报》《全闽新日报》《中和报》《南支那》,集中在福州和厦门两地。除了《南支那》以外,这些报刊均为中文,完全以中国读者为宣传对象,像《闽报》《全闽新日报》在当地都曾经很有影响,虽然经历过多次经营危机,但因为有协会做后盾,因此一直延续至七七事变爆发,是日本在该地文化渗透侵略的象征。

各操纵主体中,外务省在华创办通讯社最早,主办的报刊最多,分布最广。自《国闻报》后,外务省主办的还有《顺天时报》、*North China Standard*、*China Times*、《同文沪报》、《湖广新报》、《岭南新报》、东方通信社等,它们大多出现在 20 世纪 20 年代以前，1919 年前后最集中，与日本政府对华宣传政策的变化过程基本吻合。这些报刊、通讯以中文为主，亦有英文，其中诸如《顺天时报》、*North China Standard*、*Shanghai Times*、东方通信社因官方的倾力支持，存在时间都很长，有的一直经营至七七事变之后。它们分布于中国南北要地北京、上海、天津、汉口、广州，有些还长期保持很高的发行量，产生过很大影响，充分发挥了喉舌的作用。外务省主办的报刊、通讯社在日本对华宣传战中居于主导地位。

军方单独在华主办的既有通讯社，亦有报刊，前者是天津编译社、露西亚通信社、新华通信社、"满洲国"通信社及其大东通信社，分布于华北、东北地区，后者主要集中于 30 年代的天津。两者基本上是日军侵略东北、华北政策的产物。

国策会社中，"满铁"单独主办，以及由其御用机构满蒙文化协会主办的报刊不在少数，《满洲日日新闻》《盛京时报》《哈尔滨日日新闻》《奉天日日新闻》《满蒙之文化》便是代表。"满铁"在 1907 年就开始创办《满洲日日新闻》，20 年代后又将其他报纸纳入手中，以《满洲日日新闻》为核心加以经营。不过其中仅《盛京时报》为中文，该报曾经是东北的中文大报，名噪一时。因为有"满铁"做后盾，这些报纸都一直活跃于东北地区。除了"满铁"外，国策会社中还有三井物产上海分社曾将《神州日报》盘下后交给中国代理人经营，上海的数家国策会社亦共同出资创办过《华报》。

此外，还有一些报刊、通讯社是多方共同出资创办或盘下经营的，或以一方为主，多方支持的。前者之例有外务省、军方等共同出资主办的 *China Advertiser*、Press Union，外务省、国策会社共同出资盘下的 *Shanghai Times*。后者之例有军方主办、外务省及国策会社侧面支持的天津编译社。对外务省全力主办的《顺天时报》，国策会社也一直以大量广告费提供支持，而《闽报》《全闽新日报》后面则常有外务省方面的影子。它们均为日本军、政、"民"共同对华宣传的产物。

在实际操纵方面，官方与军方等因不便直接出面，需要委任代理人经营。代理人一般是日本人，但也有其他国家的。为了确保代理人完全贯彻自己的经营意图和宣传方针，绝对听从领导，操纵主体基本上都跟代理人签订契约，尽量全面掌控。

以 *North China Standard* 为例,外务省政务局 1919 年筹办时,就准备委派参加筹办的鹭泽与四二经营,为此拟定了如下的"誓约书":

需要由鹭泽与四二提交的承诺书草案①

呈外务大臣

1. 自本日起____个月内,需在北京创办日刊英文报纸。

2. 有关报纸的经营方针及其报道的论调,需遵守外务省和在华公使的指示。

3. 有关业务、会计以及财产状况,接受在华公使的监督。每年 6 月及 12 月底的实际状况,在翌月向公使提交报告。不过,当公使觉得有必要时,可以随时进行监查。

4. 除了上述报告外,需要根据指令立刻提供外务省或在华公使认为需要的资料。

5. 有关主笔、副主笔之类的记者以及业务负责人的聘用辞退,均需接受外务省的指示。

6. 未经外务省同意,不得关闭报社,不得将经营或报社的财产转让他人。

7. 转让他人经营时,外务省可以下令将印刷机、铅字等继续发行报刊所需的机器物品无偿转让给接收人,但关闭时则需将其还给外务省。

8. 外务省随时都能停止提供补助,但停止补助后,上述各项条款的效力保持不变。

以上

1919 年__月__日

姓名__________

上述契约旨在确保实际主办者对报纸的经营权、经营方针、人事权、财务权等拥有绝对权力,确保对报纸舆论方向的绝对领导,以获得预期的宣传效果。

---

① 外務省政務局:鷲澤與四二氏ヨリ提出セシムヘキ請書案,1919 年。JACAR:B03040600500。

军方采取的方法也不例外。天津的 *China Advertiser* 当初由军方投资，松村利男出面经营。报纸发行前，华北驻屯军司令部与驻华公使馆、天津总领事馆商定了报纸的经营管理原则，1918 年 9 月与松村签订了下列备忘录：

有关松村利男经营英文报纸的备忘录①

1. 有关外交方面的内容，接受帝国公使、天津总领事的监督。

2. 有关军事方面的内容，接受华北驻屯军司令官的监督。不过，如果是与外交有关的军事内容，则同时接受天津总领事的指挥。

3. 政府补助金的用途由华北驻屯军司令官监督。

4. 帝国公使馆、天津总领事馆、华北驻屯军司令部尽量向报社提供所需新闻资料。

5. 绝对不可言明本报属于日本官宪机关报。

6. 向华北驻屯军司令部报告每月收支会计情况，向天津总领事提交其抄件。

7. 现经营者松村不可因自己的情况关停或转让本报。

8. 重要报道、评论登载前，需事先经过军司令官及总领事同意。

9. 天津总领事当然在行政上监督本报。

1919 年 8 月 15 日

华北驻屯军司令部据此完全掌握了该报各种权利。外务省此时也在北京筹办 *North China Standard*，十分担心因沟通不畅引起两报内容等的抵牾，因此要求监督该报的内容，军方认为言之有理，于是在备忘录写上了第 1、2、9 条。这样，报纸的内容，不仅接受军方的检查、监督，也接受公使馆、总领事馆的检查、监督。

台湾善邻协会主办的各报也是委托代理人经营的。例如协会 1918 年创办中文报纸《中和报》时，选定山下仲次郎为代理人。为了加以控制，签订了如下秘密契约：

---

① 総領事船津辰一郎；松村経営英字新聞ニ関スル件。JACAR：B03040612800。

秘密契约书①

善邻协会:

本人现于厦门发行旬报,获得每月250日元、发行筹备金1 000日元(其中400日元出发时领取,其余600日元分6个月领取)。对此本人坚决遵守下列事项:1.以诚意工作,保持行为得体。2.发誓保守秘密不外泄。3.不利用报社之名借债。4.提供无偿服务时须申请,否则产生的债务自己负责。5.未经许可不得接受其他补助。6.协会可以随时停止补助,不得有异议。7.本人家庭生活费用每月不超过100日元。8.一切收入除去第7项生活费,均用于报纸的改良扩张。不过,产生盈余时,其用途需接受指挥。9.发行量需超过2 000份。10.每月报告1次经营状况。11.改变经营业务时必须经过允许。12.报纸的编辑必须遵守政府的方针,当然,作为日中亲善的机关,须致力于使记事公平稳妥。13.有可供参考之事项时随时报告,协会提出要求时则务必报告。14.去驻地以外旅行时须预先获得许可。15.工作方面接受厦门领事馆的指挥命令。16.其他事项也一切听从协会指挥。

1918年1月19日

山下仲次郎　印章

据此可知,善邻协会要求山下必须在编辑上遵守政府方针,工作上听从协会与日本驻厦门领事馆的指挥;生活上检点;发行量须达到指定数量;对外严守秘密,不得暴露与协会的关系;根据情况定期或随时向协会报告;不允许报方与其他方面发生关系;协会可以随时停止补助。以上内容使得经营者成为傀儡,完全受控于协会。

因为协会在台湾,无法随时监视、领导,契约还特地规定了第15条。因此,当1918年1月山下前往厦门时,台湾总督府下村民政长官致函厦门矢田领事,通报此消息,同时附上上述秘密协议,请领事馆据此指导监督。信函特地提到山下擅长经营,但有饮酒懒散之习,希望多加关注。协会还委托

① 山下仲次郎:秘密契約書,1918年。JACAR: B03040614000。

领事代发补助，便于领事约束、监督山下①。

善邻协会1919年1月全面接手《闽报》时也采用此法。协会决定委任该报原主笔山中宽太郎为《闽报》馆长后，与其签订了如下“备忘录”与“秘密契约”：

备忘录②

山中宽太郎先生：

现委任阁下为《闽报》馆长，负责其经营。须特此牢记以下注意事项。

1. 本会在相当长的时期内每月资助550日元，须在此范围内经营。不过，每月需要津贴银100弗，故可以银20弗作为宿舍费支出。2.职员进入、离开报社，须及时报告。3.每年2月末前制定好预算提交，每年4月末前提交上一年度的决算。收支计算及经营状况，每年需报告1次。4.报纸的编辑，以善邻为目的而编写，努力使其成为日本、中国人亲善的机关，报道需公平稳健。但是，毋庸置疑，不可与政府方针相抵触。

财团法人善邻协会

1918年2月15日

秘密契约

善邻协会：

鄙人此次受聘为中国南方福州《闽报》馆馆长，须严守以下事项。

1.诚实勤奋工作，对于秘密事项，誓不向外泄露。2.因故可调整工作或被解职，无须抱怨。3.根据所指示的形式，事先认可有关收支的预算。4.作为报社方面的经费，不可向他方借贷。5.有关报社的经费，如果支出超过事先规定好的用途，须提前获得认可。不过，如果是紧急迫不得已的开支，在经领事批准后，可应急而用。此种场合，须事后追认，具体与前项相同。6.赴工作地以外旅行时，须事先获准。7.有需要参考

① 下村民政長官：信函，1918年。JACAR：B03040614000。
② 財团法人善隣協会：覚書，1918年；山中寛太郎：秘密契約書，1918年。JACAR：B03040815300。

的事项时,及时报告,有要求时务必报告。8.被要求提交账簿、对财务进行说明时,迅速提交加以说明。9.除了以上项目外,其他一切也需要服从命令指挥。10.在工作、经营上应遵守福州领事的命令。

山中宽太郎　印章

1918 年 2 月 15 日

以上文件规定了报社的人事权、财政权受协会严格监督,报纸的编辑方针必须与政府完全一致。山中还就保密、报社的财务工作、个人言行向协会做出了书面保证,"秘密契约"的最后两条则承诺全面接受协会的指挥,服从福州总领事馆的领导。同样,协会也将两文件的副本寄给了福州总领事馆,希望据此监督指导。

对于这类报刊,主办者一旦觉得代理人不遵守办报方针,并且指导无效的话,就会根据协议调换代理人或关闭报社,*North China Standard*、《顺天时报》多次调换经营者,《湖北新报》《岭南新报》等停刊就属于此例。

总之,全额投资主办报社、通讯社,通过掌控代理人进行经营,是日本在华操纵舆论宣传工具的主要手段之一。官方、军方等主办的报社等,自 19 世纪末登台后,陆续出现于北京、天津、上海、汉口、厦门、福州、广州、奉天、大连、哈尔滨等重要城市,其中外务省主办得最多,显示了在对华宣传上的主导作用。这些报社、通讯社主要发行中、英文报纸、通讯,针对中国或在华外国人宣传。由于官方、军方、国策会社等不惜血本经营,因此它们中不少报社、通讯社在某个时段内是当地的重要媒体,受众多,影响大。另外,尽管长期大量亏损,它们大多顽劣地存活着,有些经营至七七事变爆发,是日本官方、军方在华宣传的主要喉舌。

二、部分投资

利用报方急需资金的机会,以某种形式投资,由此获得相应的话语权,是日方加以操纵的又一手段。使用此手段者基本上是日本在华外交机构。外交机构一直在华从事报刊调查活动,目的之一就是寻找这种机会。

自 1904 年利用 *China Times* 经营困难出资获得部分股权后,外务省使用此法操纵过的报刊有天津 *North China Daily Mail*，上海的 *Shanghai Mercury*、*Shanghai Times*，汉口的《公论新报》，广州的《中华新报》。此外，外务省还以提供印刷设备的形式获得过汉口的《大汉报》《汉口新闻报》的经营权。这些报纸的经营者都非日本人，此前大多与日方有来往，有的还接受过金钱笼络，已经建立有进一步密切双方关系的“感情”基础。对于这种报社，外务省是通过代理人与受操纵对象签订合约等来达到目的的。

以广州的《中华新报》为例，1919 年 2 月该报出现经营困难，社长容伯挺通过台湾银行广东支行寻求日方出资。广州总领事馆获悉后很想将此在当地有影响的报纸纳入控制之中，征得外务省同意后准备出资。因不便直接出面，就派日资“亲善公司”总经理涉谷刚充当金主交涉。双方在 4 月达成以下协议：(1)日方出资银 8 000 元，其中 6 000 元用于收购其他出资者的股份，2 000 元用于组织变更所需费用。(2)为了对该报纸面等进行改良，由日方一年内每月提供银 500 元。期满后可讨论续订事宜。(3)由日方派出一会计监督员(中国人)监督报社的财务，每月末提交收支报告给双方。(4)容对报纸的编辑负有一切责任。日方的出资全部存入台湾银行广东支行，提取时须事先得到日方批准。另外还约定了对违约的处罚措施。

以上协议大多为财务内容。同日，涉谷在总领事馆授权下与容签订了《中华新报社合办契约》和《编辑方针协议书》①，进一步明确双方的权利与义务。

契约甲方为涉谷，乙方为容伯挺，共 15 条，主要条款如下：第一条“兹以增进日、中两国民相互之交谊，指导国际舆论而举日中亲善之实为目的”；第九条“关于编辑一切之事务乙完全掌理之，对于外部为本社之代表。但甲有特别要求时，协议之后根据本契约缔结之趣旨而适当处置之”；第十一条“合办后如乙无诚意，出有违反本契约之行动时，甲立刻停止补助金之供给，并要求其出资金额之偿还，顷以《中华新报》社为抵押品，署立借款 8 000 圆之债券，以每月 2 分之利息，限期 3 个月偿还。到期如不能清偿，任由甲将《中华新报》财产全部押收之”；第十二条“甲如有违反契约有令乙万难堪受之行为时，乙可酬还其出资金额 8 000 元于甲，而将本契约撤废之”。契约称合

---

① 親善公司澁谷剛、代表社長容伯挺：中華新報社合弁契約、編集方針議定書，1919 年。JACAR：B03040617800。

作目的在于“亲善”,这只是幌子,从以上内容看将编辑工作交由容处理是有条件的。他必须遵从日方的“特别要求”,否则不仅得不到补助,还须立刻归还日方的投资,日方还可以扣押报社全部财产。报社的总投资才 14 000 元,投资超过大半的日方通过契约完全控制了报方的命脉。

为了让容伯挺彻底贯彻“特别要求”,日方又与其签订了《编辑方针协议书》,主要条款有:“(一)广州《中华新报》自容伯挺与涉谷刚合办后,编辑事务由容伯挺完全担任,涉谷刚方面之代表人关于编辑上之意见得随时陈述。容伯挺于不损害信用及不妨碍销售之限度内,务须听从采取其意见。(二)兹规定编辑方针如下:(甲)内容及形式务求优胜,期集中当地社会之信用,成为舆论之中心。(乙)以稳健之言论、丰富之内容、快捷正确之消息拓揽最大多数之阅读者。(丙)记载国际上公平正确之事实与评论,纠正国际上有害之风说,发表增加中日两国邦交亲善之记载,但以不露骨、不极端、不偏颇为标准。(丁)多译载日本名士学者公平之议论及渊博之学说。(戊)不干涉日本国内之党派主张,取超然之态度。(己)对于中国国内之党派,以岑陆系之大民党主义为依归,唯不为其绝对的机关,而为其五分五厘的机关,对于其他各党取是是非非主义,不为激烈之论调。”以上协议进一步要求容听从日方的意见,并且将该报办成广东的“舆论之中心”。协议中的所谓“纠正国际上有害之风说”,无疑是针对欧美批评日本的评论和报道,而增加“中日亲善”之报道则是针对当时中国抨击日本侵华政策的内容。由于担心明显的亲日态度会引起读者的反感,编辑方针要求采取“不露骨、不极端”的宣传策略。

“协议”还规定将编辑方针分为三期贯彻。第一期为容伯挺掌握报社实权后的 3 个月。“此期仅进行形式和内容改良,其言论、报道的态度努力保持其常态。免得陡然变化反而令人生疑。只是不主动发表绝对有碍邦交传说,不过,其稿件如果是各报一定报道的内容,本报亦当发表之,保持常态。”第二期为第一期结束后的 9 个月。“此期发挥消极性机关作用,凡有碍于邦交的报道一概不发表。其一般性大事件,例如令全国民众神经皆激动的事件,本报仍需选择性刊出,唯须避重就轻,无形中获得效果。如果全然不顾全国民众之感情,谬然对抗一大猛烈潮流,恐会招致社会攻击。”第三期指第一年以后的时间。“此期除消极作用外,应兼起积极作用。”“以巧妙之手段,不招惹社会之厌恶，保持其公平的名誉。”“等到达此巩固的地位后，开始厉行其积极作用。”

《中华新报》曾经是当地“排日”宣传的急先锋，发表过很多“有碍”中日邦交的报道。日方是担心它突然改变态度而暴露与日方的秘密关系，弄巧成拙，于是制定了以上渐变策略，并且还设定了时间节点，以督促容及时转变编辑方针。

从1919年涉谷提交的年度工作报告看，报方基本上是按照“协议”实施的。1920年4月按照“协议”应该进入第三期，日方为了督促尽快向“积极”转变，与容签订了新备忘录，主要内容为：(1)根据协议书，除了消极缓和以外，顺应时机致力于积极亲善日本。(2)为了达到以上目的，希望完全统一编辑方针。(3)避免转载有害于两国亲善的报道。显然，日方迫不及待地要求容将编辑方针统一为“积极”，并且避免转载对日不利的内容。

从以上契约、协议、备忘录的内容看，日方为了将报方牢牢控制在手中，从各方面处心积虑地作了算计。在日方步步紧逼下，该报确实逐渐转为“积极”亲日，直至1920年底因广州政坛出现变故而倒闭。

日方对于 *China Times*、*North China Daily Mail* 等的操控则更进一步，不仅利用投资与报方订立契约，而且趁机直接安插人员进报社负责相关专栏。例如，*China Times* 经营中不断出现财政困难，天津总领事馆获知后自1904年以2 000圆入股该报，同时担保其借款4 000圆，此后又不断补助。为了加强操纵效果，1909年4月外务省决定派松本君平进入报社工作，担任“中国与日本”栏主任。为此，松本还与报方签订了备忘录。以下是其草案：

备忘录提案

China Times 有限公司与松本君平阁下之间的协议：

(1) 松本在 *China Times*“中国与日本”栏部门，并自负风险和费用来管理该部门。

(2) 松本按其所愿，用 *China Times* 发表新闻和文章，并提供来自上海和东京的最新电讯给 *China Times*，而且为了 *China Times* 不惜任何代价，尽最大努力改进编辑。

(3) 松本君平及其职员从日本、中国和其他地方获得的广告费，*China Times* 将取得其中的百分之五十。此外，*China Times* 无须负担松本君平在促成此类广告业务时所雇用的所有员工、广告代理商和争取广告客户的费用。

(4) 通过松本君平的努力增加发行量，使得 *China Times* 全面增加订阅量。

(5) [除(3)和(4)已经规定的以外]*China Times* 获得经松本君平和 *China Times* 所做的有关努力的任何业务利润的份额(是相互谈妥的)。

(6) *China Times* 承担为自己确保广告所需的印刷机、打印机和纸张的所有费用。

(7) *China Times* 有限公司与松本君平之间的这一协议，将维持3年。若双方愿意，将在该期限结束时续约。

(8) 有关进入 *China Times* 的所有事宜均遵从主编安排。

该备忘录是5月27日总领事小幡酉吉向外务省报告操纵 *China Times* 进展时抄录的①。小幡报告说双方已经签字，其内容应该是双方事先商定的。从实际情况看，备忘录得到了贯彻执行，松本按约入主“中国与日本”栏，有关费用由日方负责，日方还免费提供来自上海、东京的电讯，动员日商登广告等，报方则充分赋予了松本在特定专栏自由撰稿、发稿的权利。

从以上例子看，日方都是利用报方出现经营困难急需资金时，明里暗里指派代理人出面投资，掌控其经济命脉，通过签订契约或备忘录，甚至直接向报社安插人员，使其成为己方喉舌。受此种手段操纵的均为中国人或欧美人经营的中、英文报刊，日方利用它们进行宣传隐秘性极强，获得的宣传效果也大于自己直接发行的报纸。

三、贷款、充当贷款担保人

为处于经营困境的报社提供贷款，或者充当贷款担保人，无疑是雪中送

① 小幡酉吉：新聞操縦ニ関スル件，1909年。JACAR：B03040608200。

炭。日方十分注重使用此手段，只要是有利用价值的报刊，总是伺机而为。从现已掌握的资料看，日方在此方面“帮助”的对象基本上是中国人或欧美人经营的报社，北京的《中国报》，天津的 *China Times*，上海的《申报》《中华新报》《中国晚报》、*Shanghai Times*、*Shanghai Daily Press*，香港的《华字日报》在特定的时段都受到过此种“帮助”。利用此手段者主要为外交机构、国策会社，实施的具体方法如下。

一是由国策会社出资贷款，当地的外交机构或其个人做担保人，《华字日报》、*Shanghai Times*、《申报》、《中华新报》就属于此类。

《华字日报》曾经是香港重要的中文报纸，总领事代理船津一直设法接近。1910 年 3 月底船津的友人、当地某洋行买办广东人梁建安带来消息，报纸主笔兼负责人陆善祥急需临时融资墨银 2 500 弗购买新闻纸，向他求助。梁说自己在正金银行和台湾银行等有知己，可以代为介绍。船津获知消息后一下子拿不出如此巨款，立刻请日本邮船会社香港分店长楠木、三井洋行分店长小林、横滨正金银行分店长高道相助，得到楠木、小林的支持。船津便带着梁建安、陆善祥等去见楠木、小林，两人答应融资 1 500 弗，但需要有人担保，船津和梁就以私人名义作担保①。促成此事后，报方对船津等自然感激不尽，由此双方来往密切，日方为操纵打开了道路。

Shanghai Times 则是当时上海有影响的英文报，主笔约翰·奥谢早就被日方收买。1911 年约翰·奥谢想盘下此报，自己经营，需要上海规银 12 000 两，但囊中羞涩，向日方求援，希望为之筹款。外务省求助于横滨正金银行，1911 年 6 月正金银行上海分行在浮田总领事代理担保下秘密借给约翰·奥谢上海规银 12 000 两，为期 1 年，年息 6 分。条件是“将来作为我方机关报”，约翰·奥谢应允②。这样，日方对该报的操纵更加直接与深入。

《申报》是当时上海有影响的中文报纸之一，1916 年在日本总领事馆登记，与日方有一定的关系，1918 年经营遇到困难后，以报馆建筑作担保请总领事馆作担保人，从横滨正金银行上海支行借款。一直希望对该报实施操纵的总领事馆当然应允，说服正金银行无利息无限期贷款银 8 万两巨款。该报后来又以法租界的土地作担保追加贷款银 5 万两，与日方关系进一步

① 総領事代理船津辰太郎，華字日報社金員借用ニ関スル件，1910 年。JACAR：B03040816800。
② 外務省情報部．関係新聞調査，1929 年。JACAR：B10070264800。

加深。据日方说,至1921年报方仍欠借款10.5万两。

《中华新报》是1921年底因经营出现问题,向东方通信社的波多博提出借银5万元。外务省获悉后认为是接近的好机会,请横滨正金银行出面提供贷款,由上海总领事作保,报方顺利借得所需款项,利率6分。双方由此建立起特殊关系。

报方出现经营困难等时,国策会社出面贷款,外交机构充当担保,可以分担风险,而在报方面前,还能唱"双簧",都能充当救急的恩人,让报方投桃报李。

二是外务省出资,让国策会社出面向报方贷款。这种方法造成企业出资的假象,使得融资显得自然合理,对报方压力更大。典型之例有对*Shanghai Daily Press*的放贷。

*Shanghai Daily Press*在日俄战争期间就接受日本驻上海总领事馆的补助,为日方效力。报社当时出现经营困难,报主费里斯希望日方融资2万弗,以渡难关。因为日俄战争正酣,日方在上海十分需要喉舌,在获得外务省首肯后,总领事小田切委托三井物产上海支店长山本条太郎以其名义与费里斯谈融资条件,并且压低融资金额。经过谈判,报方将印刷设备做抵押融资墨银15 000弗。双方为此签订了契约,规定了借贷条件与监督方法,主要内容有"该报对日本使用正当的文笔",未经日方允许不得从事其他报务,允许日方随时检查财务①。所谓"正当的文笔"只是外交辞令,实际就是为日本代言。日方由此加深了对该报的控制。

三是报社能从其他渠道获得贷款,但急需担保人,日方根据情况出面充当。天津的*China Times*就是典型之例。报方在日俄开战初期就与日方接上关系,战争期间因搬迁等缺6 000圆资金,向香港上海银行融资时需人担保,便拜托天津总领事担任担保人之一。鉴于此报的作用,日方应允,但考虑到总领事的身份不合适,便请直隶财务顾问、日本人佃一豫出面担保,报方顺利获得所需贷款。

四是日方根据需要在无担保情况下提供贷款。《中国晚报》就是一例,1923年末报纸持有人沈卓吾急需银3 000弗应急,四处筹款。获此消息后,

① 総領事小田切:英字新聞「上海デーリープレス」補助ニ関スル件、上海英字新聞「デーリープレス」補助ニ関スル件,1905年。JACAR:B07091174300。

丰田纺织会社长丰田佐吉在 *Shanghai Mercury* 佐原笃介牵线搭桥下向报方提供了贷款。丰田纺织会社当时在上海经营大规模纺织工厂，对日本企业在华利益十分重视，此举可视为其向上海报界渗透之尝试。

除了以上各种“正式”的大额贷款外，日方还会视报方的情况提供小额的临时“借款”。如北京《中国报》负责人黎宗岳 1909 年 11 月递话给日本公使馆，说希望获得资助。因该报一直持“排日”态度，伊集院公使表面上拒绝，但同时又借给他洋银千弗①，以此建立起特殊关系。估计日方也没指望归还，但这种“借”比直接资助效果好，对借方来说约束力更高。

在贷款、充当贷款担保人方面，国策会社的优势明显。外务省用于操纵舆论的经费有限，大额支出都需要预算，国策会社则具有财力雄厚、临时支出较为方便的优势。还有，外务省方面即使有此方面经费，作为债主出面放债并不合适，一是政府色彩过于强烈，二是万一借款者变卦矢口否认债务关系时，即使有借贷契约，外交机构也无法对簿公堂，公之于众，只能吃哑巴亏，通过国策会社出面则能避免这些问题。当然，国策会社放款时，外交机构往往也会作保，解除后顾之忧，因为一旦出现坏账，外务省日后会设法慢慢抹平。因此在此种操纵方法上，外务省与国策会社总是取长补短，积极合作，扮演各自的角色。这也是两者在这一操纵手段中联手最多的原因。

日方靠债权施压的手段往往很有效，并且为进一步操纵做了铺垫，从实际事例看，因为报方无法还清债务，日方将债务转变为投资的例子不在少数。

四、补助

这是指日方长期对日侨在华经营的报社、通讯社进行资助的行为。日系媒体出于其根本立场，自然会做政府的传声筒，并不需要特别补助。不过，这些报刊中有一些在对中国人等直接或间接宣传上地位重要，为了进一步发挥其作用，也会被选定为补助对象。日本官方、军方、国策会社都热衷于此手段。

就本书所限定的报刊而言，至 1937 年至少有 58 种属于此类，其中中文

① 伊集院彦吉公使：新聞操縦ニ関スル件，1909 年。JACAR：B03040812700。

报刊30种,日文报刊27种,英文报刊两种,朝鲜文报刊两种,蒙古文报刊1种,由于有些报刊是双语的,因此以上统计数据有重复。

长期接受补助的日文报刊,往往属于当地日本侨民经营的唯一报刊,主要分布于东北、天津、青岛等地。这种报刊容易吸引当地各方面关注,对中国人或外国人产生较大的间接影响。操纵者有官方、军方、"满铁"等,《汉口日报》《吉林时报》等就属于此类。

接受补助的英文报刊有 *The Manchuria Daily News*、*Tientsin Japanese Telegraph Service*,前者长期得到"满铁"资助,主要面向东北、平津的欧美人,后者受军方资助,于九一八事变后出现,针对平津的欧美人进行宣传,存在时间很短。

接受补助的中文报刊,覆盖了日侨在华发行的所有中文报刊,《汉报》《闽报》是最早之例,后来不断增加,遍布于北京、上海、天津、汉口、广州、香港、福州、厦门、济南、青岛、大连等重要城市。因中文报纸的竞争很激烈,如果得不到有效补助,难以生存和发展,尤其是在一次次抵制日货运动的打击下,这些日本"色彩"强烈的报刊都面临经营困难。为了保住宣传阵地,发挥其作用,外务省、军方、国策会社等给予了大力补助,《顺天时报》《汉报》《天津日日新闻》《盛京时报》闽报》《全闽新日报》等就是典型之例。它们不仅借此得以维持下来,而且在当地名噪一时,其中有些后来被官方、"满铁"等盘下主办,成为日本在华的重要宣传机关。

接受补助的朝鲜文报纸有《间岛时报》《间岛新报》等,蒙古文报纸有《蒙文报》,它们主要针对中国东北朝鲜族、蒙古族进行宣传。

日本人在华创办、经营报刊等基本上都是在当地日本外交机构注册,以享受不平等条约的保护,逃避中国政府的监管。外交机构为了有效控制,对注册者均下达"命令条项"或"命令书",要求其严格服从自己的领导,听从一切指示,否则有权勒令停止发行乃至关停①。此举实际上掌控了这些报刊的命脉,使其听从管理。即使这样,为了确保受补助者完全听从指令,补助者还会要求签订合约等进一步予以约束。

例如,来原庆助在台湾总督府资助下于1916年11月创刊中文报纸《南

① 例如:総領事佐藤尚武:命令条項,1918年。JACAR:B03040701400;領事矢田:命令書,1918年。JACAR:B03040833800。

国报》，该报发行初期即遇到经营困难，广州总领事太田建议外务省与台湾总督府协商共同承担所需经营费用，并且认为外务省应该有条件地给予补助，以便将该报控制在总领事馆领导之下。太田提出的条件是：(1)总领事馆能够决定报纸的有关报道、评论及其登载的内容。(2)每年定期审查报社的经营和收支状况。(3)根据需要，总领事馆可以命令报社提交相关报告，进行相关调查。(4)报社违反指令和约定条件时，需要返还部分或全部补助金。外务省采纳其建议，同意自 1917 年 4 月起每月补助 300 弗，半年后视效果再决定是否继续补助①。虽然未看到双方的正式协议，但可以确信，外务省是在该社承诺遵守以上条件后才补助的。

再以《间岛新报》为例，出于在该地区建立日本的宣传阵地对朝鲜族宣传之目的，在外务省、朝鲜总督府、军方的具体指导、资助下，当地日侨合资创办了此报，于 1921 年 5 月在总领事馆注册。总领事代理堺与三吉作为补助方与报方代表安东贞元签订了以下备忘录：

《间岛新报》补助条件备忘录②

为了指导、怀柔间岛及珲春地区朝鲜人，宣传有关政策，由外务省和朝鲜总督府依据以下各条补助间岛新报社，《间岛新报》经营者需要遵守以下主旨，致力于对朝鲜人的宣传。

1.作为《间岛新报》创办费，创办资金 1 万日元，平时维持费一年 7 000 日元，1921 年度由外务省与总督府各补助一半，通过间岛总领事交付；2.报纸版面为小型版（普通报纸的一半），日刊，日文和朝鲜文每天分开发行；3.朝鲜文报纸每天赠阅 500 份，作宣传用，须免费散发给朝鲜人；4.以创办费购买的设备等借给报社使用，经营困难、停刊或关闭等时，须还给总领事馆，其他物件也须在外务省和总督府的指示下处理；5.接受补助期间有关经营事项均须受总领事监督、检查；6.登载重要报道、评论时，须事先接受总领事检查；7.总领事馆免费登载告示、通知等。

此备忘录一式两份，间岛总领事与间岛新报社代表署名盖章后，各

---

① 総領事太田喜平：南国報補助ニ関シ意見具申ノ件，1917 年。JACAR：B03040617700。
② 総領事代理堺與三吉：間島新報社定款写送付ノ件，1921 年，JACAR：B03040614700。

保留一份。

间岛总领事代理堺与三吉

间岛龙井村间岛新报社业务执行社员代表安东贞元

1921 年 5 月 9 日

以上备忘录明确说明了外务省的补助目的,同时对报纸的版面尺寸,发行的语种、时间,免费发放的对象与数量提出了要求,还规定必须接受总领事的监督、检查。依靠此备忘录,总领事能够全面控制此报。

除了报刊外,官方等还对日本人经营的“电通”、“国际”(后称“联合”)、太平洋通信社、日华共同通信社进行过补助。“电通”、“国际”(后称“联合”)在中国各地设立有机构,前者受军方补助,20 年代初开始在华发行中文等通讯,后者受外务省补助,1929 年后在华发行中文等通讯。至同盟社成立为止,两社是军方、外务省在华主要代言人,发行的中文通讯影响很大。太平洋通信社、日华共同通信社均出现于 20 年代前,在外务省补助下针对中文报纸等发行通讯,存在时间都很短,影响有限。

总之,日本官方、军方等为了达到对华宣传的目的,从日侨经营的报社等中选定对象长期补助,其中对中文报纸、通讯的补助尤为重视,并且通过签订备忘录等加以掌控。这些报刊、通讯基本上覆盖了中国的重要城市,有些在当地影响很大,是日方重要的宣传工具。

五、收买

这是指日方买通非日籍报刊、通讯社的持有人、经营者、主笔、记者的行为。日侨早期在华发行的报刊,因特定的历史条件,相当受中国读者欢迎,后来随着办报环境与中日关系的变化,影响力大多下降,作为机关报的效果渐失。与此相比,收买非日籍报刊,借其为日本代言,具有极大的欺骗性,能获得事半功倍之效。

对于利用外国人报刊的好处,日本在华外交机构早有认识。例如,伊集院公使 1909 年在给外务省有关操纵当地报纸的报告中就提出:“一般人都知道《顺天时报》是日本人经营的日本报纸。在此,与其让该报登载特别有利于我国或者辩护性的报道，不如转而让其他表面上毫无关系的报纸登载，效果好得多。”①从现有资料看，无孔不入的日本在华外交机构以及驻军都十分精于此道。

中国报刊的生存状况则为日方的收买创造了有利条件。进入20世纪后中国各大城市报业发展迅速、竞争激烈，报社大多处于亏损状态，报纸的持有人或经营者迫于生存压力，不得不四处争取资源。而一些报刊的主笔、记者也会出于经济等原因私下接受额外收入。各地的英文报刊也面临同样的状况。以天津为例，辛亥革命前外文报纸共9种，其中英文4种、德文和法文各两种、意大利语1种，数量在中国仅次于香港、上海，是华北外文报纸最多的城市。不过，与香港、上海外国人云集相比，天津外国人很有限，各报在获得读者方面竞争激烈。*Peking and Tientsin Times* 是当时读者最多的，发行量也就八九百份，其他报纸也就可以想象了。因此这些报纸都需要得到补助才能经营，而受惠于人自然就受制于人。日方正是利用了此点，“有关在天津的‘报纸操纵’，日本领事馆最重视、耗资巨大的是对在租界发行的英文报纸的工作”②。在上海、香港等国际都市，虽然欧美人比较多，但英文报刊的种类也多，竞争激烈，同样为收买提供了可乘之机。

收买的第一步往往是请客送礼。外交机构以及驻军都十分热衷于此类活动，从本书有关章节可以看到，驻华外交官员内田康哉、船津辰一郎、武者小路公共、伊集院彦吉，以及华北驻屯军司令官金谷范三都擅长使用此道接近报人。

对于不便直接出面“交际”的对象，外交机构与军方则会利用代理人出面“公关”，长期在中国报界活动的宗方小太郎、波多博、佐原笃介、橘朴等便是这方面的代表人物。宗方小太郎、波多博在中国报人与日本官方之间的穿针引线作用，有关章节有所述及，不再赘述。有关佐原笃介，仅以其在 *Shanghai Mercury* 供职的1921年为例，外务省每月补助的活动费就达墨银800弗，提供如此巨资是因为其“在上海不少地方显示出相当作用”，“在

① 伊集院彦吉公使:新聞操縦ニ関スル件，1909年。JACAR：B03040812700。

② 大谷正:《中国および朝鮮における日本外務省の「新聞操縦」(2)》，《専修法学論集》(57)，1992年，第90页。

欧美枢要之地带有特种任务”[①]。其任务之一应该就是拉拢报人、通讯员，尤其是欧美的。再看橘朴，以其1920年任《济南日报》主编与东方通信社济南通讯员期间为例，济南总领事森安三郎认为他各方面能力甚强，专门给他申请了月额220弗的活动费和一笔购置活动所需物品的费用，物品中有中式餐具1套，预算是500弗[②]。餐具如此昂贵，必定是用于豪宴的。作为通讯员宴请的对象肯定少不了当地的报人。

通过送礼宴请这种投石问路后，对于取得“默契”者，日方则会进一步行动，常见的长期性收买手段有“补助”、大量订购、登载广告、免费提供电讯。能够持续实施以上手段，意味着日方已经在某种程度上认可了操纵效果。

至1937年，日方通过上述手段收买的通讯社有3家，报刊至少有60种，其中中文44种，英文15种，法文1种，分布于北京、天津、上海、汉口、广州、香港等大城市。实施的主体主要为外务省、军方，国策会社亦有参与，其中外务省最为活跃，60种报刊中80%左右由外务省单独收买。

在各种收买手段中，日方用得最多的是“补助”——长期定额提供金钱。此种以金钱收买的手段被冠以“补助”美名，只是给当事双方体面的借口。

外务省是在华采用此法最早的，*China Gazette*、*Hongkong Daily Press* 等便是其最早的“猎物”。在当地舆论界曾经产生过较大影响的中文报纸《国闻报》《天津日日新闻》《神州日报》《时报》《新闻报》《七十二行商报》，以及英文报纸 *China Times*、*North China Daily Mail*、*China Tribune*、*CheFoo Daily News*、*North China Daily News*、*Shanghai Mercury*、*Shanghai Times*、*China & Far East Finance & Commerce*、*Central China Post* 等都获得过此种补助。此外，外务省对周拂尘通信社也提供过短时补助。

对于一些寄予重望的报刊，例如，*China Times*、*North China Daily Mail*、*Shanghai Times* 等，外务省在提供补助的同时，还会出资入股，多管齐下加以拉拢渗透。

军方尤其是华北驻屯军在五四运动前后与30年代初、中期，也采取了

① 山崎総領事:貴電第一二七号ニ関シ,1921年。JACAR: B03040728500。
② 総領事森安三郎:機密費支出方稟請ノ件,1921年。JACAR: B03040728400。

此种手段拉拢过中文报纸、通讯社，在京津地区扶植自己的喉舌，《时闻报》《民强报》《庸报》《平津霹雳报》，以及北方通信社、中一新闻通信社等都先后接受过其补助。

根据需要，外务省与军方还会同时收买同一报纸，汉口的 *Central China Post*、上海的 *United Services Review* 便是典型之例。

收买的另一手段是通过投放广告而提供广告费。当时的报社一般都依靠广告费维持经营，报社的开销必须也只能靠此弥补，广告收入是命脉，广告户是"衣食父母"①。因此投放广告也是日方用来操纵相关报刊的利器。

外务省与国策会社十分擅用此法。具体做法，一是外务省动员国策会社长期在相关报刊登载广告，支付广告费。例如，上海总领事馆当初拉拢 *Shanghai Mercury*、九江领事馆拉拢《九江时报》便是此法。二是外务省支付广告费，同时介绍一些日商登载广告，北京公使馆拉拢《民福报》、济南总领事馆与军方联手拉拢《海岱新闻》就属于此例。三是外务省与国策会社联手，典型之例就是双方长期以巨额广告费成功地收买了 *Far Eastern Review*。

长期大量订购报刊，也是日方惯用的变相收买手段。发行量决定着报刊的存亡，对于经营困难的报刊而言，能够获得固定用户长期大量订购，等于雪中送炭。北京公使馆对法文报纸 *Journal de Pékin*、上海总领事馆对英文报纸 *China & Far East Finance & Commerce* 就是使用此法。

还有一种变相收买手段是免费或廉价提供电讯。近代早期通讯社销售的电讯价格十分昂贵，令中小报社望而却步，对一些大报而言也是不小的负担。而能否迅速登载第一手消息直接关系到报纸的销量。免费或廉价提供电讯对于报社来说十分具有诱惑力。外务省实施《清国报纸通讯纲要》期间就开始使用此法，其后外务省方面的东方通信社、军方的天津编译社等继续沿用，基本获得了预期效果。

除了上述长期性收买手段外，日方也会临机应变采取一些变通措施，特别是发生重大事件时，如前所述，九一八事变发生后，奉天总领事林久治郎建议对在当地邮局发电讯的外国记者提供电报费赊账的特别待遇，关东军为赴东北报道的各国记者、通讯员提供方便，驻沪武官还直接馈赠金钱收买

---

① 徐铸成：《报海旧闻》，上海人民出版社，1981 年，第 236、237 页。

记者等,诸如此类,不胜枚举。

六、邀请访日

邀请外国报人访日,在特殊情况下也属于收买手段之一。由于日方长期以来对此手段尤为重视,故专列此节加以考察。

中日各界如果纯然是出于互相学习交流、增进理解信任、加深合作之目的,邀请互访,当属佳事,无可厚非,更应鼓励。但在特定的历史环境下,如果邀请隐藏有其他目的则另当别论。1920 年 12 月日本第四十四次议会召开期间,外务省在会上介绍情报部工作时,提到的任务之一就是邀请和接待美国议员团、中国记者团、学生团等访日,由此引起对日好意,加以操纵和开导①。既然隐藏有"操纵和开导"之目的就值得深究了。

日方最早邀请中国记者访日可举 1905 年英敛之的例子。当时的天津总领事伊集院与公使内田康哉对《大公报》十分关注,商讨研究接近的方法,认为要收买并不缺钱的英敛之,"只剩下收买该主笔的思想一策。此所谓用力少而收效高"。"收买"思想其实就是要培养其无原则的亲日思想。当获知英敛之有意访日时,内田康哉等认为是好机会,极力促成,并且提供了很多方便(详见第五章)。有研究指出此举是日本官方邀请外国记者访日之嚆矢②。

1915 年中国的抵制日货运动对于日本朝野冲击巨大,如前所述,日本政府试图通过"善诱"来化解运动的影响。1917 年 11 月日本新闻记者德富苏峰、石河干明来沪访问以及上海中国新闻记者团访日③,便是其产物。

德富苏峰等来访是在东方通信社波多博牵线下实现的,因为声称是为了与同行建立联系,所以受到上海报界热烈欢迎。德富苏峰热情邀请上海同行访日,上海同行决定受邀,组成"上海新闻记者赴日视察团"。《神州日报》主笔余谷民任团长,记者团员为:《新闻报》总理汪汉溪(因病推迟一周出发)、记者冯镜蓉、《时报》主笔包天笑、《民国日报》记者吴菣生、《申报》主笔

---

① 日本外务省百年史编纂委员会编:《外務省の百年》(上),第 1034、1035 页。

② 松村正义:《日露戦争と日本在外公館の"外国新聞操縦"》,第 238 页。

③ 有研究(例如,汪幼海:《中国第一个大型记者团访日记实》,《史林》1997 年第 1 期)考察了访日过程、目的与成果,但未考察日本官方在背后的活动及其目的。

张竹平、记者伍特公、《时事新报》记者冯世德、《亚洲日报》记者薛德树、《新申报》记者沈伯尘、《中华新报》记者张群，几乎囊括了上海各大报要员①。

考察团于1917年11月24日出发，12月8日归国，主要去东京、京都、大阪、神户，访问各大报社、商会、文化设施、大型工厂等，另有游览名胜、购物活动，波多博全程陪同。

尽管中方认为"考察性质属新闻界同业切磋交流业务，不是日本政府的邀请，与政治无关"②，但以上活动的幕后操纵者实为外务省。波多1918年4月向外务省提交了考察团访日总结报告，报告开头说："上海中国新闻记者团的日本考察之举，去年6月之交由有吉总领事发起。当时总领事认为上海的中国报纸，其销售势力为中国各地报纸之冠，对于帝国实施对华新闻政策而言具有最为重要的关系。但是报业从业者往往没有游历过帝国，了解其实情者极少，令人遗憾。因此，如果有机会把他们集中起来，使其知晓帝国实情，此实为所谓举日中亲善之实之方法。"有吉还"对于实现方法等详细进行了指导"③。据此可知，有吉早在6月就已策划好互访活动，并且目的十分明确——便于实施对华新闻政策，东方通信社的波多只是负责出面的代理人。

为了接待好考察团，达到预期目的，外务省动员了一切力量，小幡政务局长分别致函日本邮船会社长、大藏省主税局长、铁道院运输局长，说明事情原委，强调为了促进两国舆论界实力派之间的融合沟通，"对观光团给予相当的好待遇，使其对我国官民抱有好感。对今后两国关系裨益甚大"，希望各方面提供优惠和方便。对此，日本邮船会社完全免除访问团中国至日本的往返船票，并且提供了一等优待券；铁道院也特批考察团在日本国内乘坐火车全程免费。小幡还致函考察团到访的沿途地方政府、机构、学校等，要求热情接待，各方面都根据指示举行了欢迎仪式或宴会表示欢迎④。

此次访问是否达到了外务省的预期效果呢？波多博认为达到了以下目的：(1)有人平时写过攻击日本的文章，担心赴日后会不受欢迎，但抵日后随

① 総領事代理原田：上海漢字新聞記者観光团人名表送付ノ件，1917年。JACAR：B03040857400。
② 汪幼海：《中国第一个大型记者团访日记实》，《史林》1997年第1期，第69页。
③ 波多博：上海支那新聞記者团の日本視察に就て，1918年。JACAR：B03040857500。
④ 外務省：上海漢字新聞観光团渡来一件，1917年。JACAR：B03040857400。

着一路北上,不仅担心全消,到东京后已经产生亲切之感,甚至希望延长访日时间,“这全凭帝国朝野给予的热忱欢迎”。(2)考察团开始对与日本政府要员和政客等见面抱有疑虑,但随着所经之地各界人士的热烈欢迎,体会到日中亲善的诚意。到东京后更与大限、涉泽等政要和外务省干部会谈,完全放心。(3)看到日本报社设备之先进、规模之大、效率之高,为之惊叹。(4)“帝国”之款待使彼等疑惧之念冰释,大部分人表示以后还要东游。(5)去年末成为热点的山东民政问题和兵器借款问题是“煽动”中国人“排日”的绝好材料,不过这次没有看到上海新闻界像以往那样登载相关报道,好像对于有关日本的报道很谨慎,“从某种意义来说是记者团东渡之效果”。(6)“帝国”朝野的盛情也感染了其他中国人,北京的中日记者俱乐部还特地发来贺电,“尤其是给以上海为中心的中国人莫大好感”。他举例说,包天笑回国告诉自己,东方通信社每天将考察团受欢迎的情形发回中国报道,友人看到后很羡慕,这些人起初曾担心自己的日本之行。而北京记者团近来也有访日之议,这完全是受上海记者受到盛大欢迎的影响,“浙江省决定派遣教育考察团,也是以我等记者团东游为发机”。(7)访日成员归国后,不仅对东方通信社,对上海的日本同行也表现出前所未有的亲切态度,遇事来商量者很多。(8)访日成员等准备在上海成立日中记者俱乐部。报告最后还请求外务省今后对“利用、善导彼等好感”加以指导。

波多的报告肯定有夸大之词,但也绝非空穴来风,比如当时中国的一些报纸一直跟踪报道考察团的访日盛况。《时事新报》的冯世德回国后在该报连续发表《上海新闻记者赴日消息》《东游漫笔》《上海新闻记者在东京记事》,均从正面报告所见所闻,对日本工业之强大、商业之繁荣、各方之热情友好充满溢美之词①。这应该达到了日方预期的目标——“使其知晓帝国实情”,而低调甚至不报道“反日”新闻等,也正是日方期待的“举日中亲善之实”。日方的最终目标是“为帝国实施对华新闻政策”服务,从报告的第5至8条看,多少得到了实现。

报告提到的北京记者访日之议也得到了实施。早在上海考察团访日期间,北京记者俱乐部就在报纸上发出贺电:“兹因确认贵视察团之赴日裨益

---

① 外務省:中文剪报,1918年;波多博:上海支那新聞記者団の日本視察に就て,1918年。JACAR:B03040857500。

于中日报界之联络及两国之亲善甚大。俱乐部夙望中日新闻之互相联络，兹特呈此电，祝贵团之成效，并谢日本朝野之欢迎。”[①]受上海考察团“成功”访日的启发，在驻华代理公使芳泽的建议下，大阪朝日新闻社与北京顺天时报社、新支那社、东方通信社、共同通信社 1918 年 3 月也邀请北京记者访日。

在日方鼓动下，北京 19 人组成“北京报界赴日视察团”，成员包括《京津时报》社长兼《大中报》代表汪立元、《民视报》社长康士铎、《北京日报》主编徐瀛从、《公言报》主编林万里、《日知报》社长王博谦与营业部长王威伯、《国是报》社长光云锦、《爱国白话报》社长马太璞、《新民报》社长乌声泽、《晨钟报》编辑陈溥贤、《国民公报》编辑主任彭希民、《北京新闻》编辑谷耀山与总经理娄鸿声、《亚东新闻》社长张友栋与副社长李安陆、《公论报》社长吴关熙、《大中华报》社长张傅纶、《北京民强报》社长王河屏、《新民国报》社长汤用彬。以上包括“北京报界同志会”干事长汪立元、干事康士铎在内，基本上是当地报界主流人物。汪立元、康士铎受团员推举，分别任团长、副团长[②]。

与接待上海考察团完全一样，外务省分别给各方面发函阐述接待的意义，要求优待，热情接待。当时，日本递信省的代表、正在北京向中国推销铁道借款的中山技师得到考察团经费不足的消息，觉得直接由日本官方或个人捐助，中国记者肯定不接受，于是上书外务省提出以东京电气博览会的名义来接待，负担住宿费等，驻华公使也赞成此举[③]。此建议中方最后是否接受不得而知，不过，在考察团出发的前日，林公使还致电外务省说，考察团在日期间的预算为 5 000 日元，其中 1 500 日元由外务省负担[④]。

考察团 4 月 10 日出发，包括往返时间共 4 周，从北京出发经东北入朝鲜，乘船至下关登岸后赴神户、大阪、京都、东京、横滨等地，除了拜访各地报社、参观电气博览会外，还走访了学校，以及钢铁、兵工、造纸、造船等厂，也安排了购物、游览名胜，《顺天时报》社长渡边哲信等全程陪同。对于考察

---

① 外務省：中文剪报，1918 年；芳沢代理公使：第二八一号，1918 年。JACAR：B03040857500。

② 林権助公使：北京支那新聞記者渡日観光団ニ関スル件，1918 年。JACAR：B03040857600。

③ 外務省：中山技師電報写，1918 年。JACAR：B03040857500；林公使：第四二九号，1918 年。JACAR：B03040857600。

④ 林権助公使：北京報界赴日視察団員履歴書並ニ旅行日程送付ノ件、第四九八号，1918 年；JACAR：B03040857700。

团,各报社联合举行欢迎宴会,外务省以及三井、三菱、正金银行等国策会社也设宴欢迎。总理犬养毅还特地接见,大谈中日"亲善"之要道,建议中日共同创办一大通讯社。

日方的最终目的自然与邀请上海考察团时一样。有关此次访日效果,从事后一年的纪念活动可窥一斑。1919 年 4 月"支那兴业株式会社"给外务省的信中称:"去年春天电气博览会来日本的第二次中国观光团(北京报界团)各位想长期纪念我国内各方面的热忱厚遇,计划以每年 4 月 10 日为期召开纪念会议,以助彼此两国之亲善。"并且说据北京某氏来信称,4 月 10 日中日两国相关人士已经在北京召开了此会,当时的团长汪正元回忆了在日所受的热情接待,表示希望保持这种友谊,每年开会加以纪念①。这说明一年前的接待至少在举"亲善之实"方面收获不小。

自获得以上成效后,外务省等一有机会就试图以同样方法收买中国报人的"思想"。1919 年五四运动爆发,中日关系,包括中日报界的联系也降至冰点。抵制日货运动降温后,日方又开始设法恢复与中国报界的关系。

1921 年初"电通"计划 4 月在东京召开东亚新闻记者大会,光永星郎社长 2 月来华,先赴北京拜访小幡公使说明计划,获得支持,然后带着其介绍信赴天津、上海、汉口、广州等地,在当地领事馆帮助下,频繁与中国报人见面,告知将"以日中亲善、文化融合为目的"召开大会,热情发出邀请。日本外交机构则积极配合,利用各种途径鼓励中国报人参加。

经历过五四运动后,国人对日本政府侵华政策的认识愈发加深。对此邀请,中方反应不一。例如,北京各报社代表 3 月 6 日在北京日报社分馆召开会议讨论是否与会时产生分歧。赞成者中有人认为对反对日本政治的报社来说是个机会,可以派人出席阐明反对的理由。还有人认为需注意两点:一是需自筹费用,不接受政府补助,尤其是不要日方补助;二是我方在大会上须提交自己的议案,出发前对议案加以讨论②。这说明北京有些报人准备利用此机会在中日问题上阐述中方观点。上海报界也分为两派,反对者认为与会者可能会被日本外务省收买。五四运动后的中国报界在处理日方

① 支那興業株式会社:信函,1919 年。JACAR:B03040857800。

② 外務省:中文《新申报》3 月 3 日、《时事新报》3 月 9 日译文各一篇,1921 年。JACAR:B03041040400。

邀请访问的立场上已有明显变化。

有多次邀请中国记者团访问经验的外务省，也开始改变一些策略。外务省认为日方负担中方旅费及其他费用，提供优待，反而可能起反作用。因此要求各地领事根据中方情况劝导，见机行事，不要过度积极①；同时还要求低调报道此次活动，例如避免报道“外务大臣的欢迎宴会”等与日本官方有关的敏感活动，减少访日的官方色彩。

当然，日本官方对于此次中国记者与会还是寄予期望的。例如，南京领事岩村认为：“此时让当地的新闻记者出席上述大会，可以培养好感，亦能给当地的对日感情带来良好影响。”②这理应代表了日方的普遍期望。为了“培养好感”，外务省依然要求有关方面对中国记者发放免费乘车证，免除往返中日的船票，由大会方面提供住宿费。

尽管日方仍提供了优惠条件，中方经过反复考虑后仅 27 人出席，与日方预计的 40 名相距甚远，而且与会者所属的报社大多影响有限。例如，上海 13 家中文报社最后只去了《神州日报》《中华新报》《新闻报》，它们当时在上海的影响不大，而且前两报与日方关系本来就很密切。天津 16 家中文报社仅去了《京津泰晤士报》《民强报》，后者是小型报纸，并且出席者中还有被日方视为对日本无好感的，甚至是反日的。

会议期间中日代表围绕“日中亲善”展开过讨论。按照日方的说法，中国代表分两派，《中华新报》的吴应园、《神州日报》的余谷民、《大陆报》的潘鼎新、《新兴中报》的郭引源等属于亲日派，而神州通讯的陈定远及《京津泰晤士报》的熊少豪等则被视为“反日派”。“反日派”在会上直接批评日本政府的侵华政策，以至于《台南新报》的西崎顺太郎认为：“在本次大会上，很多中国记者把日本作为被告，把中国当成了原告。”这可能是日方始料不及的。因此，日方所希望的“培养好感”在这种会议气氛下肯定大打折扣。

这次邀请访日效果与前两次相比显著下降，但日本官方并不死心，仍不懈利用此手段对中国记者“培养好感”，“善导”思想。例如，1926 年上海记者 10 人组团赴日考察时，外务省认为他们在上海都有影响力，给有关方面

---

① 内田大臣：第十三号，1921 年。JACAR：B03041040400。

② 領事岩村：南方日報社長王春生等東亜新聞大会ヘ出席ノ件，1921 年。JACAR：B03041040400。

去函,希望给中方船票半折,发放免费乘车券①。

九一八事变后,中日关系进一步恶化,面对中国舆论的激烈抨击,日方依然试图利用中国记者组团访日之机加以"善导"。

1935年9月中国新闻记者公会让中央社上海分社袁琮通告日本驻华使馆,中国各大报社、通讯社将推荐重要记者(记者公会干部级人物)1名,共约17人,组成"上海报纸、通讯社记者日本视察团"赴日考察新闻业与其他各业状况,同时请求多加关照。有吉大使随即上报外务省,认为赴日者皆当地新闻界第一线的中坚人物,"开导他们,使之对我国有正常认识","极有意义","务必使之实现"。有吉估计记者旅费并不充足,建议免费提供火车通行证,使旅馆打折等,同时让各方面做好接待工作。广田外相同意提供免费乘车证,并且仿照上一年接待美国报社代表团之例,让相关报社做好接待工作,但旅馆打折之事有困难②。在此,"开导他们,使之对我国有正常认识"仍是日方提供各种方便的目的所在。

时至1937年,日方在此方面仍有活动。1937年3月中旬福建记者组团去台湾考察,拟访问基隆、台北、高雄、台南,参观矿山、学校、报社、发电厂等,与当地记者、华侨组织等见面。团员有福州的《福建民报》记者林琴心、《南方日报》社长闽佛九,厦门的《江声报》记者黄胸万、《华侨日报》记者林庆声、《星光日报》记者曾建平,泉州的《泉州日报》社长张赖愚,均为当地有名气的记者。《闽报》记者祝天龄担任翻译,省政府补助每人100元。代表团出发前声明说,此次访问是以新闻记者的资格作文化上的访问,无任何政治任务。出访原因是台湾近年物质建设进步显著,令人羡望,中日两国同文同种,依存关系最为密切,两国国交如何关系到东亚安危,但是近年来两国关系不理想,舆论是民众的先驱,"我们两国的报人"应该首先提携领导两国人民向和平的康庄大道迈进,两国国民感情融和了,才能谈调整国交之根本。据此可知,了解"建设进步显著"的台湾是出访的目的之一。

此次访日,日方渗入情况因关键资料欠缺无法获知,不过有两点值得注意。一是出访前的2月23日福州总领事内山向外务省报告称:"邀请的形

---

① 矢田総領事:第一二二号,1926年。JACAR:B03040857900。

② 有吉大使:第七〇一号;広田大臣:支那新聞記者団来朝計画ニ関スル件,1935年。JACAR:B02031014700。

式是台湾记者团邀请，本职口头上向省政府通告，并不需要另发邀请函。”说明福建记者是应“台湾记者团”之邀，而“台湾记者团”是受日本官方操控的，由它出面肯定是得到授意的。如果确系日方主动邀请，其目的不言而喻。二是，“因为此次考察台湾对于今后台湾福建之间的接近、亲善帮助甚大，是显著之事实”，佐藤外相与内山还向台湾外事科长致电“表示衷心感谢”①。福建的记者访台，何事需要外务省特意感谢台湾外事科、外务省在其中扮演了何种角色，疑点待解。

在积极向福建记者展示台湾建设成就的同时，日本军、政双方还策划了“北平记者团”访日。

此事的发起过程不详，日方出面邀请的似为同盟社，记者团由 12 人组成，即时闻通讯社长李诚毅、《北平晚报》社长蒋龙超、北平《立言报》社长兼新民通讯社主办金达志、经济新闻社长马芷痒、亚洲民报社主管魏诚斋、上海《申报》驻北平特派员朱镜心、北平《中和报》社论主笔李进之、北平《实报》社总编辑苏雨田、海洋社总编辑赵敏求、北平《益世报》社总编辑主任张慎之、北平《晨报》社论主笔孙宝毅、翻译陈应庄。

访日费用由日本军方、外务省，以及冀察政务委员会委员长宋哲元等提供②。据北平加藤书记官 4 月 6 日报告，代表团每人至少需要 400 圆补助，但其后人员由原计划的 10 人增至 12 人，《实报》社长管翼贤与同盟社的横田为此找他谈旅费补助之事，管请求设法补助，即使每人 300 圆也行。加藤连续两天发电建议外务省考虑，最后平均每人补助 300 圆③。记者团的交通费，在伪满境内乘坐火车由“满铁”提供免费服务，据此以及过去的惯例判断，往返日本的船票和在日本的火车票也会免除的。

按照计划，4 月 5 日记者团出发，坐火车途经伪满、朝鲜，乘船抵日后访问东京、名古屋、大阪，拜访中国大使馆、首相官邸、外务省、陆军省、海军省、同盟社、报社等，并且在归途参观伪满“首都”。记者团出发前，华北驻屯军司令田代还专门设宴饯行。

---

① 内田総領事：本官発台湾外事課長宛電報　第四一号，1937 年。JACAR：B02031015100。

② 《报人行踪：平津新闻记者考察团经东北赴日本》，《新闻杂志》第 1 卷第 23 期，1937 年。

③ 加藤書記官：貴電第三七号ニ関シ、往電第一四三号ニ関シ、貴電第四〇号ニ関シ、貴電第四四号ニ関シ、貴電第四八号ニ関シ；川越大使：第二七六号，1937 年。JACAR：B02031014700。

对于此次访问的负面影响与日方的真实目的,中国报纸在当时就有所揭露。据南京川越大使4月17日报告,当日《新京日报》发表社论说,代表团"对外称纯粹是个人行为,没有任何政治意义,但事实上接受日本方面的补助,被日本的策谋所利用,即展示日本维新后物质、精神上的进步,并且显示满洲国建立后日本势力的牢不可破,让中国抛弃抗日乃至收复失地的梦想"。除了揭露了日方阴谋外,该报还引用上海记者协会发表的宣言,抨击了参加者:"记者团皆接受过高等教育,平时处于指导民众之地位,但却做出无视人格、伤害国家体面之事,不仅是新闻记者之耻辱,也是国民之耻辱。"以上评论一语中的,尤其是记者团竟然访问伪满"首都",参观建设"成就",不能不说日方用心之险恶。

其实,对于日方的用心,中国一些报人早已识破,并公开揭露。例如,北京《晨报》1921年1月以"日本欲收买中国全国舆论""潜移我国国民思想于不觉"为正、副标题,对"电通"准备召开的东亚新闻记者大会评论说,日本过去是企图勾结中国掌权者达到目的,五四运动后看到民众觉醒,便极力在中国发展新闻事业,但遭到中国民众抵制,无计可施,"遂不得不采釜底抽薪之法,而从事收买中国全国之报纸及通讯社矣,闻日人此次在东京开'东亚新闻记者大会',实有深意存乎其中"①。任白涛曾经对1918年北京记者团访日批评说:"本来头脑若是清楚一点,也不会叫《顺天时报》社长带领东渡,给中国报业史上造出许多的丑记录;而且这些团员,大都仅会舞文弄墨,没有新闻学识和国际政治经济常识,则受犬养氏的玩弄,也是当然的事。"②

尽管用心早被识破,日方数十年来仍不断故伎重演,是因为不愿放弃一切机会"开导""善诱"中国报人。如果能通过邀请访日在某种程度上"收买"中国一些报人的思想,在实施对华新闻政策上也会取得事半功倍之效。

结语

纵观日方的操纵手段,因操纵主体多,属性与优势各异,形成了以下特点。

---

① 任白涛:《日本对华的宣传政策》,第16、17页。
② 同上书,第14页。

第一，针对不同的对象，操纵手段各有侧重。虽然最终目的都是使受操纵者为己所用，但日方会根据受操纵者的特点，对经济上有迫切需求者施以钱财诱惑，对于无经济之忧者，则利用邀请访日等方法，重点从思想上“开导”“善诱”，对于两者均需要者则双管齐下，以达到最佳操纵效果。

第二，根据不同的宣传效果，采取多样的操纵手段。日方采取的手段有直接主办、投资、贷款或充当担保人、补助、收买、邀请访日等。不同的手段发挥的作用有异。以主办或提供补助操纵的报刊等，因为经营者几乎都是日本人，操纵上无悬念，完全会宣传日本的立场，但由于日本色彩浓烈，宣传效果往往有限，尤其是遇到抵制日货运动时，毫无市场。靠贷款、收买操纵的报刊等，都非日系，不仅难以驾驭，双方关系也可能随时中断，但由于是中国人或欧美人主办，宣传效果远远优于日系报刊等。日方的操纵手段在各个时段都是并存共举的，十分有助于获得理想的宣传效果。

第三，为确保与受操纵者的特殊关系，操纵者对于同一对象往往各种手段并举，多管齐下。日方根据需要与具体情况，对于同一受操纵对象，有时是投资、担保、贷款、收买等同时进行，有时是先收买，后贷款、担保、投资，步步深入，直至完全掌控。灵活多样的手段，可以稳定并加深与受操纵者的关系，确保操纵的长期有效。

第五章　对报刊的操纵

报刊是近代日本实施对华宣传政策的主要工具。各操纵主体实施的操纵报刊活动，至少在东北地区的营口、大连、奉天、哈尔滨、吉林、间岛、辽阳、锦州、安东，北部地区的北京、天津、青岛、济南、芝罘，东部地区的上海，中部地区的汉口、长沙、南昌，南部地区的广州、厦门、福州、香港长期存在过。以下重点考察日方在各地与相关报刊建立特殊关系的背景与过程，以及操纵的手段、程度与时间。

一、东北地区

日俄战争结束后，日本将中国东北视为“生命线”，开始在相关地区长期驻军，外务省则在各地遍设领事馆，“满铁”亦建立起庞大的经济网络，各种势力由此大举入侵，其中以报刊为主的媒体也纷纷出现，为本国的侵略政策摇旗呐喊。自1905年营口出现《满洲日报》后，日人主办的报社、通讯社众多，有日文、中文、朝鲜文、蒙古文、俄文、英文各语种，遍及大中型城市。这些报刊或多或少都与日本官方、军方、“满铁”、居留民团或工商团体有联系。就九一八事变前的状况而言，长期受操纵者主要分布于营口、大连、奉天、哈尔滨、吉林、间岛、辽阳、锦州、安东。

1. 营口

《满洲日报》(《满洲新报》)(操纵时间：1905—1919年)

日俄战争结束初期，营口的地位超过大连和奉天，是东北南部最繁荣的港口城市。负责占领地军政的福岛安正少将看中此地，拒绝中国官方收回的要求，企图扶植日本势力，长期霸占。驻军期间，军政当局为了维持日常统治，需要有自己的宣传工具。

此时，正巧中岛真雄来到东北计划办报。1901 年底中岛就在北京发行《顺天时报》，为本国对外政策造势。日俄战争战后，外务省想收购其为机关报，中岛同意，但提出条件说自己有意在东北发行报纸，如果付诸实施需要带走记者和职工。据研究，中岛与福岛关系密切①，中岛此时北上发展，是想借助正主持军政的福岛之力。

正式移交《顺天时报》后，中岛在天津总领事馆巧遇营口军政官与仓喜平中佐，与仓说近来向营口军政署申请办报的日本人不少，问中岛是否愿意去，对中岛深有了解的天津总领事伊集院则在一旁怂恿，这正中中岛下怀。1905 年初春中岛至营口申请创办《满洲日报》，5 月 5 日正式获批后，派人回国购买器材。办报没有场地，军政署帮助他找到一家停用的大豆批发店，并且给了 2 000 日元作为房屋修缮费。

军方如此积极，完全是将此报定位为占领军机关报，在报纸语言上，军政署要求用日文、中文、英文，扩大宣传面。为了保证英文栏的质量，报社特地从上海请来英文职工，由军政署署员、志愿兵中尉、担任外交的浜村善吉负责，芝罘领事小幡则为报纸推荐了友人稻垣仲太郎担任主笔。经过以上筹备，《满洲日报》"于 1905 年 9 月下旬或是 10 月上旬发行第一号"，6 页，日刊，第五面三分之二版面为中文、三分之一版面为英文，订阅者大都是日军机构或个人。据中岛称，"此为我满洲最早的报纸"②。

1906 年 12 月营口军政署被撤除。该报是军政署的广报机关，中岛与军方干部关系密切，军政署的撤除对《满洲日报》的经营来说意味着失去了强大的后盾③，同时，也意味着结束了辅助军政署施行行政的使命。报社从此归"关东都督府"管理，但都督府远在大连，鞭长莫及，基本未加监管。

此后该报改为日文。军政署的撤除，象征着营口政治地位的削弱，而此时的奉天政治、经济地位都在上升，中岛因此将报社交给来原庆助经营，自己去奉天创办《盛京时报》。1907 年窪田文三任营口领事后，与报纸主笔稻垣不和，甚至公开冲突。该报自创办以来依仗军方做后盾，不时批评领事馆

① 中下正治：《新聞にみる日中関係史——中国の日本人経営紙》，索引，第 9 页。
② 中岛真雄：《不退庵の一生：中島真雄翁自叙伝》，我观社，1945 年，第 37、38 页。
③ 李相哲：《満州における日本人経営新聞の歴史》，第 47、126 页。

的做法,引起矛盾。领事馆准备趁军政署撤除之机接管其管辖权,同年5月窪田以该报言论出格,影响日中亲善关系、破坏当地日本人团结等为由,与关东都督府商量接管监管权,获得首肯①。领事馆接管后,要求正在忙于办新报的中岛替换主笔。中岛没有接受领事方面推荐的人选,而该报依旧不时发表令领事馆反感的文章。窪田于10月17日勒令其停刊,中岛紧接着申请关停《满洲日报》,并将器械、人员撤至奉天。窪田则将《满洲日报》接受下来,交给营口居留民团理事冈部次郎发行②。

冈部早年在欧美大学游学,后任北海道《泰晤士报》社长,日俄战争中为随军翻译,战后任营口军政署嘱托,军政署撤出后,凭借军方势力,被推荐为营口"官有财产管理委员会"理事,兼任营口居留民团团长,是日侨中有实力的人物。冈部接下此报是"作为肩负营口兴旺的厚望、谋划满蒙经营经济上的进步的机关而创办"③,因此报纸"受官有财产委员会的保护"。

1908年2月11日,冈部在当地居留民会支持下将《满洲日报》改为《满洲新报》发行,该报为日文,版面有4页,小川义和任主笔。

随着营口的地位逐渐被大连、奉天取代,该报夹在两地之间,无法发展,经营渐渐困难,发行量初为3 500份,1910年为2 500份,1911年跌至约千份。由于冈部身份特殊,所以该报"创刊以来当地官有财产管理委员会每月补助500日元",加上领事馆提供很多广告费,才得以维持下来。不过,这一补助1911年10月起停止,后来经过争取,12月以后每月又恢复提供150日元。1912年7月牛庄居留民团接管营口"官有"财产,继续提供同额补助。1912年冈部当选长野县议员后,仍担任社长。报社接受补助的记录1919年仍能看到④,但此后情况不明。

该报宗旨为"开发满蒙,发挥日本固有的国民性"⑤,因此,是为日本的国家利益,为"开发"东北服务的。其文字虽然是日文,以当地日人为发行对

① 領事窪田:滿州日報社ニ関スル件、諸第三七号;旧滿洲日報社:滿州日報発行停止並に廃刊の真相,1907年。JACAR: B03040637600。

② 李相哲:《満洲における日本人経営新聞の歴史》,第66、67页。

③ 中村明星编:《满洲朝鮮新聞雜誌総覧》,第241页。

④ 領事太田:新聞紙ニ関スル報告方ノ件、当地新聞紙ニ関シ報告方ノ件、清国ニ於ケル新聞紙ニ関スル調査報告ノ件、新聞紙ニ関スル調査報告方ノ件,1910年、1912年、1913年、1919年。JACAR: B03040833600。

⑤ 外務省情報部:支那ニ於ケル新聞及通信ニ関スル調査,1920年。JACAR: B03040890000。

象，但也试图影响当地舆论，与中国本地报纸争夺宣传阵地。1909 年外务省制定《清国报纸通讯纲要》时，牛庄领事馆事务代理大野曾经向外务省请示说，为了支持《满洲新报》与中文报纸对抗，请求让奉天通讯员向该报提供电讯[①]。领事馆希望其发挥与中文报争夺舆论导向的作用。

只是进入 20 年代后营口的政治、经济地位尽失，日侨数量又很有限，《满洲新报》进一步被边缘化，发行量维持在 1 500 份左右，经营无起色。很显然，该报早先在对华宣传上的地位与作用已经不再，难以受到各方面重视。

2. 大连

大连自日俄战争结束后不久即成为日本在中国东北的政治、军事中心，关东都督府及其后的关东军司令部、关东厅都设于此，“满铁”总部也设于此。因此，该地日系报纸发展很快，种类也多。其中，受到官方或军方或“满铁”等直接操纵的有《辽东新报》、《满洲日日新闻》、*The Manchuria Daily News*、《泰东日报》、《满蒙之文化》、《东北文化月报》、《满洲报》。

(1)《辽东新报》(操纵时间：1905—1907 年)

1905 年 10 月 25 日末永纯一郎创刊发行。末永早年做过记者，来华前任《日本》主编，1905 年 4 月与数名同仁来大连筹备办报，获得辽东守备军司令部准许后创办了此报。报纸一半日文，一半中文，内容为杂录、文学趣味，亦登载军政署发布的告示、通知等行政文件，每号 4 页，开始为每周发行 1 次。

报纸的创刊得到关东州民政长官石塚英茂、陆军主计监过村楠造的援助。军方推荐从军翻译金子雪斋担任中文版面的编辑。因为找不到合适的办报地，军方提供了原来的兵营。报社从日本购买印刷机时，是用军舰运来的，军方还动用几十个士兵帮助搬运到报社，双方关系之密切可见一斑。

报纸发行初期，很多读者是日本军人及其家属，故内容大多是迎合军方的。1906 年元旦起改为隔日发行，4 月 3 日改为日刊。因当时大连日本人有限，需要获得中国读者，仍然一半为中文，当初计划发行 2 000 份，结果只发行了 200 份，经营惨淡。末永请求军方帮助，关东都督府同月制定了《军

① 領事官補：新聞操縦ニ関スル件，1909 年。JACAR：B03040682000。

政实施要领》,需要发布相关告示、通知等,于是提出条件,要求该报充当机关报。末永答应从 4 月 3 日起增刊《总督府府报》作为附录,登载来自地方军政官的"对地方人民的善行奖励和对我有利的事项"①。这里的"地方人民"应该是指中国居民,报纸中文版正好针对他们。对于这一帮助推行奴化政策的工具,总督府提供了 12 000 日元补助。

作为军方在当地的喉舌,《辽东新报》打出的编辑方针为"不偏不党,国家本位",以"满蒙开发为其理想"②。尽管该报也标榜过"必须贯彻民意",但这种"民意"只是日本民间的,只是想在如何"开发"满蒙上提出自己的建议,而终极立场则是与官方一致的,都是"国家本位"——以日本的国家利益为本。

1907 年"满铁"总公司设于大连后,准备盘下此报作为机关报,并且将当地报纸合并为一,遭到末永拒绝。"满铁"向关东都督府施压,使其停止补助。该报充当都督府机关报的角色由此结束,不过其"国家本位"的办报方针肯定不会动摇。

末永纯一郎去世后,其墓志铭上书"操觚论议三十余年,远游边取,以文章而辅治化,其功不在攻城野战之下者",这是在赞扬其作为日俄战后最早来到大连的日本报人,在"以文章而辅治化",帮助日军恢复"秩序",建立统治方面的"贡献"。确实,该报至少在 1905 年至 1907 年间直接受到操纵,其中文版完全是军方的重要喉舌。

(2)《满洲日日新闻》(《满洲日报》)(操纵时间:1907—1931 年)

作为"满铁"在中国东北的重要文化事业,该报几乎是与"满铁"同时诞生的。1906 年日本政府在东京成立南满洲铁道株式会社,任命后藤新平为总裁。后藤翌年初来东北选择总部地址,在大连考察时"最先着眼的就是报纸和印刷事业",意欲建立"满铁"的宣传机关。看到当地已经有《辽东新报》,想盘下遭拒绝后,下决心"准备办一份有影响的报纸,能够起到显示满蒙开拓指南的作用"。于是邀人来办报,受邀者几乎都是黑龙会和东亚同文会系统的人。1907 年 11 月 3 日,以森山守次为社长,《满洲日日新闻》创刊发行,日刊,版面有 6 页,以日文为主,设有中文栏。因当地外国人来往逐渐

① 中下正治:《新聞にみる日中関係史——中国の日本人経営紙》,索引,第 9、10 页。
② 李相哲:《満州における日本人経営新聞の歴史》,第 53—56 页。

频繁，后来又加入英文栏。

后藤给创刊号发祝辞，要求“以代表帝国殖民政策的唯一机关的抱负，以所谓殖民经营急先锋的自信，臧否议论，对于帝国官方和帝国臣民所期待的满洲启发，唱拍相随，贡献之处决不可少”。森山社长则完全秉承后藤的旨意，在“发刊之辞”中说：“对于我满洲开发急先锋所期待者，唯在于浑身之忠诚，忧国忧人。”[①]以“满洲开发”“急先锋”自居。

报纸发行后，在东北主要城市和天津等地设售报点，与《辽东新报》竞争，在大连的日文报纸中，两报基本平分秋色。“满铁”于是要求关东都督府停止补助《辽东新报》，以《满洲日日新闻》充当机关报，自此都督府的公告等都由其登载[②]。

至1911年为止，报社虽然由“满铁”投资创办，并且负担所有经营费用，但名义上属于社长个人所有。1911年8月守屋任社长时，“满铁”以对报社增资的形式获得所有权，1912年8月英文栏独立，称 *Manchuria Daily News* 另行发行。1913年11月报社改为股份制，资本金135 000日元(2 700股)，其中110 500日元(2 210股)为“满铁”所持，1919年起所有股份归“满铁”所有，1922年7月中文专栏独立为《满洲报》。1923年报社增资为50万日元，“满铁”仍100%持股。1927年10月《满洲日日新闻》兼并《辽东新报》后，改称《满洲日报》，仍为日文。通过刷新报面、扩大规模、增加发行量，该报“继续发挥着满蒙开发之指南、对华外交舆论之先驱的作用”。

在“满铁”倾力支持下，经过十多年的发展，报社在1929年配备有轮转机3台、TKS折叠式轮转机1台、平盘印刷机12台、照相制版机3台、凸版制版机1台、活字铸造机6台，规模可观。发行量则从1914年的13 000份增加到1923年约4万份，20年代末期继续增加，1930年更达93 000份，是东北日文报社中资本最充裕、发行量最多、设备规模最大的报社。“满铁”将其誉为“满洲、蒙古言论界名副其实的最大权威”[③]。

作为为日本“开发满蒙”国策摇旗呐喊、粉饰宣传的先驱，该报在1907年至1922年3种语言并用，在对中国人和欧美人宣传方面发挥了政府与

---

① 李相哲：《満州における日本人経営新聞の歴史》，第71、87—90页。

② 満州タイムス社编：《満洲タイムス廢刊記念謝恩誌》，1941年，第173页。

③ 中村明星编：《滿洲朝鮮新聞雑誌総覧》，第219、222、211、212页。

“满铁”喉舌的作用。后来,虽然仅为日文报,但作为东北销量最多的“满铁”代言人,各方面的影响力仍不可小觑。

(3) *The Manchuria Daily News*(操纵时间:1912—1931年)

日俄战争后,面对日本经济、军事势力在中国尤其是东北的扩张,美英等国警戒心加强,日本政府不免心虚,处处提防其抗议和宣传。而肩负“开发建设满洲”的“满铁”,在中国东北更是加强了对美国资本进入的防范①。

“满铁”发行《满洲日日新闻》后,1908年11月17日起设英文栏登载“每日新闻”,作为英文附录,针对东北以及平津地区的欧美学者、政治家、实业家进行宣传,浜村善吉担任英文栏编辑。

浜村高中毕业后曾留学美国7年,归国后做过英语教师,日俄战争中参军。《满洲日报》创刊时,在军政署工作的浜村担任过英文栏编辑,1907年进入“满铁”总务课工作,因此,在编辑英文报纸上已经有一定经验。

1910年元旦起,英文附录作为该报的号外发行,成为有4个版面的晚报,1912年8月浜村在“满铁”支持下干脆把英文栏独立出来,冠名*Manchuria Daily News*发行,自任报社代表兼主笔。报纸的发行量1914年底约1 200份,1915年至1917年维持在千份左右,1918年又增加到1 300份。如此发行量是不可能维持经营的,一直靠“满铁”补助。

1919年10月“满铁”决定关停该报,浜村握有发行权未同意,为了维持发行权,每3个月发行1次,后来经过四处活动,获得承包“满铁”英文印刷加工的工作,解决了资金来源,1921年2月11日作为五日刊发行。在“满铁”进一步帮助下,1923年10月1日恢复为日刊,仍为4版,发行量在1925年达到1 218份,此后基本维持在千份左右。九一八事变后,该报成为关东军的机关报。

该报当初是“满铁”发行的,其使命当然是维护日本国家利益,为“开发”东北摇旗呐喊。《满洲日日新闻》在1909年12月30日载文说:“想来在满洲单独发行英文报纸,我报社此举实为嚆矢。今后世界若欲知晓满洲情况,唯凭借我英文报纸而无其他合适之机关,同时,我报社根据我报创刊的大宗旨,更加倾力于英文报纸,以此最公平、最准确地向世界介绍我国人在满洲

① 详见中下正治:《新聞にみる日中関係史——中国の日本人経営紙》,第210页。

的活动状况，尽力防止世界对满洲的误解。”并且以此“使得满洲报纸的地位更是一跃获得世界报纸的地位”[①]。“满铁”对该报的定位开始还是很高的，其间虽有曲折，但一直以各种方式支持。外务省的报告多次说该报“在外国人中受到相当欢迎”[②]，虽有夸大其词之嫌，但从每日千份的发行量看，长期宣传下来还是有一定影响的。

(4)《泰东日报》(操纵时间：1912—1915年)

金子平吉(雪斋)1908年10月8日创刊于大连日本租界，中文日刊，由当地中国人出资。金子曾与末永纯一郎创办《辽东新报》，任中文栏编辑。1908年10月中文栏停办，恰好以大连华商公议会长刘肇忆为主的当地商人有意办报，与金子商量后决定以上述中文栏为基础创办，金子主持，起初版面为4版，1909年改为6版。

1911年报社脱离大连华商公议会，由金子与几个中国人所有。此时，村田孜郎[③]以编辑身份来帮助，经营仍不佳。有研究称该报“好像大正初期从关东州的鸦片专卖公积金中每月获得1 000日元左右的援助”[④]。此点得到印证。1915年底一宫房次郎受外务省指派进入《盛京时报》工作，在给外务省的信函中提到，关东都督府依靠在关东州实施鸦片专卖，积攒了数百万日元，投资各种事业，大连《泰东日报》每月获得的约1 000日元就来自此基金[⑤]。此补助对于报社经营来说可谓雪中送炭。

因为受惠于关东都督府，该报的“主义”是“对统治政治持有好意”[⑥]，即为日本在当地的统治唱赞歌。报纸的发行量随着与大连华商公议会脱钩呈下降趋势，1914为3 500份，1915年降至2 600份，1916年更跌至2 000份。因此，虽有都督府补助，报社经营仍有困难，于是1916年7月向外务省求援。外务省联系了一些大银行、商社，希望它们出手资助，并且特地致函关东都督府民政厅长，以及三井物产、三菱会社、大仓、日本邮船等大企业负责

---

① 李相哲：《満州における日本人経営新聞の歴史》，第98、100页。

② 例如，外務省情報部：支那ニ於ケル新聞及通信ニ関スル調査，1920年。JACAR：B03040890000。

③ 村田孜郎：东亚同文书院毕业，1921年前后任大阪每日新闻社上海支局长，后历任东京日日新闻社东亚课长、读卖新闻社东亚部长等，著有《宋美龄》等。

④ 中下正治：《新聞にみる日中関係史——中国の日本人経営紙》，索引，第14页。

⑤ 盛京時報者一宮副社長：信函，1915年。JACAR：B03040610300。

⑥ 外務省小池局長：信函，1916年。JACAR：B03040617300。

人,牵线搭桥。外务省亲自出面给如此之多的国策会社打招呼,应该会获得一些效果。

有关该报1916年后与官方的关系,因史料欠缺无法得知,从1919年的发行情况看,为2 800份,此数量仍无法盈利,要维持下来,肯定得到了外来资助。1920年后,该报有所起色,1923年达到了11 498份。

作为日人在东北掌控的为数不多的中文老报纸,该报肯定一直受到日本官方重视。1924年由井滨权平等在大连筹办《亚洲评论》(后改称《满洲泰晤士》)期间,以及创刊初期,与关东厅打交道时遇到诸多困难,出面交涉解决的正是金子雪斋。种种迹象表明,金子与关东厅负责人相当熟识,关系非常。对于该报部分时段的内容,有研究评价比较高,认为其能够批评日本的殖民统治政策①。该报是在日方注册的,如果有出格言论,按照有关规定,关东厅等完全能够随时勒令其关停。然而,不仅关东厅对眼皮下的此报加以容忍,与报主保持良好关系,外务省也帮助拉广告客户,个中原因不难猜测。对于这一在当地有影响的中文报纸,关东厅肯定希望它能够长期赢得中国读者,而要做到这一点,仅仅让其一味为殖民统治唱赞歌肯定是适得其反的,"放任""小骂"则能起到这种效果,关键时让其"帮大忙"才是本意,这也应该是该报的真实面目。

不管怎么说,《泰东日报》作为当地重要的中文报纸之一,至少在1912年至1915年直接接受了总督府补助,"对统治政治持有好意"。

(5)《满蒙之文化》(操纵时间:1920—1931年)

1920年满蒙文化协会作为"满铁"的文化宣传机关而创立。协会从事的事业有宣传"满蒙"状况,出版有关"满蒙"概况、资源、产业方面的图书,对中国人宣传日本文化等②。

协会先后发行了日文杂志《满蒙之文化》、中文杂志《东北文化月报》、英文杂志 *The Light of Manchuria*,作为机关杂志。有关英文杂志,详情不明。

《满蒙之文化》是1920年9月创刊的月刊杂志,中沟新一任编辑,发行人是该会书记长石田贞藏。作为超过百页的大型综合性杂志,其主要内容

① 例如,张晓刚、张琦伟:《金子雪斋与傅立鱼合作时期的〈泰东日报〉》,《日本研究》2012年第4期。

② 中村明星编:《滿洲朝鮮新聞雜誌総覧》,第296页。

为经济、交通、各种产业方面的调查研究成果，也有政治、教育方面的文章，大多出自日本人之手，文艺部分多为翻译的中国文学作品等。从篇幅和内容看，其文化部分登载一些翻译的文学作品，仅仅起粉饰作用，产业与经济才是核心部分，而这些“可以说是为了向国际社会辩解日本没有独占满洲而公开发表的资料”。

更重要的是，该杂志已经不满足于这种为日本所做的间接宣传，从第二年开始，在“卷头语”中便大肆鼓吹日本占领中国东北的“正当性”，指责中国黑暗落后，没有能力保护东北。这说明它已经抛开了“文化”的幌子，直截了当地为日本在东北的各种侵略行径辩护和宣传。

(6)《东北文化月报》(操纵时间：1922—1931年)

1922年4月由满蒙文化协会作为机关杂志发行，是大连最早的中文杂志，也是20年代当地两种中文杂志之一。发行者标榜“鼓吹和平，宣传文化”，“以满蒙为主，广泛分发给中国各地的有识人士，以此作为与中国紧密提携的楔子”①。

杂志每期百页左右，由评论、转载、海外信息、远东汇闻、杂录等栏目组成。“评论”是主笔等人对文化或时事发表的感想或评论，“评论的中心思想正如其宣言的那样在于鼓吹和平和文化宣传两点”②。“转载”内容为“满铁”调查资料的译文和中国人写的研究成果。“海外信息”“远东汇闻”在创刊初期主要登载教育、文化方面的新闻，1925年后消失。“杂录”登载小说、汉诗等文学作品。

协会聘任的主笔橐吾是个旧式知识分子，断定文化不能用来侵略，公开否认该杂志是“满铁”宣传机关。杂志发行后，一些中国人揭露它是日本对华侵略的新政策，一定有日本政府作后援，秉承其意志，改武力侵略为文化侵略，橐吾以主笔的身份在杂志上载文批驳。在如此毫无是非观的主笔编辑下，该杂志完全成为“满铁”用来宣传日本在东北文化建设成果的中文载体。

有关该杂志的影响，据研究，发行范围主要在东北地区，发行量也有限，但它是用来“广泛分发给中国各地的有识之士”的。这种长期赠阅，自然会

① 《满蒙之文化》第19号，第65页。

② 高红梅：《〈東北文化月報〉と満蒙文化協会：中国人の対日認識の視角から見る》，富士ゼロックス小林節太郎記念基金编，2008年，第10、2页。

起到潜移默化的作用,至少已经迷住了橐吾这种知识分子的双眼。

1927年橐吾辞任后,未设主笔,李文权和高柳雾仙担任主要编辑,月报的内容除了文艺部分基本由日本文学作品取代以外,报道和评论部分仍赤裸裸地为日本对华政策辩护,如对于济南惨案,站在日方的立场认为日军处置得当,指责中国军队野蛮没有诚意等。因此,该杂志完全是"满铁"直接针对中国读者建立的宣传机关。

(7)《满洲报》(操纵时间:1922—1931年)

1922年7月创刊的中文报纸,由《满洲日日新闻》中文栏目独立而成。社长西片朝三,主笔太原要(1924年后为金念会)。西片原为《满洲日日新闻》副社长,善于经营,被视为大连报界的暴发户,报纸发行量1922年、1923年达到18 000份。后来减少,1924年仍有7 000多份,但1930年又有剧增,达到6万份。

报社与"满铁"关系密切,每年获得补助,据说使用的轮转机也是"满铁"捐助的,"令其他报纸羡慕"①。因此,尽管声称办报的主义是"时事报道",但实际上一直充当"满铁"的喉舌,宣传日本的侵略政策。

由于不受中国政府管束,该报可以利用中国民众对政府或者军阀的不满,登载一些中国报纸不能登载的新闻或者文章,争取读者。从发行量看,其读者数量一直很多,30年代初的发行量更是可观,危害之广可以想象。

3. 奉天

奉天是东北南部的重要城市,1906年3月外务省设总领事馆作为扩张基地。1909年"满铁"在"满铁附属地"修建了奉天火车站,加上刚刚建成的京奉铁路,奉天成为东北南部的交通枢纽,地位愈显重要。为了配合各种势力的渗透入侵,日本官方、"满铁"等在当地扶植宣传机关,《盛京时报》、《奉天公报》、《奉天日报》、《南满日报》(后改称《奉天日日新闻》)、《奉天新闻》、《蒙文报》、《醒时报》就是典型代表,它们或在特定时期,或始终为日本鼓噪。

(1)《盛京时报》(操纵时间:1906—1931年)

1906年10月18日中岛真雄创办的中文日报。

中岛在创办《闽报》《顺天时报》时,就获得过军方的资助,与军方关系密

① 中村明星编:《满洲朝鲜新聞雑誌総覧》,第213页。

切，1905 年靠军方支持创办《满洲日报》后，又把目光投向政治、经济地位快速上升的奉天，向刚刚建立的关东都督府请求支持创办《盛京时报》。

都督府不仅提供了创业费，并且每月补助 500 日元①，支持《盛京时报》顺利发刊。不过，以上费用是都督府从结余费用中支出的，只能支付至 1907 年 3 月。报社的经营随即产生问题，中岛于是向外务省申请补助。

外务省山座政务局长来中国东北考察时，就有意支持中岛办报，奉天总领事萩原也很支持。萩原认为，“为了在满洲使清国官民普遍知晓我国政策，使我国势力顺利发展，需要由我方发行中文报纸”，为此 1907 年 1 月起多次请求外务省补助中岛。同年 3 月他再次上书强调，“在清国主要都市发行的我国人经营的报纸中，作为为我政略辩护、谋求调和日清两国官民的媒体，十分需要中文报纸。因此需要从经营者及报纸中选择优良者提供相当的费用。例如奉天作为清国要地处于我国外交焦点，将一中文报纸置于我方指导下是绝对必要的”。他希望 4 月以后每月以 1 000 日元为限补助《盛京时报》②。为了说明该报的重要性，萩原还报告了当地中、俄两国报业发展状况，认为奉天将军的机关报《东三省公报》近日由隔日发行改为日刊，俄国也正在筹办中文报，“为俄国在南、北满洲的政策辩护”，有鉴于此，“恳请更加关心《盛京时报》补助之事”③。显然，萩原将该报定位为日方在奉天的宣传机关，希望它发挥向中国读者宣传日本政策、维护日本在东北“特种立场”的作用。

4 月底外务省批准其请求，每月补助 500 日元④。自此外务省一直鼎力资助建设这一重要的宣传阵地。“满铁”自 1909 年度起也重视该报，每年与外务省各提供 3 000 日元⑤。同年外务省实施《清国报纸通讯纲要》，指定其为奉天据点，负责登载提供的电讯，其御用报纸的作用得到进一步发挥。

该报创刊后利用在日本总领事馆注册而不受中国政府管辖的“特权”，

---

① 中岛真雄：《不退庵の一生：中島真雄翁自叙伝》，第 51 页。

② 総領事萩原：新聞紙補助ニ関スル件，1907 年。JACAR：B03040610100。

③ 総領事萩原：奉天ニ於ケル清露両国新聞紙事業ニ関スル件，1907 年。JACAR：B03040824400。

④ 総領事萩原：盛京時報補助ノ件、新聞紙補助ニ関スル件，1907 年；外務大臣林董：第七六号，1907 年。JACAR：B03040610100。

⑤ 外務省：清国ニ於ケル新聞操縦ノ件，1909 年。JACAR：B03040813400。

经常登载抨击当地政府或时事的报道,发布敏感新闻,迎合中国读者,发行量因此不断增加,逐渐成为奉天省乃至东北重要的中文报纸。辛亥革命发生时,奉天的中文报纸,除了《盛京时报》外均停刊,革命后仅两三家恢复发行,所载新闻也十分有限,该报成为读者知晓最新形势的唯一窗口,发行量大增。但是因设备所限,即使 3 台手摇式印刷机昼夜连续工作,时至 1912 年 4 月发行量仍停留在 6 000 份。中岛觉得是发展良机,想购买印刷机两台,添置铅字,扩建厂房,预计需 6 500 日元,在外务省担保下顺利向横滨正金银行筹得款项。

1914 年日本侵占青岛后,报纸销量由 6 000 减至 4 000 份,每月减少 1 000 日元收入。其原因一是日本侵占行径引起中国人的愤慨,包括日侨主办的报纸在内的日货开始受到冷遇;二是德国方面收买了报纸代销店和送报员,让其停售停送《盛京时报》,改送《东三省公报》等。作为对抗德国方面的手段,该报的重要性愈发彰显,"满铁"决定临时补助 2 000 日元,同时每月仍资助 200 日元①。

1915 年抵制日货运动爆发,影响到报纸销售,加上中岛经营不善,报社继续亏损。外务省、"满铁"一如既往给予资助,外务省还派一宫入社任副社长,改革经营状况。1916 年该社又兼做东方通信社的分社,交换电讯,扩大了新闻来源。经过各方努力,加上抵制日货运动风头已过,报纸销量恢复。鉴于其作用的增大,外务省将每年的补助提高到 9 600 日元。为了适应形势,中岛 1918 年以 1.2 万日元从日本购入轮转机,该报由此成为东北地区最早使用这种印刷机的报社,而其中一半资金来自外务省。

随着当地交通的迅速发展,该报的销路延伸到了京津地区和上海。虽然发行地是奉天,但在吉林、长春等地的发行量却比奉天多。中岛采取了"两版制",先将在外地销售的报纸在傍晚火车发车前印好发出,此为"第一版",然后收集电讯等印刷在奉天及其附近地区销售的报纸,此为"第二版"。这一改进令销售量大增,但又受到了印刷器材不足之制约,1920 年至 1922 年,外务省大大提高了补助标准,帮助报社发展。这样,从 1907 年 4 月到 1925 年

① 総領事落合:盛京時報館起債ニ関スル件,1912 年;盛京時報社補給ニ関スル件,1914 年;盛京時報社経費補給ニ関スル件,1915 年。JACAR: B03040610200。

11 月报社改为股份制为止，外务省一共资助该报达 194 380 日元[1]。

1923 年中岛却萌生退意，准备将报社转为股份制，开始与“满铁”交涉，1924 年船津任奉天总领事后，积极推进。1925 年 11 月报社组建股份公司，外务省与“满铁”、东洋拓殖会社、朝鲜银行、三井、大仓、中岛共同出资 35 万日元。为了对外保密，外务省将股份挂在“满铁”名下。这样“满铁”出资最多，占 87%（参见表 6）。有“满铁”雄厚的资本为后盾，报社经营自此完全稳定下来。

表 6　1925 年 11 月《盛京时报》成立股份制报社时的出资情况[2]

单位：日元

股东名	“满铁”	中岛	外务省	东拓	大仓	三井	鲜银
出资额	185 000	55 700	50 000	30 000	10 000	10 000	9 300

1926 年 5 月中岛正式隐退，佐原笃介接任负责经营。佐原毕业于庆应大学，后入东京《时事新报》社当记者，1899 年作为该报特派员来上海，同年 2 月至 1904 年 6 月任 *China Gazette* 主编，7 月起任 *Shanghai Mercury* 主编，1917 年起任该报董事，办报经验丰富。在佐原经营下，报社进一步发展，销售量在 1927 年 4 月达到 2.5 万份，读者遍及东北各地，成为日方在中国东北影响最大的中文报纸。

1927 年 1 月，该报因为发表文章攻击张作霖，6 月至次年 4 月被禁止销售与邮寄，一时受到打击，但长期建立的地盘未受多大影响。此后，报纸凭借登载敏感新闻吸引读者，发行量恢复至 2.5 万份。

外务省在华补助过的报纸不在少数，但能够持续有效经营 30 年的只有《顺天时报》《盛京时报》[3]。《盛京时报》能长期存在完全是各方鼎力支持的结果。根据以上事实可知，报社自始至终都是御用宣传机关，其诞生之日起就与军方、官方关系密切，靠两者资助顺利起家，此后则与外务省接上关系，并且越来越深，最后则完全为“满铁”掌控。在此过程中，依靠外务省资助，报社不断更新设备，扩大规模，增加发行量。对于该报一贯始终的立场及影

①② 外務省情報部：関係新聞調査，1929 年。JACAR：B10070264800。

③ 中岛真雄.《不退庵の　生：中島真雄翁自叙伝》，第 51 页。

响，当时研究中国东北报刊发行状况的日本人如此评价说："《盛京时报》与一般的赢利性或者党派性报纸性质大为不同，拥护帝国在南、北满洲的权利，是国策的实行者，就是说，是在中国东北肩负着与满铁的事业和帝国的对华政策相策应这一使命的唯一中文报纸。""不仅在日本的舆论宣传中具有权威，在中国官、民、商工业者中也最有信用，是中国报界的明星，独具异彩。"①以上对其在拥护、宣传日本"国策"上的地位与作用的评价，可谓恰如其分。

(2)《奉天公报》(操纵时间：1906年、1907年)

1906年8月末永纯一郎创刊的日文报纸。末永1905年创办《辽东新报》后，鉴于奉天的政治、经济地位的不断提高，来此设立支局，1906年又准备办报。此时正好外务省山座政务局长来奉天活动，末永便以办报有经济困难为由请求补助，山座表示可以考虑。7月末永再次向奉天总领事萩原提出请求，萩原致函外务省表示支持。8月《辽东新报》奉天支局以《奉天公报》为名发行新报。在萩原的再次催促下，外务省同月同意本年度每月提供100日元，作为发布政府公告的补助。

萩原如此积极支持，是因为他认为日文报纸与日本的对外政略大有关联②。因此，1907年3月申请新一年度报刊操纵费时，除了《盛京时报》外，萩原还提到了该报。他说日文报纸如果一地有多家，必会相互竞争，对于受到政府补助者必生嫉妒之心。奉天只此1家，没有竞争者，因此希望下一年度继续予以补助。外务省照准每月继续补助100日元③。

1907年9月总领事馆停止了补助④，可能与"满铁"准备在当地发行日文报纸有关。该报作为总领事馆的喉舌，仅仅一年多时间。

(3)《奉天日报》(操纵时间：1908年)

1908年5月"满铁"创刊的日文报纸。

"满铁"在大连发行《满洲日日新闻》后，野心很大，准备合并东北的日系报纸。据1908年5月奉天总领事加藤本四郎报告，"满铁"的计划是，第一

① 中村明星：《満洲朝鮮新聞雑誌総覧》，第232页。
② 総領事萩原：新聞紙補助ニ関スル件，1907年。JACAR：B03040610100。
③ 大臣：遼東新報補助金送付ノ件，1906年。JACAR：B03040609600。
④ 総領事加藤：奉天日報補助ニ関シ稟申ノ件，1908年。JACAR：B03040611800。

步是使《满洲日报》关停,第二步是盘下《奉天公报》,在当地发行日刊《奉天日报》,作为《满洲日日新闻》的副刊,免费赠阅奉天、辽阳、铁岭等地读者[①]。

《满洲日报》一直得到总领事馆的补助,"满铁"使其停刊的计划落空,但收购《奉天公报》似乎很顺利,奉天总领事是 1907 年 9 月停止对其补助的,"满铁"应该在同一时间盘下了此报。1908 年 5 月《奉天公报》被改称《奉天日报》发行,《满洲日日新闻》奉天支局长原口闻一负责经营,按计划免费赠阅读者[②]。

原口闻一在 1908 年向总领事加藤提出,希望每月补助 100 日元。加藤给外务省上书说,总领事馆停止对《奉天公报》补助后,发布公报等就失去了公定报纸,"近来当地的各国领事和清国官宪对我国报纸十分关注"。他举例说,俄国使馆特地雇日本人将日文报纸上的有关新闻翻译成俄文。因此当地需要补助日本人办的报纸,建立秘密联系,同时予以监督,现在《奉天日报》提出申请,应该加以考虑。外务省认为该报既然由"满铁"补助,就无需插手,但作为发布总领事馆公告的报酬,可以每月提供 30 日元以内的补助[③]。

原口是否获得了此补助无法得知,但同年 12 月在当地创刊的日文报纸《南满日报》倒是获得了同额补助,并且负有登载总领事馆公告的"使命"。据此看来,总领事馆改变了补助对象。

当地总领事的相关报告中,从 1909 年起已不见《奉天日报》,说明该报同年已经关停。估计是为了避免与总领事馆支持的报纸竞争,"满铁"放弃了这一报纸。

(4)《南满日报》(《奉天日日新闻》,操纵时间:1908—1916 年、1927—1931 年)

1908 年 12 月 1 日安东贞元创刊的日文日刊,奉天总领事馆每月补助 30 日元,作为发布公告的补助。1909 年报主和主笔都改为柳原蛟,仍获得同样补助。因经营困难,1911 年该报转让给吹野勘。吹野是安东《满韩日报》社长野口派去经营的。

吹野接手后以经营困难为由希望外务省每月补助 100 日元。1911 年

---

① 総領事加藤:奉天日報補助ニ関シ稟申ノ件,1908 年。JACAR:B03040611800。
② 中下正治:《新聞にみる日中関係史——中国の日本人経営紙》,索引,第 13 页。
③ 林大臣:奉天日報補助ノ件,1908 年。JACAR:B03040611800。

12 月总领事落合致函外务省说:《南满日报》作为当地唯一的日刊日文报纸创立已有三年,发行量也达到千份。从当地在“满洲”的地位看,日文报纸必不可少,因此请求仿照对大连、哈尔滨等地补助日文报纸之例提供补助。外务省回复说:“本省一向对于纯日文报纸采取不提供任何补助的方针。”至于哈尔滨接受外务省补助的《北满洲》登载了俄文,而大连的报纸则有其特殊性,因此没有同意这一请求①。

不过,总领事馆原先提供的 30 日元补助仍未改变。1912 年 9 月 1 日该报改称《奉天日日新闻》,由晨报变晚报,版面扩大到 12 页②,1914 年发行量曾经达到 1 500 份左右。1916 年底首任大连“市长”石本贯太郎盘下该报,吹野任主笔,1917 年元旦起又改称《大陆日日新闻》继续发行,大多年份发行量在千份左右。

至 1916 年,当地总领事馆的报告都提到每月给该报提供 30 日元,作为发布公告费。但 1917 年、1918 年末的报告都未提及此事,倒是说补助了《奉天新闻》。这说明总领事馆对其补助是截止到 1916 年,此后改为补助《奉天新闻》。

该报 1924 年 1 月归辽东新报社经营,1926 年 5 月再次改名为《奉天日日新闻》。1927 年《辽东新报》被《满洲日日新闻》收购,该报也转入“满铁”之下,成为其机关报,公司购买铅字、轮转机产生的债务,都由“满铁”偿还③。同年发行量达到 3 500 份左右,1930 年约 4 000 份。

从操纵主体看,该报 1908 年至 1916 年受总领事馆操纵,1927 年至 1930 年则是“满铁”的喉舌。尽管操纵主体不同,但鼓吹“满蒙开发”、为日本侵略东北的政策辩护,都是其不变的方针。

(5)《醒时报》(操纵时间:1916—1922 年)

1909 年 2 月创刊,原名《奉天醒时白话报》,合资组织,报主张兆麟,主笔张子岐,具有“排外主义”,更有“排日”倾向,发行量 1915 年为 3 000 份,不过 1916 年下降至千份。销量的骤降必然引起经营困难,总领事馆报告称其

---

① 総領事落合:当地発行南満日報ニ対シ補助金支出方稟請ノ件,1911 年。JACAR:B03040611800。

② 総領事落合:新聞紙改題等ニ関スル件,1912 年。JACAR:B03040836500。

③ 中村明星:《満洲朝鮮新聞雑誌総覧》,第 214 页。

“资金不充裕”①。

奉天的中文报纸在 1917 年至 1921 年间仅 4 种，其中《盛京时报》是外务省的机关报，在当地发行量居首，但奉天总领事馆并不满足。《醒时报》的经营困难为日方接近这一有“排日”倾向的报纸带来了机会。日方接触的具体途径不得而知，现存档案显示总领事馆 1916 年每月补助该报 100 弗，有时还有临时补助，1917 年每月仍补助 100 弗。同年 8 月初赤塚总领事报告说，他正致力于操纵《东三省公报》《醒时报》，对于后者的操纵“取得实际效果”②。

此后补助有增有减。1918 年外务省因经费紧张将年度补助降至 700 日元，但 1921 年左右又恢复至 1 200 日元，一直补助至 1922 年度③。1923 年以后未见补助，同时，总领事馆 1923 年、1924 年底的定期调查，称该报“无党派关系，有排日思想”，“多排日言论”④。这说明报方已经与日本脱离关系，回到了 1916 年前的立场。

从以上事实看，作为奉天当时仅有的 4 种中文报纸之一，该报 1916 年至 1922 年与日方关系特殊是毋庸置疑的。

(6)《奉天新闻》(操纵期间：1918—1929 年)

1917 年 9 月佐藤善雄等发起创办的日文日刊。佐藤 1903 年进入东亚同文书院学习，1906 年毕业后进入《盛京时报》，担任过主编和发行人，积累了办报经验。1918 年奉天总领事馆把对《南满日报》十年之久的补助转给了该报，双方肯定达成了协议。自此该报成为总领事馆的机关报。

《奉天新闻》发行后，影响逐渐增加，当地总领事的报告称“在奉天日文报纸中最有信誉”。其发行量似乎也能证明这一点，1918 年为 2 000 份左右，1920 年达到 3 600 份，1929 年更达到约 4 000 份。

1921 年东方通信社在奉天设立分社，任命佐藤担任社长。1926 年东方通信社与国际通信社合并为联合通信社后，仍由佐藤出任奉天支局长直至

---

① 外務省政務局：支那ニ於ケル新聞紙ニ関スル調查，1915 年。JACAR：B03040676700。外務省政務局：支那ニ於ケル新聞及通信ニ関スル調查，1919 年。JACAR：A04017266400。

② 総領事赤塚：新聞操縦費増加方稟請ノ件，1917 年。JACAR：B03040816900。

③ 総領事赤塚：奉天新聞補助金ニ関スル件，1923 年。JACAR：B03040630300。

④ 外務省情報部：支那ニ於ケル新聞及通信ニ関スル調查，1925 年。JACAR：B03040871100。

1931 年末。东方通信社是外务省情报部直营的，选用各地分社领导人时一定会多方考察。特别是在奉天，日本人众多，也有多家日本报社，选择余地很大，任用佐藤显示了外务省的充分信任。

佐藤为东方通信社工作后，外务省在 1921 年将给《奉天新闻》的补助提高到 6 000 日元，平均每月 500 日元，其中包括东方通信社分社的活动费，以及在《奉天新闻》登载东方通信社通讯的补助，此数额比当初月均 30 日元多了 10 多倍，增幅显著。当然，外务省也提高了要求，同年 4 月外相指示总领事赤塚正助说："贵馆需严格监督，最有效地利用该报，并且命令该社的佐藤善雄因获得以上补助，进一步努力提高东方通信社分社事业的活动能力。"据此可知，外务省希望"最有效地利用该报"，同时使佐藤努力扩大东方通信社的影响。

1923 年初外务省因财政紧缩，考虑从该年度开始对《奉天新闻》的补助减至 3 000 日元，虽然总领事赤塚认为该报在"努力改善融合对华关系，取得相当效果"①，希望照旧补助，但未能如愿。1924 年后外务省的补助不详，鉴于东方通信社奉天分社的身份未变，至少还应有这方面的补助。

当时，东北地方政府正在想方设法加强对舆论的操控。据总领事馆报告，"奉天官宪想通过权力或以金钱束缚言论自由，对于中国人毋庸置疑，对于日文报纸也加以留意"，"最近奉天方面对于日文报纸亦采取收买手段"，《奉天新闻》亦包括在内，但佐藤未理睬。"鉴于其特殊状况，感到该地需要有不为奉天派左右其言论的日文报纸存在"，吉田总领事在 1926 年 7 月建议外务省每年补助《奉天新闻》2 400—3 000 圆。外务省"鉴于最近的事态，该地的特殊情况"，指示总领事馆拿出 2500 日元，酌情补助，但不要承诺永远补助。1927 年 4 月，鉴于当地中国官方等对日文报纸的关注愈加显著，总领事馆要求外务省"本年度提供 1 500 圆补助金作为《奉天新闻》的推进发展费"。同年 8 月当地中日之间发生事端，总领事馆认为更有必要利用该报促进事件的解决，建议将补助增加到 2 000 圆，外务省答应当年度特别提

① 内田外務大臣：第五八号、奉天新聞補助金送付ノ件，1921 年；内田外務大臣：大正十一年度新聞補助件支給方ノ件，1922 年；総領事赤塚：奉天新聞補助金ニ関スル件，1923 年。JACAR：B03040630300。

供补助金 2 000 圆,同额的补助一直持续到 1929 年[①]。

从以上情况看,除了 1924 年至 1926 年 7 月和 1930 年以后具体情况不明外,绝大多数时间外务省都对此报提供了高额补助。

有研究指出,在实际办报活动中,佐藤与绝大多数日本在华媒体和报人相异,对日本军方的大陆政策持批判态度[②]。从佐藤在该报发表的一些文章看,他确实对军方的侵华政策做过批判,但并不等于他不拥护政府的"满蒙开发"根本政策,否则,外务省 1918 年以来就不会给予其特别补助——外务省通常是不给日文报纸提供的,并且在 1921 年后增加补助额度。

1921 年起奉天总领事馆每年的报告都称该报"立足于不偏不党,以满蒙开发、日华亲善为主义"[③]。1924 年总领事船津在为其申请补助时,列举的理由有:(1)该报能"指导启发"在东北的日本人了解中国情况。(2)该报的报道是最多被中文报译载的日文报纸,通过该报可以使中国人知晓日本的对外政策。(3)大连虽有几家日文大报,但对中国缺乏了解,奉天一定要有影响大的日本报纸。(4)该报的报道不仅中国官宪关注,外国领事馆也很重视,美国总领事馆最近就以翻译日文报纸为名聘用了一日本人。因为有如此效果,总领事还建议赠阅三四百份该报给中国官方等。

佐藤自己对该报作用的评价是:东北日本人办的中文报纸,因众所周知是日方机关报,中国人阅读时带有偏见,反而会觉得日文报纸的内容可靠,而不少日文报纸在中日不和时急于一味拥护日本方面的利益,不弄清是非曲直,"为了弥补此等不足,一方面解开中国方面的误解,另一方面促进当地日本人的觉醒,其实是发行本报的趣旨所在"[④]。

以上是总领事对该报的评价与佐藤自己的定位,都透露了其真实面目。该报的办报方针是"满蒙开发"主义,宣传的是日本对外政策,根本立场与日本"国策"完全一致。至于在当地的地位和作用,该报不仅为中国官方关注,也是当地中文报译载最多的日文报纸。因为是中国人主动翻译登报的,因

---

① 外務省情報部:関係新聞調査,1929 年。JACAR: B10070264800。

② 详见刘爱君:《日本侵华新闻史中的一个特异人物——佐藤善雄在华活动考察》,《国际新闻界》2008 年第 7 期。

③ 例如,外務省情報部:支那ニ於ケル新聞及通信ニ関スル調査,1924 年。JACAR: B03040870800。

④ 船津総領事:奉天新聞ニ対スル補助金,1924 年;佐藤善雄:御願,1923 年。JACAR: B03040630300。

此,在介绍日本情况,解开“误解”,使得中国人知晓日本政策方面,肯定比日本人办的中文报纸有效。而且该报还会针对东北一些日文报纸“偏离”政府方针政策的过激言论加以纠正,甚至批判军方,这既在帮日本官方的忙,有助于外务省的一元化外交,又会让中国人产生好感。既然如此“称职”,总领事馆当然会全力资助。

(7)《蒙文报》(操纵时间:1918—1921年)

1918年3月中岛真雄创刊的蒙古文周刊,主笔菊池贞二,聘用蒙古人编辑,发行地在《盛京时报》馆内,“作为《盛京时报》的附带事业”。该报对外标榜“开发蒙古,日蒙亲善”主义①,但正如中岛在回忆录中所说,创办的真实目的在于“启发蒙古人,将其纳入我国势力范围”。

该报创办之初,主要利用停刊的《辽东报》的设备和人员,并模仿此报的版面等。一开始没有蒙文铅字,中岛打听到满洲日日新闻社印刷部铸造过,便委托铸造,解决了这一问题②。

有关该报的资金来源,既然它是《盛京时报》的“附带事业”,当然来自同一报社,该报在性质上也就属于外务省操纵下的报纸。出于将蒙古人“纳入我国势力范围”的目的,报社不惜血本,将发行的约2 000份报纸全部免费赠送奉天附近的喇嘛庙(黄寺),还委托赤峰领事馆在东蒙古建立了一些投送点。当然这对报社长期经营来说负担甚大,1921年底发行量减少至千份左右。

当地总领事1923年1月以及1924年初的有关报告中未见此报,应该在1922年关停。中岛此举可视为日人利用报纸对中国蒙古地区进行宣传的初步尝试。

4. 哈尔滨

哈尔滨是中国最北端的重镇,1907年外务省设总领事馆后,此地逐渐成为日本在东北北部扩张的要地,也是日本向俄国发展的桥头堡。因此,日本军方、官方、国策会社都十分重视此地的舆论宣传工作。至九一八事变爆发为止,日方直接操纵的报刊,有案可稽者为《北满洲》、《哈尔滨日日新闻》、

① 外務省情報部:支那ニ於ケル新聞通信ニ関スル調査,1922年。JACAR:B02130798900。
② 中岛真雄:《不退庵の一生:中島真雄翁自叙伝》,我观社,1945年,第45页。

《大北日报》(《大北新报》)、《滨江时报》4 种。

(1)《北满洲》(操纵时间:1908—1912 年)

1908 年 10 月 5 日,哈尔滨总领事馆书记生古泽幸吉与布施胜治创刊,后者担任报社代表兼编辑干部,日文旬刊(后为周刊),创办主旨是“介绍北满、俄国东部状况,努力致力于密切上述地方与我国的通商关系”①。该刊当初在大连印刷,再运回哈尔滨销售。

古泽是总领事馆工作人员,该刊创办肯定获得了总领事馆的全面支持,之所以由布施出面主办,应该是古泽的身份不适合露面。外务省从 1910 年 6 月起每月提供 100 日元补助,帮助其发展。

获得补助后,该刊时常每周发行一次。1911 年 1 月起正式改为周刊,并且增加俄文版。1912 年一俄文报倒闭后获得其发行权,1912 年 3 月 29 日以*Восток*(《东报》)为名发行俄文报。1912 年古泽调离哈尔滨后,《北满洲》于 7 月休刊②,《东报》也易主。1912 年 6 月总领事馆称此刊“1910 年 6 月以来,由外务省提供月额 100 日元的补助金”③。据此可知,该刊至关停为止一直得到资助,属于外务省的喉舌。

1914 年 7 月木野清一郎自行将《北满洲》复刊,1919 年 10 月哈尔滨铁工厂主浅见亮继任社长④。浅见上任后制定了复兴计划,向外务省求助,得到的答复是对于在国外发行的日文报刊,一律采取不补助的方针⑤。1922 年该刊被“满铁”盘下,与《哈尔滨新闻》《西比利新闻》合并至《哈尔滨日日新闻》。

(2)《滨江时报》(操纵时间:1921 年、1922 年)

1921 年 4 月创刊的中文日报,前身是中东铁路具有“排日”色彩的机关报《远东报》。1921 年 3 月《远东报》停刊,被负责报纸销售的中国商人范聘卿盘下,改名《滨江时报》继续发行。

靠日本侨民会长吉雄的牵线,范聘卿在筹备发行过程中就与当地日本总领事馆搭上关系,希望获得援助。总领事松岛在评估该报发行后的收支

---

①③　外務省政務局:支那ニ於ケル新聞紙ニ関スル調査,1912 年。JACAR: C08040688600。

②　李相哲:《満州における日本人経営新聞の歴史》,第 123 页。

④　李相哲(《満州における日本人経営新聞の歴史》,第 123 页)认为浅见掌管该报是在 1921 年 10 月,如下注所示,浅见 1919 年 10 月就已经以该报报主的身份给外务省写信。

⑤　北満洲新聞社長浅見亮:補助金下付御願,1919 年;内田大臣:漢字新聞発刊ニ付補助金支給方ニ関スル回答ノ件,1920 年。JACAR: B03040616100。

情况后,致函外务省说:“正如大臣所知,本地需要有我方宣传机关。在影响大的《远东报》停刊的同时,让与该报有关系的中国人经营中文报,对于我方的关系加以保密,是绝无仅有的好机会。”因此建议对该报提供年额12 000日元的补助。经过反复交涉,外务省决定从10月开始至翌年3月,每月补助500圆,同时要求总领事“充分有效利用,与当地‘东方’通讯员充分保持联系,注意在宣传上是否做到最为有效,随时报告以上效果”①。

报纸发行后不辜负日方期望,以“亲日”为“主义”,“不登载排日报道”,发行量当年达1 500份左右。总领事馆很满意,认为达到了操纵效果,鉴于报社每月仍亏损大洋1 400多圆,请求外务省继续提供“报纸操纵费”,因此1922年度该报每月仍获得了500圆补助。不过,1922年该报发行量已经跌至四五百份。

1923年1月总领事馆报告说,该报的“主义”是“社会开发”,“登载排日性报道”②,说明该报已完全转变立场,与日方脱离了关系。这样,双方建立特殊关系的时间仅为1921年、1922年。

(3)《哈尔滨日日新闻》(操纵时间:1922—1931年)

1922年1月“满铁”投资创刊,日文早报,同年10月将《北满洲》《哈尔滨新闻》③《西比利新闻》④合并于名下,成为资本金20万日元的株式会社,“满铁”持股75%。社长为儿玉右二,主编为阿部信一。儿玉是前山口县议员,政治上有一定势力。

发行之初面临经济困难,经过数次裁员仍起色不大,作为当地唯一的日文报纸,发行量在千份左右。后来,当地日侨创办日文报纸,与其竞争。报方一直努力经营,多次更换社长、主编等,但至九一八事变为止,销路一直在千份左右,靠“满铁”补助才得以经营,长期以来是“满铁”在当地的重要喉舌。

---

① 内田大臣:第九五号、一一九号,1921年。濱江時報補助金継続支出ニ関スル件、第24号、機密第五二号、機密第六一号,1922年。JACAR:B03040619400。

② 外務省情報部:支那ニ於ケル新聞及通信ニ関スル調査,1922年。JACAR:B02130798900;総領事山内:哈爾浜ニ於ケル新聞通信ニ関スル調査書送付ノ件,1923年。JACAR:B03040885600。

③ 1918年12月创刊的日文日刊,报主松本诚之,周一增加两页俄文版,在日军资助下创办、经营,是日军出兵西伯利亚的产物。

④ 1918年12月创刊的日文日刊,报主小岛七郎。在日军资助下创办、经营,是日军出兵西伯利亚的产物。

(4)《大北日报》(《大北新报》,操纵时间:1922—1931 年)

1922 年 10 月 1 日发行的中文晨刊,小型,版面 4 页,中岛真雄创办,主笔为王冷佛,当初的发行量 2 000 多份。

中岛说自己一直很关注哈尔滨,"相信此地将来不管被何国统治,都是东北的重镇"。日本出兵西伯利亚时,该地的地位愈显重要,中岛以外务省补助的 1 万日元、"满铁"补助的 5 000 日元为创办费,作为"奉天《盛京时报》的北满版"发行此报①。此后三年"满铁"每月补助 300 日元。

中岛因无法来哈尔滨,委任旧友高桥谦负责经营②,但对外仍称自己为社长。1924 年山本久治接替高桥任报方代表,另聘王丕承任主笔。1925 年报社归"满铁"所有,改称《大北新报》,报社的代表与主笔至 1931 年未变。

报纸的特色是"报道丰富,报道东三省各地消息详细",因此发行量始终较高,1923 年为 2 500 份,翌年增至 4 500 份。1925 年"满铁"经营后有所下降,1929 年佐原笃介加入负责发行,打开销路,达到 5 000 份。

报纸以"日中亲善,满蒙开发"为主义,前者是幌子,后者才是核心所在;与《盛京时报》一样,完全是针对中国民众的宣传工具。

5. 吉林

1907 年清政府设吉林省,吉林成为省会后综合地位迅速上升。同年日本外务省在此设领事馆,日本各种势力趁机进入,受日方操纵过的报纸,先后有《吉长日报》《吉林时报》《东省日报》《松江新闻》。

(1)《吉长日报》(操纵时间:1917—1920 年)

1909 年 9 月发行,此前发行地为长春。报主为顾植,主笔为翟钺。顾植任省长公署第三科长,兼中东铁道督办公署秘书长,翟钺是同科干部。因为有这种特殊关系,报社每月获得吉林民政使补助银 400 元,是"吉林官宪的机关报"。从发行量看,报社经营状况似乎不理想,1912 年为 1 800 份,到 1917 年底也才 2 000 份。

日方 1910 年的调查称其"与长春时代相比,排外口吻显著减弱"③。吉林总领事森田十分关注报面动向,企图趁机接近。他报告说,自上任以来一

① 外務省情報部:外国に於ける新聞(上巻),1928 年。JACAR: B02130818400。
② 中島真雄:《不退庵の一生:中島真雄翁自叙伝》,第 47 页。
③ 外務省政務局:清国ニ於ケル新聞紙ニ関スル調査,1911 年。JACAR: B02130559300。

直观察此报记者对日本的态度,并且设法与其中大部分人渐渐亲近起来,了解到了一些人的底细。考虑到自己身份特殊,不易出面,他便让当地《吉林时报》的儿玉进一步接近这些记者。"例如,其中最有理智的魏某已经与我方十分亲近起来。因此操纵本报利用此人最为便捷。《吉长日报》记者均依旧薄薪,有时对儿玉诉说经济困难求助,此际通过儿玉答应对方的请求,施以恩惠,亦为一策。"为了保密,森田准备通过儿玉向报社记者提供经费①,外务省批准了此计划,1917年度操纵费为500日元②,1918年度增至600日元。总领事馆每月给儿玉50日元,30日元作为活动费,20日元用于宴请记者。

此后连续两个年度,总领事馆维持同额补助。领事馆的年度机密费总额为1 800日元,用于该报的占三分之一,重视程度可见一斑。不过,由于收买仅停留于记者这一层面,未涉及主笔和报主,有关操纵效果似乎不尽如人意。1920年底该省发行的中文报《民报》准备扩大版面,但经费不足。据森田总领事报告,吉林省公署的外交顾问谢介石找到自己说,如果每月补助200元,日方可以利用此报。《民报》由谢的亲戚、在本省绅士中势力强大的松毓一派控制,森田认为如果今后能够用作日方的宣传机关,极为合适,发生抵制日货运动时可向此报提供电讯和新闻材料,对抗"排日"报纸。这样以后总领事馆就停止补助《吉长日报》③,说明森田准备放弃《吉长日报》,而用《民报》替代。

但《民报》后来改在哈尔滨发行,1921年3月村上领事请求外务省1921年度继续补助《吉长日报》④,因史料缺乏,结果不详。估计外务省已经失去兴趣,没有批准。理由有二:一是该报发行量在1915年前后达4 000份,1923年跌至700份,完全被当地其他中文日报超过,影响越来越小;二是该报长期以来获得吉林省政府补助,是省政府的机关报,日方靠收买几个记者很难从根本上影响报纸的方针,达到理想的目的。但不管怎么说,该报的数

① 領事森田:機密費支出ニ関スル件,1918年。吉長日報操縦費並密偵費ニ関スル件,1920年;内田大臣:機密費支出方請求ニ対シ回答ノ件,1918年。吉長日報操縦費等送付ノ件、吉長日報補助金等送付ノ件,1920年。JACAR:B03040628000。

② 外務省政務局:支那ニ於ケル新聞及通信ニ関スル調査,1919年。JACAR:B02130261800。

③ 総領事森田:支那新聞「民報」ニ関スル件,1920年。JACAR:B03040628300。

④ 村上領事:第二六号,1921年。JACAR:B03040628100。

名记者在 1917 年至 1920 年间被日方收买，日方连续多年每月投资，不会没有效果的。

(2)《吉林时报》(操纵时间：1917—1924 年)

1911 年 2 月儿玉多一创办的小型 4 页日文周刊。儿玉任主笔，每周三发行，蜡纸刻印，当初发行量仅 170 份左右，至《松江新闻》发行为止，作为当地唯一的日文报纸具有一定影响。

因为是当地唯一的日文报纸，发行时肯定得到了总领事馆的关照，定期从总领事馆获得补助则是 1917 年以后，即森田总领事通过儿玉收买《吉长日报》后，每个月也给其 50 日元。不过这笔补助在 1919 年度减少到 30 日元。

1920 年，儿玉准备改用印刷机印刷，从翌年 1 月起每周发行两次，扩大版面，便发动当地日侨筹备成立"吉林印刷株式会社"，同时向总领事馆求援。森田总领事表示支持，同年 11 月上书请求增加补助，理由有三：一是该报是当地唯一的日文报纸，总领事馆通过它发布公报、消息；二是该报与总领事馆的关系由来已久，并且今后利用它登载官方公报也需费用；三是在操纵中国记者方面儿玉的作用越来越重要。因此请求自 12 月起每月提供 50 日元补助。

因为没有获得答复，1921 年 3 月，森田在外务省制定新的年度预算前再次上书说，该报自上年 11 月以后仍然登载总领事馆的公告等，按照官方意图对中国进行种种宣传，儿玉一如既往积极操纵中国记者，收集情报。但经费显然不够，已经难以维持。森田还强调说，本来准备利用的《民报》已经搬到哈尔滨去了，这样该报的地位更加重要。

1921 年 4 月初外务省同意自该月起一年内每月补助 50 日元，同时提出了附带条件，要求报社至迟 5 月初改为活版印刷，随时驳斥当地报纸对日方不利的报道和言论，发挥好日方宣传机关的作用，如果在报道方面违背总领事意志，则停止补助①。

1924 年外务省决定从 4 月起终止补助②。此举主要因政府实施财政紧

① 総領事森田：吉林時報補助金支出方ニ関シ稟請ノ件，1920 年；吉林時報補助金支出方稟請ノ件、吉林時報ニ関スル件，1921 年；内田大臣：第一二号、吉林時報補助金送付ノ件，1921 年。JACAR：B03040628100。

② 松井大臣：吉林時報補助打切方ノ件，1924 年。JACAR：B03040628200。

缩政策,但也可能与该报影响有限有关。该报的发行量从1916年至1918年都是200份,1919年略增至250份,此后有时增加,但1923年也仅400份。更重要的是,当地另外又出现了由《东省日报》附属经营的日文报纸《松江新闻》。《东省日报》是受外务省资助的,《松江新闻》自然具有同样性质,外务省不会在同一地方同时资助两家日文报纸,何况《吉林时报》的发行量如此之低。在此情况下,终止补助是必然趋势。

但不管怎么说,外务省在1917年至1924年3月还是补助了此报,并且寄予了很大的期望——作为日方的宣传机关,对抗中国报纸的"排日"言论。

(3)《东省日报》《松江新闻》(操纵时间:1923—1925年、1927—1931年)

1922年7月获得当地总领事馆批准,由长春原中文报纸《北满日报》主笔泉廉治创刊,中文日刊,版面6版,发行量2 000份,有记者日本人1人,中国人四五人。总领事馆称其"以日中亲善共荣为主义,努力驳斥错误的排日宣传,说明我方对华政策和态度之公正等"。

1923年7月起总领事馆经外务省批准每月补助报社200日元[①],希望在中国报纸登载对日不利报道时加以对抗。同年报主与社长改为三桥政明。三桥毕业于东京外语学校,在日本学过汉语,曾经任《北满日报》副社长及各报在吉林的通讯员。

该报虽然报道不丰富,但有特色,"论说中时有可读之物,有关各地尤其是日本方面的消息稍为敏捷"[②]。1924年报纸发行量增加至2 500份。

报社1923年9月还创刊了日文版《松江新闻》,"主义、系统等与《东省日报》相同",三桥任主笔,为日刊,版面两页,发行量400份。次年因读者增加,版面改为4页。1924年底发行量增加到2 500份。外务省的补助可谓一举两得,同时可以操纵两报。

1925年4月起外务省因财政紧缩取消了补助[③]。1927年《东省日报》《松江新闻》又被"满铁"看中加以补助。在"满铁"指使下,"针对中国方面的对日宣传,进行公正的说明,揭发、警告中国官宪的不正行为"[④]。这种毫不

① 松井大臣:新聞補助金第四期分送付ノ件,1924年。JACAR:B03040628200。
② 外務省情報部:支那ニ於ケル新聞及通信ニ関スル調査,1924年。JACAR:B03040870800。
③ 総領事川越:新聞通信ニ関スル調査報告書提出ノ件,1926年。JACAR:B03040886000。
④ 外務省情報部:外国に於ける新聞(上巻),1931年。JACAR:B02031075000。

掩饰为日方鼓噪的报纸完全不受中国读者欢迎,《东省日报》的发行量从1927年底的1 700份下降至1930年底的600份。如此销量,宣传效果可想而知。九一八事变后该报继续赤裸裸地为日本的侵华政策摇旗呐喊。

6. 间岛

日本侵占朝鲜后,将中国延边地区——所谓"间岛"作为实施"大陆政策"、入侵东北的桥头堡,一直实施各种阴谋,利用当地的朝鲜族居民制造争端,以便浑水摸鱼,找到突破口。1909年11月日本还在此开设总领事馆,加强政治上的介入。在此背景下,通过宣传工具对当地日侨、朝鲜族居民施加影响,向中国人宣传日本的方针政策尤为重要,《间岛时报》《东满通信》《间岛新报》《间岛日报》便是其产物。

(1)《间岛时报》(操纵时间:1910—1919年)

1910年2月19日山崎庆之助于龙井村创刊,日文,每周六发行,山崎自任主笔。

山崎筹办期间缺少资金,间岛总领事馆便购买了设备和铅字,以出借的方式提供帮助。报纸发行后,总领事馆以此登载公告等,从3月开始每月补助60日元作为广告费,实则是帮助填补经营资金缺口①。

1914年10月总领事代理铃木致函外务省,建议增加《间岛时报》朝鲜文版,理由是当地交通闭塞,该报是主要信息来源,现在应该更进一步,一半纸面使用朝鲜文,每周发行两次。因为当地朝鲜人众多,常常传播对日本不利的谣言,"往往在本领事馆施政上形成不少妨碍。对于谣言和盲动是无法禁止的,领事馆方面几乎束手无措"。有了朝鲜文报纸就可及时登载各种消息,减少谣传与盲动,还能培养亲日气氛②。总之,发行朝鲜文版对统治朝鲜人作用甚大,十分必要。

如果要实施,就需要购买相关铅字,增加朝鲜文记者,铃木建议借助朝鲜总督府的力量,外务省表示赞同。总督府获知后,不仅全盘应允,而且愿意每月补助25日元。藉此支持,朝鲜文版约在1915年1月底或2月初如愿发行。

据1917年至1919年当地领事馆的报告,该报在这几年是"隔日发行,

---

① 総領事永滝:信函,1910年。機密半公信,1914年。JACAR,B03040614500。

② 総領事代理鈴木,間島時報へ朝鮮諺文插入方ニ関スル件,1915年。JACAR:B03040614500。

我领事馆的公报机关，1915 年插入朝鲜文以来，在启发朝鲜人上获得很大效果，受到普遍重视”，发行量为 750 份①。不过，虽有各方支持，报社却因发行量有限而亏本，1919 年 9 月在债务压迫下停刊②。

1919 年 11 月“朝鲜军”(日本驻朝鲜军队)在间岛的派遣员大塚少佐向军参谋部上呈报告《关于设立间岛宣传机关》，详细分析了当地形势，说明了日方在当地建立对朝鲜人的宣传机关的必要性、紧迫性，希望补助停刊的《间岛时报》③。军参谋部为此与总督府商讨对策，一时没有进展。1920 年山崎也想复刊，但陆军驻间岛水町大佐认为他的经营能力与文笔有限，当地日侨也有人反对，故未能如愿。

《间岛时报》是日本官方等在间岛最早操纵的报纸，虽然是日文和朝鲜文，但在当地消息闭塞的状况下，1915 年前作为当地唯一的报纸，不仅对当地朝鲜族居民影响甚大，而且对于中国官民也有间接影响。

(2)《东满通信》(操纵时间:1915—1921 年)

1915 年安东贞元在军方和朝鲜总督府支持下于龙井村发行，日文，安东任主笔，蜡纸钢板刻印，隔日发行，主要向各地诸报社发布④，发行量一直是七八十份。

安东此前在台湾、大连、辽阳、奉天做过报社记者等类似工作，1913 年 1 月来间岛，任《大阪每日新闻》等报通讯员，有一定相关经验。

1921 年该报与《间岛新报》合并而停刊。

(3)《间岛新报》(操纵时间:1921—1931 年)

1921 年 7 月安东贞元等创办的日文、朝鲜文双语报纸。

1919 年 3 月朝鲜发生争取独立的“三一运动”，1920 年前后发展至中朝边境。10 月初珲春的日本领事馆等受到攻击，日本以保护当地日侨为借口派军队报复，驻间岛陆军大佐水町则对外宣称攻击事件是英国传教士煽动的，东京的报纸还登载了他的谈话⑤。

---

① 外務省政務局:支那ニ於ケル新聞紙ニ関スル調査，1918 年。JACAR: B03040679400。外務省情報部:支那ニ於ケル新聞及通信ニ関スル調査，1920 年。JACAR: B03040890000。

② 堺総領事代理:第四六八号，1920 年。JACAR: B03040614500。

③ 朝鮮軍参謀部:間島ニ於ケル宣伝機関設置ニ就テ，1919 年。JACAR: C06031140300。

④ 外務省政務局:支那ニ於ケル新聞紙調査，1917 年。JACAR: B03040678500。

⑤ 《東京朝日新聞》1920 年 12 月 3 日。

1920 年 11 月底水町致电陆军省，认为间岛地区有大量朝鲜人，却无朝鲜文报纸对他们进行宣传，实为一大缺陷，也无法完成军司令官赋予的第三、五项任务，因此必须创办相关报纸，请求陆军省与外务省、朝鲜总督府交涉，争取支持①。水町提到的第三、五项任应该是对当地的宣传工作。

军方采纳其建议，与外务省联系，希望共同提供补助，并且愿意将此报置于外务省监督之下。当时正巧朝鲜总督府的山口事务官在间岛，他亦认为有此必要，愿意加入。于是三方商定共同出资办报，建立宣传机关，对抗朝鲜抗日组织的宣传，树立日本的权威。

获此消息后，山崎四处活动希望恢复《间岛时报》。当时此地除了停刊的《间岛时报》，还有军方等资助的《东满通信》。考虑到一地无必要办数份同类报纸，各方商定停办《东满通信》，建立"组合"，合资办报，将安东和山崎都编入新报社中。在此过程中，天图铁路公司总办户泽等当地日侨也参与进来。1920 年底各方面签订协议，决定停办《间岛时报》《东满通信》，创办日文与朝鲜文的《间岛新报》。当地日侨以"组合"形式各自出资 500 日元，安东和山崎共同负责经营，发行 2 000 份，一半用于赠阅宣传②。

1921 年 5 月 3 日合资会社间岛新报社在总领事馆正式注册，总领事代理堺与三吉和报方代表安东贞元签订《〈间岛新报〉补助条件备忘录》，规定了报方的任务在于"指导怀柔间岛及珲春地区朝鲜人，宣传政策"，创办资金 1 万日元与平时维持费一年 7 000 日元由外务省与总督府对半分摊，报方需要接受领事馆监督、指导(详见第四章)。

1921 年 7 月 16 日第一号发行，版面 4 页，日刊，每日印刷日文八九百份、朝鲜文 500 份。日文报纸"主要是促进'东满'的发展，作为我方实际势力扩张的先驱，并且是'东满'唯一的报道机关。朝鲜文的全部免费赠送间岛和珲春朝鲜人'民会'"③。

同年 8 月山崎病亡，编辑遇到困难，日文报纸改为隔天发行，11 月 23 日复旧。报社本来准备兼营印刷业弥补亏空，但是，因当地出现竞争者，预想

① 水町大佐：水電第六、二三、三三号，1920 年。JACAR：B03040614500。

② 堺総領事代理：第四六八号，1920 年。JACAR：B03040614500。

③ 間島新報社：整理金ニ関スル請願書写、間島新報経営ニ関スル開陳書，1925 年。JACAR：B03040600700。

的收入极少,加上同时发行两种语言的报纸,工作量很大,经营费用逐渐紧张,陷入苦境,1921 年度亏损达 3 600 多日元①。总领事铃木与安东多次上书请求补助。都督府和外务省同意仅以 1923 年度为限,补助的年额增加至 12 000 日元,另外临时补助 5 000 日元用于购买铅字改善印刷设备,总督府与外务省各负担一半,从 1923 年 2 月开始实施②。

尽管如此,报社 1923 年的赤字仍达 1.2 万日元。此种状况引起各方不满,1924 年 3 月外务省与总督府决定该年度在改善经营状况条件下继续补助 12 000 日元,各出资一半。由于此后经营仍未改观,领事馆、总督府以及相关方面商谈决定,朝鲜文与日文分开经营,重点支持前者,每年给予 3 000 弗补助,外务省与总督府各承担一半。对于日文报纸,外务省则将补助延续至 1925 年 3 月,供改革之用,1925 年度则全部停止③。

1924 年 12 月,朝鲜文与日文分开,朝鲜文称《间岛日报》,仅剩下日文的《间岛新报》版面缩小二分之一,勉强维持。1926 年 1 月安东病故,报社由其亲戚、发行兼编辑饭塚政之接手,经营更加困难,面临倒闭。考虑到该报对当地中国人、朝鲜族人亦有间接宣传作用,总领事馆希望经营下去。经过多方协调,外务省、总督府决定每月各自补助 90 日元,外务省等的补助从 1926 年度开始④。

此后,该报经营状况无起色,就发行量而言,1926 年仅 470 份(其中 48 份免费),有中国读者 28 人订购,1929 年 500 份,1930 年 800 份,影响很有限。九一八事变后,该报作为外务省在当地的喉舌得到了发展。

(4)《间岛日报》(操纵时间:1924—1931 年)

1924 年 12 月从《间岛新报》剥离后针对当地朝鲜族创办,日刊,版面 4 页。社长鲜于日⑤,主笔康元铎,主编金享复。

---

① 間島新報社:当社創立以来大正十三年九月末ニ至ル決算書別紙提出致也,1925 年。JACAR:B03040600700。

② 内田大臣:間島新報補助増額ニ関スル件,1923 年。JACAR:B03040615200。

③ 総領事鈴木:間島新報補助ニ関スル件,1924 年。間島新報補助廃止並間島日報補助関スル件,1925 年;幣原外務大臣:間島新報補助廃止並間島日報補助関スル件,1924 年。JACAR:B03040615400。

④ 総領事鈴木:間島新報発行継続方ニ関スル件,1926 年。JACAR:B03040615500。

⑤ 有关鲜于日,详见李相哲:《日本統治下東北アジアのジャーナリズム:ハングル新聞を中心に》,《龍谷大学国際社会文化研究所紀要》(6),2004 年。

如前所述，该报每年共获得外务省与朝鲜总督府的 3 000 弗补助。因此，虽然标榜“宣传朝鲜人的产业、文化”，但实际上是朝鲜都督府和外务省的御用宣传机构。

作为该地区唯一的朝鲜文报纸，加上当地朝鲜族人增加，在日本官方极力支持下，该报发展很快，发行量 1924 年 12 月为 280 份（其中 178 份用于销售），1925 年增加到 721 份，1926 年为 1 275 份（其中 1 200 份用于销售）；读者包括朝鲜人 1 189 人，中国人 39 人，日本人 47 人。三年购阅者增加近 7 倍，御用宣传作用十分显著，报社将发行目标定在了 3 000 份①。

不过，尽管 1928 年 1 月起扩大了版面，但发行量至 1931 年基本未变。原因在于 1928 年 2 月《民声报》的出现，打破了《间岛日报》在当地朝鲜文报纸中一统天下的局面。《民声报》由安世俊等创办，日刊，有中文和朝鲜文版，发行量前者为八九百份，后者为 1 000 份。该报可能得到了中国官方的支持，“满载排日报道”。安世俊因登载有关朝鲜独立的文章，在日方压力下辞职，方泳之继任仍采取原先的方针。该报的出现对《间岛日报》打击不小②。

7. 辽阳、锦州、安东

(1)《辽阳新报》(《辽鞍每日新闻》，操纵时间：1908—1931 年)

1908 年 12 月 15 日渡边德重创刊，日文隔日刊，是日本辽阳领事馆、辽阳警察署、“满铁”事务所、辽阳居留民会的机关报。

1908 年该报发行时，只是“影响微小的小报”③，不过，因为是当地唯一的报纸，其地位与宣传作用还是不言而喻的。该报标榜“以报道政治、经济、其他社会一般状况为目的，与稳健的指导、宣传为理想”。但作为领事馆、“满铁”事务所等的发布机关，它无疑是一份御用报纸。

随着日人对鞍山“开发”的加快，当地日侨不断增加，1919 年 10 月 30 日该报改称《辽鞍每日新闻》，日刊，版面为小型 4 版，针对辽阳、鞍山的读者，发行量由此前的 500 份增加到 920 份。

该报长期以来是当地唯一的舆论机关，虽然是日文，但对中国民众的间

① 総領事鈴木：関係新聞定期調査報告ニ関スル件，1926 年。JACAR：B03040615500。
② 外務省情報部：外国に於ける新聞(上巻)，1929 年。JACAR：B10070266200。
③ 外務省政務局：清国ニ於ケル新聞紙ニ関スル調査，1909 年。JACAR：B02130815800。

接宣传作用还是不可小觑的。

(2)《锦州时报》(操纵时间:1920—1924 年)

1920 年创刊的日文月刊,石光真清任代表兼编辑。石光为陆军军官出身,日俄战争时受参谋本部派遣潜入锦州地区执行特别任务,后来在关东厅补助下开办商品陈列馆,同时为关东军收集情报,在调查方面积累了丰富经验。“鉴于对辽西的各种调查一直被忽略,辽西地区又没有新闻机关”,关东军司令部支持石光发行了此月刊。也就是说石光办此杂志的目的,一是利用它作调查,二是建立新闻机关。

据当地领事报告,锦州大部分日本人从事鸦片等毒品买卖,仅仅石光等极少数人未涉足,因此得到中国官方的认可。利用石光这样的人办杂志,至少不会让中国官方讨厌,而石光作为记者四处调查,也有身份上的掩护,可以公开活动。不过,石光缺乏经济财政方面的知识,汉语也不好,《锦州时报》登载的旅行报告、调查资料大多由所雇中国人提供。

1921 年关东军减少特务机关,关闭锦州特务机关,停止补助杂志。因失去经费,无法获得材料,该杂志价值锐减。在奉天总领事馆、奉天特务机关以及锦州一些日侨帮助下,该杂志继续发行。1923 年 4 月 12 日牛庄领事清水给外务省的报告后面附有石光按照关东军的指令提交的调查报告①,这说明石光仍在为军方工作,作为回报,军方也一定提供着相应的补助。关东大地震后石川回国,杂志社关停。石川的回国时间不明,杂志至 1924 年 1 月发行至 150 号②,说明至少此时仍在发行。

作为日文月刊,该刊在对当地中国民众的宣传方面,效果有限。不过,因为它是锦州发行的唯一刊物,军方又将其定位为新闻机关,应该存在潜在影响。

(3)《亚东时报》(操纵时间:1926—1928 年)

1926 年 10 月由安东“当地第一流实力人士”中野初太郎发起创办的日刊中文报纸,版面为小型 4 页,个人经营,“以日中经济提携为目的”。靠外务省提供的 1 000 圆、“满铁”提供的 5 000 圆补助,以及地方有志人士的赞助,以资本金 15 000 圆创办,森井国雄任主笔,10 月 31 日发行创刊号,发行

① 領事清水:石光真清ヨリ補助金下附方願出ノ件,1923 年。JACAR:B03040730800。
② 外務省三浦:錦州時報経営ノ為補助金下附方ノ件,1923 年。JACAR:B03040603400。

量约 1 500 份，约有中国读者 1 200 人。当事人觉得取得了意想不到的成绩，期待着以后也能进一步发展①。

该报发行时，作为竞争对手，当地仅有 1 家中文报纸，即中国人 1923 年底发行的《东边时报》，“致力于中方的宣传，恰似官方的机关报”，发行量也有约 1 500 份。《亚东时报》创刊时的发行量与《东边时报》的相同，起步似乎不错。不过当地日本领事馆 1929 年后的有关报告已经无该报。原因可能是遇到了经营困难，因为 1928 年该报的发行量已经下降至 800 份左右，藉此肯定难以维持经营。

日本在东北地区的报刊操纵活动，以 1905 年为起点，此后不断增加，1908 年至 1916 年每年受操纵的报刊都有八九种，1918 年达到 14 种，1924 年更增加至 17 种，此后始终保持在 15 种左右，至九一八事变前，先后有 32 种报刊明显受到操纵（见表 7）。从地区分布看，大连最多，达 8 种，奉天 7 种，次之，哈尔滨 6 种，长春与间岛各 4 种，营口、辽阳、锦州、安东各 1 种。这种分布与日本各种势力在东北的渗透、扩张程度基本一致。

如表 7 所示，这 32 种报刊绝大多数由日本人主办，反映了日方在该地区的宣传主要是自导自演。操纵主体则以外交机构、“满铁”为主，军方、朝鲜总督府等亦十分积极。各操纵主体根据需要或单独行动，或共同协力，或轮流操纵，充分发挥着各自优势。

32 种报刊中，日文报刊 19 种，中文报刊 11 种，此外还有朝鲜文、蒙古文、英文报刊数种，基本可以覆盖东北各读者层。其中的中文报纸对中国读者产生的影响之大自不待言，日文报刊也对当地中国舆论产生了间接影响，而朝鲜文则对朝鲜族影响深刻。

以上报刊受操纵的时间有的很短，有的非常长，其中《盛京时报》、《满洲日日新闻》、*The Manchuria Daily News* 作为中、日、英文三大代表性报纸，不仅存在时间长，而且影响大，尤其是《盛京时报》在东北地区充分发挥了日方御用报刊的作用。

---

① 領事岡田：新聞通信其他ニ関スル調査報告ノ件，1927 年。JACAR：B02031058800。

表7　东北地区与日本官方、军方等有特殊关系的报刊名单(1905—1931年)

报刊名	语种	报主国籍	操纵期间	操纵手段	主要操纵主体
满洲日报、满洲新报	日、中、英文	日本	1905—1919	补助	军方、外务省
辽东新报	日文	日本	1905—1907	补助	军方
盛京时报	中文	日本	1906—1931	补助、主办	军方、外务省、"满铁"
奉天公报	日文	日本	1906、1907	补助	外务省
满洲日日新闻、满洲日报	日文	日本	1907—1931	主办	"满铁"
奉天日报	日文	日本	1908	补助	"满铁"
南满日报、奉天日日新闻	日文	日本	1908—1916 1927—1931	补助 主办	外务省 "满铁"
北满洲	日文	日本	1908—1912	补助	外务省
辽阳新报、辽鞍每日新闻	日文	日本	1908—1931	补助	外务省、"满铁"
间岛时报	日文 朝鲜文	日本	1910—1919 1915—1919	补助 补助	外务省 朝鲜总督府
The Manchuria Daily News	英文	日本	1912—1931	补助	"满铁"
泰东日报	中文	日本	1912—1915	补助	关东都督府
东满通信	日文	日本	1915—1921	补助	军方、朝鲜总督府
醒时报	中文	中国	1916—1922	收买	外务省
吉长日报	中文	中国	1917—1920	收买	外务省
吉林时报	日文	日本	1917—1924	补助	外务省
奉天新闻	日文	日本	1918—1929	补助	外务省
蒙文报	蒙文	日本	1918—1921	补助	外务省
锦州时报	日文	日本	1920—1924	补助	军方
满蒙之文化	日文	日本	1920—1931	主办	满蒙文化协会
滨江时报	中文	中国	1921、1922	收买	外务省
间岛新报	日文	日本	1921—1931	补助	外务省、朝鲜总督府

续　表

报刊名	语种	报主国籍	操纵期间	操纵手段	主要操纵主体
东北文化月报	中文	日本	1922—1931	主办	满蒙文化协会
满洲报	中文	日本	1922—1931	补助	“满铁”
哈尔滨日日新闻	日文	日本	1922—1931	主办	“满铁”
大北日报、大北新报	中文	日本	1922—1931	补助	外务省、“满铁”
东省日报	中文	日本	1923—1925 1927—1931	补助	外务省 “满铁”
松江新闻	日文	日本	1923—1924 1927—1931	补助	外务省 “满铁”
间岛日报	朝鲜文	日本	1924—1931	补助	外务省、朝鲜总督府
亚东时报	中文	日本	1926—1928	补助	外务省、“满铁”

二、北部地区

在本地区，北京 1927 年前既是中国的政治中心，亦是各国外交角逐的主要舞台；天津是北方的重要国际港口城市与舆论重地，舆论的影响力在特定时段甚至超过北京；而山东地区则长期被日本视为势力范围，多次遭到日军入侵。就整个华北而言，九一八事变后则是日本兴风作浪、试图蚕食鲸吞之地。因此长期以来日本官方、军方等千方百计在北京、天津、芝罘、青岛、济南利用报刊建立宣传机关，为其侵略政策服务。

1. 北京

在南京国民政府建立前，北京是近代中国的政治、外交中心，是列强在华进行宣传战的必争之地。自 1901 年创办《顺天时报》后，以外务省为主的操纵主体先后对《京话日报》、《北京日报》、《中国报》、《帝国日报》、*Journal de Pékin*、《新支那》、《民福报》、*North China Standard*、《北京新闻》、《新兴报》、《冀东日报》进行过不同程度的操纵。

(1)《顺天时报》(操纵时间:1901—1930 年)

1901 年 12 月中岛真雄创刊的中文日报。

庚子事变后,东亚同文会紧急派中岛去北京,任务有二:一是从日军那里获得掠夺的食盐和土地,作为该会的财源,弥补会费之不足;二是走访北京的官员,宣传该会宗旨,扩大影响。前者因错失时机未果,后者比较成功,中岛结识了不少要人。在京期间,具有创办《闽报》经验的中岛看到当地无报纸,敏锐地感觉到办报的意义。当时清政府规定,禁止中外人士在京发行与政治有关的刊物。而清廷避难西安使得北京的管理处于真空状态,中岛认为有机可乘,便向公使小村申请办报,小村心存疑虑,但在中岛坚持下默认了。

中岛的办报经费基本来自军方的御用商人饭塚松太郎。饭塚原为日清贸易研究所的学生,甲午战争期间充当日军翻译,其后入台湾总督府工作。1900 年庚子事变发生后,他在中岛建议下来天津自办公司,从事土木、运输业,承包军需后勤业务,大发战争财,自此对中岛充满感激[①]。中岛办报缺钱,他便拿出 4 000 两银子支持。中岛于是购买机器,招募工人,租借场地筹办。此间东亚同文会长近卫公爵来北京,中岛与随行的陆实商量,将报纸命名为《顺天时报》,取顺应天时之意。当时的顺天府尹陈璧是福州人,中岛在福州时已经与他相识,便请他为报纸题了名。陈璧后来任邮传部尚书、参政院参政等,对中岛多有帮助,例如将自己在北京城外的五城学堂让给中岛办报,有时还提供经济帮助等。中岛在办报上充分利用了在京的人脉资源。

报纸发行后经营便遇到困难,1902 年中岛回国寻求帮助,靠台湾总督儿玉源太郎相助,寺内陆军大臣提供了 5 000 日元补助[②]。外务省同年亦补助两万弗巨资,帮助其偿还债务,扩大事业,此后每月补助 100 弗,另外还提供临时补助[③]。报社依靠两者支持得以维持经营。中岛不负期望,日俄战争前夕与战争期间为了将中国读者拉入日本的阵营,与俄国在京机关报《燕都报》展开笔战,不时以号外形式向当地民众发送报纸,大力宣传日本,充分发挥了官方喉舌的作用。

鉴于报纸在日俄战争中的作用,内田公使极力主张在北京设立外务省的机关报,得到同意后,向中岛提出收购报社的希望。双方很快达成协议,

---

① 对支功劳者传记编纂会编:《對支回顧録》(下卷),1936 年,第 628、629 页。

② 中岛真雄:《不退庵の一生:中島真雄翁自叙伝》,第 30—33 页。

③ 外務省政務局:支那ニ於ケル新聞及通信ニ関スル調査,1919 年。JACAR:B02130261800。

公使馆支付1万日元(其中7 500日元偿还报社的债务)收购报社,直接任命经理、会计,此后两年间每月提供1 000元补助。1905年2月公使馆付出收购费1万日元、事业扩大费5 000弗,盘下该报,同时选任上野岩太郎负责经营。中岛后来回忆说:“我一直在考虑面对战后的重大时局,靠个人来经营反而非常困难,当时,我立刻快诺,决定以1万日元盘给外务省。”1905年7月中岛正式移交报社[①],外务省在北京的直属宣传机关由此建立。

外务省本来的设想是,在接手后的前两年大力支持,争取第三年起使报社自负盈亏。上野上任后虽处处努力,但读者有限,北京工商业不发达,广告收入少,加上银价下落,又出现了《北京日报》《北京大同日报》《中央日报》等竞争对手,未能如愿。这样外务省决定从1907年4月至1909年3月每月补助500弗。此间上野因经营无起色而焦虑,称病提交辞呈。时任公使伊集院应允,计划选择中国人在公使馆监督下经营,初步内定《大公报》总理英敛之,每月补助500日元。上野获悉后认为如果今后每月仍有补助自己就留任,获得许可。

1909年4月外务省如约补助报方6 000日元,同年外务省实施《清国报纸通讯纲要》时,指定该报作为北京负责接收与分发电讯的据点[②]。《顺天时报》作为外务省宣传机关的作用更显重要。

与此同时,上野准备通过兼营印刷业实现经济自立,1909年向外务省申请1万日元补助,外务省在1910年度除了补助6 000日元外,又追加4 000日元,以示支持。1910年11月上野离任,西村虎太郎接替,1911年10月又由亀井陆良继任报社代表,外务省准备以此为契机革新社务,自9月以后增加补助金,年额为15 000日元。报社自此经营有起色,尤其是1914年袁世凯政府发布《报纸条例》后,中国方面的报纸因之倒闭或附和,而该报依仗治外法权毫无忌讳地发表言论,赢得了很多读者,发行量多时达4 000份。袁世凯称帝时,因登载敏感消息,发行量数日内就飙升至一万两三千份,成为北京第一大报,月收入达六七千弗。

1917年5月亀井因对西原借款之事持异议而辞职。在林权助公使推

---

① 中岛真雄:《不退庵の一生:中島真雄翁自叙伝》,第27、32页。

② 外務省情報部:関係新聞調查,1929年。JACAR:B10070264800;外務大臣小村:新聞操縦ニ関スル件,1909年;伊集院公使:新聞操縦ニ関スル件,1909年。JACAR:B03040681700。

荐下,一直辅佐龟井的《报知新闻》北京特派员渡边誓信任社长,直到最终停刊。

此后,报社发展受日本对华政策的影响有起有伏,但外务省始终倾力资助。1917 年至 1920 年度每年补助达 21 000 日元。1919 年五四运动、福州惨案期间,该报被称为"逆天时报"受到抵制,发行量由 1 万跌至 3 000 份,每月亏损约 3 000 元,一蹶不振。外务省 1920 年 7 月起至 1922 年每月补助洋银 1 500 弗,1923 年以后每年更增至 3 万弗,一直持续到 1929 年[①],可谓不惜血本维持此御用宣传机关。

1928 年济南惨案发生后,抵制日货运动再起,该报作为日本在华文化侵略的象征,自然成为抵制的对象。北京市民拒订,报童拒送,运输机关拒运,北京的反日会也采取措施抵制,报社经营陷入困境,发行量从 1928 年 9 月初的 16 000 份,锐减至 10 月的 2 000 份。尽管采取了很多针对性措施,外务省也提供了临时补助,但到次年 5 月发行量一直徘徊在 2 000 份左右,并且有继续减少的趋势。因为基本上已失去宣传作用,经营又持续困难,并且均无改善希望,在外务省指示下,报社不得不于 1930 年 3 月 27 日登载《本报临别赠言》,宣告与 *North China Standard* 同时停刊,于同年 9 月解散。

《顺天时报》是外务省在北京建立最早、投入最多的宣传机关,也是外务省在北京乃至华北地区影响时间最长、影响地域最广的中文报纸,是日本政府在华代表性的喉舌。

(2)《京话日报》(操纵时间:1905 年)

1904 年日俄战争期间,日俄在华展开宣传战,争取中国民众支持,报刊是重点争取的对象。《京话日报》是中国人办的中文报纸,因为是白话,读者容易看懂,在当地销售量最多。

日本驻华公使内田盯上此报,1905 年 7 月开始每号购买百份,这对报方来说无疑是示好的表现。可以推断,内田已经事先与报方或其中的要员达成了某种默契,否则,是不会贸然如此购买大量报纸的。

此种变相的收买手段实施至何时,不得而知,不出意外的话应会持续到

① 外務省情報部:関係新聞調查,1929 年。JACAR:B10070264800。

日俄战争结束。

(3)《北京日报》(操纵时间:1908 年)

1904 年创办的中文报纸,社长朱淇,1908 年的发行量达两千七八百份。

1908 年报社经营出现困难。当时的北京报业因清政府的改革政策已呈现显著发展之势,刚刚上任公使的伊集院准备积极应对。他获知在北京来说历史仅次于《顺天时报》的《北京日报》需要借款后,认为是接近的良机,便借给报方 1 500 弗。据伊集院报告说,由于这层关系,对方答应为其所用,因此可以认为此报是日方操纵的报纸之一,以后只要不出现意外情况,将继续努力操纵下去①。

不过,公使馆 1909 年底的报告称,该报被视为袁世凯派的机关报,亦为外务部的机关报,每月接受外务部的若干补贴以及美国纽约某报特派员的情报费②,对于与日方的关系一字未提。据此看来该报已经与日方无关系。

《北京日报》后来在 1916 年、1919 年陷入经营危机时,都曾经打算出让,北京公使馆每次都建议外务省乘机买下,但因所需经费大,加上报社背后的"政治"关系复杂,而且与日方正在策划的在北京创办英文报纸的计划相抵触,未能实现。

日方实际染指《北京日报》的时间大概一年左右,操纵效果不得而知。有研究认为伊集院的这种操纵活动,金额小,又非长期定期补助,收效有限③。

(4)《中国报》(操纵时间:1909 年、1910 年)

1909 年夏创办的中文日报,原名《国报》,社长黎宗岳,与上海的《神州日报》有联系,曾交换电讯等,记者多有日本留学经历。

1908 年抵制日货运动发生后,北京一些报纸刊登"排日"文章,其中言辞最激烈的是《国报》《中央大同日报》,伊集院公使与清廷官员那桐交涉,施加压力,那桐通过军机大臣下令相关报纸停刊。《国报》因此迁至天津奥国租界内,1909 年 10 月改名《中国报》,延续《国报》刊号继续经营,实际上仍在北京发行,"排日"色彩依旧。

---

① 伊集院彦吉公使:新聞操縦ニ関スル件、当地漢字新聞操縦ニ関スル件,1909 年。JACAR:B03040812700。

② 外務省政務局:清国ニ於ケル新聞紙ニ関スル調査,1910 年。JACAR:B02130556700。

③ 大谷正:《中国および朝鮮における日本外務省の「新聞操縦」(1)》,《専修法学論集》(55,56),1992 年,第 381 页。

不过,据伊集院1909年11月的报告称,黎宗岳近日悄悄来到公使馆,说报社被禁后损失重大,如果公使馆补偿的话,以后会为日本尽力。伊集院觉得此为暗中操纵的有利时机,因此,虽然表面上断然拒绝,但又表示只要今后认真经营,会给予一些补助,结果借给他洋银千弗。伊集院相信这样做不仅会使该报面貌大变,以后也会有用①。

借款后报纸的论调是否发生变化不得而知,但"改弦易辙"是报方主动提出的,并且也借到了在当时来说的一笔巨款。因此,此次接触应该会影响报纸的倾向。日方1910年的相关报告中仍有此报,社长仍为黎宗岳,发行量为三千七八百余份,但1911年底日方的调查报告中已无《中国报》②,说明已经停刊。

(5)《帝国日报》(操纵时间:1910年)

中文日报,前身是袁世凯的幕僚杨度主持的宪政公会机关报《中央大同日报》。

如前所述,1908年伊集院公使向中国政府施加压力,使得一些"排日"报纸停刊,其中就有《中央大同日报》。该报在同年12月改称《帝国日报》发行,"以大同革新为主义,主张速开国会",报主为陆鸿逵,1910年的发行量约5 000份。

1909年5月12日伊集院公使致电小村大臣,就《清国报纸通讯纲要》提出建议时,说现在先向"一向与我保持友好关系的《中央大同日报》等一两家报社无偿提供,观察考量一段时间的效果和本电讯产生的一般影响等,在此基础上再研究相关方法"③。这说明该报不仅改变了以往的反日态度,并且还与日方建立了"友好关系"。同年11月伊集院又报告说,在给《中国报》提供补助的同时,对于此报"亦多少给予照顾"④。

日方如何"照顾"的无从得知,但肯定离不开钱财拉拢。不过,该报1911年3月左右起每月从美国方面获得1 000弗补助,成为其机关报⑤,说

①④　伊集院彦吉公使:当地漢字新聞操縦ニ関スル件,1909年。JACAR:B03040812700。

②　外務省政務局:清国ニ於ケル新聞紙ニ関スル調査,1911年。JACAR:B02130559300。外務省政務局:支那ニ於ケル新聞紙ニ関スル調査,1912年。JACAR:B02130240800。

③　伊集院彦吉公使:新聞操縦ニ関スル件,1909年。JACAR:B03040812700。

⑤　大谷正:《中国および朝鮮における日本外務省の「新聞操縦」(1)》,《専修法学論集》(55、56),1992年,第381页。

明已经投向美国。同年报名改为《中国日报》，已经看不出与日方的关系。

(6) *Journal de Pékin*（操纵时间：1917 年、1918 年）

1911 年 7 月创刊的法文日报，报主兼主笔是法国人 Mercel von Lerberghe。在俄国公使馆补助下创刊，故俄国方面握有实权，但法国公使馆也予以支持。1916 年前后俄国的色彩更加鲜明，1917 年俄国革命后失去补助。

外务省文件显示，在 1917 年、1918 年，日本公使馆通过购买报纸的方式间接资助该报，每年的补助金额为 300 弗①。可以推断，日方是利用报方突然失去经济靠山之机接近的。

不过，报方后来又恢复了与法国公使馆的关系，1918 年 5 月获得巨额补助 3 万弗，成为其机关报，此后不时登载“排日”文章，与日本断绝了关系。

(7)《新支那》（操纵时间：1917 年、1918 年、1932—1937 年）

1912 年 3 月作为周刊日文杂志由日本国会议员松本君平发行，当初是油印，十分简陋。主笔是安藤万吉、井上一叶，《时事新报》特派员鹫泽与四二负责重要报道。

按照中国政府的规定，外国人不得在北京发行报纸，《新支那》的发行处说是设在东交民巷，但实际上在东华门外大甜水井胡同。因为是日文，有关方面在禁止无效的情况下也就睁一只眼闭一只眼。

安藤万吉掌管杂志社后，又于 1913 年 9 月创办同名日文日报，自任主笔。两刊“介绍日本情况”，“支持日本方面的主张”。据使馆报告，杂志“近来在中国人中亦有很多读者，对日中关系有着良好影响”。而同名报纸因为是当地唯一的日文报纸，“在中国人中作为日本人的机关而受到重视”②。1917 年起“中国政界购阅者不少”，说明影响扩大到了官方。公使馆于是在 1917 年、1918 年每月补助百弗③，希望利用它们影响中国读者。

1919 年以后外务省的补助情况不明，很可能已经取消，因为外务省在北京有机关报《顺天时报》，1919 年起又创办了机关报 *North China Standard*，并

---

① 外務省政務局：支那ニ於ケル新聞及通信ニ関スル調査，1919 年。JACAR：B02130261800。

② 外務省政務局：支那ニ於ケル新聞紙ニ関スル調査，1912 年、1915 年。JACAR：B02130240800、B03040676700。

③ 外務省政務局：支那ニ於ケル新聞及通信ニ関スル調査，1919 年。JACAR：B02130261800。

且北京日侨创办的报刊也在增加,而外务省原则上是不补助日文报刊的。

仅就同名报纸此后的发展状况而言,由于北京报纸大量出现,竞争加剧,而安藤又无心经营,发行量不断减少,20 年代末仅有 100 多份。1930 年后村上知行与丰冈捨松共同担任主笔之工作,加上安藤的努力,发行量才增加到 400 份左右。

1932 年起报社"每年接受满铁总社 180 元补助",1936 年这种补助增加到 200 元①。1932 年是否是"满铁"定期定额补助的起始时间无法查证,但从时局来看,正是日本侵占东北后开始向华北扩张之际。《新支那》虽然是日文报纸,但作为北京两种日文报纸之一,"满铁"提供补助应该是利用它间接为日本的侵略政策造势。不过,这种报纸并无市场,1935 年前后发行量仅三四百份,影响十分有限。

(8) *North China Standard*(《华北正报》,操纵时间:1919—1930 年)

英文日刊,1919 年 11 月外务省投资创办,鹫泽与四二任报社代表,日本 *Japan Times* 记者 Willes 担任新闻编辑,"国际"通讯员佐藤显理任主笔(次年 3 月布施知足接任)。

第一次世界大战后期列强在中国首都的宣传论战进一步激化,中日之间的重大事件也不断发生。由于"京津有不少报纸登载中伤性报道,乃至煽动性评论","为了对抗此等外国报纸,阐明我国立场,同时感到需要强有力的机关",1917 年外务省计划在北京创办英文报纸,由《顺天时报》兼营,后来准备直接主办②。

1919 年外务省派《时事新报》特派员鹫泽与四二在当地调查,并且出巨资置办设备,准备 10 月上旬发行,因借地方作报馆遇到麻烦,延时至 12 月 1 日才发行了创刊号。外务省认为"北京的报纸皆以特殊目的(个人的政治性机关报)而设立,故作为报道机关没有价值,只是以社论杂报登载私人政见,对反对党的辩论反驳等",因此,希望该报有以下特色:"(1)在报道的迅速、丰富上下功夫(集中于北京公使馆、武官室的报道,即在北京地方性报道最为丰富的当属日本方面)。(2)最为重要的是要成为对在华欧美人、中国

① 外務省情報部:外国に於ける新聞(上巻),1933 年。JACAR:B02031076400。外務省情報部:満洲国及支那に於ける新聞,1937 年。JACAR:B02130860500。

② 外務省情報部:関係新聞調査,1929 年。JACAR:B10070264800。

人来说最为合适的报道机关。"为此，外务省准备以普通薪酬的五倍聘请"极其优秀"的欧美人担任主笔①。

为了有效控制报社的经营活动，外务省政务局让鹫泽在"誓约书"上签字，强调外务省在报社经营方针、人事、财务等方面具有绝对权力(详见第四章)。在财政上，外务省则是倾力支持，除了支付所有创业费外，还表示不管报社盈亏如何，"减去能由民间募集到的资金及其他营业上的收入，其他全部由外务省支出"。

报社开始是借中国人的建筑经营，租期于1920年10月到期。当时美孚石油公司和英美烟草托拉斯两公司想一起买下此土地和建筑，如果这样，"在北京其他地方很难找到适合经营报业的建筑，该报必然不得不停刊"。外务省在1921年5月以69 000元抢先买下该建筑，免费供报社使用，并且在1923年决定从该年度起每年补助银48 000弗用于日常经营。

由于无后顾之忧，鹫泽在经营上未注重盈利，这种经营方式渐渐受到批评。使馆方面等也觉得需要改善，于是进行了人事改革，撤掉鹫泽和Willes的实权，报社职员Tuwel英文优秀，以其为主管，另派吉野伊之助入社，翻译社论和通讯，并且担任编辑。同时还派入会计主任，直接管理财务。

1924年外务省决定改革对华新闻政策，削减经费，该报也被纳入其中。芳泽公使提议鹫泽隐退，天津*China Advertiser*停刊，任命该报主任松村利男进入报社任经营部长，全力负责经营，开拓市场。在任命总负责人前，公使馆负责报社的总体运营。外务省同意此计划，1924年5月鹫泽隐退，但松村因故未到任。外务省到处物色人选，甚至在美国和英国寻找，未能如愿，最后任命Tuwel从1925年2月起负责一年的编辑和经营工作，实际上担任报社的总负责人。Tuwel是德国人，妻子是中国人，在北京欧美人中和中国上流社会有一定知名度。

1925年外务省开始考虑将该报与《顺天时报》联合经营，认为这样可以统一两报的论调与报道，共用人员、设备、材料，从而节省经费，同时还能借助《顺天时报》的信誉和势力提高英文报的权威。1926年Tuwel合同到期离任，7月温哥华《明星》报的主编继任。以此为契机，两报完全合并，渡边

① 制作者不明(从内容看，应为筹办阶段负责者撰写)：説明書，制作时间不明(从内容看，应为创刊前夕)，JACAR，B03040600500。

哲信负责经营,在编辑方面加以改良,经营一度好转,广告收入、报纸销售额增加。但随后的抵制日货运动,对于这一御用报纸也有冲击,发行量与1920年的1 200份相比,1927年起仅在800份左右,经营赤字严重。1930年9月因与《顺天时报》同样的原因,两报同时停刊。

该报一直处在外务省、公使馆的直接指挥下,在华北舆论舞台上与《顺天时报》狼狈为奸,明目张胆地为日本对华政策张目,是日本政府在华北的主要英文喉舌。

(9)《民福报》(操纵时间:1920年)

1918年创刊的中文报纸,报主与主笔都是总统府咨议王元震。1920年后报社与各党派脱离关系,由王元震个人经营,发行量1 500份左右。销路除了北京、天津以外,安徽、江西、陕西等地也有读者。不过报社经营并不顺利,每月亏损数百元。

据日方报告,1920年3月初王元震在日方机关报 *North China Standard* 记者凌启鸿的介绍下,通过公使馆书记官深泽对公使馆表示,今后要扩大经营,充分鼓吹日中亲善,中日间发生问题时,也将努力说明日方立场。对于这种主动表态,小幡公使当然知道其目的。

小幡公使认为此报的利用价值很大,便上书请求补助,理由有二:一是王元震任总统府政治咨议,在当地官、民间有一定影响;二是《民福报》已经释放出善意,在3月1日、2日社论栏发表了迎合日方的社论《青岛问题应由中日直接交涉》,认为青岛问题应该由日中之间直接交涉,提交国际联盟会议并不会带来有利的结果。文章发表两天后,*North China Standard* 就译载了。因此在宣传上对日方帮助甚大,值得建立特殊关系。

外务省指示先以日本大公司广告费的名义,每月补助报方250—300弗,从1920年4月起先试一年,有关双方的特殊关系要绝对保密,以获得实际效果。此后小幡又与王多次见面试探虚实,确认确有诚意后才开始补助。王于是又趁机提出希望得到更多帮助,以扩大版面,公使馆从机密费中拿出银2 000弗予以补助①。

---

① 外務省:民福報補助ノ件,1920年;小幡公使:客年貴電第一五一五号ニ関シ,1920年。貴電一四七号ニ関シ,1920年。民福報補助方稟請ノ件,1920年;内田大臣:第一五八号、第四三〇号,1920年。民福報補助金ニ関スル件,1920年。JACAR:B03040621000。

1920 年 5 月日方调查时该报仍存在，王元震身份未变，但发行量仅约 500 份，1921 年底相关报告未见此报①。估计在 1921 年 4 月补助到期后，因影响有限失去补助而停刊。

(10)《北京新闻》(操纵时间：1923—1937 年)

1923 年 8 月 1 日创刊，日文日刊，版面 4 页，鹫泽与四二、森川照太发起，后者任社长，社址位于崇文门内船板胡同。森川是 1918 年创刊的天津日文报纸《京津日日新闻》的报主，《北京新闻》是作为其北京版发行的，与《京津日日新闻》注重经济报道相比，专注于政治报道。

创刊之初的主笔波多野乾一毕业于东亚同文书院，曾担任《大阪每日新闻》记者、同报北京特派员。报纸以编制上个月的报道索引为特色。尽管在用人和编辑上下了功夫，当初约千份的发行量仍不能使报社盈利②，靠外务省与军方的补助维持经营③。

1925 年里见甫作为《京津日日新闻》北京分社社长经营该报，1927 年后鹫泽与四二也担任过社长，但报纸始终无起色，发行量约 300 份。1928 年《京津日日新闻》社长森川照太当选燕尘社理事后，发行所搬至五老胡同燕尘社内。《顺天时报》停刊后，北京会日语的中国人亦有人购阅此报，发行量有所增加，但也只有 500 份左右。

据 1931 年底日方调查，该报“以前由满铁每月补助 300 元，后来渐渐减少，现在每月 100 元”④。“以前”始于何时，语焉不详，但该报一直处于亏损状态，没有外来补助肯定无法经营。

九一八事变后，为了给侵略华北造势，日本强化在该地区的舆论攻势。该报尽管发行量低至 220 份，“满铁”仍加大投入，1932 年起将每年的补助增至千元(1935 年后改为 500 元)，但发行量仍很低，影响有限。

(11)《新兴报》(操纵时间：1935—1937 年)

1935 年 11 月 21 日发行的中文日报，小型，版面 4 页，办报方针为“日本

---

① 外務省情報部：支那ニ於ケル新聞通信ニ関スル調査，1922 年。JACAR：B02130798900。

② 外務省情報部：支那ニ於ケル新聞及通信ニ関スル調査，1925 年。JACAR：B03040871100。

③ 大谷正：《中国および朝鮮における日本外務省の「新聞操縦」(2)》，《専修法学論集》(57)，1992 年，第 79 页。

④ 外務省情報部：外国に於ける新聞(上巻)，1932 年、1933 年。JACAR：B02031075700、B02031076400。

主义”,报主猪上清次郎兼主笔,陈蝶生、宁守谦任编辑。报社位于东单官帽胡同,发行量据称15 000份①。

该报应该是华北驻屯军资助创刊的,理由有二:一是猪上此前身份是日军北京驻屯步兵队翻译、外交委员会顾问部翻译,与军方关系密切;二是该报第一号上登载了大使馆一等书记官武藤义雄的发刊祝词等。武藤事先不知道,十分不快,为此向猪上及高桥武官抱怨②。高桥武官应该就是幕后操纵者,否则武藤不会找高桥理论。

1935年华北驻屯军正致力于华北“自治”运动,该报与此呼应,摇旗呐喊,粉饰日本侵华政策,为日军在中国尤其是华北的活动施放烟幕。

猪上毫无办报经验,该报在中外文报纸多达50种左右的北京刚发行就达万份,除了大量赠阅,是无法做到的。

(12)《冀东日报》(操纵时间:1936年、1937年)

1936年3月创刊,社址位于河北省通县西门北大街,是日军扶植下的傀儡政权“冀东防共自治政府”的机关报,持有人池宗墨,主笔蒋朴庵,编辑赵仙洲等,日刊,版面4页,发行量8 500份。据说伪政府财政厅每月补助3 000元。当时的报人任白涛感慨于七七事变前夕华北被日本严重毒化,指出:“在汉奸遍地的华北,当然会有汉奸的文化。而汉奸文化中作用最大,形式最明显的,要算是新闻事业了。”③其列举的就有此报。由于宣传汉奸文化,在冀东辖区之外遭中国官方禁售。

与该报配套的还有傀儡政权1936年3月建立的大成通讯社,伪财政厅每月补助800元,伪建设厅长王厦材为持有人,实际由伪建设厅秘书周剑新经营,社址在通县北大街鼓楼后大石板胡同,发行通讯两百份。

2. 天津

天津是首都的门户、北方主要的对外贸易港口,近代以来地位极为重要,西方列强与日本都在此扩张势力,建立宣传阵地,为推行本国政策助力,包括日本租界在内各国租界的存在则为此提供了便利条件。1875年设立的日本领事机构、1901年设立的华北驻屯军将司令部是从事此类活动的主

① 外務省情報部:滿洲国及支那に於ける新聞,1937年。JACAR:B02130860500。

② 武藤义雄:小型漢字紙「新興報」発行ニ関スル件,1935年。JACAR:B02031047200。

③ 任白涛:《日本对华的宣传政策》,第79页。

要力量，至1937年七七事变爆发，至少有以下报刊或多或少受到过日方操纵：《国闻报》、《天津日日新闻》、《北清新报》(《北洋日报》《北清时报》)、《北支那每日新闻》、*China Times*、《大公报》、*China Tribune*、*China Advertiser*、《北方日报》、*North China Daily Mail*、《天津日报》、《日华公论》、《新民报》、《通俗白话报》、《时闻报》、《民强报》、《太平洋报》、*Tientsin Japanese Telegraph Service*、《津报》、《中美晚报》、《庸报》、《平津霹雳报》、《振报》、《国权报》、《东亚晚报》。

(1)《国闻报》(操纵时间：1898—1900年)

1897年10月由北洋大学总办、候补道台王修植发起，天津官场革新派人士共同出资以严复为中心创刊的中文报纸。因严复、夏曾佑等学者执笔，此报在国内新闻界大放异彩，影响日渐增大①。

当时，日本公使馆武官泷川具和中佐派助手西村博来天津收集情报。报社是重要情报源，西村便积极与该报打交道，为了获得信息，不时翻译一些日本报纸的新闻无偿提供给报方，双方由此建立联系。

俄国方面企图操纵该报用于宣传，未能得逞后向总理衙门施加压力，同时指使政府内官员弹劾该报，1898年3月总理衙门内部决定停刊。为了避免被停，王修植向天津总领事馆郑永昌提出将报社挂在日本人名下。总领事馆与泷川商量并获得外务省首肯后，同月将该报放在西村博名下。之所以选择西村，是因为他稍通汉文，甲午战争中曾经以从军记者的身份去台湾从事新闻工作，来天津后又一直与报方联系。

西村成为报主后，报社业务仍为中方主持，改革派继续以此为阵地宣传，日方则试图控制该报。当时报社每月都有亏损，总领事馆便每月提供50日元补助，以此来获取中方好感，影响报纸的论调倾向。

慈禧政变后镇压维新派，该报的北京销售点被查封，总领事以报社为日本人所有为由要求解禁。报纸数日后恢复销售，但中方经营者已经难以在京津地区立足，报社面临解散的境地。郑永昌认为该报已经有很多读者，影响很大，可以充分利用来为日方服务，1898年12月上书外务省建议收购。他认为："视清国目前形势，外部似乎十分和平，然内部暗流总是不断，外患

---

① 有关该报情况，详见孔祥吉、村田雄二郎：《从中日两国档案看〈国闻报〉之内幕——兼论严复、夏曾佑、王修植在天津的新闻实践(上、下)》，《学术研究》2008年第7、9期。

内忧叠加,而且列强摩拳擦掌,一旦有机会,就会张牙舞爪伸展羽翼。直隶一隅当今完全是争权夺利之处,利益线之竞争场,为扩张各自利权,列强不惜耗费大量国费,争相以报纸或外交术策,一味扩大权益。天津与北京近在咫尺,与政府利害攸关,现于此拥有一中文报纸,宣扬清国有志之士与日本方面的思想,谋求日本利益,扩大日本权力范围,同时使清国有志之士与日本保持联系,乃当务之急。"该报发行量达 3 000 份,并且有增长倾向,"若因负债导致遭遇顷刻解散之不幸,既失扩大日本利益线之要素,又断清国有志人士之联系,令人有暗夜失明灯之感"。

对于这一能为日本谋取利益的报纸,外务省于 1899 年 1 月决定斥巨资盘下。4 月 29 日该报正式成为日方报纸,西村博担任馆主,方城(又名方楚青、方若)任主笔。外务省在中国直接经营的首份报纸由此诞生。

日方完全接手后对报社进行了改革,主要有:改变其因创办者多为官吏而产生的衙门作风,裁员节省经费,增加探访员、记者;利用创办者的关系,继续发挥获得时政消息迅速准确的优势,尽量在衙门枢要布下眼线;将销售地从京津地区扩大到保定、营口、烟台、上海、汉口、厦门、杭州、苏州、广东、福建、澳门、四川、香港,以及日本的东京、横滨、京都、大阪等地①。

不过,该报延续原先的政治倾向,仍时常发表支持维新派"诽谤政事"的报道,因此触犯慈禧一派,中方多次抗议,并且设法收购。外务省与驻华公使觉得由此下去无法发挥该报应有的作用,也视为累赘,打算停办。因庚子事变发生,中方收购之事搁置下来。日军侵入天津后,报纸于 1900 年 6 月停刊②。

操纵报刊影响中国舆论是外务省在天津的重要尝试。与《汉报》不同,外务省虽然也对《汉报》进行了补助,但在对报社工作的参与程度上完全没有《国闻报》这么深。对于《国闻报》,外务省明确抱有"谋求日本利益,扩大日本的权力范围"之目的,只是因为缺乏直接操纵的经验与经营人才,在办报上缺乏明确的策略,加上该报的特殊历史,未能充分发挥官方喉舌的作

---

① 领事鄭永昌:機密第一号、漢字新聞国聞報補助金ノ件、機密信第二六号,1898 年。機密信第壱、四、六号,1899 年;西村博:国聞報引継始末,制作时间不明(从内容看为 1898 年)。JACAR:B03040605800。

② 西村博:国聞報現状報告,1899 年;領事鄭永昌:機密第五号,1900 年;青木外務大臣:機密信函,1900 年;公使西徳二郎:国聞報ニ関スル件,1900 年。JACAR:B03040605900。

用。尽管如此，作为外务省在中国直接经营的首份中文报纸，它还是为日本日后在华操纵报刊积累了经验。

(2)《天津日日新闻》(操纵时间：1901—1929 年)

1901 年 3 月创办，开始为中文、日文双语日报，西村博任主管，全面负责，同年底改为中文日报，实际经营者为方若。

庚子事变期间，国闻报馆将印刷设备搬进日本总领事馆保管。事变后天津报业暂时出现真空，总领事馆为了尽快占领这一阵地，将设备全部交给西村无偿使用。西村与方若等商量办报事宜，并且设法从当地人中募集到一些资金，办起报馆，于 1901 年 3 月发行《天津日日新闻》。“本报是《国闻报》的继续，西村和方若与康有为又有亲密交往，被视为君主立宪派的报纸，也被视为日本的准机关报。”①

鉴于天津日侨增加，西村有心创办日文报纸，因无相关设备，便委托方若为中文主笔、森井国雄为日文主笔，于同年 5 月回国购买设备。11 月归津后，西村与报社的其他人意见不合，离开报社创办日文报纸《北清新报》，自此专心于其发展，但仍在《天津日日新闻》挂名，报纸实际由方若经营。双方约定报社亏损的话由方若负责，盈利则需分给西村。

方若将报纸完全改为中文。鉴于此报对于中国读者的特殊作用，总领事馆从创刊至 1908 年每月补助 40 日元②，是当时天津总领事馆补助最多的报纸。其发行量 1908 年达 5 000 份，与《大公报》基本相同，在天津属于大报。1909 年外务省准备削减天津用于操纵报刊等的机密费，小幡总领事则要求增加，他举例说《天津日日新闻》主笔方若十分亲日，总领事馆得以充分利用③。

辛亥革命期间因报方站在君主立宪立场，发表“共和政体不符合中国国情”的言论，读者大减，发行量从 5 000 份跌至两三千。因偏袒皖系，1920 年直皖战争后受直系打压，发行量又减至两千以下，自此一直维持在此水平，影响渐微。

① 中下正治：《新聞にみる日中関係史——中国の日本人経営紙》，索引，第 5、6 页。

② 総領事代理小幡：天津ニ於テ発行スル新聞紙ニ関スル事項報告ノ件，1908 年。JACAR：B03040832800。

③ 総領事代理小幡：新聞操縦並ニ之カ費用支出方ノ件，1909 年。JACAR：B07091174200。

不过,作为日方在天津的重要中文宣传阵地,报纸一直登载外务省、军方等提供的新闻稿,是东方通信社、天津编译社等日方通讯社发布新闻的指定报纸。对于这一喉舌,总领事馆总是鼎力支持,1917 年度补助额为 2 200 弗,1918 年度增加到为 3 600 弗①,并且持续到 1922 年度。1923 年度起外务省削减经费,对该报的补助金减少三分之一,为洋银 2 400 弗,直至 1929 年②。但外务省在此期间根据实情还提供一些临时补助。

华北驻屯军也同样提供了帮助。在天津编译社运营期间,应军方要求,天津的三井物产每月给报社免费提供相当于 345 日元的新闻纸,作为对登载该社新闻稿的酬谢。

1929 年该报以春季发刊的第一万号为限,盘给徐良。徐良又以事业繁忙无暇经营为由,申请将名义变更为杨绍卿。杨绍卿 1924 年曾任《益世报》总经理,1928 年辞任,专任副社长。领事馆认为他"是合适的人选",11 月 13 日同意变更,并且发出"命令条项"要求其听从总领事馆指挥③。但杨绍卿接手后未能恢复经营,在同年底彻底关闭。

该报除了创刊的第一年外,完全由方若经营。如总领事船津所言,其表面上为华人经营,实则归总领事馆领导,"一向接受总领事馆的补助,被视为日本的机关报"。专门登载外务省"提供新闻材料,说明我国立场,发布对我有利的评论"④,本质上是外务省的喉舌。该报作为老报在 20 世纪 20 年代以前的天津舆论舞台影响很大,在为日本宣传上发挥了一定作用,其后随着天津报刊的剧增与国人国民意识的提高,逐渐受到抵制,市场日渐式微,最后走向衰亡。

(3)《北清新报》(《北洋日报》《北清时报》,操纵时间:1903—1908 年)

1902 年 1 月西村博退出《天津日日新闻》后创刊的日文报纸。报社还兼营印刷业,当初资本 5 000 日元,资金一半来自西村,另一半为当地的几个中国人。始为周刊,不久后隔日发行,后改为日刊。西村靠印刷盈利很快还清当地人的出资,便独自经营,1904 年 5 月聘请足立传一郎为编辑主任,

---

① 外務省政務局:支那ニ於ケル新聞及通信ニ関スル調査,1919 年。JACAR:B02130261800。

② 外務省情報部:関係新聞調査,1929 年。JACAR:B10070264800。

③ 総領事岡本:漢字新聞名義変更ノ件,1929 年。JACAR:B02031044800。

④ 総領事吉田:第一三五号,1923 年。JACAR:B03040613800;天津編訳社:天津ニ於ケル新聞操縦ノ現状,1920 年。JACAR:B03040803400。

后来完全委托其经营。

当时天津还有1家日侨经营的日文报纸《北支那每日新闻》，为了避免竞争，两报负责人都有心合并，于是西村将报名改为《北洋日报》以作准备，但北支那每日新闻社反对合并者以木村笃次郎为编辑主笔，继续发行《北支那每日新闻》，使得合并有名无实。这样足立仍然负责经营《北洋日报》。1907年《北洋日报》因登载有异议的报道被禁止发行，加上经营困难，报社关闭。足立与西村商量后，同年4月用留下的新添设备创办《北清时报》，以金田一良三为编辑负责人。因经营不善，同年12月报社变更组织形式，将经营权交给天津信用组合，西村和足立担任报纸的编辑、发行。

外务省一直支持西村的事业，1903年以来总领事馆每月补助50日元①，遇到重大变故，例如日俄战争时期还有间接补助。此补助大概持续到1908年②。终止的原因应该跟当地有多家日侨经营的日文报纸有关，外务省难以一一补助。1910年《北清时报》《北支那每日新闻》合并为《天津日报》，作为本地日侨的机关报发行。

(4)《北支那每日新闻》(操纵时间：1903—1908年)

1903年5月森井国雄、小田桐勇辅、多田亀毛等发起，市原源次郎响应，以山根立庵③为顾问创办的日文报纸，目的在于建立当地日侨宣传机关。1903年8月15日发行第一号，初为隔日发行，后改日刊，多田任社长，森井负责编辑。数月后，多田等因故纷纷离开，市原全盘负责，其间市原归国，由木村笃次郎主管。1905年木村离任，田中清接任编辑。与《北清新报》合并后，市原辞去社长之职。反对合并者继续以原报名经营，松冈胜彦任社长，木村任编辑主任。1908年报社改为股份制，社长与主笔全部易人。

对于该报，天津总领事馆从1903年起至1908年每月补助50日元④，用作喉舌，遇到重大变故时，还提供临时补助。

(5) *China Times*(《益闻西报》，操纵时间：1904—1917年)

1901年John Cowen创办的英文日报。John Cowen来华前在英国多

---

①④　総領事代理小幡：天津ニ於テ発行スル新聞紙ニ関スル事項報告ノ件，1908年。JACAR：B03040832800。

②　総領事代理小幡：新聞操縦並ニ之カ費用支出方ノ件，1909年。JACAR：B07091174200。

③　山根立庵：名虎之助、虎臣。汉学者、汉诗人，1898年来上海创办《亚东时报》任主笔。

家报纸做过记者,1901 年庚子事变时作为伦敦泰晤士报社特派员来华采访,同年在北京创办此报,自任报主兼主笔,翌年将报社迁至天津。John Gowen 来华办报是受其兄 Thomas Cowen 的影响。Thomas Cowen 于 1890 年就在香港英文报纸 *Hongkong Telegraph* 工作,甲午战争时曾经到战地采访,后来在上海数家英文报社工作过。

日俄开战初期该报就同情日方,尽力登载相关报道。总领事伊集院趁机接近,提供对日有利的新闻材料供登载,由此拉上了关系。1904 年 9 月报社准备搬迁,缺 6 000 圆资金,向香港上海银行融资需两人担保,便拜托总领事充当其一。考虑到此报的作用,外务省不仅立刻同意,而且指示以适当的形式向 *China Times* 提供两千圆现金。

伊集院想将此巨款赠送 John,感谢他对日方的支持,但对方不肯白白接受。此时该报已改为股份制,John 建议日方以此入股,算做 71 股。伊集院觉得如果能成为股东,今后可以一直维持稳定关系,操纵更方便,便同意入股。因为总领事的身份不适合,伊集院请直隶财务顾问、日本人佃一豫出面担任挂名股东(1908 年改为松村利男),同时做 4 000 圆借款的担保人。日方自此以投资入股等形式完全捆住了该报。

1904 年 11 月报方又通过总领事馆向横滨正金银行借款 5 000 弗,一年到期后仅还千弗,总领事再次出面担保,延缓半年。从 1905 年 10 月到 1906 年 3 月,出于进一步利用其为日本宣传、争取中国民众的目的,使馆每月还补助报方 500 弗,帮助创办晚报 *Evening Express*,扩大宣传力量。此后该报经营状况仍不理想,反复由外务省做保向正金银行借款①。1908 年夏 John 登载的文章得罪当地法、德侨民,报纸受到抵制,经营进一步恶化,报社股东多次开会研究对策,最后决定继续办下去,让 John Cowen 离开天津,以其兄 Williame Charles Baker Cowen 为主笔,股东杰克、马凯、肯特为理事监督社务,重整社务。外务省为了助其摆脱困境,1908 年 7 月决定先提供 1 000 弗补助救急,但仍不能解决长期经营问题。外务省经过慎重考虑后决定每月提供补助,以此为条件向报方提出安排日方人员进入报社工作,以便进一步

① 総領事伊集院彦吉:天津ニ於ケル英字新聞チャイナ・タイムス社ニ関スル件,1904 年;英字新聞チャイナ・タイムス社ニ関スル件,1906 年。総領事代理山内:「チャイナ・タイムス」社債保証ノ件,1908 年。JACAR: B03040608100。

操纵。经报方应允，1909 年 5 月派松本君平进入报社，负责“中国与日本”栏的编辑工作[①]。

松本会英文，做过国会议员，1908 年来天津居住，对研究中国国情有兴趣，得知官方利用该报的意图后，十分愿意担任编辑，为本国发声。总领事馆由此加深了对报方的操纵。为了巩固松本的地位，外务省还动员国策会社等大企业在该报登广告，侧面支持其经营。

1909 年 4 月外务省制定《清国报纸通讯纲要》，该报被指定为免费提供的对象，松本翻译电讯作为东京特电在报上登载。

日方通过步步渗透试图将该报发展成天津最有影响的英文报纸。但是事与愿违，松本进入报社不久就因病归国。1910 年 1 月 Williame Charles Baker Cowen 因病去世后，T.G.Fisher 任负责人兼主笔，报纸经营愈加困难，甚至连房租也拖欠，外务省不断补助，但无法解决根本问题，因而越来越失望。1914 年第一次世界大战爆发，为了对抗德方的宣传，鼓吹日本的对外政策，该报的地位上升，外务省又一次性补助两千元，并且从 9 月起每月补助 200 元[②]。尽管如此，该报仍是经营惨淡，1916 年底的发行量约 200 份，亏损严重。虽然内容“总是拥护日本的利益”[③]，只是如此发行量所发挥的宣传作用微弱。

1917 年初报社赤字严重，面临破产，股东开会仍决定向日方求援，外务省权衡再三未应允，报社最终关闭。外务省抛弃了这一利用了十多年的喉舌，除了因其负债累累，内部关系复杂，影响越来越弱外，还有一重要原因，就是日方在天津培植了新的喉舌——周刊 *China Tribune* 和 *North China Daily Mail*[④]。

(6)《大公报》(操纵时间：1905—1923 年)

1902 年创刊的中文日报，报社为股份制，起初有 30 个股东，英敛之负责经营。

1904 年日俄战争爆发后，日本驻天津总领事馆密切关注当地舆情，据

---

① 伊集院彦吉公使：「チャイナ・タイムス」ニ対シ補助金下付ノ義稟請ノ件，1909 年。JACAR：B03040608200。

② 外務省：「チャイナ・タイムス」社ニ関スル調，1917 年。JACAR：B03040608200。

③ 外務省政務局：支那ニ於ケル新聞紙ニ関スル調査，1917 年。JACAR：B03040678500。

④ 参考大谷正：《中国および朝鮮における日本外務省の「新聞操縦」(2)》《専修法学論集》(57)，1992 年。

1904 年 10 月总领事伊集院报告，当地有中文报纸《天津日日新闻》《大公报》《中外实报》《北洋官报》4 种，其中“在当地中文报纸中最有影响”的《天津日日新闻》是日方机关报，而《大公报》与法国人有关系，主笔“英某者是该国人中少见的硬直人物，登载堂堂公正的报道评论。开战以来俄国方面多次通过法国人之手收买贿赂之，试加诱惑，但依然保持公正态度”。报告提到的英某即英敛之，伊集院对于这一保持“中立”态度的报纸感兴趣，认为“在合适时机，我方有必要建立背后关系”①。

于是，伊集院与公使内田康哉商讨接近之法。两人认为此报为股份制，关系复杂，日方无法盘下，也难以收买英敛之，因为他并不缺钱，“只剩下收买该主笔的思想一策。此所谓用力少而收效高”。“收买”的方法是让主笔对日本产生好感，进而培养亲日思想。伊集院派高尾书记生设法与英接近，英“平时与本馆馆员友好交往，尤其是总是不懈研究日清两国关系”。1905 年初英有去日本考察的念头，伊集院觉得机不可失，立刻请求外务省指示。外务省要求积极促成，指示内田公使从机密费中拨出 300 元，以伊集院的名义借给英，并且动员大阪商船公司为其提供免费乘船服务。在日方鼓动下，1905 年 4 月英敛之赴日考察。出发前，内田特地相见，希望其借此机会仔细了解日本国情，将来为两国多多消除误解，不因小事耽误大事，为东亚大局而尽力。总领事馆则给公费留学生西田 200 元补助，让他借口回国探亲，一路陪同照顾。

这种“收买”“思想”还是有效的。据 1909 年 2 月 18 日天津总领事小幡报告，《大公报》经常对日本政策加以评论，往往登载对日不利的内容。自英敛之赴日考察后，“突然改变其方针，现在对帝国表示好意，常与我官民来往，结为友谊。并且在前年将报社新建于我租界中”。因该报事业十分兴旺，对日又很友好，“现在对于其报纸论调应无需任何顾虑，当然也无需提供定额补助金，便有希望利用”。与《天津日日新闻》一样，对待该报，只是碰到突发事件时需要一些临时费用②。小幡的报告可能夸大其词，但通过访日，双方似乎加深了交流，英敛之对日则产生了好感。1905 年外务省盘下《顺

① 総領事伊集院：当地方ニ於ケル内外各種ノ新聞紙態度情況等報告ノ件，1904 年。JACAR：B07091174200。

② 総領事伊集院：大公報社長英斂之渡航ニ関スル報告、天津大公報操縦並ニ主筆英斂之本邦渡航ノ始末具報ノ件，1905 年。JACAR：B07091174200。

天时报》后，因上野岩太郎经营不佳，曾经计划换中国人在公使馆监督下经营，英敛之便是人选[①]。英本人是否知晓，涉及多少，不得而知，但日方对他的信任还是显而易见的。

英敛之属于君主立宪主义者，辛亥革命后不免失望，将报社转给樊子镕经营，1916 年 9 月报社又被盘给皖系政客王郅隆。总领事馆 1909 年至 1920 年的报告每年都评价该报“对日本怀有好意”或“对日本示好”。这种“好意”是不会无缘无故产生的，何况在此期间还有两次抵制日货运动，这种评价仍持续不变。唯一的可能是王郅隆等接手后，与日方有某种联系。作为旁证的是，华北驻屯军 1920 年 2 月建立天津编译社后，挑选了一批亲日的中国报纸作为免费提供新闻稿的对象，《大公报》也在其中，这说明了日方的信任。《大公报》对于天津编译社的来稿虽未全部采用，但至 1923 年仍连年登载了不少(详见第六章)。

天津编译社 1923 年 4 月关停后，日方仍利用该报发表新闻。据 1923 年 7 月吉田总领事报告，总领事馆一直对操纵的报纸 *China Advertiser*、*North China Daily Mail*、《天津日日新闻》提供新闻材料，“说明我国立场，发布对我有利的评论”，并且雇人翻译电讯等提供给以上报纸，以及《大公报》《北方时报》《大中华商报》等[②]。1923 年 9 月王郅隆在关东大地震中遇难，亡于横滨。自此双方的关系才画上了句号。

英敛之 1905 年赴日后对日态度明显变化，并且影响到报纸的“色彩”，此后经营者数次易人，但该报一直对日“怀有好意”，后来更是日方新闻稿的发布者之一。在这十多年中，此报在华北地区影响虽有起伏，但作为中国人经营的报纸，这种对日态度多少还是会影响到读者的。

(7) *China Tribune*(《大宝报》，操纵时间：1909—1914 年)

1909 年 9 月 25 日发刊的英文周报，版面共 14 页(后增至 16 页)，报社代表为日本众议院议员松本君平，发行所位于日本租界，经营主任为荻谷正雄，松村利男负责编辑，另聘一意大利人校正英文，发行量 500 份。

1908 年松本受总领事馆的指派进入英文日报 *China Times* 任“中国与日本”栏编辑。*China Times* 是股份公司，股东几乎都是英国人，松本觉得

① 外務省情報部：関係新聞調査，1929 年。JACAR：B10070264800。

② 吉田総領事：第一三五号，1923 年。JACAR：B03040613800。

应该有一份由日本人自己主办的英文报刊,于是在总领事馆的全力支持下创办了此刊。

因发行量太少,报社每年亏损两千元左右,1911 年 6 月起外务省每年补助两千日元。松本不久因病回国,让东京商业学校毕业生森川照太负责经营等工作。因久病不愈,加上议会开会,在日本的松本后来将编辑、经营工作完全交给松村和森川,报社各方面愈加困难,甚至出现关停之议。

外务省与北京公使馆、天津总领事馆主张继续办下去,华北驻屯军亦积极提供了一些资助,而"满铁"、台湾银行等国策会社则以广告费形式加以帮助。靠各方支持,同时减少经费和裁员,报社渐渐好转,而且将读者扩大到中国人、各国使馆、通讯员、银行、大商店、铁道公司等方面。为此,总领事馆很有信心地认为:"对政府而言,将来必要之时投入相当多的经费,就能变为有力的机关。"

但松本却将精力用在国内事业上,甚至挪用补助,令补助者期待落空。据总领事馆报告,松本在 1914 年 3 月将各方存入报社银行账户的补助,包括"满铁"半年的广告费 600 日元、台湾银行半年的广告费 70 弗全部取走,虽汇来费用,但越来越少,致使报社收入来源中断,欠债达数千弗,承担印刷的工厂多次警告将拒绝其业务,报社又陷入经营危机。外务省不想勉强支持下去,准备另起炉灶,于是从 9 月起停止补助,该报随即关停。与此同时,松村在外务省支持下开始筹办 *China Advrtiser*。

该周报依靠外务省全力资助,在国策会社等的支持下发行了 5 年,读者多为京津地区的欧美人,也有少数中国读者。发行量少时 300 份,多时 500 份,虽然数量有限,但内容受到各方关注,仍有一定的影响力。例如,1914 年 5 月 3 日发表的批判袁世凯政府的评论《北京的排外思想》,一刊出就立刻引起京津地区媒体和中国外交部的关注,中国外交部要求禁止发行,处罚执笔者,北京英文报纸 *Peking Daily News* 则在 8 日载文反驳,北京法文周刊 *Journal de Pékin* 也发文评论[①]。因此,该周报 5 年间还是产生了一定

① 総領事小幡:英字新聞「チャイナトリビューン」発行之件,1909 年;大臣:天津ニ於ケル英文週報「チャイナトリビューン」補助金下附ノ件,1911 年;外務省:英文周刊「チャイナトリビューン」(大宝報ト称ス)ノ現況,1911 年;公使山座:「チャイナトリビューン」記事ニ関シ外交部ヨリ抗議ノ件,1914 年。チャイナアドバイザー発刊ニ関スル件,1914 年。JACAR: B03040612700。

影响。

（8）*China Advertiser*（《公闻报》，操纵时间：1914—1924年）

1914年10月11日松村利男、大木干一创刊的英文周报，松村任报主，大木任负责人，发行所位于日本租界山口街，由天津总领事馆提供补助。

该周报其实就是 *China Tribune* 的变体，编辑人员依旧，内容未变，因此发行量仍很低，在两三百份左右。在此期间，外务省在天津已经有英文喉舌 *North China Daily Mail*，同时还准备斥巨资在北京创办 *North China Standard*，因此对宣传效果一直不佳的这一周报渐渐失去兴趣，于1918年3月底停止资助，周报于同月31日休刊。

第一次世界大战结束后，各国围绕在华利益矛盾激化，从事报业的松村敏锐地察觉到"在华外国报纸开始对日本群起攻之，组织隐然的'宣传活动'，与在北京路透社通讯员以及排日系统的外国特派员相呼应，传播有害的报道，煽动中国报纸，专心倾力于对日中的离间中伤"。于是回国游说，走访了陆军省、外务省、一些国策会社，希望获得资助重新办报，为国家利益张目，由此成功获得陆军方面25 000日元巨额补助，于是购买设备着手复刊①。

该报得到军方资助复刊，属于军方的机关报，军方在当地的代理人华北驻屯军司令部与天津总领事馆都有监管之职。为了明确责任，1919年8月华北驻屯军司令部就报纸的经营原则、管理方法、军方与外交机构的分工等与公使馆、天津总领事馆相商，达成协议后，告知松村，要求据此执行（详见第四章）。

1919年9月28日报纸以全新面目复刊，日刊，有8版。靠军方鼎力支持，松村第一个月将发行规模定为3 000份，用于大量赠阅，以期招徕读者。但效果不佳，真正愿意购阅者十分有限，11月发行量为2 400份，1920年起降至2 000份，而且大部分仍旧是赠阅。

如此下去难免亏损，根据经营规模，报社从军方等得到的补助仅够用3个月，要办下去，每月需要1 500弗左右的补助。除了向陆军省和外务省申请，向横滨正金银行借款外，松村到处求援，先后从青岛守备军、朝鲜总督

---

① 領事官補亀井：信函，1919年；松村利男：英字日刊新聞発行趣意書，1919年；公使小幡：松村経営英字新聞ニ関スル件，1919年。支那駐屯軍司令官南次郎：英字新聞創立ニ関スル報告書，1919年。JACAR：B03040612800。

府、“朝鲜军”司令部、关东军、“满铁”等国策会社获得各种形式的补助。

该报是军方机关报,外务省并不准备多插手,加上自己在北京办英文机关报,起初对于补助申请一直未应允。此间天津总领事馆不断上书强调其在华宣传的作用,外务省才决定在1920年度补助18 000弗。此补助占天津总领事馆该年度报刊操纵费银3万弗的60%①。外务省要求总领事馆直接监督,最有效地利用。总领事馆每次汇报时都加以充分肯定,如1920年10月船津报告说:“其报道、评论等在当地的外国人中大受重视,而且在今夏安直两派大战,以及就英日同盟继续问题发生论争时,针对英美系统的英文报纸和中文报纸猛烈的排日报道,极力为我方的立场辩护,宣传我方主张。”

鉴于该报发挥了预期作用,外务省1921年度将补助提到24 000弗。该年度天津总领事馆共补助四家报纸,合计39 600弗,*China Advertiser* 居第一位,仍是外务省在当地最重视的报纸。1921年底外务省应松村的请求,还特批15 000日元购买印刷机两台,以改善印刷质量。1922年度外务省补助额与前一年相同,5月松村又提出改善与扩大计划,希望提高补助,但未能如愿②。因财政紧缺,外务省1923年度将补助降至两万弗③。

不过,该报的发行量至1923年一直徘徊在两千份左右,而且仍是大部分赠阅。报社本来就经营困难,补助的减少更是雪上加霜,在多次请求无果后,松村在1924年5月停止了报纸的发行④。

该报存在时间长达10年,前期、后期属于外务省的机关报,中期为军方喉舌,在经营过程中还受到了青岛守备军、国策会社等的资助,是此期军方与外务省在天津最重视的报纸,倾注了政、军、“民”的“心血”与期望。可以说没有各方的大力支持不可能长期存在。该报则不负众望,为“捍卫”日本利益、宣传日本对华政策发挥了重要作用(详见第七章)。

---

①　船津総領事:チャイナアドバータイザー紙補助ニ関スル件、「チャイナアドバータイザー」補助ニ関スル件,1920年。JACAR: B03040613000。

②　天津総領事吉田:チャイナアドバータイザー補助金増額方ニ関シ稟請ノ件,1922年;内田大臣:チャイナアドバータイザー紙補助金増額送付ノ件,1922年。JACAR: B03040613700。

③　天津総領事吉田:英字新聞ニ関スル件,1923年。JACAR: B03040613800。

④　中下正治著《新聞にみる日中関係史——中国の日本人経営紙》(第22页)认为该报是1923年5月关停。从以下档案看,应为1924年5月(芳澤公使:貴電第三〇五号ニ関シ,1924年。JACAR: B03040613800)。

(9)《北方日报》(操纵时间:1914—1916 年)

1909 年贺培桐创办的中文日报,采股份制形式,资本金 5 000 元。创刊初期受到官方补助,补助停止后陷于经营困难,1914 年春休刊。同年 8 月日、德绝交后,日方迫切需要喉舌,日本领事馆提供报方 300 元“再兴费”助其复刊。

该报代表兼主笔贺培桐毕业于日本早稻田大学,任过山西提学使,1913 年时任直隶巡警道工程科长。报纸复刊后,贺培桐事实上掌握报社大权,日方每月补助 250 元。总领事馆能与报方拉上关系,不知是否与贺有过留日经历有关。1914 年 8 月起日方提供补助后,报社靠此改良版面,提高了质量,1916 年底日方称其为天津屈指可数的报纸,发行量约两千份。该报在为日方利用辩护的同时,积极提倡日华亲善,因内容十分亲日,遭到读者批评指责①。

1917 年,该报从日方相关调查报告中消失,应该已经停刊。

(10) *North China Daily Mai*(《华北日报》,操纵时间:1916—1937 年)

1916 年 1 月英国人皮特(R.Bate)、费舍尔(T.G.Fisher)共同创办的英文晚报,版面 8 版,皮特任主笔。办报主旨是拥护协约国利益,“致力于竭力伸张日本利益”。同时还创刊有周日版 *North China Sunday Times*(《华北星期报》),两者发行量当初几年均约 300 份②。

皮特原是 *China Times* 主笔,费舍尔同为编辑,两人一起辞职创办了此报。从报纸发行量看绝对无法盈利。两人此举无疑是要冒经济风险的,身为 *China Times* 的主笔,皮特与日方肯定关系很深,事前是否得到了日方的某种承诺不得而知,但天津总领事馆对该报的补助 1917 年为 2 700 弗,1918 年度为 2 400 弗③。由此推断,皮特等创刊时就获得了日方大力支持。这也能解释英国人创办的报纸为什么“致力于竭力伸张日本利益”了。

1919 年初“针对当地英文报纸的排日态度,出于随时向中外阐明我方的立场,感到需要相当的设施”,沼野总领事与小幡公使商量,决定在每月继续补助两百弗的同时,以松村利男的名义向该报出资两千弗。作为交换条

① 総領事松平恒雄:新聞紙ニ関スル調査報告ノ件,1915 年。JACAR:B03040832900。

② 外務省政務局:支那ニ於ケル新聞及通信ニ関スル調査,1919 年。JACAR:B02130262200。

③ 外務省政務局:新聞政策ニ関スル新計画案(未定稿),1919 年。JACAR:B03040600400。

件,报方给予松村与皮特、费舍尔均等的权利,每号给松村 1 页的版面,任其自由发挥①。报方应允,自此松村进入报社,并且控制部分版面,日方进一步强化了对本报的操控。

1919 年五四运动后,各国在华北地区的宣传战激化,该报的作用进一步上升,总领事馆对其"大大利用,获得相当效果",于是将每月的补助增加到 400 弗,同时大力动员日商登载广告等给予援助②。

进入 20 年代,天津虽然已经有英文喉舌《公闻报》,外务省支持该报的力度依旧,例如,天津总领事馆 1920 年度报刊操纵费分配如下:《公闻报》18 000 弗,*North China Daily Mail* 4 400 弗,《天津日日新闻》3 600 弗。该报居第二位。1921 年、1922 年度补助《公闻报》24 000 弗、《新民报》7 200 弗、《天津日日新闻》3 600 弗、*North China Daily Mail* 4 800 弗,仍居第二位③,获得资助的力度超过老牌御用报纸《天津日日新闻》。

1923 年以后外务省的补助情况不详,但双方应该仍维持特殊关系。因为 1919 年日方曾经出资,该报已经有日本资本,而与日方关系密切的 T.G. Fisher 一直担任报主,该报的发行量一般仅 500 份左右,靠此是无法盈利生存的,必须依赖外力。当地总领事馆每年都报告说其"对日态度极其良好"④。作为英国人的报纸,这种态度决不会无缘无故而来。1924 年外务省在天津最重要的英文机关报《公闻报》停刊后,能够利用的英文报纸只有此报,照理不会放弃。正是有此层关系,九一八事变后华北驻屯军立刻就能接上了关系⑤,发挥其特点进行宣传。1937 年 2 月总领事堀内干城报告说华北驻屯军正对其"援助"⑥,说明九一八事变后该报一直受军方利用。

日本官方等如此器重的这一英文报纸,在天津舆论舞台存在了二十多年,充当着日方的传声筒。不过,其发行量始终在 500 份左右,影响有限。总领事馆 20 年代的报告认为它"多为面向家庭的内容","影响不太大"⑦。

---

① 沼野総領事:第三号,1919 年。JACAR: B03040612800。
② 総領事船津:新聞操縦費支出方稟請ノ件,1920 年。JACAR: B03040613000。
③ 外務大臣:大正十一年度新聞補助金支出方ニ関スル件。1922 年。JACAR: B03040613600。
④ 例如,外務省情報部:満洲国及支那に於ける新聞,1937 年。JACAR: B02130860600。
⑤ 矢野参事官:第一〇一号(極秘),1932 年。JACAR: B02031117600。
⑥ 総領事堀内:英字新聞 *The Evening Post* 発行ノ件,1937 年。JACAR: B02031047300。
⑦ 外務省情報部:支那ニ於ケル新聞通信ニ関スル調査,1922 年。JACAR: B02130798900。

30 年代的报告则说“因铅字不清楚等，在外国人中间不太受重视”①，都说明了同样的问题。

(11)《天津日报》(操纵时间：1918—1920 年)

1910 年元旦创刊的日文报纸，版面 8 页，早晚发行两次，由西村博、金田一良三、真藤弃生等合资创办，编辑干部为小田桐勇辅、西村博。由《北清时报》与《北支那每日新闻》合并而成。当时两报竞争激烈，而当地日侨有限。为了避免两败俱伤，在小幡酉吉总领事撮合下进行了合并。

至 1918 年《京津日日新闻》诞生为止，作为天津日侨办的唯一日文报纸，《天津日报》是总领事馆和居留民团指定登载公告的报纸。该报创刊时是否获得了总领事馆的补助不得而知，从总领事馆至今对这类报纸的态度看，照例会提供一些资助。

该报接受补助至晚始于 1918 年。据 1919 年 12 月总领事船津报告，华北驻屯军司令部以往每月向它提供 40 弗补助，现在是 20 弗。这说明军方早就按月提供资助，并且应该是以年度为单位的。船津还说现在总领事馆每月也补助 100 弗，并且严加监督，要求报方尽量争取更多的中国读者，因为现在只有 100 多个，影响甚微②。很显然各方都想利用它影响中国读者。

不过 20 年代初天津的日文报刊由 1 家增加到 3 家。总领事馆如果只向 1 家提供补助会面临厚此薄彼的问题，估计此后中断了补助。

1929 年末社长真藤弃生向总领事馆申请发行《天津日报》中文晚刊，将租界的 3 万中国人作为目标。获准后于同年底发行，小型，版面 4 页，当初发行量约 2 500 份③，翌年降至约千份。

因史料匮乏，不知中文版是否获得了官方等的补助，但是该报日文版的发行量仅 1 500 份左右，如果没有外力介入，如此销量肯定不可能有余力经营中文版，背后一定少不了官方等的支持。不管怎么说，其中文晚刊的发行又为日方在天津增加了一宣传机关。

(12)《日华公论》(操纵时间：1919—1922 年)

森川照太 1912 年创办，原为日文周刊，报道中国政治、经济状况，橘朴

---

① 例如，外務省情報部：滿洲国及支那に於ける新聞，1937 年。JACAR：B02130860600。

② 船津総領事：新聞政策刷新ニ関スル箸中ノ件，1919 年。JACAR：B03040612900。

③ 総領事岡本：漢字新聞発行許可ニ関スル件，1929 年。JACAR：B02031044800。

任主笔。1914 年 12 月发行中文版,发行量中、日文版各约 500 份,次年因经营困难中文版停刊。1918 年森川创办《京津日日新闻》,该刊休刊。小仓章宏盘下后,于 1919 年 8 月改为月刊杂志再刊,有中、日文版,标榜“日中亲善”“日中文化提携”,小仓自兼主笔,对内容和体裁大加改良,发行量一直在千份左右。

再刊时正值五四运动延续之季,对于有中文版的《日华公论》,总领事馆十分关注,总领事船津发现中国报纸不时译载其中的报道、评论,认为该刊能对中国读者产生一些影响。于是每月补助 100 弗,名义上是订阅费,实际上是让该社向中国政府机关、知名人士寄赠相当于以上金额的杂志。船津认为该刊只要稍加整顿就会发挥更大作用,准备今后每月补助两百弗,提高宣传效果①。

小仓在 1920 年前后停止了中文版的发行,但总领事馆的补助照旧,至 1921 年每年度的补助基本上都是墨银 1 200 弗或更多②。1922 年外务省要求天津总领事馆调整操纵对象,对于《日华公论》等补助至 9 月,10 月以后终止。

总领事馆当初提供补助完全是看中了该刊在对华宣传方面的作用,现在取消,一方面与调整受操纵对象有关,另一方面是因小仓针对离任后的总领事船津发表过不利的文章。船津的后任吉田茂在要求外务省停止补助《日华公论》时,甚至提出对小仓经营的《新民报》也采取同样的措施③。

(13)《新民报》(操纵时间:1920—1922 年)

1920 年 2 月创刊的中文白话日报,以“日中提携”为宗旨。报主为小仓章宏,主笔为蔡公亮,发行量两千份。

该报的发行完全是天津总领事船津一手策划促成的。船津认为当地报纸主要为文言文,难以为民众理解且价格高,在文化水平低的普通商民中读者很少。与此相比,白话小报价廉,通俗易懂,受到下层商民欢迎,而这些人容易被“排日”风潮煽动。如果发行由日方操纵的白话报,既有助于缓和风

① 船津総領事:新聞政策刷新ニ関スル答申ノ件,1919 年。JACAR:B03040612900。

② 大臣:日華公論補助金送付ノ件,1921 年。JACAR:B03040630700。総領事船津:新聞操縦費支出方稟請ノ件,1921 年。JACAR:B03040613400。

③ 吉田総領事:新聞操縦費支出方稟請ノ件,1922 年。JACAR:B03040613600。

潮,又便于宣传日本。船津将此事视为当务之急,便让御用报纸《天津日日新闻》的方若创办。

方若创办的便是《新民报》。该报每月需日常经营费 350 弗,总领事馆出资 50 弗,天津日本人商业会议所提供 200 弗,天津日本人棉纱布协会也提供 100 弗①。就此看来,该报完全是日本"官民"一致努力的产物。

因为方若已经在经营中文报纸,再办一份就有违常理,总领事馆让小仓章宏出面注册。据总领事报告,办报还得到警察厅长杨以德的赞同。杨答应帮助推销 500 份,以警察之力,让孤儿院孤儿叫卖。因为是白话文,读者有巡查、娱乐街和租界内的中国人等,多为下层社会民众,销路不错。连续发行半年后,1920 年 8 月起受经济不景气影响,作为最大赞助者的商业会议所停止补助,报纸不得不暂时停刊。总领事馆认为该报"猛烈攻击排日报纸和排日派人物,作为宣传方法之一效果很大,唯经济界不景气使实业界的补助出现困难,致使经营不佳"。因此 9 月起每月将补助提高至两百弗。

报纸由此复刊。不过,船津要求每天发行两千份,其中一半免费赠阅。报社本来就亏损,按照此方案无法经营下去,外务省将每月补助增加到墨银 600 弗,1921 年度仍维持同样额度,并且另外提供了临时补助费 500 弗。从补助力度看,完全超过了每月 300 弗的《天津日日新闻》,外务省是在倾力支持这份面向平民的小报。

不过,总领事馆从 1921 年 7 月起将其月额减少 100 弗。并转拨给了《公闻报》,并且建议外务省从 1922 年 3 月起取消补助②。发生此变化,应该跟《日华公论》一样,是小仓与原总领事船津意见不合。1922 年 4 月失去补助后,该报很快停刊。

这样,这一总领事馆寄予厚望策划创办的中文白话报不到三年就停刊了。尽管时间很短,但发行量达到 2 000 份左右,虽然不少是用来赠阅的,但应该获得了一些预期效果。

(14)《通俗白话报》(操纵时间:1920 年)

1919 年创刊的中文白话日报,报主、主笔均为谢铭勋,属于曹汝霖一派

---

① 総領事船津:白話新民報ノ創設ニ関スル件,1920 年。JACAR:B03040881900。

② 総領事代理八木:新聞補助金支給ニ関スル件,1922 年;吉田総領事:新聞操縦費支出方稟請ノ件,1922 年。JACAR:B03040613600。

的机关报,创刊当年的发行量为550份,影响很小。

据天津总领事船津1920年的报告,对于此报,“在总领事的指导下给予补助”①。华北驻屯军成立天津编译社时也将它列入操纵对象,准备免费提供新闻稿。不过,从编译社成立后的实施结果看,该报没有出现,说明其已经关停或与日方断绝关系。

(15)《时闻报》(操纵时间:1920—1923年)

1904年创刊的中文日报,1920年前后的持有人是李大义,主笔为王石甫,发行量1919年700份,翌年1 000份左右。

报方1920年与华北驻屯军建立了联系,接收了该军提供的活字5 821个和1台价值1 300多日元的印刷机。天津编译社设立后向其免费提供新闻稿,作为鼓励,每月还赠送价值245日元的新闻纸。投桃报李,该报“约定无论由我方提供的新闻稿如何都大胆登载,是有力的中文报纸”,由此成为发布日方新闻稿的重要报纸之一。总领事馆对它的评价是“比较亲日”,“属于将来应该利用的主要报纸”②。从发行量来看在天津还是有一些影响的。

但1924年底的总领事对该报的说明仅为“无政党派阀关系,势力亦不大”,已无“亲日”字样,主笔也换为郭究竟③。大概1923年4月天津编译社关闭后,双方脱离了关系。

(16)《民强报》(操纵时间:1920年、1921年)

1919年创刊的中文日报,报主李宝珍,主笔刘承勋,发行量1 500份。天津总领事馆当年的报告称其“标榜不偏不党,却与段派有默契,对日本有好意,但纸面不振”④。

与报方接上关系的,是总领事馆还是军方不得而知,华北驻屯军筹建天津编译社时就选定其作为免费发送新闻稿的对象,正式创办后每月免费提供价值230日元的新闻纸加以拉拢,该报是1920年登载其新闻稿最多的报纸。

1921年9月,该报停刊,原因不明。

---

①② 総領事船津:天津編訳社組織拡張計画ニ関スル件,1920年。JACAR:B03040803400。
③ 外務省情報部:支那ニ於ケル新聞及通信ニ関スル調査,1925年。JACAR:B03040871100。
④ 外務省情報部:支那ニ於ケル新聞及通信ニ関スル調査,1919年。JACAR:B03040890000。

(17)《太平洋报》(操纵时间：1921年、1922年)

中文日报，报主为陈炎，主笔为沈毅。沈毅，是举人出身，1897年前后赴日留学，后来在奉天和当地经营报纸。陈炎是台湾人，无办报经验。

据船津总领事报告，该报于1921年7月26日在天津总领事馆注册而获得创刊许可，创办"目的在于大力鼓吹日中提携"，日方1921年底的报告称其"亲日"。这一中国人办的报纸，一发刊就亲日，又是在日本总领事馆注册，与日方必有特殊关系。1921年11月起每天登载天津编译社的新闻稿，说明它与军方关系也非常密切。

1922年10月该报关停，原因不明，可能是报纸无销路，资金困难，因为创刊时船津总领事就认为"难以确认其资金是否有保障，无法预期是否能长久"①。

(18) *Tientsin Japanese Telegraph Service*(操纵时间：1932年)

1932年3月创刊的英文报纸，持有人为大原安光，日刊，小型，版面为1页，发行量150份，进行反国民党的宣传，是华北驻屯军特务机关的机关报②。

该报是九一八事变后军方对华宣传战的产物，用于向华北的欧美人宣传。1933年起该报从天津总领事的相关报告中消失，应该已经停刊。

(19)《津报》(操纵时间：1932—1935年)

1932年5月5日创刊的中文日报，版面为4页，报主为樋口义磨，后改为泷口尧(兼主编)。在日本租界花园街东和印刷所印刷，发行地为明石街，后搬至伏见街，发行量500—1 000份。

天津总领事馆的报告称该报"受日本驻屯军的援助，事实上是作为军部的机关而发行报纸，鉴于时局得到相当重视"③。"日本驻屯军"即华北驻屯军，"时局"则指日军企图吞并华北的各种阴谋活动。该报显然是华北驻屯军的宣传机关，被赋予了为"时局"摇旗呐喊的重任。

1935年12月与日本人经营的《中美晚报》合并④。

---

① 總領事船津：天津ニ於テ太平洋報発刊ノ件，1921年。JACAR：B03040700500。
② 外務省情報部：外国ニ於ケル新聞(上巻)，1934年。JACAR：B02130840500。
③ 外務省情報部：外国ニ於ケル新聞(上巻)，1933年。JACAR：B10070266600。
④ 外務省情報部：滿洲国及支那ニ於ケル新聞，1936年。JACAR：B02130853300。

(20)《中美晚报》(操纵时间:1933—1935年)

1933年4月创刊的中文日报,小型晚刊,版面为4页,报主三谷亨兼任编辑。伪满洲国机关报,每月获补助500元,宣传伪满的“王道”。发行量1 500份,发行所在日本租界须磨街①。

有关该报的宣传效果,总领事馆的评价是“攻击中国的报道非常奏效”,1935年12月该报废刊,与《振报》合并②。

(21)《庸报》(操纵时间:1933—1937年)

1926年创刊的中文报,日刊,版面为18页,资本金4万元。1928年后蒋光堂任总经理。1931年它与《申报》建立合作关系后,报道更为敏捷丰富,是当时天津仅次于《大公报》《益世报》的第三大报,发行量近两万份。

该报曾经属于东北系统,具有浓厚的反日色彩,在张学良失势后失去后盾,经济日窘。关东军派驻天津活动的土肥原贤二盯上此报,1935年春秘密盘下。为了掩人耳目,报社成立合作组织,让“茂川机关”的台湾人李树出面任社长,负责经营,张维周任主笔③。“茂川机关”是关东军在天津的特务机关,负责在华北实施各种阴谋活动。

自此报方“与满洲国方面产生特殊关系”④,沦为日方的喉舌,大量刊登同盟社、大东通信社的消息,发表亲日、反共言论。七七事变后,日军派同盟社大矢信彦改组报社,建立以日本人为主体的领导机构,对内宣布《庸报》为“华北派遣军机关报”。

(22)《平津霹雳报》(操纵时间:1933年)

1933年4月1日发行的中文日刊。据天津总领事桑岛报告,广东胡汉民等倒蒋运动失败后,广东派将该报作为其宣传机关,于4月1日在东交民巷发行,每月印刷3 000份,销售处为天津法租界。

不过,该报在北京完全看不到,只在天津销售,因为是反对国民党的,难以运到北京。据日本公使馆警察署调查,该报在天津日本兵营中设印刷厂,天津纸商中吉洋行负责雇人印刷,印刷用纸也由该洋行供给。警察署由此

---

① 外務省情報部:外国ニ於ケル新聞(上巻),1934年。JACAR: B02130840500。

② 外務省情報部:満洲国及支那ニ於ケル新聞,1936年。JACAR: B02130853300。

③ 有关该报,详见吴微哂:《天津〈庸报〉被出卖经过》,《天津文史资料选辑》第90辑,2001年。

④ 外務省情報部:満洲国及支那ニ於ケル新聞,1936年。JACAR: B02130853300。

判断该报“或由军方出版之”。这里说的“军方”即华北驻屯军。

“广东派”选择日军兵营办报，无非是为了借力保护，躲避国民政府的打压取缔。而日军则正好利用其制造舆论，反对国民政府，两者是各取所需。

公使馆警察署还报告说，北京市内以东北军人同志会等名义散发的传单，据印刷技术人员鉴定，也出自与《平津霹雳报》相同的印刷厂①。这家印刷厂应该是京津地区反蒋宣传品印刷基地。

在1934年日方的相关报告中未见此报，估计已经停刊。

(23)《振报》(操纵时间：1933—1935年)

1933年5月创刊的中文日报，版面为4页，报主傅龙飞，主笔白逾恒，编辑何泰，每月接受伪满1 000日元补助，在日本租界明石街耕余里(后为须磨街)发行，发行量约千份。

该报的前身是《震报》，由日军天津特务机关大迫机关②经营，属于伪满洲国机关报，大量登载大东通信社等日本御用通讯社的报道，专门为日军侵略中国东北和华北涂脂抹粉。白逾恒于1935年被暗杀，报主换为泷口尧，主笔为章仲琴③。

1936年日方的相关报告未见此报，可能已经停刊。

(24)《国权报》(操纵时间：1935年)

1934年12月创刊的中文日报，版面为4页，资本金两千元，社址位于日本租界浪速街，在日本总领事馆注册，计划发行量300份。

创办人胡恩溥为浙江人，1932年在上海建立反蒋组织国权社。编辑岑伟生有日本留学经历，编辑陈以益原为长崎领事，两人均为国权社社员。对于这些反蒋分子，日方积极予以利用，此报纸就得到了伪满洲国特务机关的大力支持。

报纸打着“为拯救中国的危机，主张大亚细亚主义，日满联合，改造中国”的旗号，进行反对中国政府的宣传，为日本侵略东北和华北涂脂抹粉，1934年12月10日发行第一号时，未公开发行，“仅仅在同志之间悄悄分

---

① 総領事桑島：反蒋宣伝機関発刊ニ関スル件，1933年；一等書記官中山：反蒋宣伝機関紙発刊ニ関スル件，1933年。JACAR：B02031046700。

② 属于日本陆军天津机关长大迫通贞中佐指挥，大迫在任期间为1933年3月至1936年3月。

③ 外務省情報部：満洲国及支那ニ於ケル新聞，1936年。JACAR：B02130853300。

发”,24 日起才公开销售[①]。

1935 年 5 月胡恩溥被刺杀后,日方公开经营该报,派尾崎义人负责,于同年 9 月停刊[②]。受到中国读者抵制应该是停刊的主要原因。

(25)《东亚晚报》(操纵时间:1936 年、1937 年)

1936 年 4 月创刊的中文日报,报主郑知侬,编辑干部朱通儒、三墨林,提倡“日满亲善”,资本金千元,在日本租界香取街发行,发行量 2 000 份。

总领事馆称报方“由冀东方面每月补助千元”[③]。“冀东方面”是指日本军方操纵的“冀东防共自治委员会”,此报显然是其喉舌,为鼓吹“日满亲善”与华北“自治”服务。

除了上述报刊以外,至七七事变为止日侨在天津创办的报刊,多多少少都获得过日本官方、军方或国策会社直接或间接资助,这些报纸自然是为日本国策服务的。例如,松村利男于 1924 年 7 月在日本租界山口街创刊的英文通讯 *Sino Japanese News*,从松村与总领事馆的关系以及松村的经历看,一定有官方背景。此外,还有一些中国或欧美人经营的报纸在特定时段也似与日方有关系。中国人主办的报纸,如《大中华商报》于 1923 年登载总领事馆提供的新闻材料,主笔被总领事馆列为收买对象。如,鲁嗣香于 1929 年 2 月在日本租界须磨街创刊的《民报》(1929—1935 年),天津总领事馆的历年相关报告都说其属于“亲日系”,时常发表亲日言论。欧美人主办的报纸,如法国人的法文报纸 *L'Echo de Tientsin*,于 1917 年被日本总领事馆列入与日本关系密切的报刊名单[④]。再如,九一八事变后,一直登载“排日报道”的 *North China Star* 一反常态,“对日态度良好”[⑤],这种态度的巨变也令人生疑。只是由于缺少关键资料,有关事实还有待进一步查明。

3. 芝罘

芝罘是中国历史上重要的外洋通商口岸之一,近代早期日本为了对华经济扩张,将其视为进入山东半岛的重要据点,1883 年正式派驻领事,各种

---

① 総領事川越:漢字新聞発行ニ関スル件,1935 年。JACAR: B02031047000。
② 外務省情報部:滿洲国及支那ニ於ケル新聞,1936 年。JACAR: B02130853300。
③ 外務省情報部:滿洲国及支那に於ける新聞,1937 年。JACAR: B02130860500。
④ 外務省政務局:支那ニ於ケル新聞紙ニ関スル調査,1918 年。JACAR: B03040679400。
⑤ 外務省情報部:外国ニ於ケル新聞(上巻),1934 年。JACAR: B02130840500。

势力顺势进入。在操纵报刊方面，日本官方和军方等先后操纵过《山东日报》、《芝罘日报》、*CheFoo Daily News*。

(1)《山东日报》(操纵时间：1904年、1905年)

日俄战争前夕日俄两国在华抢夺舆论高地，争取中国民众的支持。据当地日本领事馆水野幸吉领事报告，因芝罘位置特殊，两国开战后很多外国通讯员聚集于此，当地英文报纸则改名为 *CheFoo Daliy News*，其报道被转发至世界各地，影响陡增。俄国方面看中此报的价值，秘密收买成功，该报虽然登载日本领事馆的公告，但也登载对日极为不利的报道。

有鉴于此，当地日侨国友重章、上田三德于1904年9月准备创办中文报纸《山东报》，在登载对日有利报道的同时，促进日本工商业在当地的发展。办报费用预算为1 800日元，因集资有限，希望外务省补助1 300日元，另外在战时每月补助100日元。外务省认为此报规模小，又是中文，影响十分有限，无法与俄国的英文机关报抗衡，加上舆论中心在上海、天津等地，未予批准①。

不过，日本军方则重视这类活动，1904年中西正树在芝罘创刊的中文报纸《山东日报》就是军方资助的产物。中西自己任报社代表人与编辑，芝罘东文学堂的教师仓谷箕藏负责翻译，与亲俄的英文报纸对抗，对中国人宣传。

据估计此报在日俄战后不久就停刊了②。尽管存在时间很短，但作为日方在山东最早建立的喉舌仍具有一定意义。

(2)《芝罘日报》(操纵时间：1914—1930年)

1907年8月平石五郎创刊的中文日刊晚报，主笔为王怡萱，由中国人李循芳出资，有日、中记者7人，以桑名贞次郎为骨干，号称当地最早的中文报纸。发行初期当地无竞争对手，发行量1911年前后达到千份。

约在1911年至1912年间，桑名接替平石经营，自任主笔，致力于改良版面。此间桑名以报社印刷器材作担保向当地中国人借款3 000元用于扩大业务，说明他已经掌握了该报的所有权。在1914年当地领事的报告中，以往一直出现的重要出资者李循芳已经消失，报主改为桑名③。

---

① 領事水野：新聞紙ヘ補助金下附ノ件，1904年。JACAR：B03040607800。
② 中下正治：《新聞にみる日中関係史——中国の日本人経営紙》，索引，第8、9页。
③ 外務省政務局：支那ニ於ケル新聞紙ニ関スル調査，1915年。JACAR：B03040676700。

1914 年 10 月日军入侵青岛，面临中国和德国方面的舆论压力，外务省需要宣传工具为其进行辩护，从此月开始每月补助报方 150 日元，使其成为机关报。

1915 年 3 月抵制日货运动影响到芝罘，报社人员与印刷工同盟罢工，该报受到打击无法发行。雪上加霜的是，桑名的借款还有两千元未还。抵制日货运动发生以来债主纷纷讨债，桑名无力归还。面对困境，桑名觉得报社印刷设备也不过千元，与其还债，不如放弃担保物品，重新创办新报社，于是在 4 月停刊，将印刷设备全部转给债主。当地钱业公所、商务总会积极"排日"的一些人出资从债主手中买下设备，创办《芝罘商报》，于 4 月 19 日发行第一号。桑名则准备重新发行《芝罘日报》①。

另起炉灶需要资金，桑名财力不足，希望外务省临时补助 1 000 日元用于购买设备。杉本领事致函外务省表示支持，理由是自日军占据青岛后，"受德国方面唆使，当地报纸异口同声抨击非难我国家设施，称日本乘欧洲有事虚张声势恐吓中国，提出过分要求，以过激的言论煽动排日行动，利用中国人附和雷同的短处，不遗余力行离间日中之策"。而"芝罘是山东东部的行政总区，道尹公署、烟台镇守使所在地，作为管下二十六县的首府具有仅次于济南的地位"。"既然帝国在山东已经确保优越地位，当务之急就是拥护帝国的利益，解开地方一般官民之迷惘，谋求彼我感情融和，努力树立对我信任之威信。此际当地如果缺失我言论机关则不胜遗憾，切望迅速恢复刊行该报。"但仅靠桑名一己之力无法复刊，所以请求批准补助。与此同时桑名也给外务省写了"请愿书"，说明了报社关闭的原因和复刊的困难，强调了芝罘在地理、经济、军事上的重要性，以及舆论宣传的必要性。

1915 年 8 月 13 日报刊恢复发行②，外务省是否提供了帮助不得而知，但没有外力介入，仅靠桑名个人肯定无法做到。还有，外务省自此又恢复了定期补助，1917 年度为 2 300 日元，1918 年度为 1 800 日元③。这说明复刊得到了外务省大力支持。

---

① 副領事松本:芝罘日報発刊不能ニ関スル件、芝罘日報再刊ニ関シ補助金下附請願ノ件，1915 年。JACAR: B03040814200。

② 副領事松本:芝罘日報再刊ニ関スル件，1915 年。JACAR: B03040833300。

③ 外務省政務局:新聞政策ニ関スル新計画案(未定稿)，1919 年。JACAR: B03040600400。

该报复刊后发行量锐减，从 1914 年的 1 000 份跌至 390 份。究其原因，一是抵货运动的影响，二是当地出现了其他中文报纸，竞争加剧。报社依靠外务省的补助勉强维持。

1919 年外务省认为该报已经失去价值，决定从 4 月终止补助①。不过桑名又设法争取到了青岛守备军民政部的支持，民政部从 4 月起每月补助 150 日元，1920 年 1 月后每月增至 200 日元。军方肯出手一定是因为该报是日本人在当地经营的唯一中文报纸，具有宣传作用。

经过五四运动的打击，报社经营继续恶化，1922 年 1 月的发行量仅百份，如果不是军方大力补助根本无法维持。1922 年随着日军即将撤回，报方失去了靠山，5 月盘给了王宗儒、张新初。据日方调查，王宗儒毕业于芝罘毓材中学校，曾任胶东道尹公署咨议及东海关监督咨议，1914 年由桑名介绍进入日本领事馆从事文书工作②。张新初在当年就退出，原因不明，报社实际上始终由王单独经营。

王宗儒与日方关系并不普通，一直到 1929 年他都在日本领事馆担任文书工作③，说明得到了日方的充分信任。这种信任应该建立在其对日态度上。该报易主后仍"延续从前的主义方针，对日本具有好感"④，对于王，日方的评价一贯是"亲日家"，"与当地我国人来往频繁"，"和日本人关系很深"，"致力于日中提携"⑤，即使是中日出现冲突的年份也是如此。

王宗儒经营后报社仍一直面临经济问题，接手当年的发行量仅 359 份，肯定是亏本经营。1927 年报社的"资本金 3 200 元，负债 3 000 元"⑥，发行量也未见起色，至 1931 年都停留在五六百份，基本上是当地中文报纸中发行量最低的。如此状况，没有特别补助肯定无法维持。虽然没有看到领事馆补助的档案，但是从王的身份、以上对其评价和报社经营状况看，领事馆一定长期提供着补助，暗中操纵该报。

---

① 後藤大臣：第九号，1918 年。JACAR：B03040814300。

② 領事山内：館内新聞記者ノ経歴其他ニ関スル調査表提出ノ件，1923 年。JACAR：B02031122400。

③ 外務省情報部：外国に於ける新聞(上巻)，1929 年。JACAR：B10070266200。

④ 領事山内：館内ニ於ケル新聞紙ニ関スル調査表送付ノ件，1923 年。JACAR：B03040882100。

⑤ 例如，外務省情報部：外国ニ於ケル新聞(上巻)，1930 年。JACAR：B10070266400。

⑥ 副領事別府：新聞通信ニ関スル調査報告提出ノ件，1927 年。JACAR：B02031058700。

国民军北伐进入山东,国民党部成立以后,据说王因受到排挤压迫,1930年辞去领事馆工作。从此,领事馆对王的以上评价完全消失,该报似与日方断绝了关系。

(3) *CheFoo Daily News*(《烟台英文日报》,操纵时间:1922—1924年)

1917年英商仁德洋行(James Me Mullan & Co.)创刊,当时是该地欧美人了解新闻的唯一英文报纸,发行量甚少,起初100份左右,后来也就五六百份,经营处于困难状态。

1921年美国人孔威尔(W.M.Coruwell)接手报社,作为个人的事业独立经营。不过他仅仅转载上海、京津等英文报纸消息,并未在改良上花功夫。因此,尽管该报是山东省最早的英文报纸,却无特色。孔威尔曾经试图在中文上突破,1922年10月发行过中文附录,半折两页,但未打开销路。附录于1922年12月被《胶东新报》合并①。

因该报不时刊登对日不利的报道,芝罘领事内山清对此耿耿于怀,试图加以改变。他通过调查弄清了孔威尔底细,获知其年幼时随父来华传教,在芝罘和北京上过学,一度回国后再次来华,精通汉语,现在开办洋行从事出口贸易,同时经营该报,自任主笔,对山东问题等很有研究,与当地美国领事关系极糟。在知道孔威尔既无官方背景,又与自己国家领事不和后,内山觉得有机可乘,1922年初拜访孔威尔深入交谈,希望他从各个角度报道新闻,"刊登两方面的事实"。孔威尔分析了当地反日气氛强烈的原因,在指责日本军阀种种侵华行径的同时,老实说明自己的消息多来自天津、上海等地的大报,如 *North China Daily News*、*China Gazette*、*China Press* 等,在没有其他更有力的消息来源的情况下,当然转载。虽然日本官方常指责自己的报纸对日本的负面报道"毫无根据",但拿不出证据,如果拿得出也愿意从各个角度登载,并且说领事可以匿名投稿,写一些"拥护日本公正立场"的稿件。

内山清判断孔威尔是个忙于贸易的商人,无法投入很多精力办报,主要靠转载他报内容来"敷衍",并且转载时未加选择,而这些报纸都是"排日"的,此为影响该报"色彩"的根源。如果提供足够的稿源,就有希望利用登载对日有利的消息和评论,从而减少不利报道。于是他就向孔威尔指出这些报纸都是

---

① 外務省情報部:支那ニ於ケル新聞及通信ニ関スル調査,1924年。JACAR:B03040870900。

“排日”的，内容不公正，并且推荐说，《大阪每日新闻》英文版是日本代表性报纸，评论公正，*Shanghai Times*、*Shanghai Mercury* 内容更加丰富，可作参考。

见面之后，内山向孔威尔提供了《大阪每日新闻》英文版，加以试探。如预料的那样，该报于 1922 年 5 月 16 日转载了 5 月 8 日《大阪每日新闻》社论英译稿《欧美人对中国时局的诬报》。孔威尔还说过欢迎内山化名投稿，内山又将东方通信社否认日本援助张作霖的报道翻译成英文，5 月 18 日以 Pno.gapan 为名投稿，孔威尔如约于 19 日刊登，并且翌日在报上声明欢迎 Pno.gapan 继续投稿。

令山内欣喜的是，19 日的文章次日还被当地主流中文报《钟声报》译载了。基于以上试探的效果，内山认为孔威尔完全可以利用，便向外务省提出以下建议：(1)由东方通信社等向领事馆直接发送电讯和书面通讯，自己翻译后提供给报社。(2)及时向该报赠阅外务省操纵下的在华中、英文报纸。(3)向该报寄赠日本政府等发行的旨在宣传日本最新政策的英文印刷品和公开出版物。外相内田采纳此建议，电令驻北京、天津、上海外交机构配合做好此工作，让各自操纵的报纸、东方通信社及其分社执行。例如，*North China Daily Mail*、*China Advertiser*、*Shanghai Times*、*Shanghai Mercury*、*North China Standard*、《顺天时报》都接到了寄赠的指令。

据内山报告，以上各报都按时寄赠，“该报自此屡屡转载此等报纸的报道，近来也未特别发表排日性评论。对于显示拥护我方立场的本省公报、电报，我一收到就翻译出来提供，该社则作为‘特别服务’欣然刊登，效果不小”。1922 年 11 月《大阪每日新闻》也开始寄赠，*CheFoo Daily News* 的稿源进一步扩大，常刊登大阪的社论等，介绍日本的立场。

对于如此配合的孔威尔，内山逢年过节就送上礼物①，增进感情。不过，因忙于洋行工作，任由日方提供稿源登载亲日文章，必然会引起欧美读者的反感，报纸的发行量仅为一百五六十份，1924 年 4 月 30 日孔威尔不得不停办此报②。

---

①　領事山内：芝罘デーリーニュース紙ノ排日態度並ニ其対策ニ関スル件、信函、芝罘デーリーニュース紙操縦ニ関スル件、英字紙芝罘デーリーニュースノ記事ニ関スル件，1922 年；内田大臣：芝罘デーリーニュース紙操縦ニ関スル件、芝罘デーリーニュース紙交換寄贈ノ件，1922 年；船津総領事：芝罘「デーリーニュース」紙操縦ニ関スル件，1921 年。JACAR：B03040631200。

②　外務省情報部：支那ニ於ケル新聞及通信ニ関スル調査，1924 年。JACAR：B03040870900。

鉴于当地没有英文报纸，仁德洋行决定接手重新经营，于1924年6月1日发行。该报自此脱离了日方的控制。

4. 青岛

青岛是中国重要的外洋通商口岸之一，近代以来以德国为首的列强势力不断进入，日本也不甘其后，将青岛视为向山东半岛扩张的重要据点，加以渗透。第一次世界大战爆发后，日本乘机侵占青岛，开始了为期近8年的统治，其间先后直接或间接利用报刊为其统治服务。1922年撤军后，日本仍将青岛视为其势力范围，千方百计扩大权益，多次出兵侵略山东。为此，报纸一直被用来为侵略扩张政策张目，《青岛新报》《大青岛报》《济南日报(青岛版)》《胶东新报》《青岛快报》便不同程度受到其操控。

(1) 日文《青岛新报》(操纵时间：1915—1922年、1925—1937年)

(2) 中文《青岛新报》(《大青岛报》，操纵时间：1916—1922年、1925—1937年)

《青岛新报》于1915年1月15日创刊，最早为日文日刊。1914年11月日军侵占青岛，《满洲日日新闻》的记者鬼头玉汝随军进入，靠守备军司令部和军政署提供的补助创办此报，登载军令告示等，为日军占领统治服务，是名副其实的军方机关报。

1915年1月该报还发行了中文版。翌年6月10日中文版独立出来，成为同名日报，与日文《青岛新报》一样登载守备军公报，宣传占领政策，至1917年1月15日周一休刊一日，此后除了节假日的翌日外每天发行，当年销量为3 000份左右①。因为是中文报纸，它被日军视为在青岛的重要对华宣传机关。

有军政署为靠山，报社“总社经费充足，设备完整”。当时山东日人众多，日文报纸销路不错，发行量在初年约2 800份，1916年底达5 000份左右。日文报纸报道济南消息时大多直接来自济南，所以“比在当地发刊的《山东新闻》报道精确”，受到各方面的重视，在济南销售量也有300份，读者有英美领事和德国人，中国人订阅数约15份。

1918年报方向外务省请求补助，鉴于该报在当地对华宣传上的重要性，外务省当年10月起每年补助6 000日元②，以此强化发言权。五四运动

① 外務省政務局：支那ニ於ケル新聞紙ニ関スル調査，1917年。JACAR：B03040678500。
② 外務省政務局：支那ニ於ケル新聞及通信ニ関スル調査，1919年。JACAR：B02130261800。

爆发后中文报购阅者大减，1919 年底跌至 1 500 余份，在济南的销量仅 40 份，并且是赠送给中国政府机关等的[①]，基本是亏本经营。

1921 年鬼头亡故，楠正秋任代表，关野直次任主编。楠正秋是东京大学政治科毕业，担任过台湾总督府事务官，因与鬼头是亲戚，1920 年 9 月离职后来青岛接替其职。关野于 1915 年 1 月从大阪朝日新闻社辞职进入《青岛新报》工作，作为创始者之一，实际上发挥着重要作用。

在经营上，日文报基本上收支平衡，中文报一直亏损。例如，日文报 1920 年至 1921 年上半年月收入在 12 500 日元左右，收支抵消，而中文报每月亏两千多日元。所幸报社的印刷业月纯收入也有 2 000 日元以上，可以弥补中文报的亏损，有时还有盈余。

1922 年 8 月随着日军撤退的临近，报社"鉴于中文报纸的使命愈发重大，版面扩大为 8 页(原为 6 页)，同时报名改称《大青岛报》"[②]。1922 年 9 月正式更名后，社长仍为楠正秋，鄞冼元任主编。鄞冼元有日本留学经历，曾任《济南日报》主编，当时任青岛中国青年会会长。日方如此安排，是想利用他来巩固报纸的地位。

1922 年底日军从青岛撤退后，印刷业和日文《青岛新报》失去大量主顾，亏损约达 4 500 日元，加上中文报的，每月共亏 6 500 日元，难以为继。《大青岛报》在当地对华宣传中地位重要，楠正秋便以此为据，在 1923 年 2 月向青岛总领事馆申请补助。他强调，一直靠印刷等收入发行的中文报能打下今天的基础实属不易，现在不加以补助就会失去过去 8 年付出重大牺牲获得的成果。因此请求每月补助 2 000 日元用来继续发行《大青岛报》。在申请书中，楠正秋还提出了报社的整顿方案，即精简人事，节省开支，用中国印刷工取代日本人。

总领事森安三郎认为楠正秋的申请属实，上书表示支持。外务省回复说从 1923 年度开始情报部大幅削减经费，即使已经获得补助的报纸都难以保证，新申请的就更难了，何况山东向外务省申请补助的报纸有数份，眼下先静观各报状况，优胜劣败，然后再决定。同年 7 月楠正秋再次申请，森安

① 制作者不明(从内容看，应为青岛日本领事馆)：邦人経営ニ係ル諸新聞ノ実際勢力及其利用並整理方法及其経費，制作时间不明(从内容看，应为 1919 年)。JACAR：B03040602900。

② 楠正秋：補助金下附願，1923 年。JACAR：B03040631300。

三郎继续支持,认为补助 1 500 日元左右即可。外相内田回复称楠正秋提交的过去一年的收支表有问题,担心补助被挪用,要求总领事考虑措施确保补助完全用在中文报纸上①。因缺乏资料,无法获知此事后来的进展。从以上回复看,外务省仔细研究过该报状况,已考虑予以补助,只是担心被挪用。

1925 年 1 月总领事馆向外务省提出,为了介绍日本现况,由东方通讯社向《青岛新报》提供电讯。外务省同意每月提供 150 日元电报费,由东方通讯社总社支付。此费用从同月开始至少提供到 1929 年 7 月②。

当时,与《青岛新报》《大青岛报》一样,青岛日侨经营的报刊《青岛日日新闻》《青岛实业日报》《稻妻》《山东经济时报》在日军撤退后都陷入困境,而日益减少的日侨面对多种日文报纸,也不知订购哪种好。为了避免竞争,集中资源,各报有了联合经营的想法,总领事馆也赞成此事。

组建新报社需要资金,铃木格三郎等答应出资 3 万日元支持。铃木于东亚同文书院毕业后进入日本制丝业巨头片仓组工作,1917 年片仓组分别在上海和青岛建厂,铃木任两厂负责人,主要活跃于青岛③,还长期担任日侨设立的青岛商工会议所会长,是当地日侨实业领袖。铃木出面,必然是出于利用宣传工具维护日本在青岛经济利益的目的,也应该与总领事馆的幕后工作相关。

根据组建计划,新报社为股份制,以小谷节夫为社长。小谷 1908 年从东亚同文书院毕业,是铃木的学弟。据自述,他毕业后在中国某地的公司工作了 8 年,后来独立做了 7 年买卖④。如此看来,小谷此前似无办报经验,能够出任社长多半与铃木的个人关系有关。

在总领事馆支持下,小谷成功收购上述各家报纸,于 1925 年 6 月成立青岛新报株式会社,各报报主任股东,小谷任董事兼社长,榎米吉、久慈宽一任董事,日文主编为榎米吉(后多次易人),中文主笔是陈介夫(后多次易

---

① 森総領事:大青島報補助金下附申請,1923 年。内田大臣:在山東新聞補助ニ関スル件、漢字新聞大青島報補助方ノ件,1923 年。JACAR: B03040631300。

② 外務省情報部:関係新聞調查,1929 年。JACAR: B10070264800。

③ 有关铃木格三郎,详见拙著:《近代上海日资工业史》,学林出版社,2009 年,第 127、268 页。庄维民、刘大可:《日本工商资本与近代山东》,社会科学文献出版社,2005 年,第 130、131 页。

④ 小谷节夫:《支那の知識》,东京龙文馆,1922 年。

人）。新报社继续发行日文《青岛新报》、中文《大青岛报》。《青岛新报》成为青岛唯一的日文报纸①。

新《青岛新报》发行量约 6 000 份，《大青岛报》约 1 300 份，后者销量仍很低迷。1927 年《青岛新报》发行量降至 5 000 份，《大青岛报》则增加到 2 500 份。1928 年日军侵略山东驻兵近一年，《青岛新报》因当地日人增加发行量增至 6 000 份。《大青岛报》则被日军视为针对中国读者最好的宣传工具，受到重视，但中国读者坚决抵制，使其发行量锐减至 500 份左右，经营陷入困难。日军撤兵后，日文《青岛新报》发行量也锐减至 2 800 份左右。

此后，《大青岛报》因中方的监管和民众的持续抵制，经营极其困难，面临关停境地，1930 年底川越总领事报告说："该报是当地日本人经营的唯一中文报纸，与我领事馆一向有作为对华宣传机关加以利用的关系。属下认为现在就此关停，对于各种关系来说都极为不利，有可能的话由我外务省每月提供 300 日元左右的补助，继续经营下去。"②

就在外务省设法为"对华宣传机关"《大青岛报》摆脱困境时，"万宝山事件""中村事件"和九一八事变相继爆发，该报因其立场基本无销量。事变结束后虽有增加，但也一直停留在 500 份左右，并且一直延续到七七事变。

九一八事变后日军在加快对华北军事、经济渗透的同时，强化舆论宣传工作，十分重视对《大青岛报》《青岛新报》的利用。对于前者，据青岛总领事大鹰 1937 年 6 月报告，军方一向提供补助，1937 年初还派天津的机关报《庸报》社长李子堂来大青岛报社商谈合作事宜，军方准备将月额 250 元的补助费提高到近 800 元。对于《青岛新报》，伪满 1937 年初每月也补助 200 元③。军方对两报的补助与操纵力度明显加强。

《青岛新报》《大青岛报》不仅在创办时获得军方支持，在此后二十多年中，也不断得到军方、外务省、国策会社的资助，是日本在青岛时间最长、影响最大的御用宣传机关。

(3)《济南日报(青岛版)》(《胶东新报》，操纵时间：1922—1928 年)

1922 年 6 月 22 日济南日报总社在青岛发行青岛版，为中文日刊，版面

---

① 外務省情報部：関係新聞調査，1929 年。JACAR：B10070264800。

② 川越総領事：第四二八号，1930 年。JACAR：B02031082300。

③ 大鷹総領事：往電一七一号ニ関シ，1937 年。JACAR：B02031082300。

4页,当年的发行量约1 400份,读者远及东北、天津、北京等地。分社长中岛勇一在华二十余年,《济南日报》创刊之初就入社工作,是熟知中国的报人。主编张海鳌是福州人,1912年毕业于明治大学商科,在日本8年,精通日语,青岛版创刊时来此地。

《济南日报》属于外务省操纵的报纸,青岛版是其分支,因此与母体性质相同。这样青岛又多了一日本官方的喉舌。1924年7月报名改称《胶东新报》,与济南日报总社的关系不变。改名后发行量低迷,连续多年在550份左右。1925年赵仲全任主编,发行量更低至100份左右,此后更因经营不振屡屡停刊,1928年浦上叔雄任社长,酆洗元任主笔,发行量仍在200份左右。

济南惨案爆发后,该报与其母体《济南日报》一样遭到抵制,完全停刊。

(4)《青岛快报》(操纵时间:1928年)

1928年8月1日创刊,中文日刊,小型,版面为4页,创刊当年的发行量约1 000份,经理为党务指导委员会指导科员张道邨①。

据日方报告,《青岛快报》创刊时缺少资金,办报人通过市政厅顾问乡弥彦向日本青岛领事馆求援,想临时筹款600元,并且承诺愿意为日方说好话。领事馆一时拿不出,就让日本青岛纺织同业会拿出银500元,作为"临时补助"秘密提供给了报方②。以上如果属实,办报人属于主动与日方接近。

暗中操纵此报的效果当然比《大青岛报》的宣传效果更好,总领事馆抓住了此机会。但该报好像很短命,在青岛总领事馆1930年、1931年的相关报告中都未出现,说明已经关闭。日方的"投资"未能得到回报。

除了以上报刊外,还有一些日人在青岛发行的非日文报刊与官方等的关系有待查考。例如,英文报纸 *Tsingtao Leader*(《英文青岛导报》),该报1922年6月由星野米藏创办和经营,木下乙市担任主编(后为葡萄牙人S.R.de C. Jose),小型,版面10页,每周发行两次,登载经济、政治、教育、社会报道,寄送给当地的中国及欧美在各地的商业会议所。"因为是青岛唯一

---

① 外務省情報部:外国に於ける新聞(上巻),1929年。JACAR:B10070266200。

② 総領事藤田:青島快報発刊報告ノ件,1929年。JACAR:B02031044800。

的英文报纸，在外国人中间也相当得到认可。”[①]报纸发行量约 800 份，一般来说无法盈利。创办人星野曾经留学美国，做过记者，来青岛后在《青岛实业日报》工作。他辞去原来的工作独立办报，多半得到了有关方面的支持，而青岛守备军的可能性较大。1924 年 8 月星野因经营困难将该报盘给了凌道扬。

凌道扬盘下该报后改名为 *Tsingtao Times*（《青岛时报》），不久又转给英国人 C.F.Stockwell。奇怪的是报纸在其经营下“有比较亲日的倾向”[②]。是其主动示好还是日方做了工作，不得而知，但该报的发行量当时约 200 份，必定是亏损经营，日方有足够的机会接近。

5. 济南

日本各种势力大举进入济南是 1914 年日军入侵山东之后，1915 年外务省在济南设立领事馆，青岛守备军也在此设立据点，进行各种活动。作为推行侵华政策的手段之一，官方与军方都积极利用报刊影响舆论，《山东公言报》《山东新闻》《济南日报》《商务日报》《海岱新闻》《齐美报》等或长期或短时都受到过操纵。

（1）《山东公言报》（操纵时间：1916 年、1917 年）

1916 年 9 月创刊的中文日报，报主陈澡，主笔庄心如，当初的发行量约 500 份。日方对此报的评价是：“是认真为山东省着想的报纸，编辑方法最新。”[③]

济南首任领事林久治郎（1917 年起兼任青岛守备军民政部事务官），上任后即遇到因“二十一条”引起的抵制日货运动，对抗“排日”舆论，平息抵货运动是其主要任务。当时济南有十多种中文报纸。林久治郎四处活动，寻找接触中国报人的机会，《山东公言报》报主陈澡恰巧是其同学，并且有深交，自然就接上了关系。林久治郎是如何施加影响的不得而知，但在 1917 年 6 月向外务省申请用于操纵报刊的特别经费时，他报告说该报“在当地各报纸中最为亲日”，每月需要在该报上花费 100 弗，并且已经自解私囊，为此

---

① 外務省情報部：支那ニ於ケル新聞及通信ニ関スル調査，1924 年。JACAR：B03040870900。
② 外務省情報部：外国に於ける新聞（上巻），1928 年。JACAR：B02130818400。
③ 外務省政務局：支那ニ於ケル新聞紙ニ関スル調査，1917 年。JACAR：B03040678500。

申请费用。同月获批此后三年间每月 100 弗用于此报①。

不过,日方寄予厚望的这份报纸在 1917 年、1918 年末当地领事馆的定期调查报告中并未出现,应该已经停刊。

(2)《山东新闻》(操纵时间:1916—1919 年)

1916 年 6 月创刊的日文日报,报主与主笔均为长井实,1918 年报主改为川村伦通,滨冈福松任主笔。发行量当初约千份,1918 年后在 1 500 份左右。

如前所述,济南领事林久治郎在任期间致力于接近当地报人。面对中国报刊的“排日”言论,林久治郎除了对《山东公言报》施加影响外,还想缓和记者的对日感情,达到影响舆论的目的。总领事自然不便露面“缓和”,于是就请长井实以报人的身份出面与当地主要报主或记者交往联谊,融合关系。这自然需要费用,林久治郎每月给长井银 35 弗,这笔钱也包括对长井的补助。以上活动大概取得了实效,1917 年 5 月林久治郎正式致函外务省,要求提供“报刊操纵费”,并且说明银 50 弗用于《山东新闻》,银 50 弗用于宴请中国记者②。

外务省对此并不热情,6 月回复说,对于日侨在华发行的日文报纸,外务省的方针是均不补助,因此对于《山东新闻》、宴会费等难以补助。如此态度,可能是外务省并不看好《山东新闻》的宣传效果和长井的“亲善”工作。

1918 年报主易人,改为川村伦通。川村于早稻田专门学校毕业,曾经在山东开办过“兴信所”。川村接手后面临资本薄弱、记者不得力等问题,于是向青岛守备军求助,领事馆也帮助说项,强调说“作为本地唯一的日本报纸,中国人也多少给予关注”,当地政府机关日语翻译的工作之一就是翻译其内容。守备军权衡后首肯,鉴于报社的印刷机和铅字磨损影响印刷效果,守备军出资购买新设备借给该社,民政部则免费提供空房作为印刷车间,并且备齐家具等器材,借给报社 3 500 日元用于偿还债务,1919 年度还每月补助 300 日元,为期一年,以弥补经营缺口③。

---

①② 领事林久治郎:新聞操縦費支給方禀請ノ件、新聞操縦費使途説明方ノ件,1917 年。JACAR:B03040817100。

③ 制作者不明:邦人経営ニ係ル諸新聞ノ実際勢力及其利用並整理方法及其経費,制作时间不明。JACAR:B03040602900。

领事馆方面预计报方在获得帮助解决经营困难后，发行量可以从 800 份增加到 1 500 份。但 1919 年仅 700 份，1921 年更低至 600 份，不增反降。在这种情况下军方的补助可能不会持续。

(3)《济南日报》(操纵时间：1916—1937 年)

1916 年 8 月发行的中文日刊，代表为中西正树，编辑干部为田中逸平，以“主张日华亲善、日本人的利益”为主义①。

田中当初是作为陆军翻译来青岛的。为了配合军方的统治，“田中逸平等计划创办 1 家操纵中国人、对经营山东有影响的中文报社”。青岛守备军军政长官吉村建藏积极支持，让青岛鸦片局拿出约 1 万圆资助。田中以山东时报社之名购齐了设备，向领事馆提出申请。

当时中西正树也正准备在此发行中文报纸，关东都督府热心相助，让大连的鸦片局给予资助，济南领事馆已经同意。这样，中西和田中围绕报纸的发行权展开竞争，在领事馆等的撮合下，两者同意合办《济南日报》，获得领事馆发行权的中西任社长，提供设备的田中任主管②。

1917 年报方向外务省申请补助，同年 10 月外务省提供年额 6 000 日元的补助，青岛守备军亦每月补助银 400 圆。报纸发行后一时受到欢迎，发行量从开始的一千五六百份增加到两千份，五四运动后受到打击，减少至 900 份，其中中国读者订阅的不超过 150 份，并且过半为政府机关订购。报社还向各县衙门、商务会、教育会等赠阅约 200 份③。

中西因忙于参加山东省的护国军运动和东北的宗社党活动，极少来济南，一直将报社交给田中管理。1919 年初两人矛盾公开化，田中退出，佐藤知恭接替，但此人也很少过问社务，致使报纸质量下降。五四运动爆发后，该报受到打击，每月报纸、广告、印刷等的收入银 523 圆，支出 1 400 圆，亏缺近 900 圆，经营变得困难。同年 8 月报社对外务省提出，希望外务省帮助偿还 4 500 圆债务。济南总领事认为中西一向不问报社业务，主管也未尽力，在此状况下提供补助反而阻碍报方的“奋发”精神，结果未同意。9 月补助

① 外務省政務局：支那ニ於ケル新聞及通信ニ関スル調査，1919 年。JACAR：B02130261800。

② 田中逸平：漢字新聞済南日報社内訌二就テ，1919 年。JACAR：B03040600500。

③ 制作者不明：邦人経営ニ係ル諸新聞ノ実際勢力及其利用並整理方法及其經費，制作时间不明。JACAR：B03040602900。

到期后守备军和外务省都取消了补助,报社经营更加困难,连职工的工资也发不出。

对于总领事馆而言,在当地与日方有关的报纸中《济南日报》的利用价值最高,承担着"批驳彼等歪论,解除误解,阐明我国政策"的重任,因此并不想真的放弃。考虑到事态紧急,需要尽早采取措施,总领事馆便游说中西急流勇退,同时开始物色替代人选。守备军也同意在找到合适人选后提供补助。在总领事馆主导下,经过与守备军、中西等磋商,1920 年 8 月《京津日日新闻》主笔橘朴担任该报理事与主编,但中西仍旧挂名任报主。

橘朴上任后,守备军决定每月补助银 500 圆,并且从上年 10 月开始计算,此外还提供一些临时补助,外务省也从 1920 年 4 月至 1923 年 3 月每月提供银 1 000 圆。橘朴靠各方支持,刷新社务,将报面由 6 页减至 4 页,经营渐有起色,发行量增至千份,1922 年 6 月还发行了青岛版。

1923 年初中西病故,立石登任主管兼理事。立石 1914 年于东亚同文书院毕业,精通汉语,在山东民政署调查科工作过,1921 年任该报编辑主任。中西亡故当年,中国抵制日货运动再起,该报成为日本在当地对抗运动的重要喉舌,外务省在预算紧张的前提下,1923 年度每月仍补助银 500 圆,1924 年度月额增至 750 弗(其中 100 弗用于购买东方通信社电讯)。

1925 年度以后随着日本政府实施财政紧缩政策,外务省停止补助。1926 年平冈小太郎取代立石掌管报社,想在发行量 2 500 份的基础上扩大规模。当时济南除了本报外,还有日侨经营的日文报纸《山东新报》《山东商报》,平冈觉得 3 家合并经营更有利,便向藤井总领事提议。为了筹备资金,平冈希望将属于日方"国有"财产的济南日报社的土地和建筑无偿处理或低价处理给合并后的报社,报社以此作担保借款作为今后的经营资本,未获准许①。

当然报方并非完全失去补助来源,因为每逢中日关系出现波动,尤其是日本两次入侵山东期间,日本各方面,特别是军方都给予临时补助,利用其宣传,将报纸免费寄送给中国各界要人,以达到混淆视听、向中国民众宣传的目的。

① 外務省情報部:関係新聞調査,1929 年。JACAR:B10070264800。

九一八事变后该报受到中国读者抵制，发行量由原来的两千多份锐减至600多份，1932年更减至200多份，1935年起略增至500多份。多年来如此发行量必然严重亏损，能够苟延残喘，一是报社的用地与建筑是日本官方免费提供的，二是作为日本在济南的唯一中文报纸，军方与外务省必定会不时补助。例如，1936年2月西田总领事给外务省的电文说，此间报社是靠外务省的补助勉强支撑的①。

该报是日本在济南存在时间最长、影响最大的御用宣传机关，因为是中文报纸，二十年来在为日本宣传上发挥了重大作用。

(4)《商务日报》(操纵时间：1918年)

1916年9月创刊的中文日刊，当地商务总会的机关报，报主沈景忱，主笔吴儒范，专载实业界消息，发行约700份。据日方调查，该报“稍有排日倾向”。

1918年青岛守备军民政部与报方商定“补助印刷机费用，并且约好今后提供一定的补助金”，使报纸“论调一变”②，改变了以往的“排日”态度。

双方是如何接上关系的，此后报方与日方的关系如何，详情不明。从当地总领事1919年的定期报告看，报主和主笔已经易人。在此情况下日方应该已经失去了影响力。

(5)《海岱新闻》(操纵时间：1919年)

1919年8月创刊的中文日报，徐树铮的机关报，持有人为张干，主笔为徐方年。该报创刊时正处于五四运动余波四起之时，日本总领事报告当地的情况说：“现在济南发行的中文报纸多具排日色彩，动不动就捏造或夸大事实，舞弄曲笔攻击中伤我方，其中如美国系统的《大民主报》不断登载排日报道，或非难我方或鼓吹抵制日货，带来很大妨害。”日本在济南虽有喉舌《济南日报》，因御用报身份路人皆知，宣传效果有限，总领事馆不得不物色新的操纵对象，刚刚发行的《海岱新闻》便被纳入视野。

总领事馆通过调查发现，该报发行量仅500份，经营状况不佳，平时不登载反日方面的“假新闻”，因而决定从经济入手加以接近，与日军驻济南“驻在武官”商定，在青岛守备军的支持下，以广告费的名义，每月通过横滨

---

① 西田総領事：第二一号，1936年。JACAR：B02031084200。
② 外務省政務局：支那ニ於ケル新聞及通信ニ関スル調査，1919年。JACAR：B02130261800。

正金银行济南支行向报方支付银 200 元,同时还向报社推荐了一留日学生作为记者,另外由守备军每月随时给主笔、编辑等提供费用银 100 元左右。

该报自此与日方保持特殊关系。1920 年其经营状况不明,1921 年底济南总领事馆的定期调查报告已经看不到此报,应该已经停刊。

(6)《齐美报》(操纵时间:1919 年)

1916 年 4 月创刊的小型中文日报,持有人为鲁岐山,1919 年的主笔为杜子年,发行量 1 200 份。

济南总领事馆 1919 年底对此报政治倾向的评价是“无固定主义”①。可能正是看上其缺乏原则性,容易接近,济南日军“驻在武官”通过与主笔关系密切的某日本人,不时对主笔提供“补助”,“使其慎重对待登载排日报道”②。在此种情况下,主笔利用权限在对日报道上完全有可能采取“慎重”态度。

1920 年报纸情况不明,1921 年主笔为李胜泉,估计在 1920 年后已经与日方无关系。

日本在北部地区的报刊操纵活动,以 1898 年染指《国闻报》为起点逐渐活跃,日俄战争期间受操纵的报刊达到 8 种,其后有所回落,1914 年入侵山东与 1915 年抵制日货运动期间又开始增加,1916 年达到 13 种,五四运动后期则激增至 17 种,达到顶峰,此后逐渐减少,但至 20 年代末每年基本维持在 10 种以上,九一八事变后受中国民众抵制的影响,减少至 5 种。后来随着日本侵略华北步伐的加快以及建立伪满的需要,受操纵的报刊每年又恢复至 10 种左右。

至七七事变前,该地区先后共有 51 种报刊受到明显操纵(见表 8)。其中天津最多,达 25 种;北京次之,12 种;济南 6 种;青岛 5 种;烟台 3 种。这种地域分布与各地的综合地位以及日本相关势力的渗透、扩张力度密切相关。

如表 8 所示,在 51 种报刊中,日本人主办的 25 种(其中两种与中国人

---

① 外務省情報部:支那ニ於ケル新聞及通信ニ関スル調査,1920 年。JACAR:B03040890000。

② 制作者不明:邦人経営ニ係ル諸新聞ノ実際勢力及其利用並整理方法及其経費,制作时间不明。JACAR:B03040602900。

主办的有交叉)，由中国人主办的24种，由英国、法国人主办的4种。主办者中，日本人与中国人等基本上各居一半，说明日方在该地区十分注重收买中国人等，充分利用其主办的报纸来为日本发声。再就这些报刊的操纵主体而言，以外交机构与军方为主，国策会社亦有参与。军方的活动集中在天津与青岛，为第一次世界大战与五四运动期间，以及九一八事变之后，外务省的活动则贯穿于各地与所有时段。

51种报刊中，有中文36种(其中1种为中日双语，1种是先双语，后中文，统计有重复)，日文9种，英文7种，法文1种，中文占压倒性多数，英文也约占14%之多。这些报纸是日方对当地中国人、欧美人直接宣传的重要工具。

以上报刊受操纵的时间长短不一，其中《济南日报》与《大青岛报》"盘踞"山东二十多年，外务省不惜重金扶植的机关报《顺天时报》与 *North China Standard* 则以首都为中心长期活跃于华北地区，充分发挥了御用报纸的作用。

表8　北部地区与日本官方、军方等有特殊关系的报刊名单(1901—1937年)

报刊名	语种	报主国籍	操纵期间	操纵手段	主要操纵主体
国闻报	中文	先中国，后日本	1898—1900	收买、主办	外务省
天津日日新闻	日文 中文	先日本，后中国	1901—1929	补助	外务省
顺天时报	中文	日本	1901—1930	补助、主办	军方、外务省
北清新报、北洋日报、北清时报	日文	日本	1903—1908	补助	外务省
北支那每日新闻	日文	日本	1903—1908	补助	外务省
China Times	英文	英国	1904—1917	入股、借款、收买、主办	外务省
山东日报	中文	日本	1904、1905	补助	军方
京话日报	中文	中国	1905	收买	外务省
大公报	中文	中国	1905—1923	收买	外务省、军方
北京日报	中文	中国	1908	收买	外务省

续　表

报刊名	语种	报主国籍	操纵期间	操纵手段	主要操纵主体
中国报	中文	中国	1909、1910	贷款	外务省
China Tribune	英文	日本	1909—1914	收买	外务省
帝国日报	中文	中国	1910	收买	外务省
芝罘日报	中文	先日本，后中国	1914—1930	补助、收买	外务省、军方
China Advertiser	英文	日本	1914—1924	补助、主办	军方、外务省、国策会社
北方日报	中文	中国	1914—1916	收买	外务省
青岛新报	日文	日本	1915—1922，1925—1937	补助	军方、外务省、国策会社
山东公言报	中文	中国	1916、1917	收买	外务省
山东新闻	日文	日本	1916—1919	补助等	外务省、军方
济南日报	中文	日本	1916—1937	补助	军方、外务省
青岛新报(大青岛报)	中文	日本	1916—1922 1925—1937	补助	军方、外务省
North China Daily Mail	英文	英国	1916—1937	收买、出资、派代理人	外务省、军方
Journal de Pékin	法文	法国	1917、1918	收买	外务省
新支那	日文	日本	1917、1918，1932—1937	补助	外务省、“满铁”
商务日报	中文	中国	1918	收买	军方
天津日报	日文	日本	1918—1920	补助	军方、外务省
海岱新闻	中文	中国	1919	收买	外务省
齐美报	中文	中国	1919	收买	军方
North China Standard	英文	日本	1919—1930	主办	外务省
日华公论	中文 日文	日本	1919—1922	补助	外务省
民福报	中文	中国	1920	收买	外务省

续　表

报刊名	语种	报主国籍	操纵期间	操纵手段	主要操纵主体
新民报	中文	日本	1920—1922	补助	外务省、国策会社
通俗白话报	中文	中国	1920	收买	外务省
时闻报	中文	中国	1920—1923	收买	军方
民强报	中文	中国	1920、1921	收买	军方
太平洋报	中文	中国	1921、1922	收买	军方
CheFoo Daily News	英文	英国	1922—1924	收买	外务省
济南日报(青岛版)(胶东新报)	中文	日本	1922—1928	补助	外务省
北京新闻	日文	日本	1923—1937	补助	"满铁"
大青岛报	中文	日本	1925—1937	补助	外务省、军方
青岛快报	中文	中国	1928	收买	外务省
Tientsin Japanese Telegraph Service	英文	日本	1932	补助	军方
津报	中文	日本	1932—1935	补助	军方
平津霹雳报	中文	中国	1933	收买、保护	军方
中美晚报	中文	日本	1933—1935	补助	军方
振报	中文	中国	1933—1935	收买	军方
庸报	中文	中国	1933—1937	收买	军方
国权报	中文	中国	1935	收买	军方
新兴报	中文	日本	1935—1937	补助	军方
东亚晚报	中文	中国	1936、1937	收买	军方
冀东日报	中文	中国	1936、1937	收买	军方

三、东部地区(上海)

日本在本地区的报刊操纵活动完全集中在上海。在中国近代报刊史上,上海的地位非常特殊。这里的报刊业在全国最发达,外国在华报刊数量最多。上海始终处于中国新闻中心与舆论中心的地位①。因而,列强都倾力于在此建立宣传阵地,为本国的侵华政策服务。

日本也不例外,自1872年将其在华首个领事馆设于上海后,就开始关注当地报刊,收集舆情,甲午战争期间则开始利用*China Gazette*为日本宣传,自此同类活动愈发活跃,至七七事变前先后有《亚东时报》、《同文沪报》、《申报》、*Shanghai Daily Press*、*North China Daily News*、*Shanghai Mercury*、*Shanghai Times*、《时报》、《中外日报》、《新闻报》、《华报》、《东亚日报》、《亚洲日报》、《神州日报》、*China Press*、*Far Eastern Review*、*China & Far East Finance & Commerce*、《中华新报》、《商报》、《中外大事汇报》、《中国晚报》、*United Services Review*、《江南正报》、《公报(弘报)》或长期或短期受到过日方操纵。

(1) *China Gazette*(《捷报》,操纵时间:1894—1898年、1903年、1904年)

如前所述,甲午战争爆发后,日本驻上海总领事大越为了利用当地报纸为日本代言,在撤离上海前找到*China Gazette*报主兼主笔英国人亨利·奥谢,以每月提供洋银300圆为条件,要求他登载日本方面提供的战报,直至战争结束。亨利·奥谢应允后,日方从1894年8月开始一直支付至1895年4月。该报由此成为日本喉舌。

战争结束后,大越认为此种特殊关系对日十分有利,应该设法维持,请求外务省同意购买该报各号20份,另外再根据需要适当补助。奥谢也想继续获得资金,以报社经营出现困难为由希望日方每月补助洋银100—150圆。外务省认为战后的上海仍有*North China Daily News*、*Shanghai Mercury*等攻击日本,需要有自己的声音,答应从1895年12月开始,以一年为期每月补助洋银100圆,条件是今后需致力于维护日本的利益,奥谢全盘应允。1896年底到期后外务省决定延期,一直提供到1898年9月才终止②。

此后,"因为有以往的关系,该报在上海至今仍登载对日本有利的报道,与其他英文报纸对抗"。1899年初佐原笃介作为东京时事新报社特派员来

① 秦绍德:《上海近代报刊史论》,复旦大学出版社,2014年,第150页。

② 原外務次官:(機密)无编号文件,1895年;総領事珍田:第二十二号、第三十号,1895年;総領事代理小田切:チャイナガゼット補助金廃止ノ件,1898年。JACAR:B08090015100。

上海，在总领事馆帮助下于同年2月进入该报当记者，这无疑为日方赢得了更多话语权，该报继续发挥着日本喉舌的作用。

1902年上海的某外国报纸指责 *China Gazette* 虚构事实，造谣生事，亨利·奥谢认为是诽谤而起诉，向律师支付了辩护费5 000两用于打官司。官司虽赢了，但欠下债务，亨利·奥谢至少需要4 000两左右才能摆脱困境，便向日方提出希望提供2 000两，其他的自己设法解决。总领事小田切于1903年7月致电外务省，认为"此际考虑到过去的关系，为了将来利用，需救此人于困境"，建议补助。外务省经过研究在9月同意如数拨款，亨利·奥谢终于还清了债务①。双方自此走得更近。

1903年夏亨利·奥谢担任 *Shanghai Times* 的主笔，将两报放在一起经营，并且准备成立资本金为12万两的股份公司，其中5万两从公众中募集，邀请日方参股认购。小田切认为机不可失，请求外务省考虑，未获同意②。

1904年日俄谈判决裂，进入临战状态，亨利·奥谢给日方写信建议恢复甲午战争期间的那种特殊关系，并且以全力替日本政府效力为条件，再次提出组建大公司的计划。小田切2月初上书对此表示支持，认为现在当地需要有纯粹的日方机关报，使之迅速获得新闻资料，为日本利益代言，请求外务省火速考虑恢复与该报的特殊关系，迅速提供报道材料③。小村外相回复认为，甲午战争时上海的英文报纸都反对日本，唯 *China Gazette* 站在日本一方，因此当时向它提供新闻材料，此次情况完全不同，英美两国都极力为日本辩护，当地英文报纸也一样，如果仅仅亲近 *China Gazette* 提供新闻材料的话，会得罪其他报纸，因此要求小田切作全盘考虑，包括该报在内，研究对《申报》、*Shanghai Mercury*、*North China Daily News*、*L'Echo de Chine* 等的操纵方案。

小田切研究后认为操纵各报一年至少需要银3 500两，其中2 000两给 *China Gazette*。"*China Gazette* 在甲午战争期间受到政府利用，虽然战后

---

① 総領事小田切：英字新聞紙「チャイナガゼット」ニ一時補助費支給方稟請ノ件、英字新聞紙「チャイナガゼット」補助費領収証送付ノ件，1903年。JACAR：B03040607400。

② 小村大臣：英字新聞合同経営出資ニ関スル件回訓，1903年。JACAR：B03040607400。

③ 総領事小田切：チャイナガゼット社主オシー願出ノ件，1904年。JACAR：B07091174300。

相互关系中断,但该报仍对我国怀有厚意,为我国利益尽力不少。""相信此际帝国政府对于该报给予特别待遇,保持特殊关系,十分符合帝国利益。"① 外务省因此批准将其作为重点利用对象。

不过,同年 5 月收到补助还不到 1 个月,该报突然变卦,指责日本公开的战报"言过其实",并且自此攻击俄国的"色彩"完全消失。小田切多次与其交涉,都被敷衍了事。据说起因是亨利·奥谢已经与俄国接上关系,还把日本的情报卖给俄方②。后来经过进一步调查,确认亨利·奥谢每月从俄国方面接受 2 000 弗资金,条件是鼓吹赞扬俄国的远东政策,反对英日联盟③。俄方显然要比日方慷慨得多,亨利·奥谢因而与日断绝关系,佐原笃介被迫于 6 月辞职。该报完全成为俄方的喉舌,经常载文攻击日本。

1909 年 2 月,松冈洋右来上海总领事馆工作。松冈 1904 年时曾经在此工作过,因操纵该报与亨利·奥谢建立起私交。鉴于 *China Gazette* 一直频繁发表攻击日本的言论,松冈多次找亨利·奥谢做工作,从东亚的"大局"及其自身的利益出发,"晓之以理",希望他"回心转意"。松冈认为自己的工作起到一些效果,该报对日态度明显缓和,如这一年 6 月伊藤博文被暗杀后,当地《新闻报》登载了不利于日方的评论,某报对此进行了反驳,*China Gazette* 转载了这一反驳。"近来,专将攻击的笔锋指向美国。"④1911 年总领事馆对其的评价依然是"不如说近来对日本表示好意"⑤。松冈是如何做工作的不得而知,不过该报的经营似乎不断走下坡路,1911 年辛亥革命后因经营困难最终停刊。

作为外务省在中国最早操纵的报纸之一,该报自 1894 年起长期充当日本的喉舌,虽然是英文报纸,但因外报在近代早期中国的特殊作用,在为日本代言方面理应贡献不小。

(2)《亚东时报》(操纵时间:1899 年、1900 年)

乙未会于 1898 年 6 月在中国发行的中文机关报,山根立庵负责经营,

---

① 総領事小田切:上海ニテ発刊スル新聞紙操縦ノ件,1904 年。JACAR:B07091174300。

② 総領事小田切:「チャイナガゼット」社主「オシー」ニ関スル件,1904 年。JACAR:B07091174300。

③ 永滝総領事:露国ノ極東ニ於ケル新聞政策ニ関スル件,1906 年。JACAR:B07091174300。

④ 総領事代理松岡:チャイナガゼットニ関スル件,1909 年。JACAR:B03040831900。

⑤ 外務省政務局:清国ニ於ケル新聞紙ニ関スル調査,1911 年。JACAR:B02130559300。

自任主笔。创办不久即转为了同文会的在华事业之一。始为月刊,后不定期发行,用于宣传该会的理念,同年 11 月同文会与东亚会合并成立的东亚同文会将该刊物继承下来,继续发行①。

东亚同文会从 1899 年度开始接受外务省补助,其中用于该报的达 7 200 日元之巨。没有补助该报是难以运营的。

1900 年 4 月该报被《同文沪报》合并。

(3)《同文沪报》(操纵时间:1900—1908 年)

1900 年 2 月正式创刊的中文日报,为东亚同文会机关报。

东亚同文会成立后积极开展对华工作,1899 年派井手三郎至上海担任支部长。当时俄国正实施南进政策,与日本在华扩张政策相冲突,双方展开明争暗斗。在上海,俄国代表沃嘎克(Wogaek)少将积极争取舆论支持本国政策,并且准备收购汪甘卿主持的《字林沪报》。井上等人获知此消息,感到事情不妙,这份上海的大报一旦被俄国买下,将使舆论有利于俄国,于是与汪甘卿联系,同时筹集资金。

1900 年 1 月 4 日东亚同文会以 3 000 元买下《字林沪报》,改称《同文沪报》,由岸田吟香任总管,井手三郎为经理,主笔是江苏候补知县文廷华,记者有井上雅二、山根虎之助。作为东亚同文会在华两大支柱事业之一,该报以“对俄政策”“对中同盟”“对华分割”为中心论旨②。

在 2 月 3 日正式发刊前,该报于 1 月 26 号发行号外,报道光绪皇帝的废立问题,并且发表评论支持光绪帝,震动上海官民,赢得改革派的赞誉,由此迅速打开销路。自此,该报以支持中国改革和维新派迎合读者,宣扬中国只有依靠日本才能摆脱民族危机的思想,鼓吹日中联盟共同抗俄,争取中国民众支持日本对抗俄国南下。

庚子事变后,东亚同文会成员的对华观发生分歧,直接影响到在华宣传工作,外务省准备亲自掌管该报,近卫会长基于种种原因也赞成此方案,决定转给外务省③。井手不肯放弃,再三要求经营,外务省最终答应继续委托

---

① 有关乙未会、山根立庵、该报与乙未会和同文会的关系及其中国变法观,详见翟新:《近代以来日本民间涉外活动研究》,第 75—79、103—107、156 页;戴海斌:《山根立庵、乙未会与〈亚东时报〉》,《复旦学报(社会科学版)》2017 年第 3 期。

② 中下正治:《新聞にみる日中関係史——中国の日本人経営紙》,第 130、131 页。

③ 有关转给外务省的背景,详见翟新:《近代以来日本民间涉外活动研究》,第 150—158 页。

他经营，并且承担所需费用，但报纸的言论、报道活动均须置于驻沪总领事的监督、领导之下。

1901年底外务省正式接管报社，交由井手三郎经营。为了增强报纸的竞争力，外务省采取了两个措施：一是针对报社月亏损约600日元的经营状况，给予补助，1901年12月先补助527日元，此后每月的补助也在570—600日元之间；二是一次性拿出2 000日元，一半用来购买新式印刷机和铅字等，提高印刷质量，一半用来偿还报方的债务。井手也想扩大新闻来源，增加报纸的吸引力，就在上海增加探访员，在苏州、杭州、宁波、吴淞、松江、周浦、清江、扬州、镇江、南京、安庆、芜湖、九江、江西、汉口、武昌、长沙、湘潭、重庆、厦门、牛庄设通讯员，使通讯员从24人增加至39人[①]。为了吸引读者，1903年该报还增加附录，登载消闲为主的内容。

日俄战争爆发后，随着日俄宣传战的炽热化，该报的作用进一步彰显。外务省"希望设法每日向清国内地总督、巡抚等地方官员免费分发相当份数的《同文沪报》"，充分发挥其宣传作用，使得中国人及时了解战争"真相"，站在日本一边。井手积极响应，提出"扩张预算"，要求临时增加月额补助329日元，用于接收东京、山海关等地的电报，以及战时向中国官衙、学堂赠阅，获得批准。这样，至战争结束该报一年获得的补助达1万日元以上[②]。

1906年初外务省停止提供300日元的"扩张费"。报社本来就亏损，战后销售量的下降更使其陷入困难。井手一再申请增加补助，外务省觉得与经费大增相比，报社事业未见发展，令总领事永泷调查实情。永泷调查后认为报社存在挪用经费、报面内容枯燥乏味等情况，提出了整改建议，但最后的结论是："时至今日再进行根本改善，有为时已晚之感。"这无疑是要求终止补助。外务省根据此意见，于1907年8月通知井手从下一年度开始停止补助[③]。1908年4月起，井手独自支撑数月后，将报社转让给两江总督。

外务省放弃该报，原因比较复杂。有研究认为其作为"对俄政策"工具

---

① 小村外務大臣：同文滬報補助金送付ノ件，1901年、1902年。仝文滬報印刷器械購入設備費下附稟請ニ関スル回答，1902年。JACAR：B03040606300。

② 総領事小田切：同文滬報経費欠損額填補稟請ノ件，1904年。井手三郎：同文滬報拡張ニ付具陳書，1904年；小村大臣：同文滬報補助ニ関スル件，1904年。JACAR：B03040606400。

③ 総領事永滝：上海同文滬報拡張費ニ関スル件回答，1906年；林大臣：上海同文滬報ニ関スル件，1907年。JACAR：B03040606600。

的作用已经减弱，失去了存在的价值[①]。其实，上海总领事馆在此前后仍十分需要传声筒，1908年通过收买主编等成功施加影响的就有 *Shanghai Times*、《新闻报》、《中外日报》、《时报》、*North China Daily News*、*Shanghai Mercury*。同年3月在对新一年度作预算之时，总领事永泷还强烈呼吁外务省继续保持原有的预算开支，因为"近年来当地各报竞相评论国交事件，尤其是日清之间的事项几乎每日报道，影响不小"。他虽苦心操纵，只是当地报纸众多，以有限的资金来应对颇感困难，因此停止补助《同文沪报》后，下一年度操纵报刊的经费仍需保持同样规模[②]。与上述报纸相比，《同文沪报》是外务省直接领导下由日本人经营的，本应最受倚重。之所以忍痛放弃，主要原因就在于读者人数减少，在上海报界的地位不断降低。该报创办之初支持中国变革，赢得了大量读者，但日俄战争前后完全演变成日本"对俄政策"的工具，因缺少了支持改革的内容，读者日益疏远。日俄战争期间本来是发展佳机，上海的报纸发行量都有大增，由此巩固了经营基础，该报"战时读者多少有所增加虽是事实，但与其他报纸相比，销售数量甚少"。至于外务省所期待的对其他地区的影响，永泷说自己于1905年去湖南、湖北、江西、江南考察时，这些地方购阅此报者甚少，连获得赠阅的督抚衙门都懒得打开阅读，除了有《申报》等"劲敌"存在外，"记事疏杂，没有一点特长，加上经营不得要领，这些都是主因"。由此可见，该报无法发挥外务省所期待的作用才是被抛弃的主因。

井手的一心二用，即"经营不得要领"则是被抛弃的另一原因。据永泷报告，井手挪用补助经营自己于1904年创办的日文报纸《上海日报》，负担该报的运营费用、记者工资等。在此情况下，外务省放弃《同文沪报》也是理所当然的了。

该报先为东亚同文会的喉舌，后为外务省的直属机关报，时间长达8年，在当时中国特殊的政治与国际环境下，曾一时活跃于中国舆论舞台，充当了日本对华宣传战的"尖兵"。

(4)《申报》(操纵时间：1904年、1905年、1918—1921年)

1872年英国人创办的中文报纸。

---

① 中下正治：《新聞にみる日中関係史——中国の日本人経営紙》，第163页。

② 永滝久吉：新聞操縦費ノ義ニ付上申，1908年。JACAR：B03040813400。

1904年日俄战争爆发后,外务省在上海部署宣传战,鉴于当时英文报纸普遍站在日本立场,要求总领事小田切在争取中文大报方面下功夫。此时的《申报》已是上海具有影响力的报纸,同年3月小村大臣致函小田切,要求其研究如何操纵《申报》、*Shanghai Mercury* 等,并且说已经就此与三井物产上海分店长山本条太郎商谈过,山本愿意提供年额2 000日元给总领事馆用于操纵报纸等。显然,国策会社也加入到了宣传战之列。

根据指示,小田切与山本一起研究上海报纸的对日态度及其操纵方法,经分析认为《申报》等中文报纸对日态度处于摇摆之中,“相信与这些报纸建立联系并非难事”。为此,小田切请求外务省拨款银3 500两,其中,英、法文报纸各1 000两,《申报》500两,*China Gazette* 2 000两。小田切强调说,现在投入以上操纵费用看上去很多,但眼前不行动,将来即使投入双倍的费用也不一定能取得效果。

外务省在同年4月批准了这一申请。从小田切10月的报告看,为了争取《申报》对日本笔下留情,每月给主笔一定报酬①。此为双方最早发生的特殊关系。这种关系维持到何时不得而知,英国在此次战争中站在日本一边,因此至少在战争期间会保持的。

此后彼此应无瓜葛,因为日方曾多次就“报道不实”向报方抗议②。1912年秋该报由熊希龄一派接手,史量才任报主,1914年末德国方面插手该报,投入资金,报社因此改在德国领事馆登记,一时有亲德倾向,但此后德方补贴逐渐减少,双方关系疏远。

1916年5月该报以冈田有民的名字在日本领事馆注册。1918年报社碰到经营困难,同年8月希望日本总领事馆做担保人,以报馆建筑作担保从横滨正金银行上海支行借款。总领事馆认为该报有充分的利用价值,便充当担保人说服正金银行无利息无限期贷款银8万两。其后该报又提出以法租界的土地作担保追加贷款,经过总领事馆做工作,正金银行再次贷银5万两③。

---

①　小村大臣:機密送第24号,1904年;総領事小田切:上海外国新聞操縦ニ関スル件,1904年。JACAR:B07091174300。

②　例如,総領事有吉:斉藤少佐ニ関スル新聞捏造記事ニ関スル件,1914年。JACAR:B03040813600。

③　総領事山崎:新聞及通信ニ関スル調査報告所追送ノ件,1921年。JACAR:B03040881000。

不仅如此，外务省还提供了补助①。

日方的大力帮助立刻获得了预期效果。据上海总领事1918年报告，"报主史家修深深感激我好意，此后与我方建立特别密切的关系"。1919年五四运动期间，该报因在日本总领事馆注册而受到攻击，被迫改在法国领事馆注册，虽然身份改变，"但对我国总有好感，与我方保持接近"②。该报在五四运动期间的对日态度也证明了上述评价并非杜撰（详见第七章）。

后来报方还掉了正金银行的部分借款，但在1921年仍欠10.5万两。如此巨额债务肯定会继续产生影响，1921年8月总领事山崎馨在报告上海与日方有"特种关系"的报纸、通讯时，列举了《申报》、《神州日报》、《东方通信》、*Shanghai Times*、*Shanghai Mercury* 5种，《申报》居于首位，具体说明是"报社社长史家修因依靠我方经济上的援助才得以摆脱经营上的困境，以此为德，仍然与我方接近以示好意"③。

该报1921年后与日方的关系不明。据日方的说法，双方始终保持着比较友好的态度，如总领事馆1932年报告说，该报"一向对我方持有好意，即使是排日风潮激烈时，也保持冷静态度，论调亦公正稳健"④。日方的说法未必可以全信，例如1919年抵制日货运动后，上海的中文报纸普遍拒载日商广告，《申报》也是如此。1921年3月"东亚新闻记者大会"期间，《神州日报》的余洵拜访外务省时说自己负责与中方报纸斡旋，说服恢复登载日商广告，《神州日报》《时报》《中华新报》《新申报》《时事新报》表示没有问题，而《申报》《新闻报》持反对意见⑤。但日方的秘密报告也无必要凭空捏造，有关该报1921年后与日方的关系以及对日主流态度还有待进一步研究。

《申报》在特定时间深受日方影响是显而易见的。它是上海的中文大报，在为日方发声上发挥的影响不可小觑，值得深入探讨。

---

① 外务省在下列文件中列表说明与日方有关的报纸时，说该报"外务省补助，在日本领事馆登记"，但未载明具体数额。外務省政務局：支那ニ於ケル新聞及通信ニ関スル調査，1919年。JACAR：B02130261800。

② 外務省情報部：支那ニ於ケル新聞及通信ニ関スル調査，1919年、1920年。JACAR：B02130261800、B03040890000。

③ 総領事山崎：新聞及通信ニ関スル調査報告所追送ノ件，1921年。JACAR：B03040881000。

④ 総領事村井：新聞ニ関スル調査報告ノ件，1932年。JACAR：B02031045500。

⑤ 外務省：東亜新聞記者大会ニ出席シタル神洲日報余洵氏帰国挨拶ノ為来訪談話要領，1921年。JACAR：B03041040400。

（5）*Shanghai Daily Press*(《益新西报》，操纵时间：1904年、1905年)

1897年创刊的英文日报。1904年春英国人费里斯(F.F.Ferris)盘下此报，加以整顿，试图发展。

日俄战争爆发后，上海各报都希望尽快获得战争方面的新闻以登载，赢得读者。日本驻上海总领事馆根据需要，积极向倾向于日本的报社提供新闻材料，扩大关于日本的宣传。*Shanghai Daily Press* 是英国方面的报纸，鉴于日英同盟关系，论调偏向日本，总领事馆有了新闻材料自然向它提供。

该报主笔、记者约翰·奥谢(John O'Shea)是 *China Gazette* 报主亨利·奥谢之弟。*China Gazette* 转向反日后，该报也有一天登载了对日不利的报道。日本总领事馆立刻停止提供有关战争的新闻材料，费里斯十分惊讶，马上去总领事馆说明情况，说是自己监督不周，并且警告约翰·奥谢不得再犯，否则会解雇他。总领事馆此后便恢复提供。此后该报没有再出现同类情况。

费里斯尽力为日本宣传，并非没有目的。在此过程中他多次向日方请求补助。总领事小田切认为该报经过整顿发展势头良好，当下仅次于 *North China Daily News*、*Shanghai Mercury*，将来定有希望；更重要的是该报一直发表对日本有利的文章，对日友好。因此上书主张将其置于操纵之下，先临时补助500两，如果表现好，半年后再补助五六百两。此建议获外务省批准。

不过该报在当年底经营上出现问题，面临破产，俄国人得知后想乘机盘下，报主不愿，希望日方助力。日方当然也不想看到继 *China Gazette* 后上海又出现俄方控制的报纸，该报的主笔与其兄 *China Gazette* 报主联手亲俄反日。小田切估计投入两万弗左右可以将该报办下去，而且能掌握其全权，于是请求外务省果断采取行动。

为了打消日方的疑虑，显示归顺之心，费里斯于1904年11月底突然解雇约翰·奥谢，同时彻底清除报社的亲俄分子，还雇用了一名日本人。日方多次研究后决定由三井洋行的山本条太郎出面向报方融资，该报以设备等作抵押，以两年为期。经过多次谈判，双方在12月初步达成协议，以完全登载对日有利内容、接受日方随时检查财务状况为前提，报方以设备等作抵押向日方融资15 000弗，总领事馆则提供补助金充当融资所需利息。1905年3月20日双方正式签订协议，并且付诸实施。

此后报社的经营状况并未好转，费里斯通知日方准备4月底关停，迁往汉口。小田切与山本商量后，决定5月先补助墨银500弗维持经营，同时请求外务省指示。正当日方为如何处置犹豫不决时，同年6月费里斯被告上法庭，原因是1904年春费里斯盘下该报时，欠下原报主债务。这令日方始料不及，小田切向外务省提出了两个解决方案：一是关停该报，可以避免暴露日方与报方的内幕关系，将来也可免除负担；二是再拿出1万弗替费里斯还债，增加设备，另外每月补助两千弗，使该报完全归于日本手中继续发行。外务省权衡再三，于6月底回电认为战争已经结束，没有必要拿巨款维持此报，因此采取第一种方案。"还有，有关贷款，不如放弃，有关以往的关系则丝毫不要留下痕迹，千万小心加以处理。"①看来，日方十分忌讳暴露与报方的幕后关系。

报社自此倒闭。日方实际操纵该报仅仅一年左右，花费竟超过15 000弗，时间虽短，所付代价巨大。这反映了日方在上海为争夺舆论高地，不惜血本，"饥不择食"的心态。

(6) *North China Daily News*(《字林西报》，操纵时间：1904—1909年、1917年)

英国人在华刊行的历史悠久的英文报纸。

该报早期与日关系疏远，日俄战争开始后因日英同盟的关系，与*Shanghai Mercury*一样，"态度骤变，一改以前态度，极力支持日本"。总领事馆喜出望外，开战后一直向两报提供战报等新闻材料，极力保持联系。但也有些担心，因为未提供"具体性利益"，"何时乖离亦不可测"②。

1907年日本政府对日俄战争期间帮助过日本的外国人表彰授勋时，分别授予该报持有人亨利·毛里斯、*Shanghai Mercury*持有人开乐凯四等旭日章，理由是前者在"战争中不断对我表示好意，到了几乎被视为我机关报的程度，从开战之初至媾和结束，始终一贯为我辩护，解世人之惑。对我裨益甚大，功劳显著"，后者"一直对我国表示同情，战争中最为尽力为我辩护，

---

① 小田切総領事：上海「デーリープレス」新聞補助ニ関スル件、第四〇六号、英字新聞上海「デーリープレス」補助ノ件，1904年；上海英字新聞「デーリープレス」補助ニ関スル件，第一四七号，英字新聞上海「デーリープレス」(*Shanghai Daily Press*)補助ノ件，上海「デーリープレス」補助ニ関スル件，1905年。小村大臣：デーリープレス補助ノ件、第五四九号，1904年。JACAR：B07091174300。

② 総領事小田切：上海ニテ発刊スル新聞紙操縦ノ件，1904年。JACAR：B07091174300。

对我大有裨益,功劳显著”①。

由此看来,该报不仅没有“乖离”,而且因积极为日辩护甚至被视为日方机关报。毛里斯如此亲日,必然与日方的积极接近有关,而接近的手段无非是提供了足以令其动心的“具体性利益”。

该报此后仍维持同样态度,1906 年 7 月永泷总领事报告操纵报纸状况时说,当地有英文报 4 种、德文周刊 1 种、中文报纸 6 种,属于日方机关报的《同文沪报》还未形成势力,*Shanghai Mercury*、*North China Daily News*“虽不是我机关报,但报主或主笔对我常怀有同情”,“努力拥护我利益”②。

1906 年 6 月左右报社更换了主笔。日方努力接近,争取好感。1907 年日本政府给毛里斯授勋便是进一步拉拢的表现。1908 年 3 月永泷报告说,上海最有影响力的 *North China Daily News* 以报主毛里斯为首,包括已故主笔立陶尔都对日本友好,“经常登载对我国表示厚情的记事”。立陶尔去世后,不熟悉东亚情况的新主笔贝尔来沪,永泷想方设法接近,“向同人之妻赠送礼物,或者在其旅行时赠送免费船票,倾力获其欢心”③。据永泷 1909 年 2 月的《上海总领事报纸操纵费收支》记载,年末送给主笔贝尔的礼物价值墨银 120 弗,送给副主笔克林的礼物价值墨银 40 弗。这说明逢年过节时,总领事馆也直接给报社要人送礼——估计这种手法也用在了其前任身上。这样,日方又与新主笔建立了密切关系。

这种收买还是有效的。1909 年 2 月总领事代理武者小路公共在分析操纵报刊的情况时,认为外务省的机关报《同文沪报》的效果并不理想,并且介绍了自己的经验,“本人专心研究怀柔记者的方法,对重要的新闻记者或馈赠钱款,或设宴招待,平时则努力保持密切交往,例如 *North China Daily News*、*Shanghai Mercury*、*Shanghai Times*,除了一些特殊问题,都对我表达厚意,还根据本官的请托,不时起草论说,给我方提供极大方便。而中文报纸中发行量最多的《时报》甚至到了使人感到是我方机关报的程度”④。

---

① 内閣総理大臣侯爵西園寺公望:北米合衆国人オノラブル、シャールス外九十八名叙勳ノ件,1908 年。JACAR: A10112646800。

② 総領事永瀧:上海ニ於テ発刊スル諸新聞紙ノ態度並ニ之カ操縦方ニ関スル件,1906 年。JACAR: B07091174300。

③ 総領事永滝久吉:当地清字新聞操縦ニ関スル件,1908 年。JACAR: B03040813400。

④ 総領事代理武者小路公共:新聞紙操縦ニ関スル件回答,1909 年。JACAR: B03040813400。

1910年后日方在报告有特殊关系者时，该报已经消失，可能与同年起主笔更换为O.M.Green有关。该报再次出现于相关报告，是1917年外务省制定的《基于报刊所有者、经营者、接受补助等理由而有相当关系的报刊国别表》，此表将与日方有特殊关系的报纸均列于其中（详见表19）。此时正处于第一次世界大战期间，日、英同属于协约国，舆论同调，相互支持，日方想顺势建立更深的关系也是十分容易的。

不管怎么说，作为上海著名的英文大报，其报主及主笔至少在1904年至1909年间以及1917年被日方视为有特殊关系者，其立场这些时期必定是亲日的，是为日本张目的。

（7）*Shanghai Mercury*（《文汇报》）（操纵时间：1904—1927年）

1879年创办的英文晚报，另发行有周刊*Celestial Empire*（《华洋通闻》）。报社为股份制形式，大部分股份为英国人持有。

据日本总领事珍田1895年的报告，甲午战争后上海的*Shanghai Mercury*、*North China Daily News*等仍在攻击日本，需要有日本的声音[①]，说明该报在此时还是“反日”的。

如前所述，日俄战争前夕日本外务省部署在华宣传战时，要求上海总领事小田切研究如何操纵*Shanghai Mercury*，显示了对此报的重视。日俄开战后该报态度骤变，出于日英同盟的关系主动站在日本一方。此时报主为英国人开乐凯(J.D.Clerk)，对日友好。总领事馆于是向报方提供大量新闻材料。当然，日方也清楚，因为未向其提供“具体性利益”，“何时乖离亦不可测”。

总领事小田切想与该报建立起稳固关系。据其4月报告，因主笔一直不在上海，还未找到机会[②]。但以下两点可以佐证后来不仅找到了机会，而且建立了特殊关系。一是，总领事馆在当年7月将原*China Gazette*记者佐原笃介安插进了该报当记者。这肯定基于双方达成的某种协议，否则一名普通日本记者进入英文报社当记者有违常理。而佐原入社后不仅能随时向报方提供新闻材料，发布对日有利的报道，还能将报社内部的情况及时报知总领事馆。二是，如前所述，1907年日本政府以该报在日俄战争中为日本

① 総領事珍田：機密第二十二号，1905年。JACAR：B08090015100。
② 総領事小田切：上海新聞紙ノ件、上海外国新聞操縦ニ関スル件，1904年。JACAR：B07091174300。

宣传贡献巨大,授予开乐凯四等旭日章。这是对其支持日本的最高嘉奖。

日俄战争后双方仍保持原有关系,1906 年 7 月永泷总领事在报告当地报纸的对日态度及其操纵方法时说,*Shanghai Mercury*、*North China Daily News*"虽非我机关报,但报主或主笔对我常怀有同情","努力拥护我利益"①。三井物产上海分店长山本条太郎认为应该更进一步,将该报掌握在日方手中,1907 年 9 月向外务省上呈《*Shanghai Mercury* 股份收购意见》,说明收购的理由和方法。他认为该报与 *North China Daily News* 对日本都很友好,帮助很大,但是近来德国人在利用报纸上变得用心起来,设法购得了 *Shanghai Mercury* 总股份 2 100 股中的 980 股,并且还想继续收购,如果放任下去,该报就会被德国人掌握,不论社长和主编如何想登载对日有利的文章,报纸也会为大股东们左右。因此建议日方收购其大半股份,对抗德国人。他还举例说日俄战争中 *China Gazette* 被俄国收买,发布了大量对日不利的新闻和评论,"使得我国军事、政治、特别是商工业蒙受极大不利不便。鉴于这一事实……现在我国人购买 *Shanghai Mercury* 的约半数股份,在该报登载对日本有利的报道当属极其重要之事"。山本说已经在跟社长接触,了解到社长等愿意把股份转让给日方,根据报方营业报告,大约花费 6 万两就能收购过半股份,此举定会给日本商工业带来巨大利益。至于收购的资金,他认为可以动员在华日资企业一起出资②。

山本的建议得到了外务省的响应,总领事永泷为此回东京商讨对策,经过与"满铁"、正金银行、三菱等国策会社交涉,各公司承诺出资 1 万两支持购股,没料到德国商人先出资购得了那部分股份。日方只得作罢,但仍继续拉拢报方,维持着原有关系。1908 年 3 月永泷报告说,社长开乐凯、主笔尼修依然"均对我怀有厚意,努力为我利益辩护。故本官也尽力维持其好意"。不过,永泷担心开乐凯已经年迈,退职后会失去这层关系,认为需购买报社的一半股份后才保险③。

日方此时期拉拢的方法主要是逢年过节以重金购物送礼。如 1909 年

---

① 総領事永滝久吉:上海ニ於テ発刊スル諸新聞紙ノ態度並ニ之カ操縦方ニ関スル件,1906 年。JACAR: B07091174300。

② 山本条太朗:上海マーキュリー社株式買収意見,1907 年。JACAR: B03040610800。

③ 総領事永滝久吉:当地清字新聞操縦ニ関スル件,1908 年。JACAR: B03040813400。

新年给主笔送礼价值达墨银 120 弗，给副主笔的礼物价值墨银 35 弗[①]。此外还介绍日本大企业、银行登载广告。报方对此广告费十分在意，例如，开乐凯发现“满铁”、朝日啤酒等在 *China Press* 登广告时，十分不满，向日方抱怨。外务省要求上海总领事馆对这些公司加以提醒[②]。

1909 外务省实施《清国报纸通讯纲要》，向该报免费提供“东京电讯”，一直持续至 1913 年 5 月。该报是上海刊登此电讯的主要报纸。

第一次世界大战爆发后，报方的德国股东无心经营，想转让股份，日方终于找到了机会。根据佐原笃介的调查结果，外务省在 1915 年 10 月决定出资，让佐原在开乐凯的帮助下出面收购。因德国持股者多达 17 人（共约 865 股），谈判、收购花了很多时间，依靠横滨正金银行的帮助，日方最终收购成功，掌握了部分股权，佐原不仅成为股东之一，而且担任主编。日方通过入股在很大程度上掌握了报纸的话语权。

1917 年 3 月报方召开股东总会，会议决定将报社股份 2 100 股（实付资本 10.5 万两，每股 50 两）增资为 3 500 股（17.5 万两），其中 2 100 股为老股东持有，新发行 1 400 股中，1 000 股归日方所有，400 股为老股东的增资，日方在报社的地位由此大增。日方要求开乐凯修改章程，写入以下内容：3 名董事中必选入一日本人；现社长开乐凯为终身董事长，现主笔尼修为终身主笔；开乐凯如果去世，所持股份优先转让给日方，每股 50 两。开乐凯生前想转让时也是日方优先；开乐凯和尼修须像过去十多年那样使 *Shanghai Mercury* 及其周刊对日本友好。开乐凯认为将必选一日本人担任董事之条款写入章程需要三分之二股东的同意，并且这样做也会让秘密关系公开，对今后工作不利，再说自己和尼修的股份合在一起约千股，与日方的加在一起占总股份的三分之二，完全可以掌控一切。但在日方坚持下，佐原还是担任了董事。为了确保发言权，便于召开股东大会时主张日方的利益，有吉又让东方通信社的波多博充当股东，持股 50 股[③]。

---

① 総領事永滝久吉：上海総領事館新聞操縦費収支，1909 年。JACAR：B03040813400。

② 小池政務局長：機密送第一号，1915 年。JACAR：B03040610800。

③ 本野大臣：上海「マーキュリー」社株購入ニ関スル件，1917 年；総領事有吉：上海「マーキュリー」社ニ関スル件、第一〇九号、上海マーキュリー社ニ出資方ニ関スル件，1917 年。JACAR：B03040610900。

这次增资，日方所需5万两巨资均来自正金银行的贷款。佐原以股票作抵押，总领事馆负责还贷款。如此操作对外有一定的欺骗性，因为佐原作为个人是不可能拿出如此巨款的，向银行贷款则能在一定程度上掩盖佐原的傀儡身份。

为了完全掌握该报，1918年7月佐原在外务省指示下进一步增持股份，成为董事长(Director)①。此后佐原继续增持，至1921年6月“使得我方股份超过总股份的一半”②。自此，日方完全掌控了报社的经营权和人事权，尽管后来经营负责人、主笔、记者等多次易人，但报社被外务省牢牢掌控在手中。

由于亲日色彩过于明显，报方与日方关系很快为世人所知，在中国民众民族意识日益觉醒的20世纪20年代，自然会被读者抛弃。作为当初与*North China Daily News*比肩的上海老报，*Shanghai Mercury*发行量20年代前半期一直停滞在千份左右，1925年后则降至800份左右。与发行量6 000份以上的*North China Daily News*、4 000份左右的*China Press*、*Shanghai Times*相比，已经沦为三流报纸。报社的经营也因此长期处于困难之中。

1926年外务省派佐原任《盛京时报》社长，说明对该报已经失望。1927年10月报社被盘给以锦明洋行(Cumine & Co.Ltd.)为主的上海News and Advertizing公司，报社原有人员全部辞职。易主后的报社依旧“对日态度良好”③，勉强维持到1928年，仍无起色，不得不停办，彻底结束了充当日本喉舌的历史。

该报作为上海闻名一时的英文报纸，自1904年起报主与主笔就明显受到日方影响，其后连整个报社都被日方掌控，在至1927年的近二十年中活跃于上海舆论舞台，与*Shanghai Times*呼应，充当了外务省御用宣传机关的角色。

---

① 総領事山崎:新聞及通信ニ関スル調査報告書提出ノ件，1920年。JACAR：B03040880900。

② 総領事山崎:新聞及通信ニ関スル調査報告所追送ノ件，1921年。JACAR：B03040881000。

③ 外務省情報部:外国に於ける新聞(上巻)，1928年。JACAR：B02130818400。有研究称*Shanghai Mercury*是“1926年出卖股份，其中96%为锦名洋行所得”(周佳荣:《近代日本人在上海的办报活动(1882—1845)》,《社会科学》2008年第6期，第140页)，出卖股份时间与日方原始档案记载有异。

(8) *Shanghai Times*(《上海泰晤士报》)[1](操纵时间:1906—1937年)

1901年美国人鲍尔创刊的英文报纸。日俄战争期间报方出现经营困难,日本总领事馆想收买,被俄国方面抢先,1905年8月起每月接受俄方1 000元补助,充当其喉舌。

对于该报的反日宣传,日方十分关注,总领事馆事务代理松冈洋右曾因其刊登对日不利的内容前去抗议。1906年1月主笔与报主梅特兰德发生纠纷,将报社跟俄勾结的秘密暴露出来。报方不得不断绝与俄方联系,经营陷入困难。1906年7月*China Gazette*主笔亨利·奥谢的弟弟约翰·奥谢受聘任主笔。他在日俄战争期间就有亲日倾向,任主笔后多次找总领事永泷询问有关意见,并且撰写成评论发表,甚至会攻击亲俄的*China Gazette*,“使人突然觉得是否变成了我方的机关报”。永泷对此感激,于是每月给予报酬加以拉拢[2]。

1908年报主梅特兰德去世,报纸由福开森盘下后显示出拥护中国、美国利益的色彩,还有“排日”论调。永泷为此与约翰·奥谢打招呼,约翰·奥谢便利用主笔之便,缓和对日言论[3]。总领事拉拢的办法是以大笔金钱收买,如1908年、1909年度给予银600两。总领事此时以钱财收买的记者或主笔有多人,但每月定期收买的只有3人,约翰·奥谢是其中之一,而且数额最大,是其他两人的一倍或更多,可见重视程度。约翰·奥谢投桃报李,“给我方提供极大方便”,“在报纸上也总是对我方表示好意”。

1911年福开森赴北京任职,开价31 500两转让该报。约翰·奥谢想盘下,但囊中羞涩。此时美国《纽约先驱论坛报》记者密勒靠英美烟草公司等支持来沪办报,想盘下此报。为了能继续利用,1911年6月由总领事代理浮田担保,约翰·奥谢以充当日方机关报为条件秘密向横滨正金银行借上海规银12 000两(为期1年,年息6分),盘下报社。*Shanghai Times*与日方的关系进一步加深。

总领事馆由此开始全面监督、指导报方。1911年辛亥革命后报社出现

---

① 有关该报与日方建立关系的具体过程等,详见拙稿:《〈上海泰晤士报〉与近代日本官方关系考》,《新闻大学》2016年第5期。

② 総領事永瀧:露国の極東に於ける新聞政策ニ関スル件、上海ニ於テ発刊スル諸新聞紙ノ態度並ニ之カ操縦方ニ関スル件,1906年。JACAR:B07091174300。

③ 永滝総領事:当地新聞操縦ニ関スル件。1908年。JACAR:B03040813400。

经营困难,约翰·奥谢要求救济,总领事认为该报地位下降,即使补助也无希望改良,委婉拒绝,但在1912年6月债务到期后,仍允许延期1年返还。此间约翰·奥谢不满日方借债务施压,态度出现变化,但无法摆脱关系。

1913年9月约翰·奥谢病亡,一直负责社务的英国人诺丁汉姆(E.A. Nottingham)掌控实权。沙逊公司等是报社的债主,看到报社经营不振后开始讨债。次年第一次世界大战爆发,日方迫切需要喉舌发声,1915年3月外务省出资5 000日元,正金、台银、大仓、三井等约10家国策会社各出资1 500日元,委托东方通信社波多博出面购买了沙逊公司的债权,入社负责监督,由此基本上控制了报社产权。为了保持报纸的原先"身份",外务省决定让诺丁汉姆也象征性地出资3 000两,出面担任社长,负责一切业务,对外隐匿与日方的关系,仍称是英国人经营。外务省自此完全暗中掌控了报社。

外务省全力扶植该社,1920年3月提供"扩张费"5万两,翌年8月追加"扩张费"3.4万两,用于改良铅字,购入整行排铸机、打字机,增聘英国人做记者,改善、扩大纸面①。1921年末报社还开始发行周日版 *Shanghai Sunday Times*(《星期日泰晤士报》),达40页,其中还有照相版4页,受到读者欢迎,当年发行量就达3 500份。

1924年3月报社遭火灾,靠外务省做担保从正金银行借入的上海银11 200两(年利息7分,外务省负担一半)以及获得的火灾保险赔偿,使之不仅很快恢复正常,而且版面由12页扩大到16页。时至1927年,在外务省的全力资助和总领事馆的具体指导下,加上诺丁汉姆的有效经营,该报终于在上海英文报刊中占据重要地位,1927年的发行量达4 500份,仅次于 *North China Daily News* 的6 000份,周刊发行量达6 500份,在上海英文周刊中居首位②。

九一八事变后中国抵制日货运动高涨,受中国读者抵制,亲日报纸或彻底倒闭,或勉强支撑。该报虽然在事变后登载"理解"日方的评论及报道③,但因披着纯英方"血统"的外衣,几乎未受影响,仍是上海英文大报之一。鉴于该报的重要性,外务省在1935年购下诺丁汉姆的股份,彻底获得了报社

① 総領事山崎:新聞及通信ニ関スル調査報告書追送ノ件,1921年。JACAR: B03040881000。
② 総領事矢田:新聞及通信ニ関スル調査報告書提出ノ件,1927年。JACAR: B02031059800。
③ 外務省情報部:外国ニ於ケル新聞(上巻),1934年。JACAR: B02130840500。

的所有权，但仍让诺丁汉姆出面伪装成英国报纸。

自 1906 年起，在外务省的领导下，借助国策会社的大力支持，上海总领事馆先后以拉拢、贷款、入股的方式渗透进入，最后完全占有该报。因属于英国籍，一直由英国人经营，又高举“拥护英国政策”的幌子，欺骗性极强，得以一直活跃于上海舆论舞台，并且成为上海英文大报之一。该报是日本官方在上海操纵时间最长的报纸，也是在华操纵时间最长的英文报纸。它与北京的 *North China Standard*，一南一北，一明一暗，遥相呼应，充分发挥了日本官方喉舌的作用。

(9)《时报》(操纵时间：1908—1911 年)

1904 年创刊的中文日报，版面为 8 页，由康有为出资，其门人狄葆贤(字楚青)负责经营。为了避开清廷干扰，1907 年以宗方小太郎名义在日本领事馆注册，同年起狄葆贤与康、梁意见开始出现分歧，次年逐渐疏远保皇党，独立经营，使得党报蜕变成民营报纸。

1908 年 3 月总领事永泷在汇报对上海报刊的操纵工作时说，《时报》《新闻报》《中外日报》的读者最多，自己苦心利用的是《时报》《同文沪报》。对于前者，自己“努力说服记者或股东，或使其为我利益辩护，或使其笔锋缓和”。永泷之所以如此，是认为纵观报业状况，使一定的报纸成为日方机关报颇为困难，并且通过《同文沪报》的经验看，一旦世人知晓报方的真面目，日方并不能充分获得实际利益，还是收买记者加以操纵更为便捷有效①。显然，《时报》是总领事重点拉拢的对象。该报在日方登记，由日本人担任名誉社长，已经具备建立更深关系的基础，因此，总领事物色的对象是很有针对性的。

总领事的工作十分见效。1909 年初总领事代理武者小路公共为申请新年度报刊操纵费用而汇报取得的成绩时说，已经能够利用一些报纸为日本说话，“而中文报纸中发行量最多的《时报》甚至到了使人感到是我方机关报的程度”。此种说法也许夸大其词，但可以反映出该报受日方影响程度之深。

1909 年 6 月外务省实施《清国报纸通讯纲要》，该报被指定为免费发送对象，是上海发布“东京电讯”的重要报纸之一，一直持续到 1911 年②。这

---

①　総領事永滝久吉：当地新聞操縦ニ関スル件，1908 年。JACAR：B03040813400。

②　総領事有吉：新聞通信ニ関スル件報告，1909 年；新聞電報通信ニ関スル件，1911 年。JACAR：B03040681900。

说明至此双方都保持着特殊关系。此后关系不明,总领事馆1914年底的定期调查报告说,该报虽然以日本人之名在日本领事馆注册,“但有宗方不干预编辑的规约,故与其他中文报纸一样,有时登载排日报道”。这说明双方关系一般。1919年受抵制日货运动影响,该报转而在法国领事馆注册,完全摆脱了日方的相关束缚。

1910年前后《时报》发行量达15 000份以上,位居上海中文报纸之首,在上海及周边影响之大自不待言。日方操纵该报正值第一次抵制日货运动之后,应该在某种程度上发挥了预期的作用。

(10)《中外日报》(操纵时间:1909年)

1898年创刊的中文报纸,1909年前后发行量约1万多份,负责人为汪康年,主笔为汪仲容。

有关该报与日方的关系,张之洞在1900年就指出上海的《中外日报》与《汉报》《国闻报》《沪报》《便览报》《苏报》一样受到日方保护①。《汉报》《国闻报》《沪报》当时都是日人所办,自然受到保护,该报则不同,受保护原因还有待细究。

1908年抵制日货运动爆发后,为了对抗当地的舆论,上海总领事永泷想方设法接近中国报纸,中文大报之一的《中外日报》被纳入视野。对于该报,永泷申请1909年度“报纸操纵费”时,有每月支付给主笔25弗、年额墨银240弗的预算②。同年3月底还报告说,为了掌握该报,他曾经让三井物产的人员出面收购其股份,并且进入协议阶段,终因中方突然中止作罢。既然将费用纳入了年度预算,说明日方已经与主笔建立了稳定有效的联系,十分有把握。

1909年4月袁世凯出巨资盘下了该报,日方未能如愿收买股份。同年底日方的定期调查称该报的“主义”为“官僚派”,报主为陈屺怀,主笔为洪樵苓③。报主与主笔易人,意味着与日方的特殊关系完全消失。

(11)《新闻报》(操纵时间:1909—1911年)

1893由中外商人合办,盛宣怀的顾问福开森负责经营后,日方认为上

① 中下正治:《新聞にみる日中関係史——中国の日本人経営紙》,第80页。
② 総領事永滝久吉:上海領事館新聞操縦費収支,1909年。JACAR:B03040813400。
③ 外務省政務局:清国ニ於ケル新聞紙ニ関スル調査,1909年。JACAR:B02130815800。

海的这一中文大报总是标榜美国的利益，并且不时表现出攻击日本的态度，对此十分不安。1906 年该报准备成立股份公司，资本 6 万两，每股 50 两。总领事永泷得知后，觉得这是一个拔出眼中钉的机会，他找到盛宣怀的幕僚，希望通过其关系以某日本人的名义出资 1 万两，遭谢绝①。

报社改组为股份制公司后，盛宣怀等中国人拥有其中的 3 万弗，福开森名义下有 3 万弗(其中约两万弗为德国人所有)。1908 年 6 月永泷报告称，该报本来收益很好，但近年来因经济不佳，商业广告锐减，加上新闻纸涨价，最近三四个月几乎没有盈利，福开森跟中国人透露说想以 8 万两卖掉报社。时值第一次抵制日货运动期间，日方急需宣传机关，永泷建议外务省花 4 万两买下一半股份，表面上仍由福开森经营，暗中加以操纵。4 万两在当时来说属于巨资，外务省以代价高昂未批准。同年 7 月永泷又建议向该报投资入股，仍未能获准。

与此同时，日方积极拉拢报纸主笔、记者。总领事馆 1909 年度用于操纵报刊的预算，准备用在此报主笔(后改为记者)身上的为年额墨银 300 弗，占操纵总费用的第二位②。操纵的具体对象与实情不得而知，但没有十分把握，总领事馆是不会将此项目正式纳入预算的。福开森虽全权掌控该报，但忙于其他工作，主笔或记者完全有机会不动声色地为日本效力。操纵的效果延续至 1911 年，同年初上海登载日方"东京电讯"的主要中文报纸即是此报③。

1911 年后报纸主笔姚伯欣卸任，由张铁民接替，该报从日方有关报告中消失。日方利用主笔的时间虽然很短，但当时正是抵制日货运动后期，而该报当时在上海属于大报，自然被日方赋予了缓和舆论的角色。

(12)《华报》(操纵时间：1915—1917 年)

1915 年 12 月发行的中文日报，"标榜中立，以振兴实业为主义，谋求日中亲善"，对外称代表者为叶养吾，主笔是陈景韩(1916 年为张师石)，记者也是中国人，但实际经营者是宫地贯道④，以冈田有民的名义在日本总领事

① 総領事永滝久吉：上海ニ於テ発刊スル諸新聞紙ノ態度並ニ之カ操縦方ニ関スル件，1906 年。JACAR：B07091174300。

② 総領事永滝久吉：当地清字新聞買収ニ関スル件，1908 年。小村大臣：清字新聞買収ニ関スル件，1908 年；新聞操縦ニ関スル件，1909 年。JACAR：B03040813400。

③ 総領事有吉：新聞電報通信ニ関スル件，1911 年。JACAR：B03040681900。

④ 有关宫地贯道，详见村上勝彦：《長江は第一線にして，満蒙は最後の塹壕なり——宮地貫道の事跡について(その1)》，東京経大学会誌《経済学》第 259 号，2008 年。

馆注册,当年发行量 3 000 份[①]。

该报是在上海的日本人实业协会会长、正金银行支店长等牵头下,出于为日本对华经济扩张摇旗呐喊的目的,由实业协会具体筹划、出资创办的。之所以由中国人出面做报社代表,是因为实业协会认为如果像《顺天时报》那样旗帜鲜明地宣传日本,只会引起中国读者的反感。将报社实际交给宫地经营,则是看上他在上海有多年经营印刷业的经验,前一年又创办了日文报纸《上海日日新闻》,熟悉报纸经营情况[②]。

筹办期间大阪方面的商业人士也提供若干资金。正式发行后协会每月补助一千数百日元,总领事馆每月也补助 250 弗,加上来自其他方面的,报社每月直接、间接得到的补助达 2 000 弗左右[③]。尽管有强大的后盾,在对外方面也作了精心包装,但报纸销量低,1916 年仅为 500 份。当初的 5 000 份销量估计大多是用来赠阅而招徕读者的,未能反映出实际需求。报社因此每月赤字。

1916 年 10 月井手三郎创办《东亚日报》后,上海同时存在两份日人经营、资助者相同的中文报纸,既会因竞争而内耗,又会分散资助力量。1917 年初外务省建议合并两报,经过有吉总领事召集实业协会做工作,1917 年 10 月该报与《东亚日报》合并,称《亚洲日报》继续发行[④]。

(13)《东亚日报》(操纵时间:1916 年、1917 年)

"作为东亚同文会机关报",是 1916 年 10 月 31 日创刊的中文日报,报主为井手三郎,主笔为秦平甫[⑤],有中、日记者各 5 人,中国访员 3 人,在 10 个城市分别设一通讯员。报社公开称是日本人经营的,不属于任何政党政派,是东亚同文会的机关报,为了保持"公正",选用无党派者为记者[⑥]。

井手在《同文沪报》关闭后,回国参加众议院议员竞选,1912 年起连续两届当选,跻身于日本政坛,但仍有心继续在华发展报业,东亚同文会一些

---

① 外務省政務局:支那ニ於ケル新聞紙調査,1917 年。JACAR:B03040678500。

② 有吉総領事:実業協会ノ補助ニ依ル漢字新聞発刊ノ件,1915 年。JACAR:B03040813700。

③ 有吉総領事:信函,1916 年。JACAR:B03040616600。

④ 有研究(中下正治:《新聞にみる日中関係史——中国の日本人経営紙》索引,第 23 页)认为该报 1923 年关停,应有误。

⑤ 外務省政務局:支那ニ於ケル新聞紙調査,1917 年。JACAR:B03040678500。

⑥ 井手三郎:上海漢字新聞経営書,1917 年。JACAR:B03040616700。

要人，如宗方小太郎、白岩龙平等积极支持。井手1915年夏来上海后，向外务省政务局长小池张造上书，认为当务之急是在上海创办1家完全属于日方的中文机关报，希望提供资助，同时也向陆军和海军方面提出申请，得到了军方资助的承诺。外务省考虑到井手会向实业界要求资助而与《华报》产生冲突，并且以日本人名义经营不利之处很多，对此并不积极。但井手获得军方的支持后，外务省只能附和。

井手从外务、陆军、海军三省共获得创业费约2.3万日元[①]。在“创刊要旨”中，井手提出：“彼等抵制日货运动皆因敌国奸商等的煽动唆使而然，利用报纸，蛊惑内部无知之读者，推波助澜，形成附和雷同之势。为了防患于未然，仍然需要借助报纸之力量，平时使其熟知我国真意，除此以外，别无他法。”“相信只有收揽其人心，才能振兴我对华政策，发展对华贸易。”据此可知，“收揽人心”，扩大日本在华经济利益是办报目的所在。

发刊前井手做了大量宣传工作，在上海四大中文报做了发刊预告，创刊后又是免费赠阅三日，又是第一周免费登载广告。这使得最初计划每天3 500份的印数不够，又增加了200份。井手由此信心大增，试图把报社建成不亚于《申报》《新闻报》的大报[②]。

不过，井上争取到的只是创业费，日常经营则因报纸发行量不佳而出现困难。1917年井上通过东亚同文会向外务省申请3万日元补助[③]。外务省未批准，并且竭力主张报社与《华报》合并。1917年10月两报合并称《亚洲日报》继续发行。

(14)《亚洲日报》(操纵时间：1917—1919年)

1917年8月31日发刊的中文日报，报主井手三郎，主笔秦平甫，公开声称由日本人经营，以“日中亲善”为主义，“以联络中日感情为宗旨，为两国实业界之机关”。

该报是由外务省出面，与《东亚日报》的后台陆海军方面、《华报》的后台实业界相商后，合并两报而建立，创立资金达8万日元。对于合并经营，白

---

① 石井大臣：井手三郎計画ノ漢字新聞発刊ノ件，1916年。JACAR：B03040616600。

② 井手三郎：漢字新聞東亜日報創刊ノ要旨，制作时间不明(从内容看在创刊不久)。JACAR：B03040616600。

③ 東亜同文会：東亜同文会事業拡張補助申請書，1917年。JACAR：B12081970000。

岩龙平、井上准之助等日本各界要人都表示支持。

为了体现出报纸属于“两国实业界之机关”,报纸的发行启事上特地说明发起人是上海总商会会长朱葆三、副会长沈联芳,上海日本实业协会会长儿玉谦次、副会长秦长三郎,此外还列举了王一亭、白岩龙平等中日工商界赞成者名单①。不过,从报纸的性质看,上海工商界名流与本报无实质关系,纯属挂名而已。

总领事馆通过《同文沪报》对井手的经营风格已经非常了解,为了不重蹈覆辙,采取了两个措施。一是让实业协会推荐人选任会计主任,另派实业协会干部、在上海经营绢丝纺织业的饭森担任报社财务顾问,实际上是代替总领事监督、检查财务。二是在总领事主导下成立“编辑会议”,以宗方小太郎、佐原笃介、波多博、宫地贯道、西本省三等为成员,每月召开会议一两次,有吉总领事亲自参加,讨论报面上的注意事项、经营状况等。对于议定的事项,要求井手付诸实施。总领事馆想将报社完全置于自己的监督领导之下。

外务省希望该报办成能与《申报》等抗衡的大报,1918 年度提供了 3 万日元补助用于发展事业。同年春井手提出购买轮转机,外务省与陆、海军省又共同资助 5 000 日元,同时要求先增加发行量。不过,因纸价暴涨和汇率的影响,报社经营出现困难,发行量仅在 1 500 份左右,连原定的增印赠阅计划和在一些地方开设分馆的计划都被取消,但由于国策会社等纷纷提供补助,得以财政困难缓解。

1919 年外务省仍计划提供 3 万日元,由于汇率变化,报社实际获得的费用大打折扣,加上实业家们对该报的作用开始出现疑虑,失去当初的热情,报社经营遇到很大问题。井手希望将补助增加到 5 万日元,外务省未批准,并且在 1919 年 8 月末明确告知将终止补助。失去主要后盾的井手不得不在 12 月下旬关闭报社。

外务省主导,军方和国策会社耗费巨资寄予厚望共同创办的这家报社,经营仅仅三年就被放弃,主要原因有二。一是该报的发行量过少。即使不谈发行量过万的大报,就是与上海一些中型报纸四五千份的发行量相比也

① 亚洲日报社:亜州日報刱办宗旨,制作时间不明(该纸张是夹在赠阅用《亚洲日报》中的,制作时间应为创刊之初)。JACAR:B03040616800。

明显偏少，何况很多还是赠阅的。并且，在五四运动后中国读者民族意识高涨的背景下，无论报方怎么努力，想增加发行量也是十分困难的。这与外务省等的巨额投资和殷切期望根本不成正比。二是公使馆等对报纸内容不满意。仅仅是1919年2月19日至3月5日，北京的小幡公使就多次致函有吉，指出《亚洲日报》此间发表的数篇文章有违创办初衷，批评报方未能尽到应该履行的责任，要求总领事馆严加监督[①]。有吉总领事设计的"编辑会议"等一套监督制度，不知何故未能有效运作。

(15)《神州日报》(操纵时间：1917—1926年)

1906年创刊的中文日报，创办后几经转手，1917年留日归国的余洵(号谷民)从钱芥尘手中接下经营，以三井洋行神崎正助的名义在日本领事馆登记，余自任主笔，当年的发行量约4 000份。该报此前具有浓烈的"排日"色彩，上海总领事馆为此多次抗议其"不实报道"[②]，因此曾经是日方的眼中钉。

有关报方与日方的关系，总领事馆1918年的报告说："该报归现经营者之手后，靠宗方小太郎介绍，与我国在上海有实力的实业家建立特别关系，接受其援助，其具体关系不详，但由三井提供月额五六百弗。""对我方怀有好意"，故外务省1917年将其纳入与日方有特殊关系的报纸[③]。1919年外务省的文件有类似记载："据说近年来与我国有势力者结为特殊关系，接受援助，但具体关系不明。"[④]1921年总领事馆在汇报上海与日方有"特殊关系"的报纸时，又说1918年2月三井上海分社以墨银两万弗，从报主钱芥尘手中盘得，以余洵为经理，此后三井每月提供墨银900弗的补助费[⑤]。

宗方小太郎的日记也提供了重要线索。他的日记自1918年起频繁出现余洵、三井的藤村之名，并且说是商谈收购《神州日报》之事。1918年

---

① 有吉総領事：第一一〇号、漢字新聞発行並ニ収支予算表提出方ニ関スル件，1917年；第三六号，1918年。小幡公使：亜州日報監督方ノ件、新聞監督操縦ノ件，1919年。内田大臣：第四四号，1919年。外務省：埴原次官ノ命ニ依リ録取，1919年。JACAR：B03040617000。

② 例如，総領事有吉：斉藤少佐ニ関スル新聞捏造記事ニ関スル件，1914年。JACAR：B03040813600。

③ 外務省政務局：支那ニ於ケル新聞及通信ニ関スル調査，1919年。JACAR：B02130261800。

④ 外務省政務局：新聞政策ニ関スル新計画案(未定稿)，1919年。JACAR：B03040600400。

⑤ 総領事山崎：新聞及通信ニ関スル調査報告所追送ノ件，1921年。JACAR：B03040881000。

正月16日的内容是:"上午至三井访藤村,领取收购《神州日报》费。"下午"三时半余洵来,交给从藤村处收到的银2 000元"。2月1日的记载则是:"三时半至三井,与神崎、余洵见面,四时三人同车,至派克路钱芥尘宅,在其病榻上就《神州日报》让渡之事签约。"①

综合以上资料可知,1917年余洵接手经营后由宗方居中获得了三井的资助,1918年仍由宗方居中、三井出资、余洵出面完全盘下此报,余洵应该充当了日方的代理人。日方提出的条件是什么,这一身份保持至何时,日后是否有变化,还有待研究。1919年五四运动爆发后,《申报》《时事新报》《时报》等都取消在日本总领事馆的注册以避嫌,仅此报坚持不变。如此执著更证明了其隐藏的日系身份。

在对日态度上,该报明里暗里拥护日方立场,为其辩护。1920年报方向总领事馆申请补助,外务省在《亚洲日报》停刊后正苦于上海没有得力的中文喉舌,对于报方的申请自然积极支持。1920年外务省以"临时扩张费"的名义向报方提供墨银1 100弗,1921年4月又与日华实业协会共同补助了1 100弗,1922年度更将补助增加至洋银5 400弗②。因此,余洵与外务省关系也密切起来。1921年"东亚新闻记者大会"在东京召开期间,余洵单独去外务省拜访,甚至与渡边事务官等讨论《神州日报》的改革问题、与东方通信社的工作关系等,接受指示,全然是日方的代理人之态。

外务省1923年后对该报的补助不明,但报社当初完全是日本出资盘下的,因此对日态度依然如故,1925年末上海总领事对其评价仍是:"此后即使是排日风潮激烈之时,始终努力为日本的立场辩护。"③

1926年末,报社因经营困难关闭。该报在上海虽然不是大报,但发行量也不能小觑,余洵接手的1917年即有4 000份,在1925年仍保持6 000份左右。这一时期日方在上海能够有效操纵的中文报纸十分有限,该报借其发行量在为日方鼓噪上发挥的作用引人注目。

---

① 大里浩秋整理:《宗方小太郎日記,大正7～8年》,日本神奈川大学人文学研究所《人文学研究所報》第57号,2017年,第127页。

② 総領事山崎:新聞及通信ニ関スル調査報告所追送ノ件,1921年。JACAR:B03040881000;内田大臣:新聞補助金送付ノ件,1922年。JACAR:B03040625500。

③ 総領事矢田:新聞ニ関スル定期調査書送付ノ件,1926年。JACAR:B03040881500。

（16）*China Press*（《大陆报》，操纵时间：1917 年）

1911 年创刊的英文报纸，由英美烟草公司及伍廷芳等出资。主笔托马斯·米拉特被日方视为有名的反日论者，时常登载相关文章。1914 年日本出兵山东后，该报站在德国一方，对日无好感。

1916 年 Herbert Webb 接任主笔后仍持反日态度，日商以拒绝登载广告相威胁，迫使报方缓和态度，1917 年美国对德宣战，日美成为盟友，该报才不再登载反日报道。外务省 1917 年列举过与日方有特殊关系的报刊，该报也在其中①。双方的具体关系，因史料缺乏无法得知，但既然出现在外务省的名单中，该报在为日本宣传方面肯定得到了日方的充分认可。

不过，这种关系保持时间极短，日方 1918 年底调查说报方又恢复旧态。自此，该报基本上都持“排日”态度，成为日方的眼中钉。

（17）*Far Eastern Review*（《远东时报》，操纵时间：1917—1937 年）

创办于 1912 年的英文月刊，美国人乔治（Rea George Bronson）持有，以商工业报道为主，亦刊登有关产业、贸易的政论，发刊之初就获得政治、经济界重视。

乔治同情中国现状，致力于拥护美国利益，1915 年日中交涉期间，站在中国立场发文极力抨击日本。1916 年发行量达到千份，1917 年底上海日本总领事馆的报告称其内容以财政与工商业报道为主，尤其擅长矿山铁道记事，是“东亚月刊英文杂志之巨擘”②。

这一英文杂志因常常发表“排日”文章，被日方视为眼中钉。1917 年秋主笔澳大利亚人唐纳德（W.H.Donald）去日本，为日方接近提供了契机。在日期间他与涉泽荣一男爵及企业人士见面，“深受厚遇，结果对我方的误解稍解，采取渐渐与我方接近的态度”。1918 年唐纳德再次赴日，“在日本官民的援助下”，以在该杂志上介绍最近日本工商业发展状况为目的，遍访外务省政务局长小幡、男爵涉泽、横滨正金银行行长井上等，在与企业家会谈中，希望日方登载广告，以作收集资料和刊登所需的费用。日方心知肚明，这是变相要求资助，鉴于该杂志的地位和对日态度，决定利用此机会。在涉

---

①② 外務省政務局．支那ニ於ケル新聞紙ニ関スル調査，1918 年。JACAR：B03040679400。

泽、井上斡旋下，唐纳德从各大企业征集到年额1万日元的广告费。唐纳德又提出在日本成立一家机关，将外务省和正金银行收集到的资料翻译成英文后再寄送上海，并且请日方物色人选。日方于是设立 *Far Eastern Review* 东京分社，以月薪250日元聘用路透社通讯员桥口处理通讯及广告等一切业务。唐纳德的上述行动涉及杂志的经营方针，肯定得到了报主授意。

获得年额万元的广告费后，该刊自然投桃报李。总领事有吉报告说，“该杂志的论调亦有不少变化，先前的极端性排日笔锋渐渐消失”[①]。不过此种状态没有延续多久，“欧洲大战终止后，又有故态复萌的倾向”，1919年4月开始出现赤裸裸的反日文章。有吉向外务省建议立刻停止日本企业登载广告[②]。日方的要挟效果显著，1919年夏乔治在东亚问题上的态度一变，在月刊上逐号载文鼓吹东亚和平只有靠日中亲善才能实现，为了东亚的和平，美国不能在东亚扩张，为了东亚，日、美、中三国需要友好。这些主张引起在华一些欧美人的疑惑乃至愤怒，欧美大企业纷纷要求撤回广告，给该杂志财政带来很大威胁。乔治因此要求日方提供以下援助：(1)日方企业每年登载50页广告，每页广告费一年为1 200弗，故总额6万弗。(2)日本政府每期购买2 000份。乔治表示，如果答应以上条件，自己可以以日本为背景全力经营杂志。日方研究后决定，对于既已产生的广告损失与将来预计产生的损失，分别提供1万弗补助。正金银行行长小田切出面告知乔治以上决定，还表示日方企业会尽力提供帮助。

乔治对此并不满意，双方继续谈判。此间该杂志又刊登起“排日”文章。此举可能是乔治给日方施加压力，同时又是对英美商家表明反日态度，缓和其不满情绪。在此压力下，1920年7月外务省情报部长伊集院在日本银行俱乐部召集大企业家开会，详细说明乔治的要求以及背景情况，请求援助，经过多次聚会讨论形成广告费分摊方案，决定从当年起实施。至1928年各方分摊情况与补助总额如表9所示。

---

① 外務省情報部：支那ニ於ケル新聞及通信ニ関スル調査，1920年。JACAR：B03040890000。
② 有吉総領事：フアー・イースターン・レビューニ関スル件，1919年。JACAR：B03040813900。

表 9　外务省与国策会社对 *Far Eastern Review* 各年的补助额(1920—1928 年)

年份	国策会社的补助	外务省的补助	合计
1920	58 200	20 800	79 000
1921	64 800	15 200	80 000
1922	48 940	31 060	80 000
1923	58 200	15 000	73 200
1924	50 400	15 000	65 440
1925	48 000	15 000	63 000
1926	45 000	15 000	60 000
1927	从本年度开始铁道省直接签约(4 800)		
	37 600	10 000	
1928	38 500		

说明:以上表格原文没有货币单位,应该是日元。
资料来源:外務省情報部:関係新聞調查,1929 年。JACAR: B10070264800。

据表 9 可知,日方完全满足了乔治的要求,每年都补助巨额资金,其中的大部分由国策会社承担。外务省对该刊的操纵靠国策会社的大力支持得以实现。

1922 年主笔辞任后,乔治亲自兼主笔,直至 1926 才增加了副主编,1929 年起他持有杂志社四分之三的股份,具有绝对领导权。因此,在重金收买下,该刊对日态度始终友好,总领事馆至 1930 年对其评价一直是:“对日本有善意,以至于严正批评美国对东方及日本的政策,总是致力于介绍我方在朝鲜、台湾、‘满洲’之政绩。”①

进入 30 年代后外务省是否提供补助不得而知,从该杂志的表现看,其依然与日方关系密切,1930 年前后新上任的副主编拉瓦尔被日方称为“亲日家”,而乔治还在伪满洲国担任顾问,估计又获得了丰厚的“顾问费”。这都说明该刊不仅亲日势力得到进一步增强,而且与伪满建立了直接联系。

1935 年前后乔治离世,由已经升任主编兼主笔的拉瓦尔暂时继承了杂志社的权利。在对日态度方面,该刊仍“登载东亚的经济评论,特别是对日

① 外務省情報部:外国に於ける新聞,1931 年。JACAR: B02031075000。

本怀有好意的评论及报道”,“具有相当亲日亲满倾向”,仍“致力于介绍我方在朝鲜、台湾、‘满洲’的统治成就”①。

日方一直称该刊为“东亚英文杂志之巨擘”,其发行量多时约 4 000 份,大部分时间则在 2 000 份左右,与发行量 4 500 份左右的《密勒氏评论》相比差距明显。尽管言过其实,但是它是上海有特色的英文杂志亦是事实。在长达近二十年的时间内,作为上海英文主流杂志,该刊长期宣传日本各方面的建设成就,为日本在“满洲”的统治唱赞歌,树立“正面”形象,充分扮演了日方形象代言人的角色。

(18) *China & Far East Finance & Commerce*(《中国远东商业金融报》,操纵时间:1920—1927 年)

1920 年 1 月创刊的英文周刊,E.J.Dingle 为主办人兼主笔(主笔后为 F.L.Pratt),以促进通商发展为宗旨,主要为经济报道,发行份数开始约 2 000 份,后来降至约 500 份。

该刊一发行就被日方归为“亲日”杂志,原因是 E.J.Dingle 与日本前任总领事有吉有私交,约好发行后的第一年由总领事馆每期包销 10 份,所购费用的 200 两是对该杂志的补助。这样,周刊“自第一号发行以来登载对我方善意的报道”②。这种变相资助在 1921 年后的情况不得而知,但日方 1922 年、1923 年的报告都说该周刊“对日本怀有好意”③。作为非日本籍刊物,这种“好意”绝不会无缘无故维持这么长时间,日方的变相资助肯定在延续。

1925 年周刊更名为 *Finance & Commerce*(《金融商业报》),A.C.Davis 负责经营,F.L.Pratt 仍任主笔,并且升任专务董事。1927 年后刊名又改为 *Far Eastern Finance & Commerce*,主笔 F.L.Pratt 未变,在对日态度上,总领事馆对其评价都是“对日本有好意”④,日方的影响显然还存在。但日方 1928 年的相关报告未出现以上评价⑤,说明双方关系已经疏远。

---

① 外務省情報部:満洲国及支那ニ於ケル新聞,1936 年。JACAR:B02130853300。

② 総領事山崎:Finance & Commerce 誌補助ニ関スル件,1920 年;内田大臣:Finance & Commerce 補助ニ関スル件,1920 年。JACAR:B03040625400。

③ 外務省情報部:支那ニ於ケル新聞及通信ニ関スル調査,1924 年。JACAR:B03040870900。

④ 外務省情報部:支那ニ於ケル新聞及通信ニ関スル調査,1927 年。JACAR:B10070262800。

⑤ 外務省情報部:外国に於ける新聞(上巻),1928 年。JACAR:B02130818400。

作为经济金融杂志，该刊比 *Far Eastern Review* 更专业，所以发挥的作用也应该是从经济等方面为日本树立正面形象，唱赞歌。

(19)《中华新报》(操纵时间：1922—1926 年)

1915 年前农商总长谷钟秀、司法总长张耀曾等政学会核心人物创办的中文报纸，因攻击北京政府，1921 年被交通部禁止发行，同年解禁。由于政学会失势，解禁后报社失去财源，经营困难。

该报在五四运动时期，与其他中文报纸一样登载抨击日本的报道，甚至载文称日本商品中最坏的是东方通信社、共同通信社等的电讯。不过随着抵货运动转入低潮，特别是经营陷入困难后，其论调开始变化。1921 年底上海总领事就该报报告说："政学会近来失势，故经营亦告困难，正向各方通融资金。另外，以往登载过排日报道，但近来对日感情良好，特别是对于山东、二十一条等外交问题，评论甚为公平。"①

所谓"公平"一定是指不再发表抨击日本的评论，这可能是在为接近日方表示善意。据 1921 年底总领事船津报告，《中华新报》为了扩大业务，向东方通信社的波多博提出想借银 5 万元。当时华盛顿会议刚结束，上海的报纸连续多年的"排日"气氛一转，反对欧美声渐起，外务省认为是"绝好的机会，利用中国报纸可获益多多，因此不管担保物价值多少，只要条件适合就答应对方的要求"。于是让横滨正金银行出面提供贷款。1922 年 5 月由上海总领事居中担保，《中华新报》以该报代表张耀曾开据并署名的财政部国库证券银 5 万元作担保，从正金银行借得所需款项，利率 6 分。双方由此建立起特殊关系。

报方的借款一直拖欠，未能还清，1923 年本金加利息仅付了 6 000 弗。此后几年经营仍无起色，发行量一直在 6 000 份左右，与其他大报无法相比。为了节省开支，报社 1924 年减少版面，仍未能缓解困难，1926 年 2 月 8 日遂以经营困难停刊。日方要求清算还债，张耀曾回应说将在北京复刊，希望延迟偿还，其间又归还银 1 500 弗。此事拖到 1927 年，日方不断催讨，张回信希望等待复刊。1928 年债务为 49 438 弗，张仍希望再延迟一年，但复刊毫无动静，债务成为死债②。

---

① 外務省情報部：支那ニ於ケル新聞通信ニ関スル調査，1922 年。JACAR：B02130798900。
② 外務省情報部：関係新聞調查，1929 年。JACAR：B10070264800。

在上述债务束缚下，该报从1922年至停刊前一直与日方保持特殊关系，反映到报面上就是“对日本态度公正”，“努力辩护日本的立场”。因为此种态度太明显，“中国人将其与《神州日报》一起视为亲日报纸”①。因此此报与《神州日报》是20年代中期日方在上海最重要的中文喉舌。

(20)《商报》(操纵时间：1922年、1923年)

1921年上海商界要人汤节之与虞洽卿等创办，是实业界新人的机关报。汤节之任报主，主笔为陈布雷、陈铁生(后为施公展)，美国籍犹太人索科尔斯基(E.G.Sokolsky)等也参与其中。报纸编辑的体裁巧妙，内容丰富，发行后就在工商界和学生中赢得不少读者，发行量达万份，跻身于上海中文大报之列。

日本总领事馆1921年的报告认为，该报主持人大多反日亲美，加上接受英美烟草公司的补助，“总是刊登亲美排日的报道，其‘东京通信’中有不少可认为是完全捏造的消息”，“煽动排日热”，提请外务省设法对付。

1922年船津辰一郎赴任上海总领事，给接近该报带来机会。据船津报告，自己在天津总领事馆任职时就与索科尔斯基有私交，来上海后重新接上关系。自此索科尔斯基“不断出入我馆，极力对我方表示好意……最近对本官说明《商报》目前穷状，希望我方援助”，因为该报当初仅以3万弗创办，为了借款将印刷机等都作了担保，现因薪金和纸价上涨，经营陷入困难。因此希望向日方融资约3万两，用于整顿报社财政，增加发行量，同时兼营一般印刷业，由此获利，有信心偿还借款。这对日方来说当然是接近的最佳机会。但船津不敢贸然相信，便向与报方有业务往来的富士制纸会社的上海代表核实，结果表明所说属实。

船津仍心有疑虑，因为该报在当地“排日”色彩最浓，融入如此巨资后能否真的为己所用值得担心，于是向外务省献计，先不答应借款之事，而是每月补助一些，借此约束对方，补助的额度则以能够约束对方为限，在此期间见机行事，不行就停止。与此同时，还动员上海的日商在该报登载广告，提供间接资助，并让富士制纸会社暂缓催讨新闻纸费用。

外务省同意此计划，指示从1922年5月开始每月补助洋银1 000弗。

① 外務省情報部：支那(附香港)ニ於ケル新聞及通信ニ関スル調査，1926年。JACAR：B02130807700。

在索科尔斯基牵线下，日方直接与报主交涉，提供了补助，“当初完全取得操纵之实”，该报锋芒明显收敛。不过好景不长，1923 年 11 月外务省电告上海总领事说，据东方通信社报告，《商报》最近登载了不友好的文章，要求与报方随时保持充分接触，尽量努力使其对日方采取有利的态度。

发生以上变故，是因为报主汤节之 1922 年夏因故遭牢狱之灾。日方失去有效联系人，只能利用索科尔斯基暗中工作，设法施加影响，虽不如意，仍取得了一些效果。1922 年末索科尔斯基也离开了报社，因记者还是原班人马，日方仍通过索科尔斯基影响一些记者。但这种间接关系并不牢靠，最终全面失控，该报重新开始登载对日不利的新闻。有鉴于此，外务省决定自 1923 年 12 月起停发操纵该报的费用，同时要求上海总领事馆继续伺机接近，努力缓和其“排日”态度①。

从以上状况看，日方在 1922 年、1923 年接近《商报》报主及其记者还是比较成功的，至少缓和了其激烈言论，达到了一定的预期效果。

(21)《中外大事汇报》(操纵时间：1923 年、1924 年)

1917 年创刊的中文报纸，日刊，版面 4 页(后改为 8 页)，由俞幼达等创办，发行量 800 份。

1920 年后因经营困难，俞幼达想以 1 500 圆盘给荒牧藤三。荒牧想使之成为日本的宣传机关，有意盘下，但无资金。1920 年 4 月，他向外务省上呈“请求书”，称该报由好友俞幼达等创办，现在想增加版面，丰富内容，碰到资金困难，根据自己与中方的协议，如果日方提供资金，可以在日方监督指导下工作，故请求补助②。

此报发行量十分有限，在大报集中的上海地区影响甚微，外务省未予批准。荒牧继续上书称 1921 年 5 月该报已改为日中合资，请求提供年额两万日元的补助，在经营上愿意接受监督指导。因外务省迟迟不批准，荒牧另辟

① 総領事山崎：「商報」東京通信記事切抜送付ノ件，1921 年。総領事船津：支那新聞商報補助方ニ関シ稟請ノ件，1922 年；商報補助費収支計算書提出ニ関スル件，1923 年。伊集院大臣：商報操縦ニ関スル件，1923 年。総領事矢田：商報操縦方ニ関スル件，1923 年。JACAR：B03040625500。

② 荒牧等：支那字新聞中外大事彙報補助金下附ニ関スル御願、漢字新聞社買収計画ニ関スル件，1920 年、1922 年；内田大臣：支那字新聞中外大事彙報補助請願ニ関スル件，1923 年。船津総領事：中外大事彙報荒牧藤三主催ノ南満視察団ニ関スル件，1924 年。JACAR：B03040624800。

蹊径,1922 年底通过议员山田永俊向众议院议长上呈“请求书”,说上海有二十多种中文报纸,均登载“排日”报道,“诬陷诽谤”日本,仅仅该报为日华“亲善”而奋斗,因出现财政困难,要求政府每年资助两万日元。1923 年 3 月,众议院表决通过决议,支持其要求①。

报方因此获得补助,负有监督之责的上海总领事馆认为荒牧是借经营中文报纸之名,从政府获得补助,挪用至他处,加上“内容极为贫乏”,完全不看好②。事实也确实如此,这家由政府直接插手、希望用来影响中国舆论的报纸,1924 年勉强经营一年,1925 年后就从上海报界消失了。

(22)《中国晚报》(操纵时间:1924—1926 年)

1921 年创刊的中文晚报,报主为沈卓吾,主笔为“排日家”张冥飞。1923 年沈卓吾还创办了中国新闻社,附属于报馆,发布通讯。

日方 1923 年底的相关报告称:“报主沈卓吾与欧美人接近,故一向带有排日色彩。不过近来其色彩薄弱。”“将来暂且不论,眼下内容贫乏,不足一阅,发行量号称 5 000。”“近来因某动机与日本方面接近。”③

这里所说的“某动机”是指向日方借款。1923 年末沈卓吾急需银 3 000 弗应急,四处筹款。台湾总督府在沪办事员川崎与报方有联系,得悉此消息后,认为是染指的好机会,向总督府提出“援助”方案,总督府建议横滨正金银行提供借款,正金银行提出需要由驻沪总领事馆作担保。外务省通过对发行量、内容的评估,认为该报内容贫乏,无利用价值,没有同意。后来 *Shanghai Mercury* 的佐原笃介出面牵线搭桥,由丰田纺织会社长丰田佐吉提供了贷款④,解了燃眉之急。

该报自此持对日缓和的态度,1924 年、1925 年上海总领事馆都评价说:“近来其色彩终于变弱。”⑤即使是报方苦于资金困难所采取的是权宜之计,

---

① 衆議院議長粕谷義三:請願文書表第一三六五号,1923 年。JACAR:A14080878400。

② 荒牧等:支那字新聞中外大事彙報補助金下附ニ関スル御願、漢字新聞社買収計画ニ関スル件,1920 年、1922 年;内田大臣:支那字新聞中外大事彙報補助請願ニ関スル件,1923 年。船津総領事:中外大事彙報荒牧藤三主催ノ南満視察団ニ関スル件,1924 年。JACAR:B03040624800。

③ 外務省情報部:支那ニ於ケル新聞及通信ニ関スル調査,1925 年。JACAR:B03040871100。

④ 矢田総領事:第二七号(至急)、第三九号,1924 年;松井大臣:上海晚報救済ニ関スル件,1924 年。JACAR:B03040625000。

⑤ 外務省情報部:支那(附香港)ニ於ケル新聞及通信ニ関スル調査,1925 年、1926 年。JACAR:B03040871100、B02130807700。

也不能不说日方的贷款取得了一些效果。

不过，该报的经营一直走下坡路，销量1925年跌至两千份左右，并且在1926年12月底临时停刊。此后是否归还了日方的债务，以及复刊后的对日态度不明。

(23) *United Services Review*（操纵时间：1932年）

1932年4月初由英国人H.Cooper创刊。H.Cooper既是上海AP记者，也是*Shanghai Times*、*Asiatic Fleet Magazine*记者。*Shanghai Times*是外务省的御用报纸，H.Cooper在该报任职，本来就有“亲日”的基础。上海总领事村井对他的评价是“一向对我方怀有好意”。

1932年他通过松冈议员向总领事馆提出，自己想办月刊杂志，以拥护外国在华利益，同时宣传日本的公正立场，希望得到援助。鉴于九一八事变与一·二八事变后的形势，总领事馆、日在沪海军方面、松冈各资助他1 000弗，支持创办①。

杂志如期发行，从创刊号看是海军军事方面的杂志，内容大多为各国军队尤其是海军在东亚的动态，其中涉及日本军队的都是正面报道，如天皇对军队的赞扬、日本海军的力量等。

不过，在日方有关当年及其后的定期调查报告中，都未出现此杂志，可能存在的时间很短，发行量极其有限。

(24)《江南正报》(操纵时间：1932年、1933年)

1932年4月10日创刊的、版面为4页中文报纸，持有人为山田纯三郎，编辑主任是小口五郎。

上海总领事馆称该报是“日本方面的宣传机关”，“是我陆、海军方面补助之报刊”②。山田纯三郎身份特殊③，由他担任社长，应该是军方以此作掩护，便于在一·二八事变后进行宣传工作。

该报创办不久即停刊，1933年6月伪满军政部顾问佐佐木大佐来上

① 総領事村井：「ユナイテット・サービス・レビュー」発刊ニ関スル件。1932年。JACAR：B02031046100。

② 外務省情報部：外国に於ける新聞（上巻），1932年、1933年。JACAR：B02031075700、B02031076400。

③ 山田纯二郎，山田良政（1900年10月随孙中山先生参加起义时就义）胞弟，继承兄长事业参加中国革命，长期寓居中国，与军政界要人交往密切。

海,准备办报宣传伪满,看中此时已经停刊的《江南正报》,决定每月补助3 500圆使其复刊,并聘用金崎为主编,上海武官等对此也十分支持①。

1934 年底日方的定期调查报告中,此报已经消失。

(25)《公报》(《弘报》②,操纵时间:1936 年、1937 年)

1936 年 4 月下旬发行的中文小报,由日本驻华大使馆、军方、伪满共同创办。

为了向中国民众介绍"满洲国"的建设及经济发展状况,宣传日中提携的必要性,促进其实现,川越大使出面与日军驻上海的陆军武官协商,共同策划创办了此报。

该报采用了小报的形式,可能是为了避人耳目,并且获得中低层读者。报纸的主要内容是有关"满洲国"的报道,信息来自大东通信社、伪满中文报纸、《满洲日日新闻》等,"因为普通中国人也想了解'满洲国'的情况,销售情况良好,最近不仅当地,南京、杭州等地方亦有购阅,发行量超过 5 000 份,正扎扎实实取得好成绩"。

同年 8 月,曾任陆军上海驻在武官的影佐中佐去伪满出差时,专门就此与伪满宣化司长筒井商量,希望提供部分费用支持该报经营。川越大使也向筒井致函,认为伪满的加入为办好此报创造了极好条件,在向中国人广泛宣传"满洲国"现状方面作用显著,希望伪满外交部自该月起每月提供400 元③。

伪满在 1937 年初开始提供经费,自此大使馆、军方、伪满共同经营此报。不过川越大使在同年 3 月给筒井的信函中称,现在的实情"是无法继续刊行下去",不得不在 2 月底停刊。停刊原因不明,应该是这种赤裸裸地为日宣传的报纸很快就遭到了中国读者的抵制,无法继续经营。川越建议将给该报的补助用在 1936 年开办的大东放送局上,该局以日本商人之名开办,用于宣传伪满④。

---

① 有吉公使:五月三日附機密公第一六七号拙信ニ関シ,1933 年。JACAR: B02030889100。

② 1937 年 3 月 2 日川越大使致函伪满筒井宣化司长称该报为《弘报》。"弘报"与"公报"的日语发音一样,不知是改了报名还是笔误,有关确切报名还有待考证。

③ 川越大使:第七八三号(極秘)、第九五三号(極秘),1936 年。JACAR: B02030892000。

④ 川越大使:第一一〇号(極秘),1937 年。JACAR: B02030892100。

以上就七七事变前日本在上海的报刊操纵活动进行了梳理考证。除此以外，日本人在沪主办的面向日侨的日文报刊，例如《上海新报》《上海经济日报》《上海日日新闻》《上海每日新闻》《上海日本人实业协会周报》《经济月报》等自然也与日本官方等关系密切，如前文所述，对此类报刊不加以考察。还有一些中、英文报纸似乎也与日方发生过特殊关系。例如，《时事新报》1916 年以波多博的名义在日本领事馆登记，1919 年受五四运动影响才改在法国领事馆登记；《新申报》1922 年 7 月以冈田有民的名义在日本领事馆登记，直至 1923 年 7 月[①]。这些“寄人篱下”的中文报纸，即使有“排日”言论，相信也不会过激。另外，作为《神州日报》副刊发行的《晶报》，1926 年独立发行后都一直处在余洵掌控下，余洵与日方的特殊关系上文已有详述，因此《晶报》的对日态度也值得深究。

仅仅就以上报刊而言，如表 10 所示，上海先后有 25 种报刊受到过日方操纵，其中中文报刊 17 种、英文报刊 8 种，持有人有中国人、欧美人、日本人。纵观近代日本在上海的报刊操纵活动，可以看到以下几个特点：

一是操纵活动历时最久。上海自鸦片战争后在中国乃至国际上的地位迅速上升，是中国近代报纸的发祥地之一，自然也是列强建立宣传机构和展开宣传战最早的城市。与此相联系，日本在华最早的报刊操纵活动也出现于此地，并且持续至七七事变爆发。上海始终是日方倾力构建宣传阵地之重地。

二是报刊总数多。现已查明的就有 25 种在不同时期不同程度上受到了日方的操纵，与天津种数相同，同为日本在华操纵报刊最多的城市。这说明上海是日本在中国东部地区最重视的宣传中心。

三是对英文报刊的操纵尤为引人注目。首先是种数多，先后有 8 种，在中国各城市中居首位。其次是报刊类型既有以新闻时事为主的报纸，也有经济等专业类杂志。再有就是这些报刊中不乏 *Shanghai Times* 这种大报，该报与 *Shanghai Mercury* 一起长期对抗上海的其他英文报纸，发挥的影响力不容小觑。还有，日方在上海的操纵活动，始于英文报纸，也终于英文报纸。上海虽然中文报刊众多，但日方操纵时间最长的《神州日报》也就

---

① 総領事矢田·新聞ニ関スル定期調査書送付ノ件，1926 年。JACAR：B03040881500。

10年,未能出现如《盛京日报》《顺天时报》《闽报》那种长期为日方掌控的报纸,与此相对的则是 *Shanghai Times* 的长期存在。以上充分显示了日本对上海国际性地位的高度重视。

四是国策会社介入多,日方操纵《申报》、《东亚日报》、《中国晚报》、*Shanghai Times*、*Far Eastern Review* 等时都能看到国策会社的身影,有时国策会社还唱主角。上海是中国经济中心,列强经济势力扩张的重要舞台,集中了日本的国策会社,它们需要为在中国经济扩张营造有利的舆论环境。因此与东北以外的其他地区相比,国策会社在上海的此类活动最为积极深入,且广泛、持久。

表 10 上海与日本官方、军方等有特殊关系的报刊名单(1894—1937 年)

报刊名	语种	报主国籍	操纵期间	操纵手段	主要操纵主体
China Gazette	中文	英国	1894—1898 1903、1904	收买	外务省
亚东时报	中文	日本	1899、1900	补助	民间组织、外务省
同文沪报	中文	日本	1900—1908	补助、主办	民间组织、外务省
申报	中文	中国	1904、1905 1918—1921	收买 贷款担保	外务省、国策会社
Shanghai Daily Press	英文	英国	1904、1905	收买、贷款	外务省
North China Daily News	英文	英国	1904—1909 1917	收买	外务省
Shanghai Mercury	英文	英国	1904—1917 1917—1927	收买 入股	外务省
Shanghai Times	英文	英国	1906—1911 1911—1937	收买 入股、主办	外务省
时报	中文	中国	1908—1911	收买	外务省
中外日报	中文	中国	1909	收买	外务省
新闻报	中文	中国	1909—1911	收买	外务省
华报	中文	日本	1915—1917	投资、补助	日系团体、外务省
东亚日报	中文	日本	1916、1917	补助	军方、外务省、国策会社

续　表

报刊名	语种	报主国籍	操纵期间	操纵手段	主要操纵主体
亚洲日报	中文	日本	1917—1919	补助	外务省、日系团体
神州日报	中文	中国	1917—1926	收买	国策会社、外务省
The China Press	英文	美国	1917	不详	外务省
Far Eastern Review	英文	美国	1917—1937	收买	国策会社、外务省
China & Far East Finance & Commerce	英文	英国	1920—1927	收买	外务省
中华新报	中文	中国	1922—1926	贷款担保	外务省
商报	中文	中国	1922、1923	收买	外务省
中外大事汇报	中文	日本	1923、1924	收买	政府
中国晚报	中文	中国	1924—1926	贷款	国策会社
United Services Review	英文	英国	1932	收买	外务省、军方
江南正报	中文	日本	1932、1933	补助	军方、伪满
公报(弘报)	中文	日本	1936、1937	主办	外务省、军方、伪满

四、中部地区

湖北省的汉口地理位置特殊，经济地位突出，亦为中部地区最重要的舆论重镇，因此是日方在此地区展开舆论宣传活动最早、最活跃、最投入的城市。此外，日方在湖南省会长沙、江西省会南昌也进行过尝试，以下就日方在此三地的操纵活动加以考察。

1. 汉口

汉口号称九省通衢，是中国中部最重要的水陆交通枢纽与经济地理中心。因此日本的各种扩张势力早就着眼于此，建立渗透基地。1885 年日本在此建立领事馆，并且在 1909 年 10 月升格为总领事馆。历任(总)领事都很重视利用报刊进行宣传，千方百计寻找机会操纵舆论工具。日本军方，儿其是1912年1月至1922年7月驻扎于当地的汉口派遣队,对此也十分积极,从事过同样活动。

自1896年宗方小太郎发行《汉报》开始,该地受到日方操纵过的报刊先后有《公论新报》、《汉口日报》、《大汉报》、《汉口新闻报》、*Central China Post*、《国民新报》、《汉口中西报》、《汉口日日新闻》、《湖广新报》、《鄂报》。

(1)《汉报》①(操纵时间:1896—1900年)

英国人创办,1893年夏姚文藻接办,后又贷给林松塘。林复刊后遇到经营困难,宗方小太郎在上海获知消息后,靠海军首领西乡从道、桦山资纪等的支持,从军方获得1 000日元补助,1896年1月盘下了此报,于翌月12日复刊。宗方自任社长,筱原邦成、冈幸七郎等担任主笔或记者,登载社会、时政新闻与官方消息等。销路始为当地,后逐渐扩大到华中等地。"日本人在清国国内创办中文报纸,此为嚆矢。"②

宗方1884年来华入东洋学馆,后作为浪人四处活动,甲午战争前开始为军方收集情报,并且出于"今后对清国的政略",游说日本军政要员在华办报。海军出资办报,目的是在中国腹地建立谍报据点,利用报社更好地收集情报。因此,借此影响舆论并非军方的初衷。

因宗方的精力未集中在经营上,加上设备陈旧,报社财政一直处于困难状态,至1899年2月亏损总额达4 000余元。《汉报》声称奉行的主义是:"(1)向中国官民介绍日本实情,使其对我信任。(2)明唇齿辅车之义,举一脉相承之实。(3)抑制旧党,援助新党,以助长维新之气运。"以上前两条无疑符合甲午战争后日本政府的对华政策。因此宗方1897年回国频繁与中央军政要员见面说明其在华"事业"时,获得了外务省对报馆的1 500日元资助。

1898年后宗方积极参与组建同文会、东亚同文会,并且使《汉报》成为东亚同文会机关报,接受资助,并据其对华理念进行宣传。如汉口总领事所报告的那样,"当时清国南北在战败之后上下感情颇恶,极其厌忌日人。加之清国各地发行之诸报竞相痛骂日本,大肆倡导结俄制倭之论,朝野官绅之意向亦颇倾注于此。《汉报》在报上努力指出清国各报之妄,冷却崇拜俄国

---

① 有关《汉报》的舆论诱导工作,详见阳美燕:《日本在华首家政论报纸〈汉报〉(1896—1900)研究》,中国社会科学出版社,2015年。

② 川瀬領事:機密一二号,1900年。JACAR:B03040669200。

之热，阐明唇齿辅车之义，极力融和朝野官民之感情”①。

不过，因支持康梁变法，抨击以慈禧为首的顽固派，该报为清政府忌惮。1900年2月清廷下令禁止发行和购阅与康梁有牵连的书报，违者严拿惩办。湖广总督张之洞据此严禁《汉报》等在租界外发行，并且抓捕报纸代销人。报纸顿失销路，陷入困境，日本驻汉口领事馆为此与中方交涉要求解禁，遭拒。庚子事变发生后，该报凭借登载独家新闻，重新赢得读者，但汉口诸国领事开会时认为该报登载的消息“刺激人心”，“令人心动摇”②，要求日本领事严加管束，该报销量因此再次跌入低谷，1900年9月发行最后一号后宣布闭馆停刊。

依靠军方、外务省、东亚同文会的强力支持，作为日本人最早在华创办的中文报纸，《汉报》在当时报刊不发达的中国腹地活跃了近五年之久，影响甚大，是当时日本在华主要的宣传工具。

(2)《公论新报》(操纵时间：1908—1911年)

1906年创刊的中文日报，报主宦诲之是报社最大股东。1908年汉口领事馆报告说，该报“资本金6 000元，其中官款两千元，汉口报界霸主”③。

宦诲之认为中国颁布的新闻条例束缚言论自由，想在日本领事馆注册，以便受到保护，1908年4月悄悄找到《汉口日报》主笔冈幸七郎商量此事，说该报欠湖北政府2 000元借款，如果在日本领事馆注册需要归还上述借款，现在报社每月亏损约70元，日方有人愿意出资2 000元的话，愿意将主笔的位置相让，同时接受会计监督。

冈幸七郎立刻向领事馆报告。当时正处于第一次抵制日货运动期间，领事馆苦于无法利用当地的中国报纸消除民众的“误解”，迫切希望建立宣传机关。获知此消息后，领事馆认为该报的设备等财产值4 000多日元，让中方以此做抵押，让冈幸七郎出面出资持股，担任主笔，监督其财务，完全可以掌控此报，而且效果比日方自己投资办报更好，因此请求外务省同意，于5月初获批。于是领事馆委派冈幸七郎出面洽谈合作事宜，9月基本谈妥。冈幸七郎出资2 000元作为股份加入报社，并且立下合约，约定由宦诲之任

---

① 川瀬領事：機密一二号，1900年。JACAR：B03040669200。
② 川瀬領事：機密二六号，1900年。JACAR：B03040636100。
③ 外務省政務局：清国ニ於ケル新聞紙ニ関スル調査，1909年。JACAR：B02130815800。

经理,冈幸七郎任监查,在登载内容方面规定:"报章登刊论说记事一切均须尊重日中两国交谊,基于两国政府之方针,见为有碍者均不得刊入。""来稿及转载记事关于日本政治外交者均须经冈监查之承认刊入。"就此而言,日方完全掌握了该报有关日本话题的所有话语权。

合约签订后,冈幸七郎负责监督报纸的内容,并且不时提供对日有利的材料刊登,1909 年外务省实施《清国报纸通讯纲要》,通过冈幸七郎向该报免费提供"东京电讯",宣传日本。总领事馆对于操纵效果评价说:"我方在利用上的效果显著增进,我领事馆获益不少。"①

1910 年底报社碰到经营困难,1911 年 4 月起总领事馆通过冈幸七郎提供年额两千日元的补助。辛亥革命爆发后革命军占领汉口,13 日起该报停刊。革命军因其不友好,威胁要捣毁报社。宦诲之 14 号复刊时将报纸改名为《日商公论新报》,企图借日人经营的名义与革命军对抗,但当天即被革命军查封没收,于 20 日恢复营业,将报名改称《新汉报》作为机关报发行。日本总领事出面交涉,提出报馆有日方投资,属于日方财产,中方同意归还给日方。冈幸七郎将所有设备搬到日本租界内,《公论新报》就此停刊②。

日本总领事馆通过派代理人入股以及补助的方法,成功地控制了《公论新报》。因该报对外而言是中国人经营的,迷惑性很强,并且操纵时间有四年左右,报纸的发行量少时 1 000 多份,多时 2 000 份,在当地保持数一数二的水平,影响的范围还是很广的。

(3)《汉口日报》(操纵时间:1909—1927 年)

1907 年 8 月 1 日正式发行,是日文日报,社址在日本租界,由冈幸七郎发起,多人合资创办,冈幸七郎任社长,山崎馨一、宇都宫五郎等先后任主笔,主要为当地日侨提供新闻消息,也面向宜昌、长沙、重庆等地日侨发行。

冈幸七郎 1896 年来华,日俄战争时做过随军翻译,宗方小太郎发行《汉报》时任主笔、记者,后任汉口日本侨民会会长。日方失去《汉报》后,在汉口

---

① 领事高橋:公論新報貸付金ニ付稟申ノ件、公論新報貸付金ニ関スル件,1908 年;公論新報ノ現況並ニ将来ニ対スル卑見回答、公論新報操縦ニ関スル件,1909 年。林大臣:第三六号,1908 年;公論新報補助金下附ノ件,1910 年。総領事松村:公論新報ノ補助金下附方ニ付稟請,1910 年。JACAR: B03040611400。

② 林大臣:公論新報補助金ニ関スル件、公論新報ニ関スル件、公論新報保護方ニ関スル件,1911 年。JACAR: B03040611500。

的宣传工作一度沉寂，总领事水野幸吉等为此焦虑不安，多次上书希望发行中文报纸。1907 年冈幸七郎在水野总领事的援助下发行《汉口日报》，并且将 1905 年春小川爱日郎创办的《汉皋日日新闻》合并下来。

冈幸七郎办报后，以此为掩护，在总领事馆的指导下以报主、报人的身份积极活动于当地报界，代替总领事馆出面先后投资《公论新报》《大汉报》《汉口新闻报》，使得以上报纸受到日方控制。1909 年外务省实施《清国报纸通讯纲要》时，该报是汉口的电报通讯据点，东方通信社建立后也通过其扩散消息。因此，该报实际上还发挥了外务省在中国腹地宣传代理人的作用。

汉口派遣队 1918 年前后也给报方提供补助，利用其发布消息，收集情报①。因此，该报在此期间还是军方的宣传、谍报机关。

在早期当地报刊较少时，以及遇有政局重大变故时，该报能够吸引一些懂日文的中国读者，甚至在长沙、重庆、宜昌等地也有人订阅②。如辛亥革命时该报的一些敏感消息十分吸引读者。第一次世界大战期间，当地人士很希望迅速准确地知晓中国各地消息和世界形势，也很注重日本对华态度，订阅者有五六十人③。

1917 年创办十周年时，报社已经归冈幸七郎个人所有。他准备扩大事业，在原来的基础上增加一两版中文，作为副刊登载电讯、评论、时论等，向中国人发行，便向外务省申请补助。外务省此时正策划在当地创办中文报纸《湖广新报》，没有批准。

进入 20 年代，随着当地中文、日文报纸的增加，该报影响力减弱，发行量在 500—800 份。1927 年初总领事高尾对其评价是“记事平平，从其他报纸摘录者很多”。并且说 1926 年 11 月以来因印刷工人罢工，版面从 6 页缩为 4 页，勉强继续经营④。冈幸七郎 1927 年去世，报社同年关闭。

作为日方在汉口操纵时间最长的报纸，该报或其报主至少在三个方面发挥了作用：一是以《汉口日报》本身进行宣传；二是冈幸七郎利用其身份发

---

① 中支那派遣隊司令部：大正七年度自 7 月至 9 月機密費使用区分表，1919 年。JACAR：C03022479700。

② 赵敏恒：《外人在华新闻事业》，王海等译，暨南大学出版社，2011 年，第 26 页。

③ 総領事代理川越：漢口日報補助金支出方稟請ノ件，1917 年。JACAR：B03040815400。

④ 高尾総領事：新聞通信ニ関スル調査報告書提出ノ件，1927 年。JACAR：B02031058900。

挥了总领事馆对外宣传工作代理人的作用;三是报社充当了外务省御用通讯在当地乃至华中地区的重要发布窗口。

(4)《大汉报》(操纵时间:1913年、1914年)

1911年在武昌创刊,为中文日报,版面有10版。1912年日本总领事馆称该报发行量约3 000份,半官半民经营,在武汉报纸中最有势力[①]。

1913年1月《大汉报》报主胡石庵找到冈幸七郎,希望其出资4 000元合资经营,并且开出了一些对日方有利的条件。胡石庵是原《公论新报》报主宦诲之的旧交,宦表示日方出资的话,他也出600元,并且放在冈幸七郎的名下。总领事芳泽认为如果将公论新报社闲置的设备折价为1 400元作为日方投资,外务省只要再提供2 000元就能把此事谈下去,便建议先以此接近报方,今后再设法慢慢将它控制在手。

经外务省同意,冈幸七郎以公论新报社设备的拥有者自居,与胡石庵商谈合资条件,于3月初签订合同。合同规定冈幸七郎可以在此报登载评论、新闻,中方不得登载对日不利的新闻或评论。合同还规定日方登载的文章与中方主旨完全相违时,中方可以修改后登载,但又约定日方与中方意见不合时可以随时退股[②]。退股成为日方有效制约中方的手段。

外务省对该报寄予了厚望,在制定1914年度预算时决定补助洋银2 000元。不过,因发表批评当地政府的文章,报方得罪了当局。1914年3月武昌官方以通匪罪名抓走胡石庵和报社人员,14日查封报社,判处胡入狱三年。这完全打乱了日方计划,总领事代理高桥估计遭此厄运今后难以复刊,但考虑到日方投资报社之事不宜让外界知晓,便要求冈幸七郎静观官方对设备的处理[③]。官方后来发还了印刷设备,但报纸未能复刊,主笔丁愚庵在胡石庵家人和冈幸七郎同意下利用设备开办了"成记印刷公司",从事印刷业,日方在报社的投资转入印刷公司。

总领事馆在武汉苦心建立的这一宣传据点仅存在了半年多,未能发挥多少作用。

---

① 外務省政務局:支那ニ於ケル新聞紙ニ関スル調查,1912年。JACAR: B02130240800。

② 芳澤総領事:第一八号、大漢報合同申込ニ関スル件,1913年;加藤大臣:第九号,1913年。JACAR: B03040611500。

③ 加藤大臣:大漢報補助金ニ関スル件,1914年;総領事代理高橋:大漢報補助金ニ関スル件,1914年;総領事瀬川:漢字新聞新聞報合同ニ関スル件,1914年。JACAR: B03040611600。

(5)《汉口新闻报》(操纵时间:1914—1927 年)

1914 年创刊,是中文日刊,由原《大汉报》汉口分局长与主笔丁愚庵等以股份形式创办,报主为张云润(又名张瀛远),主笔为凤竹荪、曾华加,据当地总领事馆 1914 年、1915 年报告,该报“与《汉口日报》主笔冈幸七郎有关系,宣传日中亲善,加上主笔凤竹荪老练,评论公平,虽创立日浅,但博得信用,发行量达 2 800 份。资本金 3 000 元”①。

报社与冈幸七郎不仅有关系,而且极深。张云渊等创办的报社没有印刷设备,因印刷费用在办报事业中所占比例高,而报社经济基础薄弱,便与成记印刷公司商量能否优惠,冈幸七郎在总领事的幕后指示下,提出与其仅仅在成记印刷,不如两社合并,报方商量后赞同。1914 年 10 月 1 日投资各方签订合约,根据冈幸七郎的要求,合并契约中明确写明报纸“不得登载有碍中日两国邦交及损失国权之件”,“如彼此意见有不合之处,均可随时退股,以断关系”。日方占投资总额的很大比例,据此也就左右了报纸的倾向。

因此,此报一直持对日友好态度,外务省称其“主张日华友好,论调公平”,1917 年度提供了 2 000 弗补助,1918 年度又继续同额补助②。这种补助始于何时,惠及何人,不得而知,但外务省对该报表现十分满意这一点是肯定的,否则不会特地提供补助。1922 年外务省仍在提供补助,每季度为洋银 500 弗③。

该报的具体内容不详,但东方通信社的电讯是通过冈幸七郎向其提供刊登的,无疑是日方的宣传窗口。还有,碰到抵制日货运动,该报作为当地的中文大报虽然也登载相关报道,但比较克制。例如 1923 年抵货运动中,“该报在中国舆论界如今氛围下,遗憾的是未能绝对不登载排日报道,但从一开始就仅停留在报道抵制日货运动的事实方面,决不采取煽动性态度,一直持最为稳健的态度”。总领事馆对此当然仍不满意,要求冈幸七郎继续施压④。

此报的特色是登载经济报道,在当地实业界有信誉,报纸销量基本上在

---

① 外務省政務局:支那ニ於ケル新聞紙ニ関スル調査,1915 年。JACAR:B03040676700。
② 外務省政務局:支那ニ於ケル新聞及通信ニ関スル調査,1919 年。JACAR:B02130261800。
③ 内田大臣:新聞補助金送付ノ件,1922 年。JACAR:B03040620300。
④ 日本外務省编:《日本外交文書》大正 12 年第 2 册,外务省发行,1979 年,第 210、211 页。

2 500 份左右。1926 年的总领事报告称:“作为最着实稳健的报纸,在武汉各界,尤其是工商界有信用。如广告费每月有 2 600 元以上收入,在武汉报界收入特异。本报有来自上海的特电,在开封等地有通讯员。资本金两万元。”而在对日态度方面,该报在“武汉报纸中对日本具有最善良的谅解。主笔以下记者稳健的学究性人物均齐全,故排日报道之类,都不随意编写”①。

1927 年 4 月冈幸七郎病故,双方关系因此断绝②。1927 年 11 月起外务省将给该报的两千弗补助给了《汉口日日新闻》③。

《汉口新闻报》受日方影响长达 14 年,是日方在汉口操纵时间最长的中文报纸,因操纵手段隐秘,报纸的发行量又比较大,产生的影响是可想而知的。

(6) *Central China Post*(《英文楚报》,操纵时间:1918—1922 年)

1910 年创刊的英文日报,苏格兰人阿奇博特(Harry John Archibald)为报主兼主笔,独立经营。

1917 年夏德国人经营的报纸停办后,该报成为汉口唯一的英文报纸,发行量约 400 份。有关其对日态度,1917 年日方的评价是:“汉口唯一的英文报纸,作为协约国方面的机关报而活跃,对日本时时舞弄猜疑性笔法。”④这说明此时双方并无瓜葛。

不过,从 1918 年 11 月日军汉口派遣队司令部报告看,阿奇博特至晚在 1918 年就每月接受该司令部提供的“报刊、电报通讯费”25 元⑤。这说明报方与日军关系特殊,并且这种关系还反映到了报面上。据日本总领事馆报告,面对学生运动,该报常常加以指责,攻击中国的弱点,“总是以公正的论调开导中国人”,“登载对我国有利的社论,与日本想说的恰好一致”⑥。汉口派遣队的报告也称阿奇博特“一向与美国人不和,自从美国人煽动中国的抵制日货运动以来,对美国传教士等的言行给予痛击,总是发表对我国有利文章”。

---

① 外務省情報部:支那(附香港)ニ於ケル新聞及通信ニ関スル調査,1926 年。JACAR:B02130807700。

② 外務省情報部:外国に於ける新聞(上巻),1929 年。JACAR:B10070266200。

③ 外務省情報部:関係新聞調査,1929 年。JACAR:B10070264800。

④ 外務省政務局:支那ニ於ケル新聞及通信ニ関スル調査,1919 年。JACAR:B02130262200。

⑤ 中支那派遣隊司令部:大正七年度自 7 月至 9 月機密費使用区分表,1919 年。JACAR:C03022479700。

⑥ 外務省情報部:支那ニ於ケル新聞通信ニ関スル調査,1922 年。JACAR:B02130798900。

汉口派遣队有心想进一步接近，但感到要彻底收买加以操纵有困难[①]。与此同时，总领事馆也对报方加以拉拢，1922 年每个季度提供洋银 300 弗[②]。这种补助始于何时不得而知，估计五四运动后一直都有。

1923 年春报社改为股份制，股东是汉口的一些英国人。此时汉口派遣队已经撤回日本，不可能继续提供补助，也未看到总领事馆继续补助的史料，但报方的对日态度依旧友好。当年正值抵制日货运动再次发生，同年 7 月林总领事的报告称该报“即使在现在，也大力为日本辩护，评论中国人的错误”[③]。1924 年、1925 年、1927 年总领事馆的评论也都说该报对日有好意[④]，直到 1928 年此类评价才消失。报方在 1923 年后为何如此，双方是否持续了秘密关系，值得进一步考察。

Central China Post 是当地经营时间长、影响大的英文报纸。日本军方最晚在 1918 年成功接近报方，总领事馆也迅速跟进，通过提供补助影响报主，该报至少在 1918 年至 1922 年的五年间充当了日方的传声筒。

（7）《国民新报》（操纵时间：1918 年）

1912 年合资创刊的中文日报，版面为 8 页，报主为李华堂，主笔为李华堂、许子敬。创刊之初发行量约 300 份，为了都督府的机关报，每月获得 2 000元补助。

在都督府补助下，该报顺利发展，发行量达到 2 000 份左右。在对日问题上，该报“有时对日本加以恶评”，就山东问题批评日本的政策[⑤]。但 1917 年后连续三年，总领事馆对其评价是“近来论调稳健”。所谓“稳健”，肯定是不“恶评”日本了，1918 年底日方的相关调查还将此报标示为与日方有特殊关系的报纸[⑥]。

出现此种情况与日方施加影响有关。外务省的文件显示，对于该报和《汉口中西报》，“1918 年度驻汉口领事馆对以上两报社提供补助金合计 500 弗”[⑦]。纳

---

① 参谋本部高田大佐：信函，制作时间不明。JACAR：B03040603300。

② 内田大臣：新聞補助金送付ノ件，1922 年。JACAR：B03040620300。

③ 日本外务省编：《日本外交文書》大正 12 年第 2 册，外务省发行，1979 年，第 210、211 页。

④ 例如，外務省情報部：外国に於ける新聞（上巻），1928 年。JACAR：B02130818400。

⑤ 外務省政務局：支那ニ於ケル新聞紙ニ関スル調査，1915 年、1916 年。JACAR：B03040676700、B03040677500。

⑥ 例如，外務省政務局：支那ニ於ケル新聞及通信ニ関スル調査，1919 年。JACAR：B02130261800。

⑦ 外務省政務局：新聞政策ニ関スル新計画案（未定稿），1919 年。JACAR：B03040600400。外務省政務局：支那ニ於ケル新聞及通信ニ関スル調査，1919 年。JACAR：B02130261800。

入年度预算，就属于定期补助对象了。日方有可能在1917年就开始补助，并且获得了效果，有充分把握继续操纵，否则不会专门列入年度预算的。

1919年后的情况不明，这一年报纸归李华堂个人经营，仍“论调稳健”，次年报主易人，重新变成合资后，其在对日问题上才“有时附和雷同，煽动排日运动”①。

(8)《汉口中西报》(操纵时间：1918年)

1913年创刊的中文日报，合资组织，报主为王华轩，发行量约2 000份，20年代以前以经济报道为主。

1918年该报被外务省列入“与我方有特殊关系的报纸和通讯社”②，并且与《国民新报》一起接受了当地总领事馆年额500弗的补助③。当时的报主为王华轩，主笔为喻伍民，发行量2 400份。

该报何时与日方建立特殊关系的，此后情况如何，因缺乏资料不得而知。

(9)《汉口日日新闻》(操纵时间：1918年、1927—1929年)

1918年1月创刊的版面为4页的日文日报，《上海日日新闻》社长宫地贯道创刊，因经费不继，同年5月转给本间文彦，发行量约100份。本间1919年去世后转由奥野四郎经营。1923年宇都宫五郎在商人上西春松出资下盘下该报，增加印刷机，但仍“记事平凡”，发行量500份左右。

因为是日侨所办，自然与总领事馆有着各种联系。从现已掌握的史料看，该报创办当年，每月得到汉口派遣队的补助，名目为“报刊、电报通讯费”④，应该是发布军方消息和为军方收集情报的酬劳。这种补助持续到何时，因缺少资料无法获知，汉口派遣队一直到1922年才撤军，但可以肯定，其在汉口存在一天就需要这种媒体的存在。

此后报方与日本各方关系不明，1926年国民革命军北伐进入汉口后十分重视宣传，动员舆论为革命服务。当地的日文报纸，因报道迅速，而且视角不同，尤其是“中国报纸受到官宪管制记载多有粉饰，难以置信，因此在中

---

① 外務省情報部：支那ニ於ケル新聞通信ニ関スル調査，1922年。JACAR：B02130798900。

② 外務省政務局：支那ニ於ケル新聞及通信ニ関スル調査，1919年。JACAR：B02130262200。

③ 外務省政務局：新聞政策ニ関スル新計画案(未定稿)，1919年。JACAR：B03040600400。

④ 中支那派遣隊司令部：大正七年度自7月至9月機密費使用区分表，1919年。JACAR：C03022479700。

国人中亦有相当的读者乐意购阅本报”[①]。外务省认为：“此际整顿日文报纸的内容，将我方政策主张报知中国，能获得最佳效果。”[②]而1927年因冈幸七郎去世，不仅《汉口日报》停刊，也失去了与《汉口新闻报》联系的中间人，《汉口日日新闻》的地位陡然上升。1927年11月外务省决定将以往给《汉口新闻报》的2 000弗补助提供给该报，用于扩张纸面，充实内容，另外自该年12月起每月补贴300弗，用于聘任精明能干的记者两名。同等数额的补助一直持续到1929年[③]，此后情况不明。该报不仅是当地，也是华中地区唯一的日文日报，加上间接的宣传作用很大，估计总领事馆会一直支持下去。

不管怎么说，总领事馆至少在1927年至1929年对报方进行了补助，试图通过它直接或间接影响当地舆论。

(10)《湖广新报》(操纵时间：1919—1922年)

1919年2月创刊的中文日报，版面为8页，有社论栏，报主是法学士笹川洁，主笔为何祝平(后为徐祝平)、何何山。报社设于日本租界，有附属印刷厂、八马力的电动机、轮转机，设备先进齐全。

外务省在制定1918年度预算时就列出创刊费50 375日元，准备在汉口办报，由于种种原因未能实施。1918年夏外务省次官币原喜重郎、政务局长小幡派笹川来华调查办报事宜，并且委托其创办。因此该报“系外务省经营”，是日本“国家宣传机关”[④]，笹川只是代理人。

报纸筹办期间就受到当地各方关注，英美的亚细亚通讯社及中美通讯社报道说，即将发行的《湖广新报》是日本政府筹办的，汉口的中文报纸也登载了这一消息。笹川于是邀请武汉报业经营者和主笔等举行茶话会辟“谣”，联络感情。报纸发行前夕，兼任《上海时报》武汉通讯员的王民朴在通讯中揭露该报的真面目，在当地引起一些反响，但报纸还是如期发刊。因消息来源比较迅速，报纸的发行量至4月中旬达到2 000份，超过当地的6种中文报纸。为扩大影响，报社寄送300多份给湖北各地的18个通讯员销售，因此周边城市也受到影响，长沙商务总会还曾主动邀请报社在长沙开办

---

① 外務省情報部：外国に於ける新聞(上卷)，1929年。JACAR：B10070266200。

②③ 外務省情報部：関係新聞調查，1929年。JACAR：B10070264800。

④ 笹川潔：信函(收信人为有吉情报部次长)，1920年。JACAR：B03040619900。

分局①。

五四运动爆发后,该报作为日本象征受到打击,发行量锐减至 850 份以下,更失去中方的广告。11 月后虽有好转,发行量增至 1 500 份左右,不过,报社每天平均赠阅政府机关等一百七八十份,加上当地不断新增中文报刊,竞争加剧,经营愈发困难。外务省 1919 年度共投入 48 500 日元,报社仍赤字万元。1920 年外务省因紧缩财政,将年度补助降至 26 400 弗。笹川根据当初与外务省领导的口头约定,一直要求增加补助,理由是汉口位于内地,各种费用都很高,报社入不敷出。不过,外务省认为报社耗费巨资,发行量少,报道和评论也不丰富,宣传效果不佳,再不改善的话,增加补助也无意义②。

针对以上问题,外务省制定了几条方针,1920 年 8 月以"指令"的形式下达,再次明确报社的资产归外务省所有,报社财务均需由总领事做主,报纸的论调须遵守领事的方针,并且强调宣传效果不理想就终止补助。笹川表示严守上述"指令"(详见第三章)。

为了弥补赤字,外务省在 1921 年、1922 年度将补助分别提高到 3.3 万弗与 3 万弗,但报社经营仍无起色,1923 年初的发行量仅 700 份左右。外务省认为该报投资巨大却未能发挥预期作用,加上需要压缩今后的预算,1923 年 3 月将其正式关闭③。

《湖广新报》是外务省在华重点建设的直属宣传机关报,四年间投入巨资。但事与愿违,因抵制日货运动的影响,加上报方自身的问题,报社经营陷入困境,完全没有达到预期结果。随着报社的关闭,外务省在中国腹地建立直属宣传机关的努力彻底落空。

(11)《鄂报》(操纵时间:1923—1926 年)

1922 年由律师林某创刊的中文报纸,日刊,版面 4 页,是湖北律师会的机关报。创立不久林某将其转让给李锦公,李自任社长兼主笔。

---

① 総領事瀬川:湖広新報補助金ニ関スル件,1922 年。JACAR:B03040620300。

② 笹川潔:信函(收信人是有吉情报部次长),1920 年。JACAR:B03040619900。

③ 有研究(刘望龄:《日本在汉的舆论宣传与思想近代化——以〈汉报〉为中心》,《近代史研究》1992 年第 1 期,第 120 页)称 1922 年,据日方资料显示,休刊时间为 1923 年 3 月 5 日(例如:富田総領事代理:第 36 号(電報),1923 年 3 月。JACAR:B03040620500)。

据日方调查，该报资本金仅1 000元，1923年发行量只有300份左右，如此肯定难以维持。同年，抵制日货运动再次在中国展开，汉口也不例外。林总领事为了对抗运动，积极操纵报纸影响舆论。据其7月报告，“本职上任以来还与《鄂报》建立了联系，虽然力量有限，正在使其努力缓和排日”①。说明该报此时开始受到日方影响。李锦公毕业于日本中央大学，曾任《湖广新报》记者，日方要接近是比较容易的，而报社的经营困境则提供了可乘之机。

日方报告说，1926年有日本人每月向该社提供银110元，作为广告费。此日本人应该是日商，这笔费用是总领事馆动员拿出的，还是总领事馆拿出让日商出面做广告的，不得而知。总之日方的工作取得了一定效果，总领事馆至1926年对其评价都是“对日态度良好”，“是武汉中文报纸中对我方比较有好感的报纸之一，影响虽小，但不断为日中亲善努力”，“总是有意接近日本”②。

在日方的相关报告中，该报1927年消失，应该已经停刊。从1923年与日方建立关系至停刊，该报受到日方的显著影响应该是不争的事实。

除了上述之外，汉口还有一些报刊也似乎与日方有染。仅就1924年、1925年创刊的报纸而言，1924年2月创刊的中文报纸《中报》，是当地日侨组织“中报会”作为日本的宣传机关创办。社长胡良焯毕业于日本东京高等师范学校，每月接受“中报会”550元补助，同年4月补助停止。但总领事馆1926年、1927年的报告仍称其是“亲日报纸”③，说明仍受日方影响；1924年春创刊的《大江晚报》，由小高寅藏与陈道直共同投资创办，同年冬创刊的中文《快报》，持有人兼社长刘天民曾任《湖广新报》经理，日本人吉福四郎与其共同经营此报，两报的色彩都是“日中亲善”④；1925年1月创刊的《华中日报》，总领事馆1926年的报告称其“鼓吹亲日”⑤，相信此举不是无缘无故

① 日本外务省编：《日本外交文書》大正12年第2册，外务省发行，1979年，第210、211页。

② 外務省情報部：支那ニ於ケル新聞及通信ニ関スル調査，1925年、1927年。JACAR：B03040871100、B10070262800。

③ 外務省情報部：支那ニ於ケル新聞及通信ニ関スル調査，1927年。JACAR：B10070262800。

④ 外務省情報部：支那ニ於ケル新聞及通信ニ関スル調査，1925年。JACAR：B03040871100。

⑤ 外務省情報部：支那（附香港）ニ於ケル新聞及通信ニ関スル調査，1926年。JACAR：B02130807700。

的。以上均为中文报纸,又是由中国人任社长或中日共同投资的,始终伺机操纵当地舆论的总领事馆肯定会设法利用。因此日方在汉口的报刊操纵活动值得进一步深究。

2. 长沙

湖南是近代日本经济等势力重点渗透扩张的地区之一,1905 年日本在长沙设立领事馆作为渗透的据点。操纵报刊影响舆论是领事馆的工作之一,据现已掌握的资料,至少《湖南新报》被日方渗透过,而《华瀛觉报》则在特定时段受到过操纵。

(1)《湖南新报》(操纵时间:1908 年、1909 年)

长沙领事馆设立后,秉承外务省的旨意一直寻找机会建立宣传阵地。1908 年初毕业于东亚同文书院的奈良一雄与湖南宪政讲习会会长陆鸿逵共同创办《湖南新报》,作为讲习会的机关报,在 8 月发行。领事高洲太助得知后很关心,"对奈良一雄加以适当提醒,为此事的成功给予间接帮助"。提醒、间接帮助了什么不得而知,但领事开始染指应是事实。

1908 年 4 月高洲上报此情况,特地分析了讲习会的会员构成和宗旨,认为该会"有一大势力","作为主义是以温和手段谋求清国的开发",请求自 5 月起每月从领事馆机密费中拿出 75 日元补助该报,"保护该事业"。外务省批准从 7 月开始实施。

此间奈良为获得办报经费等回国活动,争取各方帮助,因患病等原因未能返回,但《湖南新报》还是按计划问世了。高洲只得利用奈良的关系与报社相关人员联系上,在未报告外务省的情况下继续补助《湖南新报》,前后共花费约 675 日元。根据领事馆当初的计划推断,这种补助应该持续了一年左右。

高洲在 1910 年 10 月离开长沙任福州领事后曾经致函外务省做检讨,认为在长沙任职期间擅自补助该报,实效不大,请求外务省严责,并且愿意引咎赔偿这笔费用①。这说明以上费用确实用在报方了,只是未获得理想效果。

(2)《华瀛觉报》(操纵时间:1919 年)

民国建立后,军阀汤芗铭督湘,镇压舆论,报纸首遭其祸,长沙报业衰

① 高洲領事:日清両国人合同湖南新報ヘ保護金下附方稟請之件,1908 年;湖南新報補助費専断支出ニ関シ弁償方請願ノ件,1911 年。林大臣:第二号,1908 年。JACAR:B03040611100。

落。汤因袁世凯暴毙被赶走后，长沙报业一度兴旺。但不久军阀张敬尧进入湖南，当地报业再度衰落。

张敬尧统治湖南时，日本驻长沙领事馆代理领事为八木元八。八木1913年前后在九江任外务省书记生时就积累了一些操纵报刊的经验，来长沙后积极与报业人士交往，重点公关当地大报《湖南日报》代表谭笃恭。当时谭笃恭最大的烦恼是报社深受督军府压迫，并且每次督军更迭就会停刊，难以正常经营。1919年春谭流露出希望在日本领事馆注册，以避免各种骚扰和压力。八木觉得是个好机会，便请当地日侨会长香月梅外出面商谈合办条件。

香月为日清贸易研究所出身，一直在华活动，当时任戴生昌汽船局顾问、《大阪每日新闻》通讯员，从事出口贸易，可以说属于半个报人，由其出面十分合适。此事后来无进展，但谭笃恭等又准备发行《华瀛觉报》，以日本人名义注册，以香月为社长，谭为理事长，编辑主任等都使用中国人。八木认为可以充分利用，尤其是此报与《湖南日报》内部有着密切联系，通过香月能够使《湖南日报》也趋向亲日，于是向外务省请求指示。

八木在报告中说，经营地方性报纸难免会财政困难，不过谭等在萍乡经营煤矿，该报因此无经济之忧，双方还约定谭等并不干预香月办报。"如果此时由日方提供若干补助，香月可以更加深其关系，作为社长，能够毫无顾忌指导报道、论调。"至于补助的方法，八木觉得谭等人肯定不欢迎日本官方补助，香月是日侨会长，就以该会的名义。八木建议每月提供墨银50弗，考虑到香月作为社长需要相当多的交际费，也需耗费大量时间，另外再提供30日元至50日元的交际费，获得外务省同意。

5月5日《华瀛觉报》正式刊行，据说深受欢迎，发行量达1 400份左右。此时社长香月梅外却因病离开了长沙，并未参与报社工作。副社长古川代理主管，"但只是名义上的，完全由中国人掌控"。就是说该报开业后因香月的缺位，实际主导权为中方掌握。

据日方报告，该报不仅不登载对日不利的新闻，而且还显示出了亲日色彩。同时，因该报中方负责人与《湖南日报》的特殊关系，也使《湖南日报》受到同样的影响。因此可以说日方在某种程度上达到了预期目的。

五四运动后长沙掀起抵货运动，该报陷入苦境，"因不登载排日言论，受到排日运动者的排斥,发行量降至500多份”。中国的商人还取消了广告,使得报社的一大经济来源断绝,当地印刷厂也声明不接该报业务。《湖南日报》则开始大量登载“排日”文章。

《华瀛觉报》面临困境。八木上书外务省表示,准备采取隐忍态度等待此风潮过去,东山再起。他举例说,督军的机关报《湖南公意日报》民间几乎没有购阅者,即使靠官厅订购,发行量也不过数百份,相比之下《华瀛觉报》还算乐观的①。

此间,经理兼主笔谭笃恭因多次登载抨击督军张敬尧的文章而被抓捕枪杀,报纸因此停刊。

日方此后在长沙的操纵活动,因史料缺失无法得知,不过,既然属于领事馆的日常工作之一,相关活动也一定会继续。

3. 南昌、九江

日军汉口派遣队占据汉口期间,江西属于该军的谍报、宣传范围。1915年外务省在九江设立领事馆,建立起向该地区扩张的桥头堡。外务省与军方出于各自的目的竭力对当地报刊施加影响,中文报纸《醒江西报》《九江时报》都有过被操纵的经历。

(1)《醒江西报》(操纵时间:1913年)

1913年初日下清痴以中国人的名义发行的日刊白话小报。

日下原先就职于南昌《豫章日报》,工作中发现江西省只有一种白话报,根据自己在北京的经验,白话报不仅读书人,其他读者也很多,并且在南昌发行报纸极其容易,于是发行了此报。

日下的工作得到了汉口派遣队南昌驻在武官青柳大尉的支持,派遣队司令官与仓提供了办报补助。靠青柳的帮助,该报连载有关当地军队的报道,以军队教育为名义,通过江西省都督李烈钧的关系发给军队。因缺乏资金和经验,小报很粗糙,日下希望加以完善,便找到外务省书记生八木请求补助②,后来的情况不明。

---

① 八木総領事代理:本国人名義ノ支那新聞発行ニ関シ補助金下附方稟請ノ件、本邦人名義新聞ノ排日風潮ノ為影響ヲ受ケタルニ関スル件,1919年;内田大臣:第六号。JACAR:B03040621500。

② 八木書記生:本邦人南昌ニテ新聞発行ノ件,1913年。JACAR:B03040835000。

该白话小报在军队中理应有不少读者。报纸的内容不得而知，但既然青柳和派遣队司令官积极支持，肯定夹带了“私货”。该报后来没有形成气候，应该跟当时政局动荡不断有关系，因为报纸发行的主要对象是李烈钧的下属军队，而这些军队驻地并不稳定，军队一移动就失去了市场。

（2）《九江时报》（操纵时间：1920—1922 年）

1920 年 10 月 10 日由杨绳武（号幼农）创办，日刊，版面为 8 页。杨是南昌人，毕业于南京师范学校，1920 年 7 月在南昌创办《民铎报》，因攻击教育厅长，报社遭督军查封①。

同年 9 月杨通过台湾银行代理店长的介绍，与九江领事相原库五郎见面，希望对方提供经济上的帮助，在租界内发行《九江日报》（原文如此——笔者）。杨主动拿出的办报《简章》，第一条就是以增进中日感情为前提。领事因不知底细，冠冕堂皇地说办报需保持公平，倡导正论，避免诽谤官方，至于经济上的帮助，领事馆有规定，不便提供，等发刊后，不是没有可能通过其他途径援助的。这一表态实际上是在暗示是否提供援助取决于报纸的对日态度。

《九江时报》创刊之日，相原送去 20 元作贺礼。此后杨某仍不时来领事馆拜访，相原通过观察认为其态度友好，决定间接支持，在背后做日本商家的工作，动员台湾银行、日清汽船、仁丹等登广告，“现在已经有两三种此类广告每天登载”。不过，据说杨某仍不时提出老要求，相原觉得该报值得利用，于是上书外务省，指出这一地区的日本领事馆大多是利用日文报纸，发布日本政府的外交政策、声明，进行相关宣传，未能充分利用中文报纸。“本领事馆希望与一两家中文报纸之间建立某种联系，根据需要加以利用。”相原认为，杨某主动接近，机会难得，建议每月补助 50 元。

在等待答复期间，相原为了稳住杨某，利用节庆日送钱送礼，实际上已经开始行动。因外务省迟迟不表态，相原多次催促。1921 年 4 月在新的年度预算开始时，外务省批准每月补助 50 元，并且要求向该报提供东方通信社的电讯。

确定了固定补助额后，为了给得“自然”，相原见机而行，如 1921 年 4 月

---

①　外務省情報部：支那ニ於ケル新聞通信ニ関スル調査，1922 年。JACAR：B02130798900。

学生冲击该报社后,及时赠送洋银 20 弗慰问,端午节送 30 弗,中秋节送 40 弗,9 月又送 20 弗,每月都保持在 50 元上下。另外,杨平时资金短缺时也会开口借钱。相原每次都给一些,但言明是自掏腰包,与官方无关。

这种资助获得了回报。据相原报告:“杨主任及同报对我国的态度至极良好。”“报面一次也未登载过煽动性评论、报道。”杨某在给相原的信中也写道:“先生提倡舆论敦睦邦交,无微不至,而敝报对于贵国与敝国误解之事,亦不时发行所见,竭力解释。”该报还积极登载日方提供的新闻材料。至于报纸的影响力,杨自称发行量有三千份,领事估计有 2 000 份,读者还是不少的。该报的亲日色彩似乎十分明显,上述 4 月份学生冲击报社,应该跟办报方针有关。

杨某好像摸透了日方的心思,把日方当做摇钱树,屡屡提出借款,其实就是在间接要求补助。不仅如此,杨还以经营费用不足为由,用报社的印刷机作担保,在领事馆的介绍下向台湾银行借款 500 弗。台湾银行和伊藤洋行也因其经营困难,资助过数次。

不过,“不善理财”,又有债务在身的杨某,1922 年正月突然将报社转让给九江律师李鹤舫,一走了之。杨某大概向李某交过底,报纸易主后对日态度未变,仁丹等因此照样登广告,李某也曾拜访领事。与杨某不同的是,李某关键时有自己的民族立场,例如在南浔铁路问题上选择了沉默,没有登载日方希望的报道。日方甚为不满,当同年 4 月李某用杨某的老办法借款时,领事馆拒绝了,并且停止免费提供东方通信社的电讯①。此后双方关系渐冷,1923 年底日方的定期调查报告未出现该报,大概已倒闭。

当然,至 1927 年驻九江领事馆关闭为止,日方在江西操纵的报刊肯定不止于此,只是受史料所限,难窥其全貌。

综上所述,自 1896 年《汉报》出现以后,如表 11 所示,至 20 世纪 20 年代末,该地区受日方操纵过的报刊至少有 15 种,其中中文报刊最多,达 12

---

① 领事相原:九江ニ於ケル支新聞紙創刊報告ノ件,1920 年;支那新聞利用ニ関スル件,1921 年;機密金受払計算報告ノ件,1921 年;九江時報補助ニ関スル件,1921 年;九江発刊漢字新聞利用ニ関スル件,1922 年。内田大臣:18994(暗),1920 年;第六号,1921 年;九江時報補助ニ関スル件,1921 年。JACAR: B03040624500。

种,利用中文报刊是日方在该地区的主要宣传手段。15 种报刊中有 11 种是在汉口发行的,有中、日、英 3 种文字,外务省投入巨资的《湖广新报》也创办于此,说明汉口是日方在中国中部地区的宣传中心。此外日方还把触角伸向长沙、九江、南昌,试图建立宣传据点。这些报刊集中出现于第一次抵制日货运动期间,尤其是五四运动前后,反映了操纵上的针对性。在操纵主体中,外务省最为积极,15 种报刊大多与其有关。军方也是重要角色,日方在华操纵的第一份中文报纸《汉报》便是由其出资,而日军汉口派遣队甚至将手伸向了英文报纸,显示出了对报刊操纵活动的异常热情。

表 11 中的报刊的存在时间都在 1929 年以前,相信 20 世纪 30 年代日本的各种势力会实施相同的活动,对此有待深入研究。

表 11　中部地区与日本官方、军方等有特殊关系的报刊名单(1896—1929 年)

报刊名	语种	报主国籍	操纵期间	操纵手段	操纵主体
汉报	中文	日本	1896—1900	补助	军方、东亚同文会、外务省
公论新报	中文	中国	1908—1911	入股、收买	外务省
湖南新报	中文	中国	1908、1909	收买	外务省
汉口日报	日文	日本	1909—1927	补助	外务省、军方
醒江西报	中文	中国	1913	收买	外务省
大汉报	中文	中国	1913、1914	入股、收买	外务省
汉口新闻报	中文	中国	1914—1927	入股、收买	外务省
Central China Post	英文	英国	1918—1922	收买	军方、外务省
国民新报	中文	中国	1918	收买	外务省
汉口中西报	中文	中国	1918	收买	外务省
汉口日日新闻	日文	日本	1918 1927—1929	补助 补助	军方 外务省
华瀛觉报	中文	中国	1919	收买	外务省
湖广新报	中文	日本	1919—1922	主办	外务省
九江时报	中文	中国	1920—1922	收买	外务省
鄂报	中文	中国	1923—1926	收买	外务省等

五、南部地区

香港与广州都是中国南部地区的重要城市,而香港更是远东国际大都市,对于以上两地,各国列强在包括舆论宣传等各方面极力培植、扩大势力,日本也不例外。福建省自甲午战争后则被日本纳入势力范围,台湾总督府重点向该地全面渗透扩张。因此,在香港、广州、福州、厦门都出现过受日方操纵的报刊。以下就这些城市加以考察。

1. 福州、厦门

甲午之战日本割据台湾后,建立台湾总督府统治台湾。如前所述,台湾总督府极其重视报纸的作用,认为在"对岸"福建发行报纸是实施"我方对中国南方的政策"之前提,因而对于在福建建立以报纸为中心的宣传机关尤其热心,尽管后来躲进幕后,将此类工作交给台湾善邻协会,但仍负责监督指导,并且全面提供资金。而外务省在厦门与福州的领事馆,亦积极从事此种活动,同时负责对宣传机关的监督、指导。两地受到操纵的报刊先后有《闽报》《全闽新日报》《南报》《中和报》《福州时报》《南支那》。

(1)《闽报》(操纵时间:1897—1937年)

创刊于福州的中文报纸,1897年12月17日由前岛真盘下福建举人黄乃裳创办的《福报》改名而来。

1897年,前岛奉海军军令部命令来福建收集情报,当地唯一的报纸《福报》正不断发表抨击日本的文章,前岛深感有必要将其盘下,以缓和舆论,便与海军派驻上海的谍报员宗方小太郎商量对策,两人共同上书拓殖大臣高岛求援。1898年11月中岛真雄被东亚同文会任命为福州支部长来到福州,而与海军和台湾总督府关系密切的井手三郎也于12月来此,两人得知宗方等的计划后,利用与官方、军方的关系积极推动。

在此背景下,高岛与台湾总督乃木希典商量,决定支持。乃木将宗方招致台湾给予具体指示,同时提供补助金500日元、银800弗收购《福报》发行权①。前岛据此连同机器等一同盘下报社,建立起日本"在南支一带的宣传

① 領事代理森浩:閩報沿革及閩報引受事情並経営概況,1918年。JACAR:B03040815300。

机关”①。

该报不负厚望，自诞生起就开始发挥日本宣传机关的作用。例如，日俄战争时当地的法国人站在俄国一边，以《法兴新汇报》为阵地宣传。《闽报》则针锋相对，登载日本政府的公告，宣传政府的政策，大量报道对日有利的消息，争取中国民众支持②。

至1906年11月为止，该报每周发行两次。因无印刷设备，报纸委托美国人经营的美华书局印刷，十分不便，日俄战争结束后随着日美摩擦的加剧，随时有被拒印之虞。前田想购买印刷机自印，便请仍在福州开办学校的中岛与台湾总督儿玉源太郎商量，请求资助。台湾总督府欣然提供补助，购买铅字和印刷设备，1906年12月起报纸改为每周发行3次。

1907年5月11日正好发行第一千号，报社以16版纪念，并且邀请福建官绅数十人至报社庆祝，一派兴旺景象。同年9月发生火灾，报社停刊月余，经营受挫。台湾总督府再次拿出1 500日元用于复兴，外务省也提供补助，报社借此购买设备，扩大和改良版面。报纸发行量增加至2 000份左右。

对于此报，台湾总督府不仅临时补助，还提供固定补助。1908年6月日本领事馆报告说，该报“公平无私，努力疏通两国情况，拥护我对福建政策”，“是台湾总督府的机关报，持续接受年额2 400日元补助”。就是说台湾总督府将其定位为机关报，从1908年以前开始就持续提供定期补助了。

1915年4月初前岛去世，报社干部津田七郎负责经营兼主笔。台湾总督府准备加强控制，同月派《台湾日日新闻》社长赤石定藏前来调查报社状况，打算盘下改为日刊，同年6月付诸实施，以2 500日元盘下交给赤石，聘请山中宽太郎为主笔。赤石无法来福州，只是挂名，实际经营者为山中。山中曾经在日本多家报社任记者，1908年来东北《奉天公报》《满洲日日新闻》工作，1911年任职于《台湾日日新闻》，是典型的中国通。

在确立新的组织结构后，台湾总督府又拿出1 500日元用于购买新设备等，10月改为日刊，发行量一千五六百份。因成本增加，如此发行量又无

① 外務省情報部：関係新聞調查，1929年。JACAR：B10070264800。

② 福州領事中村：日露関係破裂以後ニ於ケル当地仏人ノ行動一斑報告，1904年。JACAR：B07091174600。

法盈利，总督府自此每月补助500日元[①]。

为了加强对福建文化宣传活动的领导，1918年2月台湾总督府和台湾银行等出资在台北成立财团法人善邻协会，《闽报》转入协会手中。总督府觉得需要选出合适的人任社长，“从外部尤其是中国方面来看，使得该社长看上去恰如该社的所有者，尽量给予该社长权限，使其活动”[②]。经过与总领事馆商量，决定任命主笔山中为社长，负责经营，并且与其签订了备忘录、秘密协定，以便全面掌控(详见第四章)。总督府因无法实地监督，委托福州领事馆负责日常指导与监管。总督府还将每月的补助提高到1 400日元，其中一半用来支持更多地登载电讯，以快捷的新闻吸引读者[③]。外务省也看好此报，每年的资助在2 000—2 200日元。

报社经过以上变革得到发展，发行量增加，一时达两千五六百份。1918年领事馆的评价是：“本报的特点是丰富迅速，在福州报纸中最有信用，发行量之多无出其右者。”[④]不过，随着中国民众的不断觉悟，其日本喉舌的身份逐渐引起警觉，五四运动爆发后，中国读者加以抵制，发行量锐减至七八百份。日方开始注重宣传策略，1923年抵制日货运动再起时，总领事代理中野认为发表攻击“排日”的文章适得其反，指示报方保持低调。5月临城劫车案发生后，中野要求迅速详细报道，“在吸引一般人注意力方面有几分效果”。但此伎俩很快被识破，效果骤减[⑤]。

此后每遇抵制日货运动，报社经营必陷苦境，台湾总督府和外务省全力帮助，加上报社多方努力，聘用优秀记者，改良印刷机等，迅速登载电讯，争取读者，仍有发展，1924年7月版面由原来的4版改为6版。1924年、1925年发行量都在4 500份左右，“是福州第一大报”[⑥]。报方仍不满足，1926年靠台湾总督府临时补助的15 000日元，购买转轮机，提高印刷质量与速度，将版面扩大到8版，同时迅速登载时局消息，增强竞争力。

1926年福建省政府创办《民国日报》作为机关报，加强对舆论的领导。

---

① 領事代理森浩：閩報沿革及閩報引受事情並経営概況，1918年。JACAR：B03040815300。
② 日本外务省编：《日本外交文書》大正8年第2册，外务省发行，1970年，第1255页。
③ 領事代理森浩：福州閩報館経営方ニ関スル件，1918年。JACAR：B03040815300。
④ 外務省政務局：支那ニ於ケル新聞及通信ニ関スル調査，1919年。JACAR：B02130261800。
⑤ 日本外务省编：《日本外交文書》大正12年第2册，外务省发行，1979年，第255页。
⑥ 外務省情報部：支那ニ於ケル新聞及通信ニ関スル調査，1924年。JACAR：B03040870900。

《闽报》因造谣滋事多次被禁，发行量由 1927 年的约 3 000 份降至 1928 年的 1 800 份。在此打击下，报社靠台湾总督府每月提供的 1 500 圆、外务省每月提供的东方通信社电报费 200 弗维持经营。为了吸引读者，作为当地唯一拥有照相版印刷设备的报社，1928 年开始在报纸中插入照相版，取得一些效果。

九一八事变后该报受到抵制，发行量减少至千份左右，最差时仅 400 份上下，入不敷出，报社为降低成本改为晨刊 4 页。1933 年末福州事变时，该报利用特殊的地位快速发布独家新闻，吸引读者，发行量猛增至 8 000 份。但好景不长，1936 年又跌至 1 400 份左右。尽管如此，1936 年 3 月福州总领事中村丰一参加日本驻华领事上海会议，就有关日本在福建的发展政策提出建议时，大力主张扩大《闽报》的影响，“充分发挥在福建省具有增进日中亲善机关的使命”[①]，仍对其寄予厚望。

确实，该报自诞生起就是台湾总督府在福州的机关报，一直受到总督府和外务省，尤其是前者的鼎力资助，也一直接受总督府、领事馆的领导和管理。在办报宗旨上虽然宣称“谋求日中亲善，努力缓和一向横跨在两国之间的误解、恶感，尤其是使中国官民广泛谅解日本在东亚的立场及日本公正之真意”[②]，但本质上则是“拥护我对福建政策”，“或在时事问题上拥护政府政策，努力为其辩护”[③]。

20 世纪 30 年代以前，该报在福州报界地位高、影响大，主要原因有三：一是消息迅速丰富；二是经营时间悠久，在读者中知名度高；三是“其他中文报纸屡屡受到中国当局干涉，而该报不受当局的干涉，总能登载正论”[④]，“不时对福建政府的施政、官场腐败毫无忌惮地抨击笔伐”[⑤]。但随着读者觉悟的提高，该报除了在一些特殊时间外，已经越来越失去市场。

(2)《全闽新日报》(操纵时间：1914—1916 年、1918—1937 年)

1907 年由台湾人与大陆人合资创刊于厦门，资本金 6 500 元，出资人共出银 6 410 元，其中林景仁最多，出龙银 2 900 元，江保生其次，出龙银 1 200

---

① 総領事：福建省ノ現状及我国ノ対福建発展策，1936 年。JACAR：B02030162900。
② 外務省情報部：支那ニ於ケル新聞及通信ニ関スル調査，1924 年。JACAR：B03040870900。
③⑤ 事務代理佐野：福建発行ノ新聞紙ニ関スル件，1908 年。JACAR：B03040834200。
④ 外務省情報部：関係新聞調査，1929 年。JACAR：B10070264800。

元。另外还有8人,均为台湾籍,居住在厦门或台湾①。台湾人江保生为法人代表兼主笔,起初数年发行量都在千份左右。

该报发行之初与日方似无直接关系,但已经表现出亲日倾向,日本驻厦门领事馆1909年的报告称其宗旨“在于向清国鼓吹日本文明,为台湾人谋利益”②,因此一直密切加以关注。当时厦门仅有两种中文报纸:一是福建铁道部门的机关报《厦门日报》。日本领事称它常登载对日不利的内容,“以扩大捏造的报道,对我国利权的扩张带来不少危害”。二是《全闽新日报》。领事馆称对它“一向利用不少”,是“完全可以称为我机关报的报纸”。领事馆能在一定程度上利用,是报方主要人员因其身份自愿而为,还是采取了某种手段,有待查考。

因为该报的特殊地位与作用,领事馆伺机进一步操纵之。报社每月入不敷出,领事馆多次建议外务省以提供资助为切入口乘机控制③。1914年日军侵占青岛后,因当地《闽南报》具有反日倾向,加上有被德国收买之虞,外务省终于决定从11月开始补助报方5个月,每月100日元,利用它为日本外交政策辩护④。报方自此接受日本官方补助。

江保生有自己的编辑方针,对日方并非言听计从,1915年底该报因反对帝政被当地官府查封。领事馆很不满,认为报方的当务之急是登载对日本有利的报道,宣传日方主张,没有必要节外生枝。更让领事馆不满的是,领事想把信任者派进报社工作,江保生一直敷衍。另外,报纸内容亦有采取中立立场之虞。当时厦门只剩下该报,领事馆认为在此情况下已经失去补助的初衷,在获得外务省同意后,约在1916年9月停止了补助⑤。

外务省本来准备补助半年的,从上述实情看一直持续到1916年9月。报方失去补助后,因当地中文报纸《民中报》的创刊和《闽南报》的复刊,出现竞争对手,加上纸价上涨,印刷成本大增,陷入经营困境,有意转让,外务省和台湾总督府都十分感兴趣。1917年9月总督府派台湾《台南新报》社长

---

① 領事森安三郎:信函,1909年。JACAR:B03040614000。
② 外務省政務局:清国ニ於ケル新聞紙ニ関スル調査,1909年。JACAR:B02130815800。
③ 領事森安三郎:信函,1909年。JACAR:B03040614000。
④ 加藤外務大臣:第一四号,1914年。JACAR:B03040614000。
⑤ 菊池領事:全閩新日報操縦費差止方ニ関スル件,1916年。JACAR:B03040614000。

富地出面与报方接触，因收购价格及其条件谈不拢，加上日方放弃收购，谈判未果。

为了拉住报方，善邻协会每月提供 300 日元资助，同时希望由日本人任报纸主笔。五四运动发生后，外务省计划将该报列为重点扶植对象，协会则先行一步，1919 年 6 月以 5 000 日元买下报纸的经营权和设备，并且约定由日本人担任主笔，该报由此基本上为协会持有。据当年底领事馆的调查称，该报“鼓吹日本文明，拥护帝国利益，启发台湾人，增进其利益”，“最近排日风潮爆发以来完全致力于拥护日本利益”①。不过，因正式充当日本的喉舌，报纸遭到中国读者的抵制，1919 年的发行量仅 600 份左右。

1920 年 7 月起林景仁任社长后，善邻协会的补助增加到每月 400 日元，但约定了以下条件：一是对报纸进行各种改革；二是使用日本人任主笔，协会支付主笔的赴任费用和每月 300 日元的酬金，报方每月付 50 弗薪金；三是与善邻协会在当地主办的《中和报》合并②。1921 年 3 月日方主笔宫川次郎按照约定上任，全面负责经营。宫川曾任《台湾日日新闻》记者、《台湾新闻》主编。日方还派长谷川任报社的会计主任掌控财权。报纸彻底成为总督府的机关报。

善邻协会自此提高补助，每年提供约 1 万圆。为了增加销量，扩大影响，采取了新的经营策略，主要措施是发挥宫川的作用，强化与台湾日日新闻社的联络，接收有关日中两国紧急事件的电讯，抢在当地中国报纸前报道。当地报纸的电讯或来自上海，或转载各地报纸新闻，而该报的电讯来自台湾，速度既快于中国报纸，又有当地人感兴趣的中日方面的各种敏感新闻。“因为这一点，反对者方面也重视此报。”③报社后来还采用上海的电讯，进一步充实电讯栏。

20 年代末，该报改为晨、晚两版，发行量 1 600 份。名誉社长林景仁 1930 年 4 月辞任，实际工作由 1929 年 7 月到任的主管田中均负责。报纸依然以迅速登载各地电讯（主要来自“电通”上海支局、香港通讯员、台湾）而受到读者重视。

---

① 外務省情報部：支那ニ於ケル新聞及通信ニ関スル調查，1920 年。JACAR：B03040890000。

② 領事藤田栄介：全閩新日報社ニ関スル件 1920 年。JACAR：B03040614000。

③ 外務省情報部：支那ニ於ケル新聞及通信ニ関スル調查，1924 年。JACAR：B03040870900。

1930 年 8 月因发布有关战争的虚假电讯，报纸遭当地官方禁售，受到打击。恢复发行后，台湾善邻协会将补助年额增至两万余圆。因登载消息较当地报纸迅速丰富，读者反而增加，“在市区的投递数量是当地报纸中最多的”①。

九一八事变后该报受到中国读者激烈抵制，发行量在 800—1 000 份之间，协会为了保住此宣传阵地，每年补助 15 000 余日元②。报社 1933 年将版面由 12 页压缩到 8 页，以减少成本。1933 年末福建事变时，该报利用特殊地位先于当地报纸报道敏感新闻，发行量恢复至 2 000 份。因受中国商人抵制，报社无广告收入，经济困难依旧，同年协会的补助年额仍为 1 万日元左右，如此状况延续到七七事变。

《全闽新日报》一直是台湾总督府和外务省在厦门倾力培植的宣传机关，也是日方在厦门存在时间最长、影响最大的中文报纸，在宣传日本“对中国南方的政策”方面发挥了重要作用。

(3)《南报》(操纵时间：1917 年)

日文、中文周刊，后为旬刊，于 1917 年 1 月 2 日创刊于厦门，发行人为柏原秀吉，3 月起改为山下仲次郎，柏原改任编辑干部兼发行人。山下住台北，印刷所也在台北，柏原住厦门市镇邦街，以住宅作发行所③，靠善邻协会援助运营④。

该报内容涉及政治、法律、经济、社会等，计划是每月 1 日为日文版，15 日为中文版。正常发行时间应该很短，有研究称其 1923 年关停⑤，但厦门领事馆 1918 年、1919 年底的报告，都未提及此报。有两种可能：一是发行不久就关闭；二是发行不正常，并且数量甚少。从山下 1918 年在善邻协会资助下又创办《中和报》看，该报发行不久可能就被取代了。

(4)《中和报》(操纵时间：1918—1920 年)

1918 年 2 月创刊于厦门的中文旬报，台湾总督府的机关报，山下仲次郎为主管兼主笔，标榜以“日中亲善”为宗旨，内容为政治、经济、社会等。

---

① 外務省情報部：外国ニ於ケル新聞(上巻)，1931 年。JACAR：B02031075000。

② 外務省情報部：外国に於ける新聞(上巻)，1932 年。JACAR：B02031075700。

③ 領事事務代理秋洲：新聞紙発行報告ノ件、新聞紙発行変更ノ件，1917 年。JACAR：B03040833800。

④⑤ 中下正治：《新聞にみる日中関係史——中国の日本人経営紙》，索引，第 24 页。

1917年9月起台湾总督府就派人来厦门与《全闽新日报》谈收购问题，在价格等方面谈不拢。总督府方面觉得该报关系比较复杂，担心收购后有问题，于是决定自己投资发行一中文旬报，选定山下仲次郎为代理人，以其名义申请发行，由1917年11月成立的善邻协会出面与其签订“工作”合同，明确其职责（详见第四章）。

善邻协会全面提供费用，作为筹备金，在开业第一年提供1 000日元，其中400日元为创办费，600日元为前半年的费用，另外每年还提供3 000日元用于经营。报纸在台中台湾新闻社内印刷，然后运到厦门发行①。

总督府委托厦门领事馆对山下的工作和生活进行监督指导，将善邻协会与山下签订的合同寄给领事。领事则另外给中山下达命令，要求其听从领事馆的指挥。报纸发行后销路不错，发行量达2 000份②。

1920年7月善邻协会基本掌控《全闽新日报》后，该报作为机关报的使命终结，不久停刊。

(5)《福州时报》(操纵时间：1918—1926年)

1918年4月于福州发行，报道时事，每周发行两次，社址在福州泛船浦，是当地唯一的日文报纸。接受善邻协会补助③，持有人原为津田七郎，山中宽太郎先任主笔，后成为持有人，发行量至1923年约450份，1925年降至200份。1926年底该报从总领事的定期调查报告中消失，因此停刊的时间应为这一年④，停刊原因应该跟发行量太少有关。

该报是日文报纸，发行对象主要是当地日侨，但跟其他外文报纸一样，其登载的新闻等往往会受到中文报纸的关注而被译载，因此客观上还是起到了一定的宣传作用。

(6)《南支那》(操纵时间：1922—1925年)

1922年7月创刊于厦门的日文周报，宫川次郎任社长兼主笔，“目的在

① 領事矢田：新聞紙発行報告ノ件，1918年。JACAR：B03040833800。

② 領事矢田：厦門ニ於ケル台湾総督府ノ新聞計画ニ関スル件，付属甲、乙号，1918年。JACAR：B03040614000。

③ 周佳荣：《近代日人在华报业活动》，第130页。

④ 有研究（中下正治：《新聞にみる日中関係史——中国の日本人経営紙》索引，第25页；周佳荣：《近代日人在华报业活动》，第130页）认为是1923年停刊，疑有误。

于向居住在厦门的日侨提供各种报道”①,由全闽新日报社兼营,半版 4 页,发行量约两百份。厦门总领事馆 1925 年底的定期调查报告中未见此报,应该在同年停刊。

该报既然属于全闽新日报社兼营,自然获得了善邻协会的认可和支持,并且在其监控之下。从发行量看一直仅约两百份,肯定亏损严重,无法长期维持。这也许是停刊的主因。

当然,台湾总督府、日本外交机构操纵的报刊远远不止这些。仅以 1920 年初为例,受五四运动的刺激,同年 3 月外相内田指示福建总领事馆:“为了对抗报道等对我方不利的言论,紧急研究与当地中国人经营的中文报纸建立秘密关系的方法,并且以电报报告此方面所需费用。”总领事馆找到日本驹场农科大学毕业的省立农学校长何鑽,请求帮助。据报告,何经过做工作,说完全有希望收买当地影响最大的《福建日报》《求是报》《公道报》主笔等,各报每月需 300 弗。总领事馆认为可以先试几个月,对于实际效果,虽不抱大的希望,但仍值得利用此机会与各报建立特殊关系。何鑽所言是否属实,此计划是否付诸实施,无案可稽,但外务省在 9 月给总领事馆汇去“报纸操纵费”银两千弗②,应该是获得了实质性进展。随着中日关系的复杂化,此类活动必有增无减。对此仍需要进一步挖掘史料进行探究。

2. 香港

香港自英国势力侵入之后,逐渐成为中国南方地区的重要港口与国际贸易中心,20 世纪 20 年代以前,还是中国南方的舆论中心。对于这一要地,日本政府早在 1878 年就设领事(1909 年升格为总领事),在各方面渗透扩张。在报刊操纵方面,日方先后与 *Hongkong Daily Press*、*China Mail*、《寔报》、《香港日报》、《华字日报》、《共和报》建立过特殊关系。

(1) *Hongkong Daily Press*(《孖刺西报》,操纵时间:1894 年)

1877 年创刊的英文报纸。如前所述,甲午战争期间当地发行有 *Hongkong Daily Press*、*China Mail*、*Hongkong Telegraph* 三大英文报纸,前两者在上流社会影响大,*Hongkong Daily Press* 甚至被视为当地政厅办的官报。

① 外務省情報部:支那ニ於ケル新聞及通信ニ関スル調査,1924 年。JACAR:B03040870900。

② 内田大臣:第七号、新聞操縦費支出ノ件,1920 年;鈴木総領事代理:第二九号、福州支那新聞買収操縦ニ関スル件,1920 年。JACAR:B03040624400。

日本驻香港领事中川积极争取三报,不断给它们提供新闻材料。据中川1894年8月初报告,*Hongkong Daily Press*、*China Mail* 均有偏袒日本的倾向,日本军舰击沉高升号后引起西方人普遍恶感,而 *Hongkong Daily Press*"尽量为我国辩解说明效劳",*China Mail* 也经常为日本辩护,"在社论中也为我国着想"。看到它们主动站在日本方面,中川建议外务省向 *Hongkong Daily Press* 提供补助,同时尽可能间接地向 *China Mail* 提供酬劳,以换取更多支持。

获得同意后,中川找 *Hongkong Daily Press* 报主做工作,希望多为日本宣传。报主认为其他报纸都转载虚实相混的上海电讯,仅仅自己不登载难以做到,但可以尽量为日本辩护,希望每月提供100元补助作为回报。8月15日外相林董汇出300弗给领事馆开拓与 *Hongkong Daily Press* 的关系[①]。这应该是3个月的操纵费。

这种补助提供至何时,不得而知。既然连高升号事件上也替日本说话,该报得到日本补助后"亲日"表现必定更积极,因此补助可能持续到了战争结束。

该报后来成为政厅机关报,日方无法操纵,但其"亲日"倾向仍然延续,1908年的领事报告称它"对日本表示同情"[②]。1917年此报出现于外务省所列的与日方有"相当关系"的名单中,应该是"英日同盟"使得两国媒体在第一次世界大战期间处于"同盟"状态。

甲午战争期间对该报的操纵活动,是外务省在中国的早期实践,为今后此类活动提供了经验。

(2) *China Mail*(《德臣西报》,操纵时间:1894年、1909—1913年、1917年)

1845年创刊的英文日报。如前所述,该报在甲午战争期间偏向日本,日本领事馆则设法利用,不断提供新闻材料,并且尽可能提供酬劳。

报方此后对日态度不明,1908年初报方记者曾经主动接触领事代理益子斋造,希望多多提供电讯材料,尽量消除世人对日本的误解。益子认为利用其发布日本政府方面的消息非常有利,请求外务省考虑。外相回复说现

---

① 林董大臣:機密送第一二号,1894年;領事中川:機密第一四号,1894年。JACAR:B08090015000。

② 外務省政務局:清国ニ於ケル新聞紙ニ関スル調査,1909年。JACAR:B02130815800。

在难以定时提供,但可以随时发送一些信息①。以上大概是个别记者的举动。

日本领事馆1908年的报告称该报表面上是股份制,实际上是合资公司,Geo Murray Bain任董事长,1908年9月后布劳恩(Brown)任主笔,在香港的发行量仅次于*Hongkong Daily Press*;在对待日本方面,"一向登载中伤日本的报道"②。

1908年3月抵制日货运动发生后,日本在华外交机构普遍开始注重舆论工作,如前所述,同年底香港副领事船津上书建议强化在华宣传活动,外务省指示船津尽量与当地报纸建立关系,使其登载对日方有利的报道评论,并且调查研究何种报纸最为合适,如何收买,所需费用等,随时汇报。船津本来想利用在港日侨接近英文报社,未有合适人选,不得不亲自出马。船津分析认为,当地英文报纸中*Hongkong Daliy Press*是香港政厅机关报,无机可乘;*South China Morning Post*拥有很多读者,但是属于股份公司,参与决策者多,并且现在的主笔不掌握与外交涉的实权。*China Mail*名义上是股份制度,但实际上是一家人共同经营的合资组织,而刚刚上任掌握报社实权的报主兼主笔布劳恩曾经长期旅居日本,是个日本通,对日本抱有同情心,因此"是最为合适者"。

船津便与布劳恩见面,暗示想利用其报作为今后发表日方意见的机关,对方表示可以考虑。问及需要什么条件,回答是无任何要求条件。船津认为此非本意,并且没有报酬便不需承担义务,对报方没有约束力,便再三追问。对方最后提出两个条件:一是尽量动员当地日商登载商业广告;二是提供有关日本时事的电讯。船津表态说前者不难,能说服日商做到,让他满意;后者要系统性提供大量电讯有困难,但可以在每月200日元左右的电报费范围内提供一两次日本要闻③。双方自此建立起特殊关系。

1909年6月外务省实施《清国报纸通讯纲要》时,指定向该报免费提供"东京电讯",布劳恩提出的上述第二个条件也得到了满足。日方曾试图适

---

① 领事代理益子斎造:日本反对新聞記事ニ対シ本邦側ノ報道ヲ当地新聞紙上ニ掲載セシメ■義ニ付稟請之件,1908年。JACAR:B03040816800。

② 外務省政務局:清国ニ於ケル新聞紙ニ関スル調査,1909年。JACAR:B02130815800。

③ 副領事船津辰太郎:機関新聞設置ニ関スル件回答,1909年。JACAR:B03040816800。

当收取电讯费，报方以购买有困难为由希望持续无偿提供，外务省考虑到双方多年的关系及其表现而应允①。

1913 年 6 月起外务省停止实施《清国报纸通讯纲要》，双方的直接关系就此结束，但第一次世界大战爆发后，“英日同盟”又将彼此联系在一起，1917 年外务省的报告将其列入与日方有“相当关系”的名单中。

从日方主动施加影响的角度看，报方受操纵的时间是 1894 年、1909 年至 1913 年、1917 年。作为当地英文大报，该报在上述时间事实上充当了日本的宣传窗口。

(3)《寔报》(操纵时间：1909—1911 年)

约创刊于 1908 年的中文日报，据 1908 年日方调查，该报为“中立主义”，社长、主笔为潘兰史，发行量 500 份。

报纸创刊后不久，第一次抵制日货运动发生。日方领事馆为了争取舆论，设法与主笔接近，并且取得了一些效果，使其减少了对“二辰丸事件”的报道，与其他报纸保持一致步调②。领事馆是如何与主笔接触的，不得而知，但 1909 年外务省实施《清国报纸通讯纲要》时，选择了该报免费提供“东京电讯”，说明已经充分信任。该报成为外务省在香港的中文宣传窗口。

1910 年报纸主笔、干部易人。据说投资人梁仁甫等均为外国航运公司或商会买办，为了与日本的相关公司竞争，开始利用该报攻击日本，1911 年初甚至发表“煽动”抵制日货的文章，对于日方提供的“东京电讯”也加以疏远。总领事馆决定 5 月起停止提供电讯，转而提供给《华字日报》③。

尽管受操纵时间比较短，《寔报》在 1909—1911 年间还是在一定程度上受到了日方影响。

(4)《香港日报》(操纵时间：1909—1937 年)

1909 年 9 月 1 日松岛宗卫创刊的日文日报，当初发行量约 300 份。

松岛是所谓“中国浪人”，原为营口《满洲日报》记者、《东京日日新闻》《万朝报》通讯员。1909 年来香港时，在总领事代理船津的建议和帮助下创

---

① 総領事今井：独立通信社通信無償配布先ニ関スル件、「チャイナメール」ニ対シ独立通信無償配布ニ関スル件，1911 年。JACAR：B03040684600、B03040684700。

② 外務省政務局：清国ニ於ケル新聞紙ニ関スル調査，1909 年。JACAR：B02130815800。

③ 総領事今井：独立通信社通信無償配布先ニ関スル件，1911 年。JACAR：B03040684600。

办此报。创刊费由香港的日本企业与船津负担各半①。

创办之初每月需要500弗经费，一半靠报社收入，一半需要补助。船津召集当地日资企业请求帮助，结果三井、日本邮船各40弗，总领事馆15弗，加上其他一些企业的补助，合计补助250弗。此种补助一直持续着，1917年4月高桥总领事鉴于总领馆经常需要利用该报，加上其在日侨中的媒介作用，向外务省申请每月补助银50弗，未果。1919年末铃木总领事再次提出，外务省同意从1920年4月至1925年3月每月补助70弗②。1926年外务省又将《岭南新报》的印刷设备等无偿借给报社使用。

松岛1921年归国，原香港总领事馆员井手元一接手经营，一直至七七事变。报纸没有特色，以转载为主，外务省1909年实施《清国报纸通讯纲要》时，大量登载"东京电讯"。因为新闻来源有限，总领事馆甚至说该报没有价值③。这种报纸在报刊事业日益发达的香港自然缺乏市场，至1937年发行量始终在300—500份。

当然，作为总领事馆和国策会社支持的香港唯一的日文报纸，该报毕竟代表了日本的声音，还是会不时受到各方关注，例如1928年底总领事定期调查报告称，厦门、台湾、法属印度支那也有购阅者，"因为该报登载日本和上海方面的通讯和电讯，当地中文报纸往往利用、转译本报的特别通讯及报道"。因此，该报作为日本的喉舌还是发挥了一定的作用。

(5)《华字日报》(操纵时间：1910—1917年)

1874年创刊的中文日报。据日方1908年底调查，该报为"中立主义"，社长颜杏甫，主笔林紫虬，自备印刷厂，发行量两千份④。

1909年初，为了操纵舆论工具，总领事馆在物色拉拢的对象时就看中了在当地有影响的中文报纸《商报》《华字日报》，认为前者属于保皇派，后者发行量最大，影响力最强，不属于什么帮派系统，适于操纵，便设法接近⑤。

1909年6月外务省选择香港的中文报纸登载"东京电讯"时，该报与

---

① 中下正治:《新聞にみる日中関係史——中国の日本人経営紙》，索引，第16页。
② 外務省情報部:関係新聞調查，1929年。JACAR：B10070264800。
③ 総領事今井:独立通信ヲ拡大シテ日刊新聞トナス件，1911年。JACAR：B03040684700。
④ 外務省政務局:清国ニ於ケル新聞紙ニ関スル調查，1909年。JACAR：B02130815800。
⑤ 副領事船津:機関新聞設置ニ関スル件回答，1909年。JACAR：B03040816000。

《循环日报》被列为争取的对象。因选定的《寔报》不久就改变对日态度，1910 年总领事馆决定免费向《华字日报》提供“东京电讯”。双方关系始于何时无从查考，总领事代理船津与 1910 年任社长的陆善祥有一面之交，还多次同席共宴。同年 3 月船津从当地中国一买办那里获悉《华字日报》社长兼主笔陆善祥亟须临时融资墨银 2 500 弗的消息后，与日本邮船会社分店长楠木等商量，由楠木等借给陆 1 500 弗，船津则以私人名义居中担保。这样陆如愿获得借款救急。当然，船津也不失时机向他提出希望多为中日亲善作贡献。据说，陆善祥在表示保持公正、不偏不倚主义的同时，也表态“如您所说的方针，今后准备进一步支持鼓吹”中日亲善①。

其效果马上得到验证。同年 6 月 23 日该报登载了《论日人之鼓吹渡华研究》一文，提醒人们警惕近来借参观南京博览会之机到中国各地游历的日本人。船津看到后认为是对日本人的中伤，立刻去见陆质疑。陆解释说自己当天未在报社，事先不知此文登载，见报后也很吃惊，表示道歉，并且主动提出接下来登载对日有利的文章作为补偿。27 日果然登载了《论清日实业界宜互相观感以兴商务》一文，认为日本实业发展迅速，值得学习，鼓吹中国实业家多考察、学习日本实业界的长处。文章登出后，陆到领事馆询问意见，表示以后凡是登载与日本有关的文章自己一定把好关②。

当时香港的报纸经常登载一些在日方看来属于“捏造”或“夸大”的“排日”电讯，如前所述，船津为了阻断这类消息，追根溯源，发现源自北京英文报纸《北京日报》的记者李心灵。船津请陆善祥帮助弄清了李心灵的背景，然后请求外务省和驻京使馆设法阻断。使馆据此多次向中方抗议，但处于辛亥革命前夕的清政府已自顾不暇，失去了对舆论的掌控。因无法阻断电讯源头，船津对陆做工作。陆答应如果来自北京的电讯对日不利，将征求船津的意见后再处理③。

报方股东有 4 人，其中李心灵在北京，兼任该报通讯员。由于他一直发

---

① 総領事代理船津：華字日報社金員借用ニ関スル件，1910 年。JACAR：B03040816800。

② 総領事代理船津：華字日報論説ニ関スル件，1910 年。JACAR：B03030210800。

③ 総領事代理船津：南清ニ於ケル漢字新聞ニ掲載スル北京電報ノ出処及其影響ニ関スル件、中傷的北京電報ニ関スル件，1911 年；伊集院公使：機密第四六号，1911 年。JACAR：B03030210900。

来对日本不利的电讯,船津怂恿陆善祥增持股份,增加发言权。陆无力购股,船津便通过外务省紧急拨款 2 600 弗,让三井物产香港分店长林德太郎出面交给陆。1912 年陆代替林德太郎成功收购一股东的股份,持报社股份的四分之一①。同年 3 月陆与林德太郎签订合约,保证"此后《华字日报》必须乘机会倡动华人与日本人固结交情"②。这样,日方在该报的发言权大增。1914 年至 1916 年总领事的报告都说该报"报道迅速,议论各种新事实,最为富有清新空气,在香港中国人中间信誉次于《循环日报》。另外,对日感情最好"③。"对日感情最好"无疑是日方的目标。

该报发行量在与日方关系密切的这段时间都在 3 500 份左右,居香港中文报纸之首。其读者还分布于广东、美国、南洋华侨之中。例如 1911 年的销售量,香港 2 000 份,广东 400 份,澳门 300 份,其他地方及国外 900 份④。

1917 年报纸的主笔与总编辑分别是谢仲伟、李毅轩,陆善祥已经专任外事翻译主任。该报是合资组织,陆善祥可能遭到其他股东排挤。不过日方 1917 年底仍将该报视为"与我方有特殊关系的报纸"⑤,说明双方关系依旧。1918 年起,陆善祥从报社各关键岗位消失。因为当初日方股份是秘密放在其名下的,这就意味着该报与日方关系基本断绝。

作为当地中文大报,该报报主兼主笔在 1910 年至 1917 年期间与日方关系特殊,1912 年起甚至部分股份被日方把控,其论调肯定在很大程度上受到左右,发挥了日方预期的作用。

(6)《共和报》(操纵时间:1921 年)

原为 1904 年创办的《商报》,经营者多次更迭,1919 年前后由保皇党人物伍宪子经营,亲自任主笔,倾向于支持北方政权,反对南方。因此,该报受到南方人抵制,曾一度被政府禁售,读者渐减,发行量多时 800 份左右,少时仅 500 份。

① 外務省政務局:支那ニ於ケル新聞及通信ニ関スル調査,1919 年。JACAR: B02130261800。

② 総領事今井:華字日報買収ニ関スル件、華字日報買収ニ関スル内契約写送付ノ件,1912 年。JACAR: B03040616300。

③ 外務省政務局:支那ニ於ケル新聞紙ニ関スル調査,1915 年、1916 年。JACAR: B03040676700、B03040677500。

④ 船津辰一郎:中傷的北京電報発送者ト南清ニ於ケル新聞ト絶縁セシムル方法トシテ華字日報買収方ニ関シ稟申ノ件,1911 年。JACAR: B03040616300。

⑤ 外務省政務局:支那ニ於ケル新聞紙ニ関スル調査,1918 年。JACAR: B03040679400。

此窘境应该为日方提供了可乘之机。在 1921 年 2 月内田大臣给藤田总领事的电报中，出现了给该报补助的指令，要求提供本年度的第四期补助 750 弗①。既然属于年度预算内的，一定是定期补助。还有，已经是提供第四期的，那么至少从 1920 年 4 月的第一期就开始了。双方的特殊关系始于何时，具体补助对象是谁，日方是如何接近报方的，有待查究。但既然是定期提供补助，肯定影响到报纸的论调。1921 年后该报与日方关系不明。

以上报刊都集中在 20 世纪 20 年代以前。诚然，随着广州在中国政治、舆论地位的迅速上升，随着通讯手段的发展，香港在中国南方的舆论地位逐渐下降，日方在此地操纵舆论工具的力度可能相应降低了，但无论何时都不会轻视这一阵地的。因此有关 20 世纪 20 年代以后的情况，仍有待挖掘史料加以考察。

还有，即使是 20 世纪 20 年代以前，还有一些报纸与日方的关系有待研究。例如，1907 年日本政府对日俄战争期间帮助过日本的外国人进行表彰授勋，*South China Morning Post* 的主笔阿尔弗莱德·康宁格哈默由于“日俄开战以来总是对我表示深厚同情”，“功劳显著”，获得勋四等旭日章②。授勋理由是提供了“有益的报告”。如此亲日，一定也会反映到其任主笔的报纸上。再如，日方报告说中文报纸《循环日报》在 1908 年后（当时的社长兼主笔是温俊臣）曾经“向日本方靠拢”，为此甚至遭到一些人非难③。“靠拢”的理由不详，而遭人非难，或许是报纸出现了露骨的亲日色彩。此外，日方 1912 年的报告称中文报纸《民国报》“与我方有特殊关系”④。这种特殊关系肯定也会影响到报纸的论调。因此，上述列举的数种报刊只是冰山一角。

3．广州

广州是中国对外贸易的重要窗口，日本政府 1888 年就在此设副领事，1906 年设领事（1909 年升格为总领事），显示出对广州的重视。台湾总督府

---

① 内田大臣：中華新報操縦費精算残高中ヨリ香港ヘ送金ノ件，1921 年。JACAR：B03040617900。

② 内閣総理大臣侯爵西園寺公望：北米合衆国人オノラブル、シャールス外九十八名叙勳ノ件，1908 年。JACAR：A10112646800。

③ 外務省政務局：清国ニ於ケル新聞紙ニ関スル調査，1911 年。JACAR：B02130559300。

④ 外務省政務局：支那ニ於ケル新聞紙ニ関スル調査，1912 年。JACAR：B02130240800。

设立后也积极对此地渗透发展。辛亥革命以后,广州逐渐成为中国的政治热点地区,日本各种势力渗透更烈,其表现之一就是建立宣传阵地。1908年起日方先后操纵过的报刊有《国事报》《南国报》《岭南新报》《中华新报》《七十二行商报》《公评报》。

(1)《国事报》(操纵时间:1908—1911年)

1906年创刊,主笔罗藻云,当时是广州的大报。

1908年3月"二辰丸事件"首先在广东发生,日本政府千方百计加以对抗,处于风潮第一线的广州领事濑川更是采取各种措施应对,利用报纸影响舆论便是其一。同年11月濑川成功地与罗藻云拉上关系,提供1 000日元补助,"与罗形成了默契"①。

"默契"就是不登载对日不利的报道。领事馆随时监视当地的舆论动向,一发现有报纸登载"攻击"日本的报道后,就与罗藻云等人联系,希望尽量不要登载。为了增加影响,领事还利用节日向相关人员送礼,如1911年春节送给罗藻云250弗作为贺礼②。

1912年1月报社遭当地政府查禁而关闭。该报从1908年底至此与日方保持特殊关系达三年之久,作为中文大报发挥的作用应该不小。

(2)《南国报》(操纵时间:1916年、1917年)

1916年12月9日创刊的中文日报,发行人邓梓南,主笔黄廼中。该报"名义上为中国人,实际上完全由我国经营"③,即来原庆助是实际报主,报社的设备均由其购置,但对外声称黄廼中是报主,印刷设备是租用的。

来原曾经在《满洲日报》工作,熟悉中国而富有办报经验。据说他来此办报一开始就获得了台湾总督府以及实业家其浦胜人、岛田三郎④等资助,外相石井也给予了鼓励。这说明报方有一定的官、商背景,尤其是与台湾总督府关系密切。

来原将报社伪装成中国人经营的,是为了"万一发生意外事件时,主张我国人之利益,打下与中方交涉的基础"。不过其真实面目,一开始就被本

① 小村大臣:機密送第一号,1909年。JACAR:B03040816800。

② 小村大臣:国事報記者羅藻雲ニ関スル件,1911年。JACAR:B03040816000。

③ 総領事太田喜平:南国報補助ニ関シ意見具申ノ件,1917年。JACAR:B03040617700。

④ 其浦胜人:福泽谕吉之弟子,曾任邮便报知新闻社长、议员,1915年至1916年任第二次大隈内阁递信大臣;岛田三郎:曾任东京横滨每日新闻社长、议员、议长。

地报社和民众识破，称之为“日本的机关报”，遭到抵制①。报社处境因此不利，起初还有广告客户，后来基本争取不到，加上中国读者极少，经营面临困难，每月亏损都在千元左右。报社只能减少记者，节省开支，这又导致报道内容单薄。台湾总督府不得不分两次共补助 1 000 日元②，报社勉强维持，但亏空仍大。

总领事馆为此向外务省申请补助，认为这份作为日本人经营的报纸不能因中国人的抵制而关闭，开此先例的话，以后日本人就难以在此办报，并且提出了经营对策，外务省迟迟未回复。

1917 年 3 月台湾总督府因故决定从 4 月起停止补助，报社失去经济保障。外务省想保住这一日本的喉舌，决定自 4 月起补助半年，每月 300 弗，总督府也准备恢复补助，每月提供银 250 元③。但是，来原认为前面几个月亏空很大，仅靠此补助难以经营，决定关停。这样，这一由台湾总督府等支持创办、经营的中文报纸，仅发行数月就销声匿迹。

(3)《岭南新报》(操纵时间：1919 年、1920 年)

1919 年 2 月创刊的中文日报，版面为 8 版，藤田丰八任社长与主笔。藤田只是代理人，报社购买设备的所有创业费用来自外务省，日常经营费用也完全由外务省和国策会社承担，是外务省直接领导的机关报。

外务省对此报寄予厚望，早在制定 1918 年度对华宣传政策时，就将其列入创办计划。报纸发行后遭到冷遇，读者有限，五四运动一爆发，发行量更是跌至 300—500 份，如此必然导致严重亏损。为了将报社维持下去，外务省投入巨资，1919 年提供的日常经营补助共达 27 000 日元，国策会社组成的“实业恳话会”也资助了 13 500 日元。外务省 1920 年第一期继续补助 3 712 弗，弥补亏损④。

藤田 1897 年来华，为《农学报》翻译文章，担任《教育世界》编辑，还在上海东文学社、江苏师范学堂、京师大学堂做过总教习，潜心研究过中国历史，

---

① 総領事代理太田：南国報発刊並ニ支那新聞反対ニ関スル件，1916 年。JACAR：B03040835800。

② 南国報代表者来原慶助：南国報缺損計算書，1917 年。JACAR：B03040816000。

③ 本野大臣：南国報補助ノ件，1917 年。JACAR：B03040617700。

④ 内田大臣：第五号、第二〇号，1919 年；第二四号，1920 年。情報部：湖広新報及嶺南新報報処分方ニ関スル件，1920 年。JACAR：B03040618400。

属于名人①。外务省请他出面经营,自然是想发挥其经验、学识、影响。但藤田个性很强,并非言听计从。1920 年春广东政局大变,广西派和政学会系人物主政广东,民党干部逃离,相关报纸全部关停。因为记者中很多人属于民党派系,该报仍然登载支持民党的报道,并且攻击广东当局,因此被视为民党派机关报。广东政府多次向日本总领事馆抗议,太田总领事劝告藤田改变此种报道,但没有效果。太田非常不满,认为这会带来麻烦,也违反了办报的初衷。外务省获悉后很失望,甚至一度想切断补助。

为了改变报纸的编辑方向与对外形象,外务省将橘仁太郎调来任社长代理,但报社中国记者还是发表了攻击广东当局的文章。8 月 26 日当地警察包围报社,抓走记者等 3 人。经过总领事抗议,记者获释,很多记者感到危险而潜逃,报纸在 27 日停刊。

报社在停刊后每月仍需 1 300 弗开支,负担不小,总领事代理森冈正平通过私下调查认为报社再办下去无益,建议 9 月底关停,对外则说主办该报的日本资本家破产。外务省虽然想撑到年底,最后还是采纳此建议,于 9 月底关闭,将报社重要设备送给了《湖广新报》②。

外务省投入巨资,本来是想在中国南方建立自己的宣传机关,但因经营者的个人理念与办报环境的变化,仅经营年余就匆匆停刊,基本上未能发挥预期的作用。

(4)《中华新报》(操纵时间:1919 年、1920 年)

1916 年 11 月创办。由广东督军陆荣廷、岑春煊、陈炳焜、李烈钧各出千元,司令部外交委员容伯挺出资 4 000 元,其他商界人士出资 4 000 元,共计 14 000 元。容伯挺任社长,陈罗生任编辑主任,为国民党系统的报纸,与北京、上海的同名报联系较多。因为陆荣廷等出资,在广东政府机关也有市场。

容伯挺后来任广东督军府及省长公署顾问,陈罗生任督军署参议,因此该报关于政界的新闻迅速准确,受到欢迎,很快成为广州仅次于《七十二行

① 有关藤田丰八,详见咏梅:《东洋史学家藤田丰八在中国的活动及其影响》,《内蒙古师范大学学报(哲学社会科学版)》2007 年第 2 期。

② 森岡総領事代理:第二八八号、嶺南新報廃刊ニ関スル報告ノ件,1920 年;内田大臣:第七二号、第七三号,1920 年。JACAR:B03040618800。

商报》的第二大报。

不过，因一直致力于拥护官方，报道缺乏活力，读者减少，发行量由5 000份以上减至1918年的3 000份左右，经营出现困难。同年夏报社实权转为陈掌握，容仅有社长之虚名。陈是同盟会出身，据说对日本反感。容试图靠拉资助重获报社实权，便告知台湾银行广东支行长小笠原，说该报热心登载“排日”文章，是因为缺少资金，只要有相当的资金还是能够操纵的。总领事太田知晓后，觉得是争取这一大报的佳机，便指使小笠原出面告诉容，日本商人多少可以出资，但希望其为日中“亲善”努力，双方为此商谈。不久小笠原调任，总领事馆让涉谷刚出面继续此工作，暗中指挥。涉谷刚是“亲善公司”（1920年改称“广东实业公司”）总经理，此前与容亦有密切交往。经过反复谈判，1919年4月形成最后协议，日方出资银8 000元，其中6 000元用于收购其他出资者的股份，2 000元用于组织变更。此外，日方一年内每月还要提供银500元用于运营，容对报纸的编辑工作等负有一切责任。

靠日方出资，容收购了陆荣廷等的股份，逼走陈罗生。改组后的报社为中日合资，容为中方出资者代表，涉谷为日方代表。日方每月500元的补助金，名义上200元为日方的追加投资，200元算容的出资，100元算该报发行名义人高某的投资。涉谷则派自己公司的一名员工进入报社监督编辑和财务。

为了有效掌控报纸的方向，使之为日方服务，总领事馆让涉谷与容签订契约和《编辑方针协议书》，要求容履行（详见第四章）。自此，总领事馆秘密向涉谷提供对日有利的新闻材料在该报登载，容则为日本宣传尽力。即使在五四抵制日货运动高涨时期，“容社长鉴于内外形势，从大局上努力，采取缓和的方针，另一方面，与其他报纸的论调一致，有时登载排日报道”[①]。这种报道策略得以隐藏报社的真实身份。该报1919年的发行量达5 800份左右。

鉴于取得的实效，外务省在1920年度继续通过涉谷提供补助，每月为300日元（第二期增加至500弗）。为了提高操纵效果，总领事馆还通过涉

---

① 親善公司澁谷剛、代表社長容伯挺：中華新報社合弁契約，1919年；太田総領事：第…号，1919年。JACAR：B03040617800。

谷将一名精通广东话的日本人安插进报社，担任匿名记者，专门撰写领事馆授意的文章①。

容的"亲日"面目逐渐为世人所知，1920 年 9 月广州各报记者聚会，认为容以日中亲善为由从日方获得了莫大资助，决议今后在报纸上揭露容的本来面目，同时提倡抵制日货。同年 10 月第一次粤桂战争爆发，广东护法军政府主席岑春煊被迫下野。该报一直被视为军政府的机关报，因靠山倒台，次年 1 月容逃离广东，报社也就随之解体。

根据上述事实可以说，外务省在 1919 年、1920 年间利用代理人，通过入股、补助有效地对《中华新报》进行了操纵，使之为日本发声。

(5)《七十二行商报》(操纵时间：1919—1929 年)

1902 年创刊的中文日报，1906 年因故停刊，翌年复刊。1912 年原主笔罗啸璈(名罗彤玮，又名罗少璈、罗少翱)任报主，报社发展很快，1916 年发行量达到 9 000 份左右。1918 年罗还担任广东总商会董事、粤商团董事、两所学校的校长。与报纸一样，罗这时也跻身于当地商界要人之列。

有关与日方的关系，罗啸璈至晚在 1916 年兼任"英芳生记"台湾籍老板林丽生的秘书，因此"对日本有好感"②。1919 年 1 月外相小村要求广州总领事馆强化对当地的舆论宣传操纵活动。鉴于罗的对日态度，日方将《七十二行商报》纳入争取目标③。外务省后来的报告提到罗曾经接受过广州总领事馆的补助，应该是这段时间发生的。因为罗不仅"数年来对日本有好感"，五四运动期间甚至"采取超然主义的态度"④。这当然受到读者抵制，发行量下降至 4 000 份。不过毕竟是商界的报纸，广告数量仍是广州报纸中的第一。

1919 年底太田总领事上书外务省，认为当时日方已经操纵《中华新报》，再对《七十二行商报》定期补助的话，能将两大报纸操纵在手，将来十分有利，提出每月给罗和编辑提供 300 弗，外务省同意从 1920 年 4 月开始实

① 太田総領事：中華新報操縦ノ経過及其経営現状等報告ノ件、第二四号、広東中華新報操縦ニ関スル件，1920 年；中華新報并七十二行商報補助金使途成績報告ノ件，1920 年。渋谷剛：信函，1920。内田大臣：第五四号，1920 年。JACAR：B03040617900。

② 外務省政務局：支那ニ於ケル新聞紙調查，1917 年。JACAR：B03040678500。

③ 小村大臣：新聞紙操縦ニ関スル件，1909 年。JACAR：B03040816000。

④ 外務省情報部：支那ニ於ケル新聞及通信ニ関スル調査，1920 年。JACAR：B03040890000。

施。考虑到罗经济上宽裕,直接以钱财接近难以奏效,太田便找该报记者邝赞泉商量,邝与总领事馆有密切关系,还是罗的亲戚。邝建议在不附加条件的前提下,聘请罗担任总领事馆顾问,每月付顾问费。太田依计实施,获得成功。据说罗答应完全不登载来自报界等的反日报道,今后也保持同样态度。日方开始是逢年过节表示心意,7 月开始是每月支付 200 弗,作为秘密顾问费。此外总领事馆还付给该报广东省特别新闻栏的陈记者、负责省新闻栏的苏记者和邝赞泉每月 20 弗。自此至 1929 年,总领事馆每年都支付 3 600弗用于以上"公关"①。1929 年后此方面的情况不明,但罗一直到七七事变前都任社长,牢牢掌握着报社主导权。在这一时期,如果没有什么重大变故,其对日态度可能变化不大。

日方长期收买达到了一定效果,总领事馆报告说,该报除了迫不得已之时,尽量不登载对日不利的报道。广州这份老报从 1919 年起就受日方影响,外务省 1929 年列举与日方有特殊关系的中国报纸时仍赫然在列。可以说它是广州受日方影响时间最长的报纸。

(6)《公评报》(操纵时间:1931 年)

1924 年创刊的中文日报,社长钟超群,1931 年发行量 1 万份,是当地大报之一。

据日方报告,1931 年 3—4 月报方开始接近日方,并且专门派记者李雁声与日本总领事馆联系,获取新闻材料等。双方是如何接近的,以及具体条件为何,详情不明,但此后该报明显采取了亲日态度。5 月广州国民政府成立后②,该报鼓吹"大亚细亚主义","右倾倾向愈发浓厚"。九一八事变发生时当地各报均抨击日本的侵略行径,"唯独本报报道日本军占领奉天的起因是中国军攻击日本军",为日本辩护。作为中国人主办的报纸,竟发表如此谬论,与日方关系之特殊昭然若揭。这种行径自然遭到了同业者的猛烈抨击③。

此后随着事变的延续与抵制日货运动的深化,报方的上述亲日倾向逐渐收敛,并且在 1933 年后积极宣传抗日思想。

---

① 外務省情報部:関係新聞調查,1929 年。JACAR:B10070264800。

② 指国民党内反蒋派 1931 年在广州所建政权。

③ 外務省情報部:外国に於ける新聞(上巻),1932 年。JACAR:B02031075700。

与香港的报刊一样,以上报刊大多集中在20世纪20年代以前。进入20年代后广东在中国的政治地位迅速上升,日方的相关活动必定会相应活跃。例如,仅就1920年而言,总领事藤田争取接近的当地报人就有*Canton Times*主笔与记者黄宪昭等、《羊城日报》赵秀石主任、《大同报》记者陈罗生、《广东报》经理江仲雅等,并且为此向外务省申请经费[①],活动之频繁可见一斑。因此有关20年代以后的情况还有待深挖史料进行研究。

从1894年至七七事变前,日本在南部地区先后操纵过18种报刊(见表12),其中中文13种,日文3种,英文2种,中文占绝对多数。就各时期的状况而言,1908年第一次抵制日货运动期间出现高峰,此后每年有5种左右,五四运动前后则增至8种,达到顶峰,此后有所下降,保持在5种左右,30年代后继续下降,每年仅两三种。

如表12所示,这18种报刊的主办者,9种为日本人,7种为中国人,2种为英国人。日人主办的9种报刊,福建有6种,中国人主办的7种报刊大部分在广州,英国人主办的两报则在香港,说明日方在各地的操纵手段各有偏重,在福建主要是依靠自己办报,在香港与广州主要靠收买。

日本在该地区的操纵主体主要是外交机构、台湾总督府及其御用机构善邻协会,国策会社也有参与。台湾总督府及其善邻协会不仅完全掌握了日方在福建的宣传主导权,亦染指广州,活动之猖獗显示了台湾总督府在该地区扶植宣传势力的强烈欲望。外务省在香港重点收买英国人的英文报纸,与该地的国际地位密切相关。

18种报刊中,福建、广州、香港各有6种,香港、广州的,除了《七十二行商报》《香港日报》外,受操纵时间都比较短,并且大多在20年代以前。相比之下,福建的《闽报》《全闽新日报》受操纵时间都非常长,尤其是前者,从1897年开始至1937年一直活跃于舆论舞台,是日方在华操纵时间最长的中文报纸,两报都是日本在华代表性宣传机关。

---

① 総領事藤田:当館保管中ノ中華新報補助金ヲ新聞操縦費ニ使用方稟請ノ件,1920年。JACAR:B03040617900。

表 12　南部地区与日本官方、军方等有特殊关系的报刊名单(1894—1937 年)

报刊名	语种	报主国籍	操纵期间	操纵手段	主要操纵主体
Hongkong Daily Press	英文	英国	1894	收买	外务省
China Mail	英文	英国	1894、1909—1913、1917	收买	外务省
闽报	中文	日本	1897—1937	补助、主办	台湾总督府、外务省
国事报	中文	中国	1908—1911	收买	外务省
寔报	中文	中国	1909—1911	收买	外务省
香港日报	日文	日本	1909—1937	补助	外务省、国策会社
华字日报	中文	中国	1910—1917	贷款担保、持股	国策会社、外务省
全闽新日报	中文	日本	1914—1916 1918—1937	补助 主办	外务省 善邻协会
南国报	中文	日本	1916、1917	补助	台湾总督府
南报	中文	日本	1917	补助	善邻协会
中和报	中文	日本	1918—1920	主办	善邻协会
福州时报	日文	日本	1918—1926	补助	善邻协会
岭南新报	中文	日本	1919、1920	主办	外务省、国策会社
中华新报	中文	中国	1919、1920	合资	外务省
七十二行商报	中文	中国	1919—1929	收买	外务省
共和报	中文	中国	1921	收买	外务省
南支那	日文	日本	1922—1925	补助	善邻协会
公评报	中文	中国	1931	不明	外务省

结语

以上就日本在中国五个地区 23 座城市的报刊操纵状况进行了考证和梳理。从 1894 年至 1937 年至少有 139 种(东北地区九一八事变后未计入)

报刊受到日方操纵,图 1 显示了历年受操纵报刊的数量变化情况。

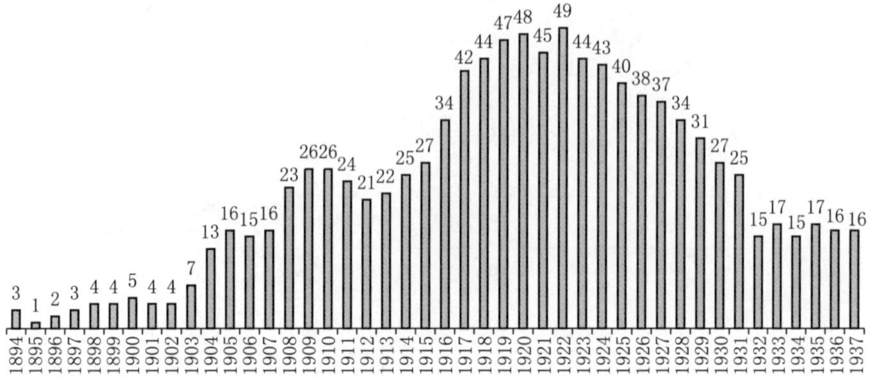

图 1　近代日本在华操纵报刊种数历年变化示意图(1894—1937 年)

这种数量变化与日本的对华宣传政策密切相关。如图所示,受操纵报刊的数量在日俄战争期间首次出现高峰,有 16 种;1908 年作为对抗抵制日货运动的产物再创新高,达到 23 种;1916 年作为对抗第二次抵货运动的手段,激增至 34 种。其后随着中日冲突频发一直增加,五四运动发生后更增至 47 种,并且在 1922 年达到最高峰的 49 种。1923 年起随着日方在华宣传政策的变化,随着中国读者对日本宣传机关抵制的加强,以及南京国民政府建立后对舆论管控政策的实施,受操纵报刊连年下降,至 1931 年降至 25 种,与十年前相比减少了近一半。九一八事变后的 1932 年,东北以外地区的受操纵报刊仅 15 种,此后出于侵略东北、华北的需要有所增加,但不显著。以上数据说明了以下几点:一是受操纵报刊的数量从 1908 年至 1931 年每年都在 20 种以上,并且连续十多年连年超过 30 种,既说明了长期以来日方对于报刊这一宣传工具的重视,亦显示了这一工具在宣传上所发挥的重要作用;二是 20 年代前后,即五四运动前后数年每年都在 44 种以上,是日本在华操纵报刊进行宣传之顶峰阶段;三是 20 年代后期受操纵者显著减少,报刊在日方对华宣传中的地位趋于衰退。

就 139 种报刊的语种而言,中文 89 种,日文 31 种,英文 21 种,朝鲜文 2 种,法文与蒙古文各 1 种(因数种报纸是双语,或前后语种有变,以上存在重复统计)。据此可知日本官方、军方等操纵的报刊是以中文为主,英文、日文等为辅。针对中国人宣传当然是用中文，利用朝鲜文、蒙古文则说明日方将宣传对象扩大到了中国境内的其他民族，可谓无孔不入。大量利用既能对日本人、欧美人宣传，又能间接影响当地中国舆论的日文、英文报刊，则反映了日方对于其特殊宣传作用的重视。

表 13　日方操纵的报刊地区别、语种别数量表(1894—1937 年)

	东北地区	北部地区	东部地区	中部地区	南部地区
总数	30*	51*	25	15	18
中文	11	36	16	12	13
英文	2	7	9	1	2
日文	17	9	0	2	3
其他	3	1	0	0	0

* 因东北、北部地区数种报纸是双语，或者前后语种有变，故在语种上存在重复统计。

表 13 显示了受操纵的报刊在各地区的数量，北部地区不仅总数最多，是东部、中部、南部的两倍以上，而且中文报刊最多，是东部的两倍多、其他地区的三倍左右。显然，首都所在地的北部地区是日方利用报刊，尤其是中文报刊宣传最甚之地。英文报刊数量也很多，则与京津地区的国际地位相符。东北地区总数占第二位，以日文居多，还有朝鲜语、蒙古语报刊。日文居多，既反映了日本势力在此地的异常发展状况，也显示了日方借此间接影响中国方面舆论的用心。其他语种报刊的存在，则说明了对该地区各民族宣传之重视。东部地区，即上海尽管总数位居第三，但在各地区中，中文报刊种数居第二，英文更居首位，显示了日方在国际大都市上海中英文并重、双管齐下的宣传特点。南部与中部地区，虽然受操纵报刊总数无法与其他地区相比，但其中文报刊超过东北地区，与东部地区也很接近。因此，如果仅就中文报刊数量而论，日方在这两个地区对中国读者的宣传力度几乎与东北、东部地区相同。

就具体城市的报刊总数而言，上海与天津居首，各 25 种；北京次之，12 种；汉口 11 种，居第三位；其后依次为大连 8 种，奉天 7 种，哈尔滨、济南、广州、香港各 6 种，青岛 5 种，厦门、长春、间岛各 4 种，烟台 3 种，福州、长沙各 2 种，营口、辽阳、锦州、安东南昌、九江各 1 种。以上报刊的分布状况与各城市在中国及其地区的综合地位,以及日本各种势力的存在程度基本吻合。日方据此在中国南北政治、经济、文化要地基本上都建立了宣传据点。

需要强调的是,凡是日本外交机构设立之地、日军长期驻扎之处,就必定有此类活动,其他城市只是缺乏关键史料难以查证①。因此,以上操纵状况仅仅反映了日方活动的概貌,而非全貌。

① 例如,五四运动前后云南的一些报纸就有受日本领事馆操纵之嫌。据云南领事馆事务代理藤村报告,自己主动与《义声报》《国是日报》《均报》《实业日报》"亲密交往",获得了一些效果(事務代理藤村:雲南新聞操縦最近ノ対日論調並ニ地方民心ノ緩和報告ノ件,1920 年。JACAR:B03040600800)。

第六章 对通讯社的操纵

通讯社是专门搜集和发布新闻的传播机构，与报纸相比，控制了一家有影响力的通讯社，可以间接左右很多家报纸的舆论，甚至可以影响一国的政治与外交，所以，戈公振在《中国报学史》中说："报纸之销路常为文字及地域所限，若通信社之消息，则常能间接遍及各国。故通信社之势力，骎骎乎驾报馆而上之。此各国政府所以不惜岁糜巨帑，从事于此，为外交上之利器也。"[①]

对于这一外交利器，日方早就十分关注，并且千方百计利用于对华宣传。以下就外务省与军方的在华操纵活动加以考察。

一、外务省

如前所述，外务省在涉华宣传上利用通讯社始于甲午战争期间，1909 年则制定《清国报纸通讯纲要》，首次尝试利用通讯社在华构建宣传网，其后又设立御用东方通信社展开宣传，并且促成该社与国际通信社合并为"联合通讯社"加以操纵。此外还不失时机利用太平洋通信社、日华共同通信社、周拂尘通信社等小通讯社为日本发声。

1. 初次尝试——《清国报纸通讯纲要》的实施

(1)《清国报纸通讯纲要》的出台

日俄战争后，日本自我感觉到已经加入"一流国家"之列，靠自身力量对外发出新闻的欲望，在以外务省为中心的相关政府机构中膨胀[②]。如前所

① 戈公振：《中国报学史》，第 211 页。
② 有山辉雄：《情報覇権と帝国日本》(Ⅰ)，第 318 页。

述，1908年的抵制日货运动直接触发了外务省针对中国全面制定宣传政策，在经过对华报刊分布状况普查与充分听取各地领事意见后，外务省决定改变以往的操纵方针和方法，于1909年3月前后制定了《清国报纸通讯纲要》(以下简称《纲要》)。

清国报纸通讯纲要①

一、为了给清国报纸提供通讯，在东京设新闻通讯员，此通讯员一旦选定，随即通知。

二、通讯分为南北两部分。北部通讯以日文致电奉天，奉天负责处理通讯者改为罗马字立刻转电北京，北京负责处理通讯者进而将其用电报或电话通报天津；南部通讯以罗马字致电上海，上海负责处理通讯者照样立刻将其转电香港，香港负责处理通讯者将其原样致电广州。通讯中有使用英文电文的，此场合仍原样转电。

三、各地负责处理通讯者收到需要转电的电文时，需毫不迟缓立刻发出。

四、各地负责处理通讯者经与公使馆或领事馆商量后，与所在地各报纸取得联系，每次收到电讯后，翻译好提供给以上各报。

负责处理通讯者可以向建立起联系的报社征收低廉的费用，作为自己的收入。不过，对于公使馆或领事馆特别指定的报纸，则无偿提供。

五、北部通讯发至奉天的通讯费，以每月130日元为标准，南部通讯发至上海的通讯费，以每月200日元为标准。

各地转电费用，负责处理通讯者月底提出清单。奉天、上海、香港领事馆估算负责处理通讯者每月为转电所需支付的费用，向本省申请，至月末负责处理通讯者申请支付时，核实申请的费用，然后向负责处理通讯者支付实际费用，向本省汇报。不过，以第一个月的估算为标准，本省先将3个月的总额一并寄送给领事馆。

六、本省有时会直接向在外公馆发送新闻电讯，此种场合在电报的

① 小村大臣：新聞操縦ニ関スル件，1909年。JACAR：B03040684400。

开头，日文标注为“シンブン”，罗马字或英文则标注为“shinbun”。

以上通讯，北部由本省发给奉天总领事馆，该馆立刻将其转电北京公使馆，北京公使馆进而以电报或电话通报天津总领事馆。南部由本省发给上海总领事馆，该馆立刻将其发给香港领事馆，香港领事馆则立刻转电广州领事馆。

七、前项电报全部作为官报，转电费用由各馆以馆费支付。

八、各馆收到第六项的电讯后，立刻将其交给所在地负责处理通讯者，按照第四项的要求处理。

九、第六项的电讯多时，会减少第五项电报费标准额。

十、有关某地的特别通讯，本省会直接发给该地所辖公馆。这种场合在电报的开头，日文标注“チホウ”，罗马字或英文标注“chiho”，该公馆的上述通信，仅提供给当地报纸，无需转电其他地方。

十一、公使馆、领事馆向本省报告第四项通讯的分发对象及其变更情况。同时，监督当地的报纸、通讯事务。

十二、根据该纲要开始通讯的时间，日后通知。

由此可知，外务省计划在华建立“北部通讯”和“南部通讯”两大系统，利用新出现的媒体通讯社，向重要城市定期定量发送电讯，并且规定了相关城市和中转站的任务与关系、通讯者即代理人的选定、彼此间的联系方法、费用标准、外交机构的职责等。

1909 年 4 月 6 日起外务省陆续致函在华外交机构，在布置新一年度报刊操纵任务的同时，正式下达《纲要》，告知“有关对清国报纸操纵之事，本省一直认真研究讨论，现方法是，制定了向各报社散发电讯的方案”，准备全面实施。

同月底外务省对《纲要》作了补充：“为了达到让中国人普遍了解有关我国的情况，同时操纵中国报纸的目的，以向中国报社提供电讯为目的”，委托“电通”从东京将电讯发给“北部通讯”“南部通讯”①。前者自 5 月 24 日，后者自 6 月 21 日起开始接收“东京电讯”。

---

① 小村大臣：新聞通信ニ関スル件，1909 年。JACAR：B03040681700。

出于“让中国人普遍了解有关我国的情况”“操纵中国报纸”的目的,外务省利用通讯社实施的在华宣传战由此拉开了序幕。

(2)《纲要》的落实与修改

外务省在下达《纲要》的同时,根据各外交机构所在地的特点进一步作了部署。上海是中国舆论的重镇、“南部通讯”的中枢,4 月 6 日小村大臣给总领事永泷下达指令,说明了本年度操纵报纸的费用及其对象,要求根据《纲要》行动,给 *Shanghai Mercury* 免费提供电讯,另外补助 200 日元作为使用日方电讯的费用。对于上海负责接收电讯分发给报社的人选,小村大臣也提出了建议。

永泷汇根据指令指定 *Shanghai Mercury* 佐原笃介担任通讯员,在收到电讯后,负责原样转电香港,同时将电讯翻译成中、英文提供给上海的相关报社,收取低价用费,作为自己的收入,并且向总领事报告准备提供电讯的报社①。

中国南方的舆论中心香港是外务省选定的南方据点。4 月 9 日小村向香港船津副领事下达实施《纲要》指令,要求向 *China Mail*、《华字日报》(或《循环日报》)免费提供电讯,并且指定独立通信社驻香港通讯员担任通讯员。独立通信社 1903 年由《万朝报》记者财部元次郎建立,向东京的报纸提供外交、军事以及政治新闻。财部与小村大臣关系密切,发布的新闻被各报采用的概率非常高②。外务省此前已经与该社达成以下协议:(1)外务省从东京发出,经上海至香港,发给独立通信社香港通讯员每月相当于 450 日元的电讯。(2)该通讯员收到上述电讯后无偿提供给领事指定的一家中文报纸和一家英文报纸,然后可以将电讯提供给其他报社而获得报酬。(3)独立通信社向此通讯员发电讯时,须与外务省商量③。小村还要求船津与该社藤村社长继续商谈实施细则。同日,小村大臣向广州领事下达同样指令,要求选定当地一两种报纸提供电讯④。

对于“北部通讯”的中枢奉天,4 月 12 日小村向总领事小池张造下令要

① 小村大臣:新聞紙操縦ニ関スル件,1909 年;新聞通信扱者並ニ受電略号通知ノ件,1909 年。JACAR: B03040681900。

② 通信社史刊行会编:《通信社史》,第 46、47 页。

③ 小村大臣:新聞操縦ニ関スル件,1909 年。JACAR: B03040684400。

④ 小村大臣:新聞操縦ニ関スル件,1909 年。JACAR: B03040683600。

求选定当地负责收发电讯者，小池选定了盛京时报社①。

《纲要》付诸实施后，各外交机构根据自身经验与当地实情，纷纷向外务省提出改善建议。主要建议，一是将汉口纳入通讯网中。汉口领事高桥于1909年4月底上书认为汉口地理位置特殊，舆论对周边地区影响大，“所幸现在本馆与当地各报建立了良好关系，在对其利用方面，可以认为如果提供电讯效果尤为有效”。故而请求将汉口纳入实施计划，并且推荐《汉口日报》主笔冈幸七郎担任通讯员，由领事馆接收上海电讯，译成日文交给冈幸七郎，再由其提供给相关报社。外务省很快同意，要求领事馆指定当地散发电讯的报社，做好相关准备②。这样，汉口也被纳入实施范围。二是调整东京发报时间。奉天总领事小池6月初报告说当地晚上7时到9时可收到东京电讯，《盛京时报》连夜排版，于次日登报。不过，当地中国电报局晚上9点就已关门，次日早上8时左右才能把电讯转给北京，然后再转天津，使得电讯在两地见报较奉天晚一天，因此建议东京在下午3时前发电讯至奉天，以便当天转出③。外务省照准。三是开辟香港专线。上海总领事永泷认为香港需要的是英文电讯，直接接收东京电讯更为快捷便利。外务省于是8月底将通讯系统改为北部、中部、南部3个，北部照旧，上海的通讯系统改称“中部通讯”，仅转电汉口。香港由东京直接发电讯，然后转广州，称“南部通讯”，独立通信社负责接收电讯，每月获得补助200日元，9月1日起开通④。

通过以上改进完善，同年9月外务省基本完成了以东京为中心、以中国主要城市为据点的在华通讯宣传网布局。

(3) 电讯的内容与改善

《纲要》下达后得到顺利实施。在发送电讯方面，例如东京发往香港的电讯，独立通信社通讯员当年10月共收到23份，460字；12月19份，410字。由香港转发广州的电讯10月13份，共261字；12月6份，共131字⑤。

---

① 小池総領事：第四五号，1909年。JACAR：B03040684800。

② 高橋総領事：新聞操縦ニ関スル件，1909年；小村大臣：新聞操縦ニ関スル件，1909年。JACAR：B03040682700。

③ 小池総領事：新聞電報発電時刻ニ関スル件，1909年。JACAR：B03040684800。

④ 永瀧総領事：第28号，1909年；大臣：新聞電報通信ニ関スル件，1909年。JACAR：B03040681900。

⑤ 据以下资料统计：総領事代理船津：新聞電報語数報告ノ件，1909、1910年。JACAR：B03040684500。

1910年后香港各月接收电讯的情况则如表14所示。

表14　香港收到的“东京电讯”份数与字数(1910年2—12月)

	2月	3月	4月	5月	6月	7月	8月	9月	10月	11月	12月
份数	16	23	22	20	18	27	22	21	20	21	20
字数	263	493	354	360	255	569	418	368	371	321	334

资料来源:総領事代理船津:新聞電報ニ関スル件、新聞電報語数表送付ノ件、新聞電報語数報告ノ件、新聞電報語数ニ関スル件、東京来電報語数ニ関スル件,1910年。JACAR:B03040684500。

据表14可知,1910年电讯月均约21份,373字,各月多则27份,少则16份,字数多者569字,少者255字。如果按日均1份计算,并非每日都有。外务省当初的方针是每天发送电讯,但如后文所述,后来根据大部分领事的意见视情况而定。因此,从电讯的发送情况可以说《纲要》得到了正常实施。

当时真正的通讯社很少,电报费十分昂贵,“电通”能够定期发出如此数量的电讯委实不易。对于报社而言,电讯是极其珍贵的新闻来源,如果能利用好电讯,定能取得事半功倍之效。但外务省是首次利用通讯社大规模对华宣传,要达到“让中国人普遍了解有关我国情况”这一目的,应该发布何种消息,心中无底。例如,大量报道日本各方面的“成就”,可以在读者中树立、提高日本的“正面”形象,但中国读者可能对这种纯日本的新闻无兴趣,如果报道中日关系方面的新闻,日本在华作恶太多,稍不留意就会引火烧身。

驻京公使伊集院在操纵中国报刊宣传上经验丰富,很快就发现了电讯存在的问题。1909年7月初他以《希望改良电讯》为题致函外务省指出,几乎每日接到两三份电讯,《顺天时报》、*China Times* 及其他两种日文报纸都会登载,由此多少改良了纸面内容,受到读者欢迎,但大多电讯并不能引起读者特别的兴趣,例如,日本高中发生的事情这种国内消息,无法令中国读者欢迎。并且有的电讯违背了宣传目的,例如,“满洲”的大豆是由日商销往欧洲的,“满洲”的财源是由日本人开拓的,日本经济势力在华发展这类消息,只会刺激主张收回权益的中国人,引起担忧。因此需要仔细筛选内容,才能达到初衷①。

外务省对此高度重视,并且决定广泛征求意见,7月底小村大臣向在华

① 伊集院公使:電報通信改良方具申ノ件,1909年。JACAR:B03040681800。

外交机构发出指示，希望就电讯内容、发送时间、频度等提出意见："自开始新闻电报通讯以来，'北部通讯'已经两个月余，'南部通讯'也1个月有余。因为是新事业，还未习惯，各地也不一定能获得丰富的电讯，一定存在不少缺点。本计划耗资巨大，因此，对于需要改善之处，尤其是以下所列事项，务请各馆毫无保留提出。请各馆斟酌之事项如下：(1)以往的方针是每日必发数份电讯，但有时会碰到当天没有值得发送的，不得已发送了一些需要程度低的电讯。若今后无合适之材料，当天停发如何？(2)让中国人周知日本的事实真相是眼下操纵报纸的目的，但专说日本政府或日本的好话，其政府御用的身份就会暴露，以后是否可以改变此方针，增加一些不会起反作用的社会新闻等看似无关紧要的电讯？(3)对最近发出的电讯加以评价，指出其中不合适的，列出该电讯的时间和内容。(4)最近电讯中如果有认为有害的内容，一一列出报告。(5)现在难以根据不同的地区发送合适的电讯，如果有不适合在当地发布的电讯，不让接收电讯者在当地发布如何？"①

以上(2)至(4)与采取的宣传策略密切相关，反映了外务省迫切希望改善电讯内容，充分发挥其作用，以获得理想效果。

各地领事积极回应。例如，汉口总领事高桥答复说：(1)汉口各报每日有固定栏目登载"东京电讯"，因而不管内容如何，每日连载会引起读者关注，增加宣传效果。(2)当然应增加中国方面的消息，有一些无关紧要的社会新闻也无妨。多发一些通商、金融消息会吸引读者关注。(3)关于不合适的电讯，近来有甲午战争中立下功劳的"金刚舰"退役的消息，这种消息让中国人徒增反感。(4)无有害内容。(5)发至汉口的电讯，对于不便公示的材料领事馆基本压下了；伊集院公使认为，关于发送电讯的频度，对于登载的报纸来说还是每日发送为好，即使无合适的特种材料，如果可供中国读者参考，发份电讯也行。至于内容，除了不露骨地宣传日本、不刺激中方外，还应该选择一些中国人在外国，特别是在日本活跃的新闻，以迎合读者的口味。报告另附了顺天时报社的建议及其表格。根据内容的适合程度，该表格将7月21日至8月19日的电讯分为"需要""两可""不需要"3种。伊集院据此认为，"不需要"者极少，但属于"两可者"很多，建议减少，增加"需要"的电

---

① 小村大臣：新聞電報通信ニ関スル件，1909年。JACAR：B03040681800。

讯[①];天津小幡总领事附上了 *China Times* 松本君平的意见书作了回复。松本是当地"东京电讯"的主要使用者,最有发言权。其回答是:(1)若无合适材料可不发电。但从新闻记者的角度看,每天定会有几则有价值的消息,而定时提供电讯"是新闻政策上最为必要的"。他举例说路透社做得很成功,每日一定在十二时至一时之间将电讯发给报社。(2)不需要的电讯可以不发,建议停发外国人不感兴趣的消息。(3)没有感到有不合适的电讯。(4)并无特别有害的电讯,只是发表的时机不佳。他举了一些不合时宜而让读者反感之例。(5)有关电讯应该因地而异,因为中国各地利害关系错综复杂[②]。

以上回复,在宣传策略上有一些分歧,但关心的主题相同,那就是如何充分吸引中国读者的关注,向中国宣传日本的正面形象,培养对日好感,达到预期的宣传效果。

此后,外务省为了"尽可能改良该事业,提高其效果",又在 1910 年 4 月、1911 年 3 月两度集中征求意见,各外交机构继续围绕电讯内容、发电时间等提出了不少建议。

通过以上不断改善,"东京电讯"的内容渐渐具有了针对性。对此,1910 年 5 月汉口总领事杉村评价说:"与开始时比较,电讯材料的选择转好,大大吸引了本地读者的注意,得到当地中文报社的好评。"[③]

(4) 实际操纵报刊状况

《纲要》的最终实施关键在于"操纵中国报纸"。以下以香港总领事馆与独立通信社的活动为例,对操纵报纸发布电讯的情况加以考察。

香港总领事馆是"南部通讯"的幕后总指挥,虽然外务省已经在当地选定了通讯员,"推销"电讯的工作由其出面,但总领事仍明里暗里积极争取用户。外务省当初指定的免费送发对象为 *China Mail*、《华字日报》(或《循环日报》),副领事船津获得指示后,即面见 *China Mail* 的主笔布劳恩,告知独立通信社即将发布来自东京的电讯,领事馆将购买 1 份相赠,也请多多提供方便,获得承诺。船津与《循环日报》的主笔关系也不错,但自己未露面,而是派独立通信社的通讯员松田前往游说。经过努力,6 月中旬《循环日报》

① 伊集院公使:新聞電報通信ニ関スル件,1909 年。JACAR:B03040681800。
② 小幡総領事:新聞電報通信ニ関スル回答ノ件,1909 年。JACAR:B03040682200。
③ 杉村総領事:新聞電報通信ニ関スル件,1910 年。JACAR:B03040682700。

同意每月付 20 弗购买电讯。船津因此将免费提供的对象改为《寔报》，直接与该报主笔商谈条件，对方应允，作为免费使用电讯的回报，“必要的场合根据我方的希望登载文章或其他报道”，“该报欣然承诺在不招致人们疑惑的程度，今后会充分为日本提供方便”①。

松田在船津授意下还对 *Hongkong Daily Press* 以及其他英文报纸进行了游说，未取得效果。《循环日报》则在试用后认为电讯价值不高，要求降价，并且自 8 月起停止付费。

船津在 8 月向外务省汇报了推销“东京电讯”的情况：《循环日报》于本月起停止购买，*Hongkong Daily Press*、*Hongkong Telegraph* 完全拒绝，*South China Morning Post* 仍未表态，其他报纸对是否购买不置可否，故而至今仍只有 *China Mail*、《寔报》两报使用电讯，“遗憾之至”。不过，船津认为电讯还是达到了一些目的，例如，近日由于安奉线问题，香港的报纸报道时，*China Mail*、*Hongkong Daily Press*、《循环日报》登载的都是“东京来电”“东京特电”，其他报纸登载的则都是“北京电讯”。双方针锋相对，“东京来电”自然都赞成日本政府的主张，指责中国，“因此能够使部分读者知晓日方的主张”，“从新闻通讯当初的计划而言，可以说多少达到了目的”②。

“南方通讯”还有转发广州的任务，这就需要物色当地的报纸。独立通信社藤村社长当初来香港时，也去广州活动。藤村与船津以及广州领事濑川商量对策后认为，与其特定一两份报纸，不如设法让当地所有报纸登载，于是决定与广州报社的联合机构“报界公会”建立关系。藤村与公会代表见面，建议双方交换电讯，公会表示愿意考虑。交涉的所有过程中，“领事馆表面上装出毫无关系，即使是将我方独立通信社社长介绍给清国方面人员，也都是经过三井驻广州人员”。藤村归国后由松田继续联系。根据中方规定，报界公会接收电讯需要向地方当局申请，官衙则向邮传部上报，邮传部再令地方官衙调查，然后审批。公会在日方游说下开始办手续。在获批之前，经过船津批准，松田从 1909 年 10 月中旬开始选择重要新闻免费提供给公会登载在当地报纸上。

后来，尽管松田不断催促，报界公会直至 1910 年 3 月仍无意付费。船

---

① 船津副領事：新聞電報通信ニ関スル件、新聞通信ニ関スル件，1909 年。JACAR：B03040684400。
② 船津領事：新聞通信ニ関スル件，1909 年。JACAR：B03040684400。

津认为如此免费提供下去,对方不仅感受不到独立通信社的好意,反而会怀疑其动机,所以指示松田一定要讨款,否则就停发。松田则认为好不容易接上的关系,还是维持下去好,自己继续交涉。船津便请求外务省做出决定。小村大臣4月回电同意继续向广州转发电讯。有关转发电讯的费用,开始每月二三十弗,后来因转电份数减少,每月10弗左右,即使这样广东报界公会仍以筹款困难拒付。如此金额并非大数目,船津认为可能是因为电讯内容对中国报纸来说无关紧要,所以不受重视,于是指示松田从4月中旬起停止发送[①]。这样,经过近一年努力,日方在广州未能建立起稳定的关系。此后,船津仍通过特别关系继续游说报界公会,但没有成功。

在香港,1911年初船津发现《寔报》的人事变化后,反日性内容增多,登载的日方电讯极少,经过派人调查获知,该报投资人梁仁甫等均为外国航运公司或商会买办,为了与日本的相关公司竞争,利用该报攻击日本。船津决定从4月起停止提供电讯。作为替代,准备向当地发行量最多、影响最大的中文报纸《华字日报》供稿,并且积极与其接近。《华字日报》与*China Mail*实际上有内部关系,前者是晨报,后者是晚报。日方主动接近后,《华字日报》欣然接受。自此,*China Mail*先登载"东京电讯",然后转给《华字日报》登载。

1911年5月船津等在对英文报纸游说方面也有进展,*Hongkong Telegraph*、*South China Morning Post*两报同意每月付25弗购买电讯[②]。但翌年10月*Hongkong Telegraph*停止购买,有偿使用的仅为*South China Morning Post*,与此同时,仍在无偿使用还有*China Mail*、《华字日报》。

这样,从1909年到1913年的四年间,有偿或无偿使用过"东京电讯"的报纸,广州有广东报界公会的下属报纸,香港中文报纸有《循环日报》《寔报》《华字日报》,其中《华字日报》使用时间最长,英文报纸有*China Mail*、*South China Morning Post*、*Hongkong Telegraph*,*China Mail*自始至终都无偿利用了电讯。1909年至1912年期间,香港有中文报8—10种,英文

---

①　船津領事:新聞通信ニ関スル件、新聞電報通信語数報告ノ件、新聞電報ニ関スル件、新聞電報語数報告ノ件,1909、1910年;小村大臣:新聞電報ニ関スル件,1910年。JACAR:B03040684500。

②　船津総領事代理:指定漢字新聞変更ニ関スル件、新聞電報通信ニ関スル件,1911年。JACAR:B03040684600。

报 6—10 种，由此看来登载“东京电讯”者不在少数，并且它们在当地都有一定的影响，《华字日报》等还是大报。应该说“东京电讯”依靠以上报纸得到了传播。

跟“南部通讯”一样，“北部通讯”“中部通讯”靠各地领事、代理人的努力，在争取用户登载“东京电讯”方面也有收获，奉天的《盛京时报》《满洲日日新闻》《辽东新报》，北京的《顺天时报》，天津的《天津日日新闻》、*China Times*、《天津日报》、《北清时报》、《北支那日日新闻》，上海的《时报》、《新闻报》、《上海日报》、*Shanghai Mercury*、*Shanghai Times*，汉口的《公论新报》、《汉口日报》、*Hankow Daily News*、*Central China Post* 都或短或长、有偿或无偿登载“东京电讯”。

以上仅仅是直接登载电讯的报纸，其实，各地的报纸，尤其是小报，也会转载上述报纸的电讯，译载上述英文报纸的报纸则更多。正如上海总领事有吉 1911 年的报告所说，因为中文报刊有认为外文报刊的报道比较公正的倾向，《申报》《时事报》《天铎报》《神州日报》的译电栏也会从 *Shanghai Mercury*、*Shanghai Times* 中译载相关电讯。因此，向当地外文报纸提供电讯的效果等同于向中文报刊提供①。

（5）操纵活动的落幕及其成效

《纲要》实施近四年后，即 1913 年 4 月底外务省政务局向外相上呈报告提出了终止实施的建议及其理由。报告指出：“本计划实施以来业已四年，但未能取得特别理想的效果，而最近针对中国的这类通讯机构正在开业，竞争因此尤其激烈。以这种小规模的手段，到底无法获得预期成果。因此，不如利用此次整理财政与行政之机”，终止该项计划，请求批准②。所谓“整理财政”是指 1913 年 2 月第一次山本内阁上台后外务省的削减经费之举。显然，政务局认为《纲要》未取得预期成果，面对中国通讯社的发展所产生的冲击，在削减经费的压力下应该终止实施《纲要》。

外务省在征求了驻华公使等的意见后，采纳了此建议，5 月底最终决定“北部通讯”“中部通讯”于 6 月 15 日、“南部通讯”于 6 月 30 日完全终止工作，对相关者的补助也随之停止，操纵工作就此告终。

---

① 有吉総領事：新聞電報通信ニ関スル件，1911 年。JACAR：B03040681900。

② 政務局：支那ニ対スル新聞電報通信廃止ニ関スル件，1913 年。JACAR：B03040681800。

外务省耗费巨资、精心组织的这一规模空前的在华宣传活动,应该说在某种程度上达到了目的。从地域范围等来看,在上海、北京、天津、奉天、香港、广州、汉口等中国重要城市成功地操纵了一些中、英、日文报纸,有些报纸在当地影响还相当大。从让中国读者了解日本"实情"来看,"东京电讯"确实大量报道了日本消息,汉口领事馆对此评价还很高,例如,总领事芳泽谦吉 1913 年 5 月说:"东京电讯"很多场合比路透社的丰富、正确,当地英文报纸 *Hankow Daily News*、*Central China Post* 十分重视日方提供的电讯,读者也很欢迎,尤其是东亚处于多事之秋,对此电讯更有兴趣,"本通讯在当地的效果绝不可轻视"①。

不过,《纲要》实施几年后确实出现了很多问题。一是内容缺乏针对性,宣传效果受限。从《顺天时报》所列的 1909 年 7 月 21 日至 8 月 19 日的电讯看,基本上都是日本政治、外交、经济、文化方面的,这种新闻难以引起中国读者兴趣。外务省虽然不断征求各方意见,以求改善,但四年下来,似乎效果不太明显。除了汉口总领事多褒扬之词外,大多领事并不满意。"东京电讯"能得到汉口方面好评,应该与汉口地处中国腹地,当时信息闭塞,通讯事业十分落后有关。但沿海大城市的情况却不同,消息来源迅速而丰富。因此当外务省决定终止实施时,香港总领事今井认为"电讯毕竟止于通报我国内政上的事项,对中国人没有任何效果"。天津总领事小幡则说,有关电讯内容的改良,自己这几年已经多次提过建议,但改变不明显,仍多为与中国人无关的报道,认为"如此投入大量费用,效果更无,此际将其全废也根本不会产生影响",赞成外务省之举②。

二是宣传规模一直在缩小,实际效果减弱。外务省在各地虽然直接或间接操纵了一些中、英文报纸,有些报纸还有一定的影响,但通过它们发布的电讯有限,并且因电报费用上涨等原因,还在不断下降。以"南部通讯"为例,如表 14 所示,1910 年月均收电讯 21 份,373 字,1912 年 2 月至 10 月月均收电讯仅 15 份,210 字,份数减少了近 30%,字数更减少了约 43%③。

---

① 芳澤総領事:支那ニ対スル新聞電報通信廃止ニ関スル件,1913 年。JACAR:B03040682700。

② 今井総領事:支那ニ対スル新聞電報通信廃止ニ関スル卑見回報ノ件,1913 年;支那ニ対スル新聞電報通信廃止ニ関シ回答ノ件,1913 年。JACAR:B03040684700、B03040682200。

③ 据以下资料统计:船津総領事代理:東京来電語数報告ノ件、東京来電語数ニ関スル件、新聞電報語数通知ノ件,1912 年。B03040684600。

“量”的大幅度减少必然影响整体效应。

三是难以与竞争对手对抗。与 1909 年相比，1913 年中国通讯社已有发展，路透社愈加活跃，中国报纸获取电讯的渠道大为增加。如前所述，“东京电讯”在内容上本来就存在问题，缺乏吸引力和竞争力，面对越来越多的强劲对手，外务省不仅无力追加资金强化力量，反而因财政问题减少经费，进一步削弱竞争力。因此连外务省最后都哀叹靠此种“小规模的手段，到底无法获得预期成果”。

因此，缩减财政只是直接诱因，宣传效果不理想才是促使外务省停止实施《纲要》的主要原因。

以上是外务省首次针对中国全面制定宣传政策而实施的宣传战，也是外务省首次利用通讯社在华构建宣传网长期进行大规模宣传活动，尽管未达到预期效果，但仍为其今后制定对华宣传政策以及利用通讯社在华宣传积累了经验与教训。

2. 直接经营——东方通信社

(1) 东方通信社的建立

1914 年第一次世界大战爆发，日本出兵侵占山东，引起中国民众愤慨，开始酝酿新的抵制日本风潮，而德国则积极利用在华报刊展开宣传攻势，抨击日本，为抵制风潮推波助澜。上海总领事有吉明认为需要动员和利用舆论工具对抗。当时上海、天津、北京、汉口、福州等地虽有日本人经营的报纸可供利用，只因外务省已经停止实施《清国报纸通讯纲要》，而日本通讯社“国际”因与路透社有协议不能在华活动，因此难以提供“新闻材料”。

有鉴于此，有吉决定亲自成立一家通讯社弥补此空缺。不过，作为外交机构是无法出面设立宣传机关的。于是有吉请宗方小太郎出面。宗方创办过《汉报》《闽报》，1907 年还曾参与《时报》事务，1911 年靠外务省等支持更是在上海创办了“中国研究所”，俨然一介报人和研究者，并且在上海等地报界有不少人脉关系，更重要的是，宗方主张以舆论扩张日本国家利益。由宗方出面顺理成章，不会引起各方怀疑，同时也可以发挥其办报经验，更能利用其各种关系与中国报社建立业务联系，因此是极佳人选。

1914 年 10 月 1 日东方通信社开业，宗方任社长，波多博具体负责。波多 1909 年毕业于东亚同文书院，在《顺天时报》做过记者。通讯社设立当初,所有资金都来自上海总领事馆的“机密费”,故十分有限,每月的开支中,电报费、各种报酬、杂费加在一起才 780 元,规模小得连办事处都设在波多家中,仅 3 人处理业务。“东方”设立的同日,日侨创办的日文报纸《上海日日新闻》也在沪问世,两者都聘用《时事新报》的鹫泽与四二和涉谷策助为通讯员,从东京发送电讯。日军开始进攻青岛后,随军翻译西田耕一从总领事馆收到的电文中选择、编辑一些消息提供给“东方”,后来通讯社委托朝日新闻社派至青岛的中岛特派员提供电讯,中岛归国后委任当地日侨丰田为通讯员,就这样开辟了青岛方面的通讯来源。1915 年 5 月“东方”在北京设通讯员。通讯社收到东京、济南、北京电讯后,翻译成中、英文提供给当地的中、英文报纸。当然,为了内容上不出现偏差,总领事馆建立了审查制度,“东方”的电讯须经审查同意后才能发出。

“东方”创办之初,因规模小而且毫无知名度,加上中国人对日反感,而欧战新闻材料又非常多,发出的电讯几乎无人问津。为了开拓市场,“东方”主要采取了以下措施。一是通过发布有轰动效应的独家新闻建立知名度。大战爆发后国内外形势发生巨变,人们通过报纸了解新闻的需求剧增。各报为此普遍增加新闻报道,并且电讯在版面中占主要地位。每遇重大军政事件,许多主要报纸往往会正版登载电讯。其中“本报专电”实效性强,最有市场,“其次是新闻通讯受到了普遍的重视和欢迎”①。在当时的中国,国人虽然自办有通讯社,但规模很有限,大多难以及时提供最新消息,真正掌握新闻来源的通讯社基本上为外人独霸。而“东方”依靠日本的电讯和在华各地的领事馆等,可以及时获得最新消息。同时,它还可以利用中国政府难以管辖国外通讯社的优势发布敏感新闻。二是宗方、波多利用自己在中国政界和报界的影响积极活动,争取客户。例如,波多与《大共和日报》负责人胡霖(有日本留学经历)相识,先游说其使用,再通过胡霖向其他人推荐,由此结识张季鸾(有留日经历)等报业人士,给推销通讯带来极大便利②。三是不惜成本推销。以发展用户显著成功的 1915 年底为例,此时“东方”收入几乎为零,原因是除一两家以外,其他报社都长期拖欠电讯费。对于一些比较有潜力的报纸,“东方”往往减免费用,即使收费也很低廉。

---

① 丁淦林主编:《中国新闻事业史》,高等教育出版社,2007 年,第 117 页。
② 波多博著:《中国と六十年》,1965 年,第 101 页。

依靠以上努力，“东方”逐渐打开局面，至 1915 年 10 月，上海使用其电讯的中文报纸有《申报》《新闻报》《时报》《时事新报》《神州日报》《亚细亚日报》《爱国报》《商务报》《中华新报》9 家，“东方”向各报每月收取 10 元电讯费，而深受日方影响的 *Shanghai Mercury*、*Shanghai Times* 更是大量使用其电讯。

“这样，通讯社的基础逐渐形成，亦建立起对内外的信誉、实力，现在作为帝国在中国的舆论及事件的传播机关得到了承认。中国人将其视为在东亚与路透社、《德文新报》鼎立的日本通讯机关。”①以上是通讯社 1915 年 10 月给外务省信函的内容，为了邀功肯定夸大了成绩，但该社不仅站稳了脚跟，而且打开了市场是不争的事实。

(2) 纳入国家宣传政策一环的东方通信社

日本向中国政府提出“二十一条”后，1915 年初中国反对日本的声浪渐高。面对这一形势，日本政府进一步体会到对华舆论宣传的必要性与迫切性，加紧研究对策。

如前所述，1915 年 9 月大隈大臣以《关于我国在华报纸政策》为题致函上海有吉总领事，就今后的在华宣传政策作出了指示。有关“东方”，一是扩大规模，增加社员、东京专电。二是提供专项费用向香港、广州、汉口、济南等地发送电讯。三是以“东方”为中心在华建立通讯网，利用《顺天时报》《盛京时报》发布电讯。四是各地领事馆收买中国记者，以便当地中文报纸采用其电讯。这是继《清国报纸通讯纲要》之后，外务省再次利用通讯社在华构建宣传网。这样，这家由上海总领事馆幕后策划、出资创办的地方性小通讯社，被外务省纳入对华宣传政策的重要一环，担负起对华宣传的中心任务。

1916 年 4 月“东方”开始实施扩大计划，首先将东京通讯员增至两人，增加发往中国的电讯。同时，设北京、奉天分社，委托《顺天时报》《盛京时报》代理业务，互通电讯，接着在 5 月向南京派驻通讯员，在汉口成立分社。这样，通讯社能接收东京、北京、奉天、汉口、南京、济南六地来稿，稿源大大扩大。

1916 年 9 月起有吉多次上书外务省要求设立独立的北京分社，理由是

① 有吉総領事：支那ニ於ケル我新聞政策ニ関シ答申ノ件，1915 年。JACAR：B03040705800。

《顺天时报》接收东京、上海的电讯，以前仅自己使用，后来也提供给 4 家中国报社，作为“东方电报”登载。现北京开设国会，报社大增，是通讯社发展之良机，不过，由于其与日本政府的关系路人皆知，“有必要与有着政府机关报之名的《顺天时报》切断关系，以鄙分社独立的名义进行一般活动，阐明是纯民间经营的通讯社”①。外务省照准，而且还增加了对北京的补助。1917 年 2 月“东方”在前门正式成立分社，设专职人员 3 人，向当地报纸提供电讯，同时也向上海和奉天等地发送电讯。

随着各方面形势的变化，1918 年 3 月有吉再次上书要求改革和扩大“东方”的业务。他认为南京政治地位迅速下降，可撤去通讯员。同样，日本在东北的影响越来越大，可将奉天分社改为通讯员。节省的费用，则用于从北京向汉口发送电讯，增加上海总社和北京分社的经费，还能用来新设广州分社。

对于设立广州分社，有吉认为广州“是南方政治、经济中心，并且历来是反日的根源所在”。眼下广州正好有一些报纸主动来洽谈转登电讯事宜，机会难得。此举“将中国的政治、经济四大中心地北京、上海、汉口、广州置于弊社的通讯网中，在某种意义上可以覆盖中国全国的舆论界”②。外务省 6 月照准，并且就设立分社一事电令广州领事负责监督执行。

天津是北方舆论重镇之一，继广州之后，“东方”又在此设分社③。这样至 1919 年左右，通过在主要城市设分社或通讯员，“东方”建立了覆盖中国南北的通讯网，与老牌通讯社路透社相比，在通讯网这一点上，东方的优势已经显现。

为了与路透社抗衡，争取更多的中国报纸使用通讯，“东方”继续沿用过去的方法，即廉价提供电讯，发布有轰动效应的独家电讯，与当地名人交往。在发布轰动新闻方面，著名的成功案例就是袁世凯称帝时，打破其新闻封锁，第一时间大量发布各地反对称帝的消息。此举令其名声大振，一下子赢得了众多报纸的注目和好感，一些中文报纸因此开始登载其电讯。在利用名人效应方面，著名之例有，“东方”在北京正式成立分社时，挂在门上的社

① 波多博：東方通信社北京支社設置案，1916 年。JACAR：B03040705900。

② 有吉総領事：東方通信社拡張ニ関スル件，1918 年。JACAR：B03040706000。

③ 1918 年 6 月以前的相关报告均未提及天津，但 1920 年 6 月天津总领事船津在相关报告中提到了天津东方通信社的活动，据此可认为在此前天津分社成立于此期间。

名牌是段祺瑞赠送的，在广州设立分社时，集聚在此的护法议员刚刚开完国会，波多等就利用议员中的"知友"为"东方"活动铺路①。

依靠以上措施，加上因大战期间德国通讯在华停止发行，以及中国自身的通讯社仍不成熟，"东方"以上海为中心在各地迅速发展。

在上海，1915 年底有 9 家中文、两家英文报纸采用"东方"的电讯，1916 年增加到 15 家，其中中文报纸增至 11 家。1917 年底则所有中文报纸、两家日文报纸、3 家英文报纸（*Shanghai Mercury*、*Shanghai Times*、*China Press*）采用其电讯，并且 *China Press* 是未经许可转载。因此，宗方认为"东方""作为在上海具有不可动摇基础的通讯社，已经得到确认"②。

汉口是辛亥革命的发源地，中部地区传播信息之重镇，宗方曾经在此长期活动，深有了解。汉口分社成立后，在总领事馆指导下，《汉口日报》的冈幸七郎负责免费向一些中国报纸发稿，分社是"在当地唯一的通讯社，尤其是诸如中国报纸没有来自各地的丰富电讯，因为比较方便，现在都接收鄙分社提供的电讯"③。即当地 5 家中文报《汉口新闻报》《国民新报》《汉口中西报》《天声报》《民报》均采用。按照总社要求，分社须向北京分社发送电讯。因此，当地的报社甚至还希望北京也向汉口发送电讯，以便随时了解首都政情等，各报还专辟"东方新闻社电"一栏。其后，《民报》改称《震旦民报》，《天声报》改称《大汉报》，《崇德报》和《大中华月报》创刊时，都在事前要求分社提供电讯登载在创刊号上，作为"荣耀"④。其电讯逐渐在中国官民之间得到信任。

在北京，分社成立后增加人手以扩大市场，1917 年底使用其电讯的中外报纸达 14 家⑤，其中《北京日报》《中华新报》《公言报》《大中报》《晨钟报》《国民公报》这 6 家"在北京最为有影响"⑥。

"东方"的电讯还开始向以上都市的周边地区延伸。据 1916 年"东方"报告，重庆的《商务日报》、江西的《江西民报》、云南的《滇南日报》以及四川

---

① 波多博：《中国と六十年》，第 101 页。

② 波多博：東方通信社現状報告，1916 年。JACAR：B03040705900。

③⑤ 有吉総領事：東方通信社現況報告並ニ同社補助金継続方稟請ノ件，1917 年。JACAR：B03040706000。

④ 瀬川総領事：東方通信社漢口支社発展概況報告ノ件，1917 年。JACAR：B03040705900。

⑥ 芳澤臨時代理公使：東方通信社ノ成績ニ関スル件，1917 年。JACAR：B03040705900。

的一些报纸都来洽谈转登电讯事宜,而福建、浙江等地的报纸也转载了上海中文报刊上的"东方"电讯[①]。

对于影响舆论之效果,1917 年底有吉总领事认为,"东方"电讯因为"公平且精确,受到欢迎",各地很多中国报纸都加以刊登,"直接间接防止了对我方的误解,乃至有助于政策之处也不少",达到了"将我方实情提供给中国各报纸,防止误解,乃至供操纵之用"的目的[②]。宗方 1917 年末报告称,甚至有人称其为东方路透社,同时,还特地剪贴了美国《纽约星期六晚报》的一篇有关列强在远东新闻政策的文章,说明"东方"已经受到世界关注。该文章说:"日本人在好多年中都勤奋提供与天皇有关的思想和立场,为中国准备了友好的小小新闻服务。因此,东方通信社被发现向中国人提供着全世界的'公正'新闻。"[③]

连太平洋彼岸都注意到了"东方"的活动,"宣传"的效果确实不小。不过,从此篇剪报还可以看出,其操纵行径也同样连彼岸也知晓。因为文中对宣传"天皇思想"充满了嘲讽口吻,甚至在"公正"上直接打了引号。

(3) 外务省直营的东方通信社

1920 年 4 月,外务省建立情报部,负责统一领导对外宣传与情报工作。如前所述,对华宣传是情报部组建之初最重要的工作。

"情报部成立后的第一个工作是设立新通讯社。"由于"国际"与路透社有约在先,无法在华进行通讯活动,由上海总领事转任情报部次长的有吉明建议以"东方"为基础建立新通讯社。"新通讯社采取了扩大东方的方式,但实际上是情报部直接统辖的与前者毫不相关的通讯社。"就是说,外务省将东方通信社完全收归情报部经营,其内部组织结构、经营内容和规模等均被彻底更新。但为了隐瞒真实身份,仍然沿用东方通信社的原名,"对于中国方面,依然声称将总部设于上海,以宗方为社长,是在数个民间有实力的实业家个人后援下成立的民间事业"[④]。

1920 年 8 月新的"东方"设立,9 月底外相内田致函驻华各外交机构,就

① 波多博:東方通信社現状報告,1916 年。JACAR:B03040705900。

② 有吉総領事:東方通信社現況報告並ニ同社補助金継続方稟請ノ件,1917 年。JACAR:B03040706000。

③ 宗方小太郎:東方通信社現状報告,1917 年。JACAR:B03040706000。

④ 内田大臣:東方通信社拡張ニ関スル件,1920 年。JACAR:B03040706300。

新“东方”成立的由来及其任务做了如下说明:“东方通信社一向由外务省出资,表面上属于上海宗方小太郎个人经营的事业。该社运营至今取得了相当好的成绩。然而当今中国国内形势日趋险恶,我对华关系变得越来越复杂,难以预测局面的推移。面临此现状,燃眉之急是需要进一步强化谍报与宣传事业,由此窥知与中国时局发展相关的准确实情,以资我对华政策的制订和运用。同时消除中国官民对我国误解,使其周知我公正的态度。”①新的“东方”被赋予了“宣传”与“谍报”两大使命。

新的“东方”总部设于东京,由伊达源一郎负责经营。总社下设总务、通讯、通报、调查4个部。在北京、上海、广州、汉口、天津、奉天设分社,在哈尔滨、吉林、济南、青岛、福州、厦门、南京、长沙、重庆、云南、成都设通讯员(后增长春、大连)。情报部长直接管理人事、财务预算和支出。

与1915年以来“东方”每年的补助19 000日元左右相比,新机构开支庞大,仅北京、上海等分社每月的预算合计就近5万日元。各分社规模也有显著发展,如北京、上海分社分别有18人和16人。相关工作则增加至5个方面,即书面通讯、公报电讯、一般电讯、各分社及通讯员间互相通讯、各种调查。在通讯工作中,“公报电讯为本社重中之重”,向中国报社提供通讯是最重要的业务。

不过,由于在日本没有收集国内新闻的机构,“东方”在发布此类通讯上存在软肋。于是,外务省着手准备将它与另一御用通讯社“国际”合并,充分整合和利用各方面资源,加强日本通讯社的在华竞争力。

1926年5月在外务省主持下两社正式合并,成立了“日本新闻联合社”。由于“国际”与路透社的协定仍然有效,由“东方”与“国际”构成的“联合”仍不能向中国发布新闻,只能暂缓开业。“东方”因此仍保留名义继续在华进行通讯活动,直到1929年“联合”与路透社签订新协议,可以在中国独立发布通讯后才停止活动。

纵观东方通信社的发展过程可知,其当初是上海总领事馆出于第一次世界大战爆发后在华宣传的需要,打着民营的幌子所设,后来,外务省为了利用舆论对抗中国的抵制日货运动,将其纳入政府对华宣传政策的重要一

① 内田大臣·東方通信社拡張ニ関スル件,1920年。JACAR:B03040706300。

环,重点扶植和指导,使之发展成为全中国规模的大型通讯社,充当起日本官方在华的重要喉舌。外务省情报部建立后,"东方"更是蜕变为外务省的直营对华宣传机关。因此,可以说该社自始至终就是肩负政府使命的日本官办媒体,在日本政府的对华宣传政策中扮演了极其重要的角色。

3. 官民合办——从国际通信社到日本新闻联合社

(1) 国际通信社的建立与官方关系

1914 年涉泽荣一等财界要人在外务省等支持下,以资本金 15 万日元创办国际通信社。由于缺乏国际新闻业务上的人才,任命原在 AP 工作的美国人琼·拉舍尔·肯尼迪负责经营。

创建阶段,在肯尼迪主导下,"国际"与路透社签订合约,约定有偿接收路透社的电讯在日本国内发布,无偿向路透社发送日本的新闻。在新闻发送权限上,"国际通信社不与路透社以外的任何外国通讯社直接签约。与第三国交换新闻,一律通过路透社进行,未经路透社同意,不得向路透社以外的通讯社、报社提供日本的新闻"[①]。这一合同使"国际"完全失去了对中国在内的外国发布日本新闻的自主权,沦为了路透社的"代理机构"——仅仅把路透社电讯翻译成日语提供给日本报纸的"翻译公司"。因为无法放手经营,该社作为民办事业不能自立,需要靠各方资助。

各方秘密补助大概始于 1915 年 5 月。据说外务省在该年度补助了 1 万日元[②],军方等也提供了帮助。例如,"国际"1915 年 12 月总收入 8 029 日元,其中来自各方的补助合计 929 日元,即外务省 504 日元,内阁和海军各 150 日元,台湾总督府 125 日元。1916 年 2 月总收入 8 225 日元,其中补助合计 1 120 日元,即外务省 570 日元,内阁和海军各 150 日元,台湾总督府 250 日元[③]。外务省在各方补助中明显居多,并且还在加大投入,1917 年提供的普通、特别资助达 35 000 日元[④]。1920 年 7 月"国际"改组为资本金 10 万日元的股份公司时,外务省为帮助其弥补赤字提供了 30 万日元补助。外务省自此从财政上基本掌控了"国际"。

---

① 鸟居英晴:《国策通信社『同盟』の興亡:通信記者と戦争》,花传社,2014 年,第 27 页。
② 通信社史刊行委員会编:《通信社史》,第 108 页。
③ 有山辉雄:《情報覇権と帝国日本》(Ⅰ),第 345 页。
④ 外務省:新聞経営費及操縦費,1917 年。JACAR:B03040817200。

1920 年 4 月外务省情报部成立后，强化对外宣传，“充分利用国际通信社”是工作重点之一。因此，与以往补助是用来弥补亏损不同，现在改为积极扩大其事业。1920 年春情报部与“国际”交换备忘录，同年度补助 40 万日元，要求其尽可能在中国、美国、英国等国家设立代表，收集情报部所需的情报，发布消息[①]。“国际”与“东方”构成情报部对外宣传的双翼。

“国际”于是积极向中国发展，1920 年春派遣古野伊之助等到北京考察，6 月在北京设分局，古野任主任。但是，由于与路透社的合同，分局的任务也只停留在收集新闻材料上。有关日本的新闻还得通过路透社向中国提供。

不惜重金补助“国际”的外务省对其在中国的无能甚为不满，又很无奈。该社内部也有不满者，北京分局主任古野上书外务省要求改变现状，建立国家性通讯社，确立日本的通讯自主权与对外宣传的话语权。在外务省内，情报部长小村欣一与“东方”负责人伊达等一起研究此课题。1923 年外务省与“国际”决定进行改革，由常务董事岩永裕吉接替肯尼迪，任专任董事。在外务省情报部主导下，“国际”开始致力于建立日本自主的国家性通讯社。因为与路透社交涉修改合同之事相当耗时，为了先解决眼前的问题，迅速在中国进行宣传活动，外务省决定合并“国际”与“东方”，以充分发挥双方优势。

(2) 日本新闻联合社的成立与官方关系

1926 年 5 月 1 日“国际”与“东方”合并建立“日本新闻联合社”(1928 年 1 月 1 日改称“新闻联合社”)，岩永任专务理事，伊达任理事兼顾问。“东方”属国营，“国际”属民营，属性不同却能拼凑在一起，实为外务省急于建立强大御用通讯社之产物。

通讯社在正式成立前夕登报声称，“希望成为名副其实的能够代表我国的国际新闻通讯社”，完全是以代表国家自居。不过，虽有此雄略大志，由于“国际”是母体之一，“联合”仍无法在华发布新闻。这样，原本关闭的“东方”在名义上继续存在。在中国的一些城市，两社继续保留，但实际上是“一心同体”之关系。“国际”与路透社的合同于 1929 年 6 月底到期后，“东方”才

---

① 日本外务省百年史编纂委员会编，《外務省の百年》(上)，第 1034、1035 页。

正式关闭,由"联合"向中国报社等发布日本、中国的新闻①。

外务省在"联合"成立时,承诺每年补助30万日元巨资,但实际上都追加了补助。据统计,1926年至1930年每年补助都在35万日元以上,1928年以及1931年后因济南惨案、九一八事变等,临时补助大增,每年基本上在40万日元以上,1932年甚至达55万日元,而补助在该社总支出中的比例,最多时46%,平均百分之二三十②。这说明如果没有政府投入,"联合"根本无法经营下去,御用之本质一览无遗。

(3)"联合"的在华活动

两社合并初期,"东方"依靠"联合"在日本遍设的通讯机构,丰富新闻来源,加强在华竞争力。外务省1926年对上海的通讯社如此评价说:"通讯社中最有信誉的是路透社,上海的报纸全部刊登其通讯。仅次于路透社而有影响力的是东方通信社。除了法文报纸以外,所有英文报纸以及中文报纸均刊登之。其报道迅速,屡屡领先路透社,与准确性相伴随,正逐渐建立信誉。现今,上海报纸若无视东方通信社,就处于无法编辑之状态。其他通讯社则不值特别言及。"③"东方"在上海通讯业的地位已经十分稳固。

对于1928年5月济南惨案的报道,是两社合并后第一次大规模的对外报道。"联合"采取了以下紧急措施:(1)由于财政需要而准备实施的两社中国各分社、局的合并,以及人员清理计划暂时中止,向济南、天津、北京、奉天、上海、南京等要地增派特派员。(2)根据以往经验,时局一旦发生重大变化,中国官宪就会扣押电报、修改文句。因此,北京、天津、山东方面的新闻,均以长途电话向奉天报告,再由奉天以日本电报发至东京,最终由"东方"总社致电中国各地。(3)在中国的重要分社、支局内设置短波无线电收发机④。后两条成为"联合"的优势,南京国民政府成立后,开始注重新闻管制,在重大事件发生时检查各国通讯社发出的电讯。济南惨案期间,路透社、AP等大通讯社发送电讯受到很多制约,而"联合"利用在上海、北京、天

---

① 通信社史刊行委員会编:《通信社史》,第260、310、294页。

② 西山武典:《通信社に対する政府の助成金——新聞連合と同盟》,《メデイア史研究》第6期,1997年,第69页。

③ 外務省情報部:支那(附香港)ニ於ケル新聞及通信ニ関スル調查,1926年。JACAR:B02130807700。

④ 通信社史刊行委員会编:《通信社史》,第313页。

津非法架设的无线电台，偷偷向东京发报和接收东京的新闻，加上使用电话联系，发布的电讯数量超过了路透社。路透社、AP 等大社，以及上海等地的美、英系统英文报纸大量采用“联合”的电讯，“联合”的影响骤然扩大。

对此，“联合”负责人岩永得意地说：“即使是一时性的，世界最大的通讯系统全部由日本人编辑的新闻独占，这还是第一次。世界的舆论对日本有利地展开的原因之一就在此。”同年 8 月岩永向外务次官吉田茂上呈的“极秘”报告中也有类似自我评价：“作为我国新闻政策的根本性机关而创办的新闻联合社和东方通信社，在本年 5 月济南事件发生时，为了完全执行其本来负有的国家使命，付出了所有努力。”①因为自恃有功，“联合”趁机向政府申请了临时补助 179 200 日元。外务省则论功行赏，如数提供。这笔巨额补助主要用在了在华取材、对各国报道、充实在华通讯网上。

1929 年“联合”开始实名发布通讯时，已在上海、北平、天津、南京、汉口、奉天、长春、哈尔滨八地设分局，即除了广州外，中国主要城市基本上都有分局。在其他城市也有通讯员，以备发生地方性突发事件时获得信息。

具体而言，上海分局是“联合”在华通讯网的中枢，发行有关日本及中国的日、中、英文通讯；北京分局亦发布 3 种文字的通讯，不仅在北京，也由天津分局分发给当地报纸。“虽难说充分受到了中方报纸的欢迎，但在英文报纸中有相当信誉。”②此外，北京分局还与当地《北京晚报》、《国闻通信》、AP 社交换通讯，扩大影响；奉天分局是“联合”在东北的重要据点，在收到总社和各分局的电讯后，以日文每日两次发给当地报社等，“发送对象达到 150 处，在中国方面也相当受欢迎，中国官方亦购阅该通讯。通讯普遍获得准确之定评。‘联合’东京来电虽有晚于‘电通’之嫌，但各分局来电则大放异彩”③。对于此分局，关东军参谋部也积极利用，1927 年在制定对华宣传方案时特地指示奉天特务机关平时多向其提供“特别资料”，用于宣传④；哈尔滨分局发布 3 种文字的通讯，“只要是哈尔滨报纸，不管是俄文、中文、英文，本通讯都占据了其外报栏的主要部分。尽管是反日的中国报纸，如果不登

---

① 西山武典：《通信社に対する政府の助成金——新聞連合と同盟》，第 71 页。

②③ 外務省情報部：支那に於ける内外通信社の組織及活動，1929 年。JACAR：B02130916300。

④ 関東軍参謀長斎藤恒：対満宣伝計画案送付ノ件，1926 年。JACAR：C01003771600。

载本通讯,就无法填满其版面。如此现状,显示出极大影响”①。以上肯定不乏虚夸之词,但至少反映了各分局发布的通讯影响之大。

九一八事变发生后,“联合”充分发挥政府御用机构的作用,极力为日本的侵略行径辩护。为了加强在上海的宣传力量,“联合”还在1932年底接手了Press Union。如后文所述,Press Union是一·二八事变后,日本官方、军方等在上海共同建立的专门发布英文消息的机构。事变平息后,其通讯活动也随之停止。此后,因日军在华北不断制造事端,中国的“排日”活动又激烈起来。日在华使馆等都准备恢复Press Union,便寻找合适的主事人选,并且就此征求“联合”的意见。“联合”不希望在上海再出现一御用通讯社与自己竞争,有心合并以加强自身综合力量,便搬出路透社在第一次世界大战时对德国宣传战的成功之例,竭力说明强大的通讯社在其中的作用,建议将Press Union置于本社的管理之下发挥作用,并且提出了具体方案,由“联合”新任上海分局长兼任新闻联盟社的专务理事,分局的英文部长兼任新闻联盟社的编辑主任。此方案获得各方赞同。

岩永则物色到了松本重治任上海分局局长。松本精通英文,在上海太平洋会议上有过出色表现。据松本战后回忆,岩永当时说:“想请你担任联合通信社上海分局局长。上海已经成为抗日的巢穴,外务省、海军也都感到为难。日本新闻记者最多只能向总社打电报,根本没法和第三国的人交谈,也没法反击中国的抗日言论。”②此话当然夸大了松本的重要性,日方在上海利用英文媒体宣传已有几十年,富有经验,聘用才能出众的松本只是试图进一步加强“联合”在上海对抗抗日言论的力量。

依靠各方支持,“联合”在上海舆论舞台十分活跃。仅仅从收入来看,该社1934年度年收入的5万日元中就有约4万来自上海③,上海通讯销售之多以及该社地位之重要由此可见一斑。

在其他城市,受九一八事变打击的“联合”也逐渐活跃,北平、天津等地中文报纸陆续刊登其通讯。

综上所述,“国际”自成立之初就是外务省的重点补助对象,在对华宣传

① 外務省情報部:支那に於ける内外通信社の組織及活動,1929年。JACAR:B02130916300。

② 松本重治:《上海时代》,曹振威、沈中琦译,上海书店出版社,2010年,第41页。

③ 通信社史刊行委員会编:《通信社史》,第322页。

上也想发挥作用，只因受限未能如愿。1926 年 5 月“国际”在外务省主持下与“东方”合并，建立“日本新闻联合社”，成为外务省的御用通讯社，作为外国在华主要通讯社之一，充分发挥了政府喉舌的作用。

4. 对民办通讯社的操纵——太平洋通信社、日华共同通信社、周拂尘通信社

(1) 太平洋通信社

太平洋通信社于 1909 年 6 月创办，总社在东京，松井广吉任社长、编辑。

1911 年该社设立“日清通信部”，拟向中国报纸发送中文通讯，松井致函外务省，提交了相关计划，并且附上了准备先期免费试发的报社名单，请求补助。计划准备从 1911 年 9 月 1 日起向上海、北京、天津、广州、汉口、汕头、福州、厦门、安徽、芝罘、长沙、香港、杭州、苏州、贵阳、济南、南昌、赣州、成都、山西、云南、广西、东北的约百份主流报纸赠送通讯 1 个月。

在等待答复期间，松井给中国相关各报主笔去函告知发行通讯的消息，说明发行的宗旨是“以联消息，溶两国之误解，固日清之保障”，同时附上章程、通讯 1 份。所附通讯发行日期为 1911 年 9 月 1 日，共 11 页，蜡纸刻印，内容为日本政界要闻及其动向、政府外交方针、金融业与农业简讯等。所附“章程”则说明，通信社除了星期天休息外，其余时间均按日发行中文通讯，每月费用 20 元[①]。

松井是日本新闻界资深记者，与朝野政治家交往颇深，掌握很多政幕内情。对于其补助的请求，外务省仓吉政务局长在当年 8 月 8 日通知松井，从正式发行中文通讯之日起，每月补贴 50 日元，先发放前 10 个月的。

该社后来的活动不明，估计在华活动未能持续多久。其原因可能是多方面的，如通讯的定价很高；在中国似无经营处，而靠从日本邮寄，耗时较多，通讯的新闻价值大打折扣；辛亥革命后报界混乱的影响等。但不管怎么说，这是日本民间通讯社在外务省支持下试图进入中国的早期尝试。

(2) 日华共同通信社

日华共同通信社于 1916 年 12 月由小川平吉创办，原名“共同通信社”，至晚 1918 年 2 月起社名前冠上“日华”两字，称“日华共同通信社”(以下统

---

① 政務局長：信函，1911 年；太平洋通讯社：信函，1911 年。JACAR：B03040684900。

一称“共同通信社”)。

小川早年为律师,1901 年参加创办上海同文书院,似乎很早就开始“放眼”于中国,1903 年当选为众议院议员后,一直热心于政治,当选过 10 次议员,属于国粹主义者,对外主张扩展日本利益。1915 年小川任政友会干事长,正值日本经济势力利用第一次世界大战之机向中国大力发展之际,便产生了建立通讯社向中日两国发送通讯的想法,并且获得横滨正金银行、日本银行以及其他“有识者”的支持,于是着手筹备,派上野岩太郎赴中国各地联系,物色人选。

1916 年 12 月,依靠以上银行等大企业赞助,加上小川准备每月募款 2 500—3 000 日元,共同通信社宣告成立,总部在东京,权藤震二、上野岩太郎任理事,在上海、北京、天津、奉天、济南设分社,宫地贯道、野满四郎、真藤弃生、菊池贞二、滨冈福松分别任上述各地主任。同月,小川以共同通信社社长的身份向外务省提交《共同通信社趣旨书、事业计划概要书、预算书》,告知成立消息,说明创办的目的在于“使用通讯之利器而指导舆论之方向”,“疏通两国民众的想法”,希望外务省支持和补助[①]。

根据“事业计划概要”,其业务主要是:(1)从东京向上海、奉天发电讯,上海分社收到后转给北京、香港分社,以及汉口通信部等。奉天分社收到后转给东北各地。(2)东京总社每周一至两次给分社邮寄书面通讯。(3)上海、奉天将自己以及从其他分社等获得的新闻以电报或书面形式发给总社。一年的预算是,支出 3 万日元,收入 31 700 日元,另外创业费为 5 000 日元。所需经费则尽量自给,头两年的亏损靠募集填补[②]。

外务省对此左右为难,因为该社的目的和业务范围、活动地域与“东方”重叠,对于经营正走上正轨的“东方”来说,一定会产生竞争,两败俱伤。但该社已经准备就绪,作为政府又无理由反对。因提供给“东方”的补助来自第一次世界大战的“临时事件费”,战争结束后,能否继续提供还是未知数,同时,外务省还担心如果对方达不到目的会将“东方”与政府的关系泄露出去。

---

① 本野大臣:共同通信社設立計画ニ関スル件,1916 年;共同通信社設立計画ニ関スル回答ノ件,1917 年。小川平吉:共同通信社章程,1917 年;共同通信社業績報告,1918 年。JACAR:B03040802400。

② 小川平吉:共同通信社趣旨書、事業計画計画概要書、予算書。1917 年。JACAR:B03040802300。

本野外相准备将两社合并经营，于是征求有吉总领事、宗方的意见。有吉等表示反对，认为“东方”通过努力好不容易打下基础，赢得了信任，有很高知名度，如果归入共同通信社名下则必前功尽弃，即使合并也应以“东方”为中心。但“东方”现已有自己的地盘和发展计划，不想因合并打乱发展步骤。外务省权衡再三，决定继续支持“东方”。对于共同通信社，则以承诺不妨碍“东方”业务为前提提供 1 万日元创业费。

1917 年 1 月 16 日，在国策会社、外务省资助下“共同通信社”正式开业，按照原计划实施各种业务。

北京分社是合并亚细亚通信社后成立的，野满四郎任主任。亚细亚通信社于 1916 年 1 月由野满创办，每周发布两次誊写版通讯，以政治、经济消息为主，大多从中国报纸翻译而来，开始有两百多个用户，后来只剩下五六十个，经营深陷困境①，因此投入共同通信社门下。分社发行“北京通信”和“亚细亚通信”。前者是业务重点，中、日双语，载有来自总社的电讯和在北京收集到的新闻材料，提供给北京的《北京日报》《公言报》《北京时报》《益世报》《民强报》等 20 多种中文报纸以及英文报纸《北京日报》与各官衙、各国使馆等，总计 80 余份。后者载有北京及中国各地消息，向日本国内及中国各地日文报纸和日本人提供。

天津分社 2 月下旬开始工作，因离北京近，竞争激烈，东京来电只提供给《天津日日新闻》和一些中文报纸，来自总社的电报字数为北京的三分之一。

济南分社成立时，仅印发日文通讯，8 月开始印发中文通讯。当初印数有限，因经费关系，来自总社的电报字数与天津相同。10 月与中文报纸《济南日报》约定其电讯均由该分社提供后，电讯数量增加。除了《济南日报》外，也向中文报纸《公言报》、日文报纸《山东新闻》提供。主任滨冈福松另外还经营日文报纸《北支那通信》，该报经济上独立，但事实上附属于共同通信社。小川准备以后合并这类通讯社，发行“济南通信”，建立在山东有影响的通讯社。

上海分社面临的机遇多，竞争也激烈。通讯社当初以《华报》馆主宫地贯道为分社主任。根据其意见，对于来自总社的电讯，只当做是发给《华报》的，然后再发给《申报》《新闻报》等，各报作为特电登载。这一方法从 2 月实

---

①　小幡政務局長：送第一号，1917 年；本野大臣：北京亜細亜通信ニ関スル件，1918 年。JACAR：B03040802600。

行至8月,小川很不满意,因为各报对于这种特电任意取舍,往往不登载日方认为重要的电讯,同年9月任命菊池虎藏为上海分社主任,改变经营方针,由菊池与每家报社交涉。据说,《申报》《新闻报》《神州日报》《时事新报》《时报》《中华新报》《民国日报》《亚洲日报》《新申报》,以及一些日文报纸答应采用其电讯。

奉天分社从2月15日开始运作,印发中、日文"共同通信"给当地中日要人,又利用铁道之便向安东、长春速报。《盛京时报》以及日文报纸《大陆日日新闻》《奉天新闻》等使用其电讯。奉天分社还准备收集当地材料编成"奉天通信"印发。

香港分社的工作是委托《香港日报》的社长松岛宗卫兼任的,5月以来从上海转发电讯,但不顺利,又拟从东京直接发送电讯,但成本过高,未能实现。

有关通讯的内容,该社声称创办目的在于"修善邻之谊,敦同文之好,密切政治、经济关系,维持东亚全局"。不过,在真正选择新闻材料时,小川提出"需要大大取舍选择,必须一直用心指导、感化中国人的思潮意向,努力注意不使中国人一看到我电讯就想到'是日本人的日本电报'"。并且还规定两个重点:一是挑选可以反映日本经济实力的材料;二是作为对帮助该社各公司的回报,选择相关公司的经营活动、事业状况方面的材料。就以上编辑方针而言,如果是从通俗易懂方面着眼,对材料取舍,不留日本腔调无可厚非,但伪装成中国人发出的电讯,通过宣传日本的"经济实力"等,"用心指导、感化中国人的思潮意向",就另作别论了。

在经营方面,该社当初计划第一年全亏,第二年有相当收入,但不计入,用于扩大事业,第三年虽有一些亏损,但趋于稳定。从第一年实绩看,天津分社费用和电报费能自筹,济南、奉天分社费用和三分之二的电报费可以自行负担,另三分之一由总社每月补助。北京分社每月收入银300元,总社每月补助电报费300日元、运营费400日元。上海分社因为有"东方"等的竞争,免费向各报提供电讯,每月需补助电报费300日元、运营费350日元。这样,再加上总社的费用,一年总开支需3万日元,亏损非常严重。第二年也基本如此。因为有各方资助,才勉强维持经营①。

① 小川平吉:共同通信社業績報告,1918年。JACAR:B03040802400。

五四运动爆发后，该社经营愈发困难，原因主要有：上海、北京的中国报社联合起来拒绝日本通讯社的电讯；随着银价暴涨，总社给中国分社的补贴成倍增加；通讯社一直兼营广告业，主要是将日商介绍给中国报社以赚钱弥补亏损。因报纸广告费用翻倍和中国报纸拒登日商广告，又断了一财源。在此困境下，通讯社勉强经营到 1920 年。同年 5 月小川就任原敬内阁国势院总裁时，已无力继续经营，于是解散了通讯社。

该社虽然以“指导、感化中国人”为目的，但外务省对于其关闭应该是欢迎的。因为它与“东方”处于竞争状态，更大的问题是，小川在对华宣传上往往不与外务省通气，以至于小幡公使致函外务省抱怨：“共同通信社东京电报中往往有有害无益的内容。”外务省也承认：“共同通信社的通讯屡屡缺乏深思熟虑，不仅对我宣传无用，反而往往对国交有害。”①即小川的宣传内容往往是在帮政府的倒忙。

建社三年以来，小川仗着国策会社等有力资助，积极在中国发展，在重要城市建立分社，开拓市场。对于取得的成效，小川自我感觉不错。他在 1918 年 2 月给外务省的《共同通信社业绩报告》中就称，通过一年努力，效果已经超过预期：“第一，使中国人不知不觉中与我政策方针一致。第二，将我对外政略上的强硬舆论透过第三者中国使列强了解（根据问题的类别，与直接发布相比，有时通过第三者间接发布来得便捷有效）。第三，作为以上结果，间接刺激了我外交当局觉醒。”不知得出以上结论的根据是什么，但至少反映了该社的努力目标是“使中国人不知不觉中与我政策方针一致”。

(3) 周拂尘通信社

周拂尘通信社于 1921 年创办，发行中文通讯，社址位于天津，周拂尘任社长兼主笔。该通讯社的前身为新闻翻译社，1922 年改称“华北通信”，同年秋在北京设分社，向天津各报提供“北京专电”。据日方报告，天津及直隶省各报的报道，很多来自该通讯社，其通讯“最有价值”②。

有资料显示天津总领事馆 1922 年度向该社提供了补助，其中 4 月到

---

① 小幡公使：共同通信東京電報ニ関スル件，1919 年；内田大臣：第八八四号（暗），1920 年。JACAR：B03040802500。

② 外務省情報部：支那ニ於ケル新聞通信ニ関スル調査，1922 年。JACAR：B02130708900。

9月共120弗,10月至1923年3月减半,共60弗[①]。日方与该通讯社接上关系的时间不明,此种特殊关系一年后估计未继续下去,日方通过补助获得的具体效果不详。

二、军方

在利用通讯社对华宣传方面,日本军方亦十分积极,尤其是驻华日军。自1919年华北驻屯军秘密创办天津编译社开始,日军直接经营或资助的通讯社有日本电报通信社、北方通信社、中一新闻通信社、新华通信社、露西亚通信社、伪满"国通"及其大东通信社。

1. 陆军省操纵的宣传机关——日本电报通信社

(1) 日本电报通信社的创立与军方的关系

1906年10月"日本电报通信社"以资本金20万日元创办,光永星郎担任实际负责人。

"电通"创办时正值日俄战争获胜之后,其设立"趣意书"认为"现在身为世界新兴国、东洋盟主,却没有一机关向列国介绍其国情,向海外主张其国论,仅仅依靠外国报社、通讯社的派遣员行事,据其一颦一笑而思喜忧。如此外交、经济上岂不令人悲叹。"因此,发出豪言壮语:"本社的目的在于建立战胜之后与新兴帝国相匹配的一大通讯机关。"这充分"表现出了从日本人的立场向世界新闻市场商业性地提供日本和东亚新闻的意欲"[②]。

为了实现以上抱负,"电通"于1908年与刚刚设立的美国UP合作,签订了交换新闻的协议。UP未参加通讯社卡特尔,也在积极向世界各地发展。通过协议,UP提供欧美的新闻,"电通"则提供日本、中国等的新闻。

"电通"创立后积极争取官方的财力支持。外务省是操纵媒体对外宣传的主体,对其开始是支持的,例如1909年实施《清国报纸通讯纲要》时就是委托该社,但后来逐渐有了距离。其原因很多,例如,外务省有自己的嫡系"东方",还一直支持着"国际"等,但主要的原因还是UP与路透社的关系。

---

① 吉田総領事:新聞操縦費支出方稟請ノ件,1922年。JACAR:B03040613600。
② 通信社史刊行委員会编:《通信社史》,第179、180页。

即外务省已经补助了与路透社签约的“国际”，再补助“电通”就会得罪世界通讯业的霸主路透社，不得不慎重行事。

有研究认为，外务省可能没有长期给“电通”提供补助，但临时补助了一笔钱①。这一推断合情合理，因为“电通”在对外宣传方面所做的努力正是外务省求之不得的，即使不提供定期补助，也定会提供临时资助。只是事关重大，极其秘密，不为外人所知而已。

“电通”找的长期固定后台是军方，以“通讯购入费”的名义从陆军省新闻班获得高额补助，藉此向报社廉价推销其通讯②。双方的关系因缺乏资料难窥实貌，但军方长期补助应该是确切无疑的，有很多蛛丝马迹可循。例如，1932 年情报委员会决定合并“联合”“电通”，成立新通讯社，分别派人与两家通讯社交涉。因为事关未来，出面交涉的肯定都是关系密切者，与“电通”交涉的是军方，与“联合”交涉的是外务省，足以说明个中关系。

(2) 在中国的布局及其活动

怀有为国家宣传之抱负的“电通”，“从创业初期开始就着眼于大陆”，将北京作为派遣通讯员之首选地。有关派遣时间，“电通”1938 年编写的资料说：“作为我社大陆新闻政策的第一步，是我社创办伊始就设立的。”③即1906 年设立。另有资料说，“电通”“早在大正初期即在北京常设通讯员，使其发回重要新闻”④。由此看来，“常设”始于大正初期即 1911 年后，当初的任务是收集新闻向总社报告。

该社倾力在华发展始于 20 年代初。为了与中国方面建立联系，扩大影响，1921 年该社利用创立 20 周年的机会，不惜花费巨资邀请中国各地报人数十人赴日参加纪念大会(详见第四章)。与此同时，还陆续在中国各地建立了如下分支机构，开展业务。

大连分局，1920 年 9 月建立，发行日文“日本电报通信”给当地以及其他地方的报社，发行量 150 份，后来增加“经济通信”，报道日本经济消息。随着奉天、哈尔滨等分局的设立，大连的地位下降，1926 年发行量下降至 80

① 有山辉雄：《情報覇権と帝国日本》(Ⅰ)，第 409 页。
② 里見脩：《同盟通信社の「戦時報道体制」：通信社と国家》，《マス・コミュニケーション研究》第 66 期，2005 年，第 39 页。
③ 奥平康弘编：《言論統制文献資料集成》第 20 卷，第 616 页。
④ 通信社史刊行委員会编：《通信社史》，第 200 页。

份,1927 年 59 份。

上海分局,1920 年 10 月建立,社址位于福州路阿部洋行二楼(1928 年搬到四川路),翌月开始工作,利用总社在日本国内完善的通讯网,迅速发布日本新闻,起初发行日文“电报通信”,后增加中、英文。工作人员最初仅 3 人,1922 年 6 月随着中文翻译加入,增加到 8 人。“电报通信”以经济新闻为主,后来逐渐增加一般消息,特别是随着中国政治中心的南移,一般通讯剧增。国民党定都南京后,上海分局有关中国政治、外交等报道倍增。上海还是在华各分局的联络中心,负责收转来自总社的消息,同时收集各分局的消息发给总社。

广州分局,1921 年 6 月在英租界建立。该地台湾人较多,台湾总督府特地委托其收集当地台湾人的情报。该分局仅仅收集信息发回总部,1930 年关闭,1935 年起恢复。

汉口分局,1921 年 7 月设立。1920 年光永社长为了制定对华通讯政策来华调查,至汉口考察后决定设分局,委派《汉口日报》副社长白仓清一郎负责。白仓 1907 年就来到汉口,可谓“老汉口”,与当地达官显要多有交往,故分局发展比较顺利。1924 年左右开始发行经济方面的日文通讯①,1927 年开始发布“经济通信”,与当地的英文报社和一些通讯社交换电讯。据说,当地中文报纸登载时不使用“电通”之名,大多称“上海专电”。

天津分局,1921 年 7 月设立,此前由常驻北京的“特置员”负责提供信息。因天津政治地位的上升,以及在中日贸易中的重要地位才建分局,发行日文商况通讯。有关时事新闻,则转发北京分局的中、英、日文通讯,但是发生重大事件时,也会临时发布通讯②。1923 年日文电讯每天发行数十次,每次发行 30 份③。

青岛分局,1922 年 12 月初建立,11 日发行日文“日刊电通”,发行量 50 份。在接收总社新闻的同时,与中国各地分局互相联系,交换消息。分局开办时,正逢日军从青岛撤回国内,当地日侨大减,分局靠“经济通信”迅速报

---

① 外務省情報部:支那ニ於ケル新聞及通信ニ関スル調査,1925 年。JACAR:B03040871100。

② 外務省情報部:支那に於ける内外通信社の組織及活動,1929 年。JACAR:B02130916300。

③ 外務省情報部:支那ニ於ケル新聞及通信ニ関スル調査,1924 年。JACAR:B03040870900。

道时事及经济消息，尤其是市场行情，在日侨和中国工商界赢得用户，立稳脚跟[①]。

北京分局，1923 年 5 月建立。与此前设通讯员的目的不同，此次是在北京发行电讯。6 月起分局开始工作，将来自总社的时事新闻翻译成中、英文，提供给京津一带的报社、外国公馆、银行等，当年的发行量为 30 份。有研究认为，“电通”在国际新闻交错纷飞的北京发行英文通讯，开启了与英美通讯社进行竞争的划时代性活动[②]。不过，外务省 1929 年对英文通讯的评价是：“因送达迟缓，字句难懂，几乎没有被采用。”[③]

奉天分局，1925 年 5 月成立，发行“日本电报通信”，当地有“东方”、奉天电报通信等，竞争激烈。1926 年发行中文、日文通讯约百份，次年降至 60 份，主要提供给中国报纸、官衙、银行等。

济南分局，1926 年 11 月成立，5 日开始发行日文“经济通信”，通讯由青岛分局通过电话等提供，1927 年 3 月 1 日起向中国报纸发行中文通讯，在当地棉花市场影响很大[④]。

在哈尔滨，1918 年日本出兵西伯利亚时，“电通”派“特置员”至此收集信息，1927 年 1 月擅长俄语的本桥寿一奉命前来正式开办分局。

南京分局，开始是上海分局派遣特派员，奠定了日后的基础。1928 年 6 月建立分局，是日本报社、通讯界最早在此设立的通讯机构。社址最初在首都电话总局附近的东方饭店内，次年搬至邻近外交部及日本领事馆的鼓楼附近。

至 1929 年，该社以上海分社为中心，以各分局为据点建立起了覆盖中国各地的通讯网。作为当时日本在华设立分支机构最多的通讯社，因为不受路透社的约束，可以自由发布新闻，与“东方”一样，是日本在华极其重要的宣传窗口。

(3)“电通”在华的宣传特色

作为通讯社，“电通”的经营特色是在华设有广告部、“写真部”，报道特

---

① 外務省情報部：支那ニ於ケル新聞及通信ニ関スル調査，1924 年。JACAR：B03040870900。
② 有山辉雄：《情報覇権と帝国日本》(Ⅰ)，第 409 页。
③ 外務省情報部：支那に於ける内外通信社の組織及活動，1929 年。JACAR：B02130916300。
④ 奥平康弘编：《言論統制文献資料集成》第 20 卷，第 616—646 页。

色是军事报道迅速。

五四运动后中国报纸拒载日商广告,随着运动高潮的过去,关注经济新闻的"电通"也瞄上了广告代理业,1923 年起设立广告部正式经营。五卅运动发生后中文报纸再次拒载,广告部不得不关闭。

1935 年中日关系有所缓和,上海分局恢复广告部。广告收费对于报社来说是十分重要的经济来源,掌握广告客户者往往能左右报纸的论调。如前所述,利用广告是日方的操纵手段之一。"电通"上海分局作为日商的广告代理商,自然掌握大量客户,其广告的投放或多或少会影响相关报纸的对日倾向。

通讯或报纸配上照片在当时来说不常见,对读者吸引力非常大。1925 年 12 月"电通"决定在中国要地设"写真部",天津、上海、北京分局被选中,各分局的新闻照片不仅发给总社,也发给中国的报纸。因为将照片制版后提供更方便中国报纸使用,各分局从 1927 年起还设立制版部,受到当地报社的欢迎。外务省 1929 年的调查仍称北京分局提供的时事照片"在当地呈现出独步之观"①。在一・二八事变期间,总社还专门派出"写真班"来沪采访新闻,以照片形式散发"新闻",大大提高了宣传效果。

"电通"的军事报道十分迅速。该社在北京、上海、南京等地的机构非法架设有"特种通讯设备"无线电台,收发电讯速度优于其他没有此种设备的通讯社,但更关键的是军方就是"电通"的后台,有重要的或敏感的消息总是让其首发。

日军每次在华挑起事端,以"通讯报国"为己任的"电通"总能第一时间获得军方的新闻材料,能够深入现场、战地采访到"珍贵"的独家"新闻"。

1928 年济南惨案期间,该社常驻陆军省的记者及川六三四和电影部住田被紧急派往山东,与济南、青岛分局配合,发出了很多为日军行动辩护或大唱赞歌的新闻,这些新闻与照片、影片相辅相成,在宣传日军侵占山东的所谓"正当性"方面发挥了重要作用。

九一八事变发生后,第一个向日本国内发出"日、中军队冲突激战"消息的通讯社也正是"电通"。因为在事变后能按照军方的意图发出新闻,该社

---

①　外務省情報部:支那に於ける内外通信社の組織及活動,1929 年。JACAR:B02130916300。

获得关东军的信任，得以派出大量“特派员”来中国东北，随军采访，为侵略摇旗呐喊。

一·二八事变期间，该社共有 12 人在上海进行报道。“上海分局是名副其实地不眠不休地活动，取得了通讯爱国的成果。”事件发生后的一个月内，发电字数共计 5 万多字，大量上海“消息”由其发出。“电通”自夸每天发出的电讯相当于报纸一整面的数量，不仅在日本 300 多家报纸上登载，也通过国际无线电向全世界传播。作为日本发出的新闻“使得英美等各国人惊叹，也使全日本国民狂热”①。

1933 年日军侵略热河期间，为了能迅速向外发布战地新闻，关东军特地为“电通”划分出无线电频率供其专用。该社则在奉天成立指挥总部，动员 30 人进行报道。

“电通”发布的战地报道，往往是独家“新闻”，并且配有照片，视觉上富有冲击力，不仅日本国内的大量报纸，其他国家的报纸也会登载。因此，在误导、欺骗世界舆论，为日军侵略行为辩护方面发挥了重大作用。

综上所述，“电通”自 1909 年起就充当外务省的传声筒，后来成为军方的御用通讯社，靠其支持 20 年代初开始在华建立分局发布各类通讯，以主要都市为中心逐步构建起覆盖中国的通讯网，并且形成了自己的经营与通讯特色，是日本在华两大通讯社之一。

2. 华北驻屯军的宣传机关——天津编译社、北方通信社、中一新闻通信社、新华通信社

(1) 天津编译社

第一次世界大战爆发后，由于日本提出“二十一条”，出兵强占青岛，屡屡激起中国人民的义愤。面对一次次抵制日货运动，日本政府、军方都试图操纵宣传工具加以对抗。

作为日军在华第一线机关，华北驻屯军对形势的变化反应尤为敏感迅速。如前所述，金谷范三于 1918 年出任华北驻屯军司令时，针对中国民众的反日情绪，试图了解起因，采取对策。经过调查，他认为是在华英美人利用报纸等离间中伤所致，因此应该做好中国记者的工作。于是他亲自出面，

① 奥平康弘编：《言論統制文献資料集成》第 20 卷，第 850、844、845、834、836、848 页。

通过宴请等方法，接近《京津泰晤士报》中文部以及《大公报》《益世报》《时闻报》等报社记者或负责人，多次接触以后，觉得效果明显，“天津中国舆论机关稍许缓和态度，显示出亲日倾向”。据此经验，他认为要“日华亲善”，就需要继续怀柔并且操纵当地中国记者。于是他在1919年3月写下《有关操纵天津中国新闻记者的意见》①，上呈陆军大臣田中义一。在说明以上情况后，他要求增加“机密费”，用来怀柔中国记者，引导舆论。具体设想是在天津成立一个多家报社记者参加的亲日“记者团”，以此为活动平台接近、笼络记者，给相关报社提供赞助。为此他希望1920年度获得两万日元“机密费”，其中15 000日元用于操纵报纸。陆军省4月答复同意该年度增加5 000日元用于“操纵中国新闻记者”。

五四运动爆发后，金谷报告说：“有关操纵中国报纸之事正在着实进行准备，研究种种方法，但是排日运动激烈，仅靠军方的力量和经费难以充分适应时局的变化，如果放任下去则帝国将蒙受巨大打击。因此希望与总领事(?)协商，说服当地有实力的各家公司，官民一致操纵中国报纸，致力于缓和排日运动。”②由此可知，金谷认为现有资金不足以实施其计划，想借助日本外交机构和民间企业的力量共同操纵宣传工具。“总领事”后面打问号，可能是还未确定与哪一级外交部门商洽。至于具体计划，报告没有提及。此时的“排日”形势与年初相比已经大变，不可能公开成立亲日“记者团”，应该与筹办宣传机关有关。

1919年7月底金谷调至参谋本部，后任南次郎继续推动此工作，在与公使小幡酉吉、天津总领事船津辰一郎协商并且获得支持后，决定建立“天津编译社”(以下简称“编译社”)，作为华北驻屯军的秘密宣传机关。

1920年2月编译社在日本租界花园街(同年11月迁至石山街协昌里)民房内开张。驻屯军司令部翻译中岛比多吉任社长，同时聘请黎元洪秘书刘钟秀等担任编辑兼翻译。编译社人员多数是日本人，以与日军有关系者为核心，对外一律称民办，对与军方的关系绝对保密。编译社主要工作有二：一是向中国报纸及通讯社提供特殊消息及材料，具体是收集和编辑宣传材料，翻译日文

① 駐屯軍司令官金谷：在天津支那新聞記者操縦ニ関スル件上申，1919年。JACAR：C03022477800。

② 駐屯軍司令官金谷：官民一致して支那新聞操縦の件，1919年。JACAR：C03022462700。

报道，誊写并且发送通讯稿；二是以檄文宣言等形式进行必要的宣传①。

军方为编译社制定了以下方针："操纵中国报纸，谋求扑灭排日报道，同时登载对日本有利的新闻，促进亲日倾向，以期我国对华政策的圆满进行。"以此为指导，该社的主要宣传任务有：(1)阐明日本在山东问题上的态度，并且为其立场辩护。(2)说明日本出兵西伯利亚的真正意义，解释日方态度。(3)宣传布尔什维克思想的"危险性"和苏联共产社会"惨状"。(4)揭露和防止苏联对世界，对日本、中国的"阴谋"。(5)报道华盛顿会议"真相"，阐明日本态度。(6)揭露列强在华野心与英美反日活动。(7)说明日本近年在华政策，尤其是对直奉战争采取绝对不干涉主义。(8)日本官方和民间致力于华北旱灾"救济"事业的实况报道。(9)说明间岛事件的"真相"②。上述任务大多在于替日本的侵略政策和行为辩护，有些则是试图丑化苏联和社会主义，或将中国人反帝矛头转向英美。根据上述任务编写的通讯，主要取自日本国内报纸、书刊等材料，以及从驻屯军和天津总领事馆那里获得的情报。通讯分为"号外"和"普通号"两种。前者是重要的宣传稿和长篇连载的报道，后者为普通的短篇新闻。

中国读者一旦知道这些通讯的来源，宣传效果必定适得其反。因此，编译社十分重视保密工作和宣传手法，"有关宣传手法，极其隐蔽秘密进行至关重要。因而在与相关报社联系时，是由编译社负责人与报社经营者秘密协调，通讯是作为相关报社自己采访到的新闻登载"，"特别注意不使读者嗅到气味，感到是日本的宣传文章"。

通讯只有得到大量登载才能达到影响舆论的目的。编译社首先选定的供稿对象是《天津日日新闻》《大公报》《时闻报》《民强报》《通俗白话报》与中一通信、北方通信及 *China Advertiser*。它们与日方都有关系。据总领事船津 1920 年 5 月报告，《天津日日新闻》本来就是日本的机关报。《大公报》当时"是当地最老的报纸，地盘坚固，总是持公平态度，深得世人信任"。其经营者王郅隆正面临经营困难，经过做工作已经答应采用"特别希望登载的新闻"。《时闻报》由中国人经营，但印刷机是华北驻屯军提供的，"约定无论

---

①　船津総領事：天津編訳社組織拡張計画ニ関スル件、天津ニ於ケル新聞操縦ノ現状，1920年。JACAR：B03040803400。

②　天津編訳社：宣伝機関編訳社ノ概況，1922年。JACAR：B03040803600。

由我方提供的通讯如何都大胆登载，是有力的中文报纸，属于将来应该利用的主要报纸”。《民强报》是中国人办的中文小报，“对日本有好意，提供的通讯一律照登”。《通俗白话报》也是中国人办的，“在总领事的指导下，给予补助”。*China Advertiser* 则由华北驻屯军资助经营，“在英文报界有相当的权威”①。

为了鼓励登载通讯，编译社在国策会社支持下对报社、通讯社加以拉拢。具体而言，对《时闻报》《天津日日新闻》《民强报》免费提供新闻纸，纸张由天津的三井物产赠送和王子制纸公司低价提供。每月新闻纸的作价是《时闻报》245 日元、《天津日日新闻》345 日元、《民强报》230 日元。对《时闻报》则提供了 5 821 个活字和 1 台机器(1 300 多日元)。给通讯社提供的是补助如下：北方通信社每月 200 两，中一新闻通信社每月 400 两(其中天津日本商业会议所提供 50 两)。

编译社创立后，南次郎希望总领事馆多提供材料用作通讯，同时也表示愿意与外务省合作进行这一“事业”，甚至可以把编译社逐渐移交给外务省经营。因为“今后由外务省将在各地的对华宣传机关统一起来，宣传效果将更大”②。南次郎在此是指外务省经营的东方通信社。1920 年“东方”刚刚在天津设立分社，发行的通讯几乎没有市场。船津认为两社的目的相同，合并起来由中岛统一经营后，可以充分发挥各种资源，提高宣传效果，于是同意在“东方”对外不变的条件下合并，而且每月资助编译社约 200 日元。编译社由此既增加了运营经费，又丰富了新闻来源。

外务省还想进一步合作，争取更多话语权，1920 年 10 月指示总领事馆与军方共同出资经营编译社，扩大“事业”范围。双方磋商后决定：(1)为适应工作量扩大的需要，工作时间由 15 时提前到 13 时开始，19 时结束；(2)主要采用外务省提供的材料散发给媒体；(3)编译社自己获得的新闻须向华北驻屯军和总领事馆报告；(4)收购《大公报》；(5)费用方面，《大公报》的所有经营费由总领事馆负担，编译社的经营费用双方各负担一半③。

---

① 天津編訳社：天津ニ於ケル新聞操縦ノ現状，1920 年。JACAR：B03040803400。

② 船津総領事：天津編訳社創設ニ関スル件、天津編訳社組織拡張計画ニ関スル件，1920 年。JACAR：B03040803400。

③ 天津編訳社：編訳社事業拡張案，1920 年。JACAR：B03040803500。

以上(1)至(3)得到了实施。有关(4)与(5),从1920年各报采用编译社通讯的数量看,《大公报》最少,不过十分之一左右(见表15),1921年后仍然是这样,如1921年3月编译社提供的通讯为152份,《大公报》仅采用11份。如果被日方收购了,采用量肯定会猛增。这说明(4)与(5)并未真正实施。

在发布通讯与利用报纸登载方面,编译社基本上取得了预期的成果。据编译社的工作报告可知,其每月以“号外”和“普通号”发出的通讯数量十分可观,以1920年4月为例,如表15所示,该社几乎每天都发布通讯,并且一般超过10份,最多时一天达23份。有关发布的通讯总数,1920年2月至1923年3月(缺1922年10月、11月)总数为5 235份,月均发稿约218份[①]。其中1920年最多,后来逐渐减少。1921年月均数135份,1922年115份,1923年70多份[②]。尽管数量每年在减少,但从总体来看,编译社一直都在积极活动。

表15　天津编译社每日发布的通讯与各报登载数量统计(1920年4月)

单位:份

	1日	2日	3日	4日	5日	6日	7日	8日	9日	10日	11日	12日	13日	14日	15日	16日	17日	18日	19日	20日	21日	22日	23日	24日	25日	26日	27日	28日	29日	30日	合计
编译社供稿	10	11			16	14	13	4	24	13		17	11	10	11	13	13		14	15	13	13	18	11		10	7	10	23		314
时闻报	3	2	6			9	3	5		10	5		7	4	3	6	4	9		8	9	7	4	12	3		6	5	7	9	146
民强报	6	8	7	7	1	1	10	13		8	15	10	2	12	4	7	7	9	11		11	11	13	8	13	10		7	5	3	219
天津日日新闻	1	1	2	2	1	1		4		3	2	4	4	1		5	12	12	1	13	11	14	11	18	9	1	9	6	6	17	171
大公报		1					1			3	2		3	2	3		1	6			2	3		5						2	34
济南日报	7	3	5	1	4	4	2	2		6	5	2	1	7	2	2		3	1	2	2	1	1		3	4	5	2	5	4	86
合计	17	14	20	10	6	15	16	24		30	29	16	17	26	12	20	24	39	13	23	35	36	29	43	28	15	20	20	23	35	656

资料来源:駐屯軍司令官南次郎:支那新聞操縦ニ関スル件報告,1920年。JACAR:C03022527200。

① 据下列资料统计:天津編訳社:編訳社ノ概况、宣伝機関編訳社ノ概况,1920、1922年。JACAR:B03040803500、B03040803600。駐屯軍司令官鈴木一馬:記事転載統計表ノ件報告,1923年。JACAR:C03022621600、C03022621700、C03022621800、C03022621900。

② 駐屯軍司令官鈴木一馬:記事転載統計表の件,1923年。JACAR:C03022621700、C03022621800、C03022621900。

军方当初选定了 6 家报社和两家通讯社加以利用,《通俗白话报》、中一新闻通信社后来始终未出现,但新增了《济南日报》(1920 年 4 月加入)、《顺天时报》(1920 年 5 月加入)、《新民报》(1920 年 10 月加入)、《太平洋报》(1921 年 11 月加入)、《北方时报》(1922 年 8 月加入)。以上报纸大多接受军方或外务省补助,属于日方的喉舌。它们的加入使编译社的影响扩大到北京和济南,大大拓展了地域范围。

各报中,《大公报》《顺天时报》《济南日报》规模比较大,在读者中有一定市场,其他报纸发行量不多,读者十分有限,《民强报》《新民报》分别在 1921 年 9 月和 12 月停刊,《太平洋报》也在次年 10 月关停。这样,始终采用编译社通讯的只有《时闻报》《天津日日新闻》《大公报》。

不过,有关各报登载通讯的情况有很大差别,仍以 1920 年 4 月为例,如表 15 所示,编译社共提供通讯 314 份,《民强报》采用最多,共 219 份;《大公报》用得最少,仅 34 份。从 1920 年整年的实施结果看,这种情况也基本相同,编译社提供的 2 210 份通讯,《民强报》用得最多,达 1 476 份,《天津日日新闻》1 275 份,《时闻报》也采用了一半以上,而《大公报》仅采用了 173 份。也就是说各报并非来者皆登,而是有取舍的。

对于编译社的宣传效果,船津 1920 年 5 月、6 月的评价是:“作为天津的对华宣传机关具有相当的效果。”“虽无法具体断定,但排日报纸正在注意我方操纵的新闻报道却是不争的事实。仅从此点就可判断操纵的效果已经显现。今后随着排日热的冷却,可以预见发行量会增加,宣传效果也更大。”①编译社 1922 年底对自身的总结性评价是,其通讯都“以缜密的准备和巧妙的意匠编辑”,“登载于此等各报的宣传文章,均作为中国人自发性意见而被普遍相信”。“近来中国人对日感情正出现逐渐缓和的倾向,像《益世报》《京津泰晤士报》那种英美系统的排日报纸,已不如以前受欢迎。虽然有其他原因,但编译社的宣传也确实发挥了部分作用。”“过去散见于相关各报纸的排日报道被一扫而光,现在都正以亲日报道填补。”②

以上实属夸大其词。首先,编译社操纵的报纸少,影响范围小。天津

---

① 船津総領事:天津編訳社創設ニ関スル件、天津編訳社組織拡張計画ニ関スル件,1920 年。JACAR:B03040803400。

② 天津編訳社:宣伝機関編訳社ノ概況,1922 年。JACAR:B03040803600。

中、外文报刊 1919 年有 27 种，1921 年有 29 种[①]，读者的选择余地很大，而受该社操纵的不过数家，除了一两家以外都是小报。即使是《大公报》，它在这一段时间经营也是最糟糕的，影响力跟以往不可同日而语[②]，加上其采用的通讯非常有限，编译社难以通过它影响舆论。再者，从编译社发送的通讯数量和被采用情况来看，显然是在连年下降，并且与其相关的报社不仅没能增加发行量，反而纷纷倒闭。这说明登载其通讯的报纸在读者中没有市场。

尽管如此，编译社毕竟在如此短时间内发送了大量通讯，并且被一些报纸大量刊登。所谓谎言重复千遍也会成为“真理”，这种以极强的隐蔽形式、学中国人的口气编写的“新闻”，造成的社会影响还是不容小觑的，应该在某种程度上达到了华北驻屯军预期的效果。

1922 年末陆军省准备削减军费，华北驻屯军因“机密费”的预算被削减，决定从 1923 年 4 月起停办编译社。天津总领事吉田茂建议外务省提供资金办下去，主要理由是该社“经过数年的经验积累，与中文报纸之间建立了相当密切的关系，现在完全放弃不胜遗憾”。中岛社长“数年来在中国政客间建立了地位，可谓通晓中国政情，一定能取得相当的成果。尤其是眼下政局至明年会至极混乱”，“此际更加痛感到此种机关存续的必要”。不过，外务省也在紧缩开支，更重要的是需要全力经营东方通信社，因此未同意。

综上所述，天津编译社是以华北驻屯军为核心、“官民一致操纵中国报纸”的产物，是军方、官方、国策会社联合对华实施宣传战的典型之例。在国外操纵舆论工具为本国利益服务，通常属于外交机关的职责，军方插手未免有越职之嫌。华北驻屯军当初也有此认识，深知其“事业的性质上当然属于外交机关的任务”[③]，之所以急切地插手，强力推进，完全是急于干预中国内政，对抗抵制日货运动。该社在华北地区活跃三年有余，发布了大量通讯，长期利用多家报社、通讯社登载，充分发挥了日本军方、官方传声筒的作用。

(2) 北方通信社

北方通信社于 1919 年创办，发行中文通讯，社址位于天津，社长为王瑞

① 据以下资料统计：外務省情報部：支那ニ於ケル新聞及通信ニ関スル調査，1920 年。JACAR：B03040890000。

② 参见方汉奇等：《〈大公报〉百年史》，中国人民大学出版社，2004 年。

③ 天津編訳社：宣伝機関編訳社ノ概況，1922 年。JACAR：B03040803600。

之,主笔为郑育才,每日给中国的报纸发送一两次通讯,发行量约百份。据日方1921年调查,此通讯“过去具有排日倾向,最近对日本持有好意”[①]。

华北驻屯军1919年计划创办天津编译社时将其列为操纵对象,此时双方肯定已经建立了特殊关系。编译社建立后将新闻稿发给该社,再向中国报纸散发,作为回报,每月提供活动经费200两,天津总领事馆则在1922年每月提供5弗补助。该社据此维持经营。

1922年10月起,总领事馆停止补助,同年末通讯社关停。

(3) 中一新闻通信社

中一新闻通信社设立时间不明,发行中文通讯,曾经担任过东京商业学校中文教师的李文权兼社长与主笔,社址位于北京。1919年底华北驻屯军计划创办天津编译社时,已经将其纳入操纵对象,设立时间不会晚于1919年。

该社以全年无休发行通讯为特色,重点报道社会新闻,“对日本有好感”[②]。天津编译社建立后,通过其向中国报纸发送通讯,作为活动经费,每月提供400两(其中50两由天津日本商业会议所提供)。天津总领事馆在为其介绍用户的同时,1922年4月至9月共提供了60弗补助,10月起终止了补助,原因不明。此后双方应无关系。

(4) 新华通信社

新华通信社是1928年5月前后华北驻屯军参谋部“作为本军对华宣传机关”在天津设立的通讯社。

1927年、1928年日军多次入侵山东,制造事端,中国媒体纷纷谴责日本的侵略政策和日军暴行。身处天津的华北驻屯军司令部面对中国的舆论攻势,采取了种种对策,创办“新华通信社”便是其一。

该社隐匿与日方的关系,以中文向各方面提供通讯。华北驻屯军报告说,通讯社成立之初,因为完全没有察觉到其背景,“中国各报主动登载新华通讯,例如连美国系统的中文报《益世报》也加以转载,其信誉正在逐渐增加”。报告还举例证明了该社的信誉之高:通讯社成立不久传言北军射击日军驱逐舰,天津各报都主动来询问实情,社长予以否认,一些报纸相信社长

---

① 外務省情報部:支那ニ於ケル新聞通信ニ関スル調査,1922年。JACAR:B02130798900。
② 外務省情報部:支那ニ於ケル新聞通信ニ関スル調査,1922年。JACAR:B02130798900。

的说明，次日便据此登载了[①]。

不过，既然是在做日方的传声筒，必然混淆黑白，指鹿为马，真实面目难以长期掩藏。据日本“联合通信”1928 年 7 月 17 日电，河北省党务指导委员会认为东方通信社和新华通信的报道往往挑拨离间省政府与省党务指导委员会的关系，要求中国各报停止登载其通讯[②]。这说明它已经原形毕露。

该社此后的情况不明，估计当年就关闭了。

3. 关东军的宣传机关——露西亚通信社

露西亚通信社于 1926 年 2 月由关东军司令部设立于哈尔滨，哈尔滨特务机关在司令部指导下负责操纵，提供报道材料和所需资金，负有对中、日、俄宣传，收集苏联情报等多重任务。该社在对华宣传方面以报道苏联消息、介绍苏联情况为幌子，暗中诋毁社会主义制度，贬低苏联在中国民众心目中的形象。

该社的工作被关东军纳入宣传计划。如前所述，1926 年关东军参谋长斋藤制定《对“满”宣传计划书草案》，企图通过军方操纵的宣传机关，“使满洲及华东地区的中国报纸登载俄国情况以及相关事项，对一般读者自然地介绍由共产主义施行的政治给国利民福带来灾难的原因与事实”。露西亚通信社便是关东军计划利用的主要宣传机关。

1927 年上述计划付诸实施，关东军指导该社于 2 月 11 日起每周 3 次印发中、日文《苏联通信》，为此每月补助 500 日元。考虑到中国报社起初不会购买，便以样本的名义与报纸交换而免费提供。关东军要求同时发布日文通讯，既是为了向日本人宣传，也是出于宣传策略的考虑，因为这样比仅仅发布中文通讯更能吸引中国人，中国报纸反而译载得多些。

关东军还选定了一些报社作为重点发送对象。东北地区有：哈尔滨的大北新报社、国际协报社、滨江时报社、东三省商报社、东陲商报社、哈尔滨公报社、午报社，齐齐哈尔的龙江益报社，奉天的盛京时报社、东三省公报社，吉林的东省日报社，大连的泰东日报社。长城以南地区有：北京的顺天时报社、大东报社、北京晚报社、京报社、晨报社、北京报社、益世报社、黄报

① 天津軍参謀：天電第三四二号，1928 年。JACAR：B02031126200。

② 聯合通信：省党務委員の通信圧迫，1928 年，田中大臣：聯合通信ノ真否内査方ノ件，1928 年。JACAR：B02031143900。

社、新时报社、社会日报社、新闻晚报社、*North China Standard* 社，天津的天津晚报社、朝报社、天津日日新闻社、东方时报社、大公报社，上海的申报社、新闻报社、新申报社、时报社、时事新报社、商报社、大晚报社，汉口的晨报社、警报社，济南的济南日报社、大统一报社，青岛的大青岛报社、青岛报社、青岛新报社，广州的新报社，芝罘的钟声报社、大民报社。以上报社遍及南北重要城市，且不少是大报，说明军方的野心非常大，企图将通讯影响至中国各地。

考虑到上海的新闻地位，虽已选定 7 家报社，通讯社还准备再选定数十家试投。为了避免被外界获知军方背景，关东军要求通讯社对外声称《苏联通信》由上海某日本实业家出资创办[①]。

鉴于该社在反苏宣传和收集苏联情报上的双重作用，其他军政部门等也给予补助。如东京警备司令部至少在 1928 年 1 月至 3 月每月补助了 30 日元[②]，“满铁”1928 年前后也开始补助[③]，以示支持。

作为军方的宣传机关，该社以专业报道苏联消息、研究苏联问题自居，一直活跃于新闻界，在各地设分社，还将通讯网伸向世界各地。1929 年前后每日发行 1 次日文及中文通讯，每月还发行 12 次概括性调查资料小册子。

1934 年 6 月该社改为股份制，称“日露通信社”，继续宣传反共反苏。

4. 伪满的宣传机关——“满洲国通信社”及其大东通信社

(1) 关东军的傀儡——“满洲国通信社”

九一八事变发生后，中国东北成为世界媒体报道的焦点与宣传战的重要舞台。“以奉天为中心，世界各国展开激烈的宣传战，来自当地的报道真假难辨，连日本国内对于当地的实情也难以准确把握。”[④]事变的始作俑者关东军自然心虚，“当时最令人担忧的只有一事，就是由于对事变真相认识不足所引起的国际性对日厌恶感”。恶人先告状是转移国际视线的最好手

---

①　関東軍参謀長斎藤恒:対満宣伝計画案送付ノ件，1926 年;対支宣伝開始ニ関スル件報告，1927 年;宣伝実施ニ関スル件報告，1927 年。JACAR：C01003771600。

②　東京警備司令官岸本:機密費使用ニ関スル件報告，1929 年。JACAR：C01003869100。

③　外務省情報部:支那に於ける内外通信社の組織及活動，1929 年。JACAR：B02130916300。

④　福島鋳郎:《戦時言論統制機関の再検証「情報局」への道程-1-内閣情報委員会設立とその背景》，《総合ジャーナリズム研究》23(1)，1986 年，第 103 页。

段,“必须把事变的真相正确、迅速告知世界。如何才能做到,这是负责宣传工作的关东军参谋部第四课(相当于现在的报道部)必须面临的重大课题”①。

为了掌控舆论,事变后关东军立刻成立了“广报委员会”,每月一会讨论舆论统制问题。第一次会议的议题就有成立统制新闻的机关“满洲国通信社”,参谋部指示第四课课长松井太久郎中佐等负责研究方案,“满铁”高级顾问里见甫、“联合”的佐佐木健儿协助工作。“联合”的负责人岩永积极出谋划策,强烈主张一“国”一通讯社主义,设立国策通讯社。

关东军决定根据岩永的方案,以“联合”“电通”在当地的通讯网为基础筹办“国家”通讯社“满洲国通信社”。1932 年 9 月奉命筹建的里见带着《通信社设立要项》去东京,与“联合”“电通”两社正式谈判,说明新通讯社的目的、职能、特权、与两社的关系等。

有关目的等,《通信社设立要项》的说明是:“甲、对内通讯的统制。1.对电通社、联合社提供的新闻(日本、中国、欧美的各种新闻,日、中、欧美的经济新闻等,由陆上电信或者无线电传递的)加以统一管制,进而向全满洲各地发布。2.尽可能迅速与世界各地通讯社联系,接收由此提供的直接电讯以及无线电播送的新闻,经过取舍后向国内发布。乙、对外通讯的统制。1.将满洲国各地的新闻集中至总社,统一管制,提供给电通社、联合社,向日本、中国、欧美发布。2.尤其倾力于尽可能迅速与世界各国的代表性通讯社联系,使其接收满洲国新闻,向各国国内发布。丙、满洲国的宣传事业。依靠通讯社的组织和功能,从事有关满洲国的宣传业务。丁、统制满洲国的广告业务。”

通讯社还被赋予了以下“国家”性垄断特权:“(甲)全权大使②今后不允许其他通讯社设立。(乙)满洲国政府今后不允许其他通讯社设立。(丙)满洲国政府政策的发表机关。(丁)垄断无线电广播的接收、广播权。(戊)享有短波无线电的使用权。”

通过谈判,两社答应将在“满洲”的通讯发布权、通讯设施、人员全部移交给新通讯社。两社自此不再在伪满发布和采访新闻,伪满的新闻由新通

① 奥平康弘编:《言論統制文献資料集成》第 17 卷,第 29 页。

② 九一八事变后,日本政府在伪满设立“全权府”,派驻“全权大使”处理与伪满事务。

讯社统一提供①。

1932 年 12 月 1 日通讯社举行成立仪式，称“满洲国通信社”，简称“国通”，“作为一国一通讯社的国策通讯社诞生了”。该社的职能与特权基本上如《通信社设立要项》所列，领导人则为关东军指派的里见甫，主要人员来自“联合”“电通”，日本军方、政府、“满铁”也“推荐”了不少人进入。因此，该社实质上是关东军的御用宣传机关。

按照规定，日本人在国外设立新闻机构时须受当地日本外交机构领导。因此，从名义上而言，“国通”成立后受日方“全权府”的监督领导，但该社并非日本的通讯社，而是伪满洲国的，连日方都认为“这种离奇的隶属关系甚至连表面上都说不过去”，不伦不类，不利于对外宣传。1933 年初“国通”归伪满政府监督领导，成为其“国家通讯社”。不过，这仅仅是表面易主，实质上依旧是关东军的傀儡。为了把戏演真，里见起草了《国通组织的基本概念》呈交当局，建议当局从法律上决定伪满与“国通”的关系，并且要求由伪满提供运营费用。这些都得到了认可。

为了高度控制伪满的舆论，1935 年关东军谋划成立弘报协会。九一八事变的始作俑者、关东军参谋长板垣在与新闻界代表等举行的恳谈会上，说明了成立协会的目的与构想：“满洲国建国创业日浅，诸般事项现今仍处于建国过程中。为完成此事业，当务之急需要从满洲国独自的立场支援健全之舆论。而且，在对外方面，满洲国与国体、思想政策等相异，并且与擅长宣传的苏联及中华民国接壤。因此，准备好思想战、宣传战合为一体的强大言论机关，是国防以及推行国策上必须的要件。满洲弘报协会就是为达到以上目的，而将弘报委员会、关东军、满洲国以及满铁方面经营或委托经营的报社、通讯社统一起来成立的。协会为了实现以上宗旨，经营以下事业：(1)投资报纸、通讯或出版事业。(2)经营报纸、通讯或出版事业，以及相关附带事业。”板垣最后强调，通过协会与下属言论机关，“特别无限切望在唤起舆论方面，军方、官方、民间团结一致为推行大陆政策做贡献”②。显然，板垣是想通过成立“满洲弘报协会”，将新闻报道、言论与经营三者完全统一

① 奥平康弘编:《言論統制文献資料集成》第 17 卷，第 47 页。

② 《強力な言論機関準備の必要弘報協会設立につき板垣参謀長説明》，《滿州日日新聞》1936 年 9 月 4 日。

起来，充分利用舆论为日本的“大陆政策”服务。

1936年9月弘报协会正式成立，“国通”成为核心部门，负责统制整个“满洲国”的通讯工作。此时同盟社刚刚成立，为了协调双方关系，最大限度发挥各自的作用，1937年4月两社签订合作协议：(1)人事交流。在伪满以外地区的“国通”人员在当地同盟社领导下工作，同盟社派驻伪满的人员归“国通”领导。(2)分支机构通讯业务的委让。“国通”将在日本各分社的工作转给同盟社，同盟社将在伪满的业务交给“国通”。(3)新闻的交换。“国通”由伪满发出的新闻，在日本以及国外作为同盟社新闻。同盟社由日本以及国外发出的新闻，在伪满作为“国通”的发布。两社自此通讯网融为一体，在宣传上走向一致。

(2)“满洲国的别动队”——大东通信社

“国通”创办初期仅有新京总社和大连等4个分局或分社，随着宣传的需要，到1934年末在伪满新设分局、分社达9个。对于各种新闻，“国通”除了以电话迅速向伪满各报、广播局发布外，还向东北等地统治区的报社、广播台、官厅发布时事通讯，称“满洲国通信”。

关东军认为，“东北以外的中国各地，尤其是华北方面与满洲国关系密切，如何对中国进行宣传工作，对于满洲国的治安以及满洲国的建设来说影响甚大，必须迅速展开”①。因此，除了在伪满扩大通讯网外，“国通”还准备在中国其他地方设立“大东通信社”，重点在于：“(1)在与满洲国关系密切的华北建立满洲国的有力宣传基地，向华北介绍满洲国的实情，使得民众从抗日的迷梦中摆脱出来。(2)当时联合、电通两社在中国接收东京新闻后发布，向日本发送中国新闻，但对中国各地之间新闻的交换不太用心。国通则在中国国内新闻的收集与南北新闻的交换上下功夫。”

1933年3月，“国通”派岛田福太郎等人至天津活动，发布中、英、日文通讯，此为“大东通讯社”雏形。5月“国通”又在北京的“满铁”公馆内设点发布通讯。两地都配置了无线电设施，可以迅速报道伪满“新闻”。“虽然不管怎么说是以文化宣传为使命，但是以满洲国别动队的形式潜入敌地的，此为抗日分子的眼中钉。”②

---

① 奥平康弘编：《言論統制文献資料集成》第17卷，第54、60、61、104页。
② 同上书，第105、106页。

“国通”在抗日气氛高涨的华北，利用“新闻”形式不断报道伪满的所谓“建国”成果及其政治、经济、文化发展状况，对于十分关心东北状况却因关东军的新闻封锁，根本没有渠道获知消息的华北民众来说，其通讯有一定市场，并且通过发布通讯，还让伪满的建立在报纸上逐渐成为既成事实。例如，“天津影响巨大的报纸《大公报》终于不得不采用满洲国的通讯，登载国通新闻时将‘满洲国’改为‘伪满’，后来是觉得麻烦吧，便使用‘满洲国’这一名称直接登载国通华北别动队的新闻”。

1933 年 9 月帆足来天津接替岛田，以“大东通信”名称发行通讯，在北平正式设立大东通信分局。此后，其活动更为活跃，肆无忌惮。1934 年伪满皇帝登基时，“大东”动员华北所有亲日报纸登载了此消息，“使得蒋介石政权大惊，在华北民众中间酿成了必须与满洲国建立联系的气氛”。尽管其夸大了宣传效果，但“国通”确实始终“致力于‘纠正’华北民众‘扭曲’的对满认识，宣传王道‘满洲国’的‘实情’”。

“国通”并不满足于在京津设立分局，又把触角伸向上海。“在欧美的东亚策源地、世界的新闻自由市场上海，各国竞相制造对本国有利的新闻散发。并且它们在海外各地得到广泛而相当的信任。”为了占领这一舆论高地，“反击谣言四飞的宣传”，1933 年起“国通”开始在上海筹建大东通信社，于文路非法架设无线电台，9 月 29 日开始工作，“呼喊打倒蒋介石政权，与华北相呼应，其活跃更加显著”。

对于“大东”的新闻，上海的报纸起初是拒绝的，因无其他渠道获知东北消息，也渐渐采用，对于“满洲国”，开始只称“伪国”，但后来在登载“大东”新闻时也原封不动使用“满洲国”。据说 *North China Daily News*、*China Press*、*Shanghai Mercury* 以及中文报纸《中华新报》《新闻报》《晨报》《商报》《江南正报》《民国日报》与日文各报都不同程度登载，一些外国通讯员还将其发回国内。

1935 年 6 月“国通”又在广州设分局，至此基本建成在华通讯网，长春、大连、上海、广州、北京、天津之间都建立了无线电联系，在接收长春新闻广播的同时，总社与各分局以及各分局之间互通信息，交换新闻，发行日、中、英文通讯。“国通”通过大东通信社在中国东北以外的要地建立宣传据点、收集新闻，使南北新闻互通的目的基本实现。

1935 年末同盟社成立后，接管了大东通信社的业务和职能，1937 年 4 月将其完全合并。大东通信社于 7 月 1 日完全停业。

在成立后短短四年多的时间内，“满洲国的别动队”大东通信社在“国通”领导下，颠倒黑白宣扬日本侵华的合理性，攻击中国政府，消磨中国人民的抗日意志，鼓吹“王道乐土”“满洲国”，推销奴化思想，造谣惑众，充分充当了关东军的喉舌。

三、举国一致体系

1. 军、政、“民”合办的宣传机关——Press Union（新闻联盟社）

九一八事变爆发后，中国政府展开宣传，争取同情和支持，世界舆论普遍谴责日本的侵略行径。对于中国和世界舆论的抨击，身处舆论中心上海的日本军事部门、外交机构、国策会社等深受刺激，“在日本方面看来，错误的报道和捏造事实的新闻到处流传”，“为了传播日本方面的真相，上海的日本大使馆、总领事馆、海军陆军的宣传部门和日本人俱乐部的有识之士（大多是大公司的分店长）等，官民合作，在一夜之间成立了一个英文名为‘Press Union’的新闻发布机构”①。

所谓“一夜之间”为 1931 年 10 月，九一八事变后不久即成立，显示了日方抢占舆论高地的迫切心情。Press Union 实际负责人是金井清，编辑主任由精通英文的松尾松平担任。作为“我国在上海的唯一该地特有的对外宣传机关”②，Press Union 的任务就是充当喉舌，利用使馆和军方提供的材料制作“新闻”，向各国通讯社、通讯员、记者等散发。

随着一·二八事变以及抵制日货运动的发生，该社对日本的作用愈发重要，各方不惜投入巨资用于经营。至 1932 年 10 月，该社一年内的总支出达 35 343 日元，其中各方资助 25 357 日元，日侨居留民团也赞助 2 954 日元。通讯社则不负厚望，利用上海舆论舞台积极活动。例如，“满洲国通信社”建立后，苦于无法将当地“新闻”发往上海，Press Union 提供了窗口，每日向外国通讯社、通讯员、报刊发布约 1 000 字的英文广播新闻，成为日本

① 松本重治：《上海时代》，曹振威、沈中琦译，第 43 页。

② 公使館武官：プレスユニオン，1932 年。JACAR：C05022003900。

在上海宣传伪满的重要喉舌。

上海事态逐步平静后,“民”方失去了当初的那种紧迫感和危机感,支持的热情消退,该社的活动逐渐停止。而大使馆和军方都希望继续办下去,因为“对外宣传机关的效果并不能一蹴而就,需要长期持久地坚持下去才能有充分效果,并且其宣传对象不能仅仅限于一地,需要与以东京、满洲为基点的对外宣传步调一致进行。出于以上考虑,希望 Press Union 拥有比较长期持久、广泛的通讯网,发挥我国国际性新闻中心的作用”。于是就与“联合”联系,试探合作的可能性。“联合”十分赞同,同时提出合作的最好方式是将该社吸纳入本社上海分局英文部。

军方和大使馆同意合并,但强调“这决不意味着 Press Union 的解体,而是 Press Union 现在的事业原封不动由联合接下去进行。因此,官民共同的支持,今后更为期待之”,呼吁各方面一如既往支持。同时,制定《Press Union 改革具体方案》,要求合并后的“联合”英文部进一步充实、强化,除了负责对原 Press Union 的特定地域宣传外,更要与东京、“满洲”的对外宣传步调一致,“履行好对外宣传的使命”。具体使命是:“一、发行英文通讯,分发给上海的外文报社、外国报纸通讯员、各国外交领事机构、外国银行公司等。英文通讯的内容有如下两种:(1)收集当地的新闻,特别是公使馆、总领事馆、陆海军等发布的新闻,报道发布。由此就每日发生之事阐明日本立场,反驳、纠正反宣传、误报。(2)将新闻联合社收集的有关日本、满洲以及中国的新闻翻译成英文散发。二、上海的日本人毋庸置疑,在中国人以及外国人中布下联系紧密的新闻收集网,将必要的新闻等迅速报知相关各官民机构。三、上海的日本人人口、经济力等与其他外国人相比不相上下,但没有有影响的言论机关,遇到租界行政等国际方面的交涉时,常处于不利的地位。有鉴于此,英文部在作为国际都市的上海,努力主张日本人方面的正当发言权,拥护其利益。四、利用英文通讯的发行,与以往有隔阂阻碍的外国人尽量保持密切的接触,以求互相谅解和意见交流。五、在上海收集的新闻,选择必要者通过新闻联合社向日本国内以及中国各地致电发布,更利用该社的世界通讯网,向世界各国致电发布。六、尤其是鉴于满蒙新形势,设法与即将在满洲建立的满蒙通信社密切联系,以此反驳、纠正中国方面或外国方面有关满蒙的反宣传、误报等。七、满洲事变、上海事变时,Press Union

发行了各种英文小册子分发给中国和欧美，大大发挥了对外宣传的效果。鉴于此事实，根据需要今后仍发行、颁布这种小册子。”[①]以上实际上是大使馆与军方对“联合”提出的合并条件与要求。

1932 年 12 月中旬，“联合”新任上海分局局长松本重治到任，兼任 Press Union 专务理事，松尾松平仍担任英文部长，自此英文通讯均以“联合”名义发出，两社实质上已合并。为了让相关通讯社、通讯员和报社获知此变化，理事会以 The Japanese Press Union 的名义发出信函，告知 Press Union 依旧提供服务，只是通过“联合”进行，并且强调“这是唯一发布英文新闻的日本机构”，以示其正统性与权威性。Press Union 自此退出舆论舞台。

该社的建立与运营，是日本军、政、“民”共同创办、经营通讯社的尝试，为日本建立国家性通讯社举国一致实施宣传提供了方向。

2. 国家性通讯社——同盟通信社

如前所述，外务省很早就希望建立国家性新闻发布机构。九一八事变发生后日本“朝野有识之士痛感需要创办世界性的强大通讯社”[②]。1931 年底犬养毅内阁成立，书记长森恪在总理首肯下要求外务、陆军、海军三省建立情报委员会，并且研究合并“联合”和“电通”成立新通讯社的方案。

外务省官员天羽英二于 1932 年 9 月拟订草案，说明了创建新通讯社的目的、意义与必要性。天羽认为，“鉴于时局的重大性，以我国通讯社事业的现状，完全不能适应国家的需要”，因为日本的现状是“电通”“联合”两社并立，使有限的财力、人力浪费。具体而言，两社每年靠销售通讯仅能获益约 100 万日元，而编辑费等加在一起至少需要一百五六十万日元，势必造成经营困难，难以充分发展，在设备等方面落后于国际上的大通讯社，无法与之抗衡。国家应对通讯社提供种种特殊方便，但现存两家存在着竞争关系，考虑到平等对待，必须同时兼顾，但政府资源有限。相比之下，英、法、德、意、苏等大国都是一国一通讯社，受到国家支持和保护，财力雄厚，令日本的通讯社望尘莫及。“因此，当务之急是政府以英明决断，对此根本改革，需要将现存的新闻联合社及日本电报通信社合为一体，创办一大通讯社。”“对内可

① 公使館武官：プレスユニオン，1932 年。JACAR：C05022003900。
② 外務省情報部：昭和十　年度執務報告，1936 年，第 116 页。JACAR：B10070274400。

使国民周知国内外发生的大事,'健全舆论',对外可迅速报道日本发生之事,详知国际情况,采取有效对策。"[①]以上阐述的目的与意义等基本上代表了外务省的认识。

情报委员会结合天羽提案在内的各种方案,于同月决定首先以110万日元收购"联合""电通"的通讯部,另外促使全国主要报社达成协议,在政府支持下成立新通讯社。据此方针,白鸟情报部长与青木陆军中佐分别对"联合"与"电通"做工作[②],"联合"率先同意。1935年5月各方成立"设立委员会",以"联合"为中心筹备。同年11月"电通"也表示赞同,当月两社合并,"同盟通信社"以社团法人形式正式建立,于次年1月1日开始进行通讯业务。

政府对同盟社充满期待,广田首相在内阁情报委员会上致辞时,特别提到希望该社在推行国策上充分发挥重要作用[③]。外务省则希望它"负有内图营造健全之舆论,外助培养对我国之理解的国策使命"[④]。而同盟社则自命为"肩负将日本的真意和实际状况向全世界报道,同时向日本传递世界各国动向和实情之重要使命而诞生的国家代表通讯社"[⑤]。

作为社团法人,同盟社的一切重要事项应该由各大报、广播协会选出的30人组成的理事会审议、决定。不过,政府对其具有监督权,该社委任或解任社长、常务理事、常务监事、理事会理事长和副会长时,事先需要得到政府认可,需要向政府报告会员总大会与理事会的决议事项、年度计划、收支预决算。政府实际上从人事权、监督权方面全盘掌控了该社。

同盟社诞生后,政府亟须成立一权威机构从维护国家利益的立场专门负责对其监督和管理,1936年7月1日正式建立直属内阁大臣领导的"情报委员会",对其监管,使之"基于国家的见地,谋求健全的发展,发挥其功能"[⑥]。

政府机构中直接主管同盟社的是外务省情报部。该部负责的相关工作是:(1)应该诉诸内外舆论的"新闻"材料,不易由外务省直接发布时,基本上

---

① 石川准吉编:《国家総動員史》(資料編　第2),第1450—1455页。

② 同上书,第1529、1530、1533、1536页。

③ 石川准吉编:《国家総動員史》(資料編　第4),第124页。

④ 外務省情報部:昭和十一年度執務報告,1936年,第22页。JACAR:B10070274400。

⑤ 奥平康弘编:《言論統制文献資料集成》第17卷,第1、7页。

⑥ 有山辉雄、西山武典编:《国際通信社・新聞連合社関係資料》第5卷,柏书房,2000年,第180页。

都交由同盟社发布给内外报刊。(2)向世界广泛发布外相议会演说、其他政府声明时,由同盟社向世界各国代表性通讯社发送。(3)对同盟社接收欧美新闻的编辑局外信部、接收中国和“满洲”新闻的东亚部负责人随时加以指导,同时对于接收的重大新闻,在发布前尽量讨论。(4)与同盟社负责对在华分局提供通讯的外报局发信部、负责对驻日外国通讯员发布通讯的英文部共同工作,保持联系①。为了便于上述工作,情报部长室与同盟社外报局长室之间设有直线电话,同盟社还派员常驻情报部,随时接受指示。

对于这一国家御用宣传机关,政府等倾力提供资金维持其经营活动。1936 年度外务省、陆军、海军合力提供 111 万日元“助成金”,并且要求重点用于:强化日本国内、东亚、世界报道通讯网,广泛报道日本的新闻,收集海外新闻,强化与外国通讯社的联系合作,扩充同盟社中央机构。各方尤其希望同盟社在东亚大陆获得像路透社称霸欧洲大陆那样的地位,进而在世界通讯领域取得领导权。

1937 年内阁将给通讯社等的补助明确载入政府的预算,其中给同盟社的为 110 万日元。为了对外保密,称之为“外交通讯特别设施费”。以上补助占该社 1936 年全年开支的 49%、1937 年的 37%。因此若无政府补助,该社根本无法运营。

广田首相在该社成立祝贺会上说它是“任何权利和财力都影响不了的独立自治的公共机关”,同盟社理事长田中都吉也发出豪言壮语:“不可有成为政府御用机关之虞,必须沿着独立不羁的新闻事业的王道阔步向前。”但从以上事实看,该社完全受政府监督、领导,经营方针和理念听命于政府,依赖政府补助经营,是不折不扣的“国策执行机关”②。

同盟社是九一八事变后因涉华外交宣传的需要而诞生的,宣传报道中国问题当然是其工作中心。因此,情报委员会制定的《对外宣传具体策》第一条就是:“指导同盟通信社,使有关中国的对外新闻正确、迅速、丰富,同时对外国通讯社加以内部指导。”“在有关日中问题的对外宣传上应该充分利用同盟通信社。”③

---

① 外務省情報部:昭和十一年度執務報告,1936 年,第 27、28 页。JACAR:B10070274400。

② 鸟居英晴:《国策通信社『同盟』の興亡:通信記者と戦争》,花传社,2014 年,第 2 页。

③ 奥平康弘编:《言論統制文献資料集成》第 20 卷,第 55 页。

为此,情报委员会指示同盟社在南京、北京、天津、广州、汉口等地发行日、中、英文通讯,使得在华发行英文通讯的分局由上海一处增加到六处,并且要求天津和北平的业务达到上海的水平,以“确立对东亚通讯界的指导性地

表 16　1936 年底同盟社在华通讯网以及今后发展计划与开支

货币单位:日元

	现开支	扩充	新设	合计		现开支	扩充	新设	合计
“满洲国”	38 784	1 800	3 600	44 148	其他地区	248 050	51 360	17 220	316 630
1. 分局					1. 分局				
哈尔滨	9 468			9 468	上海	126 000	21 360		147 360
新京	14 808			14 808	天津	22 700	9 000		31 700
奉天	5 820			5 820	北平	20 100	9 000		29 100
大连	6 252			6 252	青岛	18 550	3 000		21 550
2. 通讯员					济南	8 400	3 000		11 400
安东	360	240		600	南京	18 850	3 000		21 850
间岛	360	240		600	汉口	20 250			20 250
满洲里	240	360		600	广州	13 200	3 000		16 200
齐齐哈尔	240	360		600	香港			8 820	8 820
海拉尔	240	360		600	2. 通讯员				
山海关	360	240		600	芝罘			1 200	1 200
朝阳	600			600	福州			1 200	1 200
库伦			600	600	厦门			1 200	1 200
张家口			600	600	重庆			1 200	1 200
黑河			600	600	成都			1 200	1 200
吉林			600	600	南宁			1 200	1 200
承德			600	600	云南			1 200	1 200
绥芬河			600	600					

资料来源:有山辉雄、西山武典编:《同盟通信社関係資料》第 5 卷,第 27—29 页。

位”。情报委员会如此重视英文通讯，是因为这种通讯既能获得国际效果，又能在对华宣传上间接发挥作用。

1936 年底外务省情报部决定加快同盟社在华发展，再增加补助 30 万日元。情报部长天羽英二同年 12 月致函同盟社长岩永裕吉，在告知增加补助的同时，特地要求将其用于迅速改善、充实表 16 所示的通讯网的建设。同盟社据此需要将在华分局由 12 个扩大到 13 个，通讯员所在地由 7 个增至 20 个。从增加后的总开支看，表中的“中国方面”是伪满的 5 倍强，而上海占“中国方面”的近一半，显示了对上海的绝对重视。新增地除了东北重要城市外，还有南方及内地大城市。这 33 处通讯据点构成密集的通讯网，覆盖大半个中国。

1937 年初同盟社制定新的发展计划，声称“同盟通信社为了实施国策性使命，确立在世界报道通讯界的自主权，计划迅速整备、扩充事业，依靠其综合性活动，实现和确保在东亚报道界的霸权和在世界通讯界的指导性地位，为帝国国运的发展作出贡献”，显示了其称霸东亚、跻身世界通讯业主导地位的勃勃雄心。

为此，同盟社制定了具体任务与目标，“需要在中国建成比各国在华通讯社更完备的通讯网”，依靠在华城市发行日、中、英文通讯，“借此指导中国的舆论，同时，使得各国在华报纸通讯员确立对同盟社‘新闻’的依赖状态”，“特别是上海，作为向世界发送东亚‘新闻’本源地，因地处枢要，需要在该地支局设立特别机构及设施”。为此，同盟社将上海分局升格为分社①。

1937 年 4 月同盟社向总理林铣十郎提交报告，要求提供并增加补助，“充实在中国主要城市的英文通讯”，“强化在华分社、分局，新设分局”，“在东亚枢要地派驻通讯员”。内阁照准，并且要求其“以制霸东亚报道通讯网为目的，强化在中国的分局”。

于是，同盟社在与伪满“国通”达成合作协议的同时，扩大在华势力，1937 年 7 月初在中国(不包括伪满)形成 1 分社 8 分局的布局，上海分社共 35 人，与路透社在沪人员基本相同，阵容强大。依靠非法建立的无线电通

---

① 有山辉雄、西山武典编：《同盟通信社関係資料》第 5 卷，第 38—43 页。

讯网,该社在华北以北京、天津为中心,辅以青岛、济南两分局,在南方以上海为中心,辅以南京、汉口、广州各分局,构成地域性通讯网。此外,北京、天津、上海之间还互相交换新闻。在伪满,"国通"的无线电通讯中心是大连,北京、天津、上海也与大连建立了无线电联系。以上通讯网的形成,为同盟社实现称霸东亚通讯业的目标奠定了稳固基础。

总之,同盟通信社的建立标志着日本在华通讯社的活动在政府领导下完全走向统一,自此,日本在华发布通讯均由其垄断。作为国家性通讯社,同盟社依靠政府的强力支持迅速发展,遍设宣传网,是日本在华影响最大的御用宣传机关。

结语

纵观以上历史,可以说操纵通讯社在华宣传,完全是日本对华宣传政策的直接产物,其发展过程也反映了日本对华宣传政策的变化。

从 1909 年外务省利用通讯社在华建立宣传网至同盟社创立,各操纵主体先后在华创办或利用过十多家通讯社作为喉舌。根据性质、规模、影响范围、宣传对象,可以将日方在华操纵通讯社的活动分为三个时期,即从 1909 年外务省实施《清国报纸通讯纲要》起,至 1919 年华北驻屯军创办天津编译社为止为早期,从 1920 年外务省情报部直接经营东方通信社至 1931 年九一八事变爆发为止为中期,从九一八事变至同盟社的建立为后期。

日方操纵通讯社在不同时期都有特点。(1)就性质而言,早期与中期直接或间接由外务省、军方分别掌控,而后期则由国家情报委员会统一领导,其宣传系统,由政、军各自为政转为举国体制。(2)从规模看,无论是面向全中国的,还是地方性的,早期十分有限,在实施《清国报纸通讯纲要》期间,建立的仅仅是模拟性通讯网络,在华并无自己的通讯社实体,东方通信社、天津编译社建立后,日本官方、军方才在中国有了真正的通讯社,但规模有限。进入中期后,随着外务省情报部直接经营"东方",随着"电通"在华布局,以及"联合"的建立,日本在华通讯社规模才显著发展。至后期国家性通讯社同盟社"以制霸东亚报道"为目标建立后,规模则可谓空前。(3)从影响的地域而论,早期或是集中在中国的几个主要城市,或是仅限于某地域,至中期则显著扩大，后期则扩展至大半个中国。(4)以宣传对象而论，在早期，日方通讯基本以中文为主，中国报纸，即中国读者是宣传对象。20 世纪 20 年代前后，通讯不仅有中文的，也有英文、日文的，宣传对象扩大到了多个语种、多个国籍。30 年代后日方仍发行中、英、日文通讯，但英文通讯格外受重视，显示出日方通过上海等国际城市影响世界舆论的用心。

第七章 操纵效果

日本官方、军方等自甲午战争起至七七事变爆发，在华操纵过的报刊先后至少有 139 种，规模不等的通讯社有 10 多家。它们盘踞于中国南北 20 多个重要城市，是日本实施对华宣传政策的主要工具。

就操纵效果而言，应该从两方面加以考察。一是操纵主体意图的贯彻落实情况，如果基本上被付诸实施，应该说操纵就是有效的。这在相关报面、通讯上能够反映出来。二是相关报刊、通讯的宣传效果，即对舆论、读者的影响力。影响舆论的因素多而复杂，往往难凭一时一事简单而笼统地下结论。至于读者，其群体现已无法确定，缺乏考察的对象；即使有这样的特定群体，此种影响是长期潜移默化才会产生的，其思想层面的变化也难以通过量化来衡量和判断。当然，报刊等的影响力还可以将发行量作为重要参考指标，因为一般情况下发行量越多，影响越大。因此，以下仅从操纵主体意图的落实情况与报刊等的发行量加以考察。

一、报刊、通讯的内容与操纵效果

操纵主体的意图是否得到贯彻落实，是判断操纵成败的最重要的标准。这可以从受操纵者登载的日常报道、临时指定的报道、针对重大事件的报道三个方面加以验证。

1. 日常报道

在中日关系比较正常时，日方操纵报刊、通讯社的主要目的，在于宣传日本外交、经济、教育、交通等各领域的“成就”，树立、维持、提高日本的“正面”形象；从“中日亲善”的角度鼓吹日本政府的各种对华政策与立场；针对

“攻击”日本的各种言论加以辩解、反驳;针对中国政派政事、中外关系等造谣生事、煽风点火、蛊惑人心等。因此相关报刊、通讯出现的内容未必都是露骨亲日的。

有关这类报刊、通讯社是如何造谣惑众,挑拨离间,扰乱中国政治、社会的,当时的中国报人任白涛就有详细揭露①,在此不再赘述。以下仅仅看日方是如何利用报刊等树立、维持、提高“正面”形象的。

如前所述,1909 年外务省针对中国全面系统地制定宣传政策,实施《清国报纸通讯纲要》,其目的之一就是操纵中国报纸登载日方的电讯,“让中国人普遍了解有关我国的情况”。就纲要实施期间“电通”发布的“东京电讯”而言,以 1909 年 7 月 21 日至 30 日十日间《盛京时报》收到的为例,主要内容有:(1)有关日本的科技成就、文化发展状况。如日本人研究飞机取得成果,申请新飞行器专利;文部省增加预算,奖励文学、优秀文化人与出版物等。(2)有关日本的国际地位。如美国巨额赞助日本相关事业;美国水产局认为日本产海鱼与法国的同样优质,允许输出;日本政府与欧美修改不平等条约谈判取得进展等。(3)有关日、韩关系的“密切”发展。如伊藤博文辞去韩国统监等;韩国太子由伊藤博文陪同赴日学习研究;韩国太子在日动静;日韩签订条约;日韩司法合作备忘录全文;韩国中央银行建立总行,大受韩国人民欢迎等②。

据此可知,“电通”完全贯彻了外务省的意图,充分宣传了日本的各种“成就”、正在提高的国际地位、日韩“友好”关系、对韩殖民政策与“成果”等。如前所述,奉天、北京、天津、上海、汉口、香港、广州的相关中文、英文、日文报刊都刊登了以上电讯,并且持续长达四年。它们在宣传日本“正面”形象方面所发挥的潜移默化的作用是可想而知的。

《顺天时报》在华活动时间长、影响大,是宣传日本正面形象的重要载体之一。以该报 1911 年 12 月 1 日至 25 日刊登的涉日内容为例,当时民国政府刚刚诞生,蒙古在沙俄策动下独立,民国政府财政困难,正筹划借外债,该报的内容此间主要集中在这两大新闻上。对于蒙古问题,该报极力挑拨民众与政府关系,在主战方面推波助澜;对于财政问题则极力主张中国政府举借六国外债。在涉日宣传上,此时《清国报纸通讯纲要》正在实施,该报设“东京特

---

① 详见任白涛:《日本对华的宣传政策》《国际通讯的机构及其作用》。

② 伊集院公使:新聞電報通信ニ関スル件,1909 年。JACAR:B03040681800。

电”专栏报道日本消息。此外,该报还在“路透电报”“海外要闻”“各地要闻”“论说”“专件”等专栏随时登载有关日本的报道或评论,主要内容如下①:

一是日本政治动态。该月日本政府讨论陆军增兵方案,主要报道了各党派的态度。这种新闻“路透电报”栏非常多,报道的目的应该是宣传日本的议会政治之成熟、“民意”得到充分体现。

二是日本各方面取得的“成就”。首先是教育。从 1911 年 12 月 16 日开始,该报在“各地要闻”栏数日连载新成立的民国政府教育部、外交部、交通部、农林部、工商部、大里院等人员中有留日背景者的人数、姓名、官职。例如 16 日的报道说,教育部共有 120 人,有留日背景者共 42 人,包括总长、次长等。这种报道实际上是在暗示日本教育的显著“成就”——为中国中央政府培养了大量重要人才。其次是统治朝鲜的“成就”。1910 年日本正式吞并朝鲜后,因很多国家反对,急于宣传其对朝政策。该报 11 日、12 日的“专件”以《参议院议员孙钟君之朝鲜谈》为题,列举了朝鲜“非亡不可”的自身原因,认为“朝鲜之亡国,确有其道,非日本使之亡,实朝鲜自亡之”;然后从政治、交通、工商、农林方面介绍日本的治理、建设“成就”,说明日本正在“实业上努力经营,将来可望富足”。以上报道是借中国名人之口,为日本在朝鲜的统治大唱赞歌,宣传手法十分巧妙。再有是日本对外贸易方面的“成就”,如 5 日“海外新闻”栏标题为“日美商务上之关系”,介绍日美贸易繁荣、发展迅速、商界人士互相来往之盛况。

三是纠正各种“错误”报道。首先是有关日本朝鲜政策的“谣传”。4 日的“海外新闻”以《关于朝鲜阴谋案之》为题,登载伊藤博文与英国前驻日大使的谈话,解释朝鲜的司法问题,以此宣传日本在朝鲜实施法律之“公正”。11 日起连续两日登载《参议院议员孙钟君之朝鲜谈》的另一目的就是为日本统治朝鲜的政策辩护。文章刊登后,报方在 14 日头版头条专门发表“论说”《百闻不如一见》,高度评价此文。社论说,“本报宗旨在于调和中日感情,联络中日邦交,以共维持东亚大局。故每遇两国于感情上有所隔阂,则设法疏通”,“唯近来各报记载日本事项失实者颇多,因无根之谣传生国民之恶感殊深”。社论认为出现有关日本的各种谣传,并非有意挑拨,而是不了

① 《顺天时报》1911 年 12 月 1 日至 25 日相关各版。

解实情；但此种情况正在改变，《参议院议员孙钟君之朝鲜谈》就是代表之例，“孙君为国民党名士，参议院翘楚，识高学博，久为海内所倾服”，“今放其远大之眼光，亲为实际之观察，故淹留虽仅三日，而朝鲜情形已了然于心”。其论朝鲜灭亡的原因“尤为亲切有味”，使得以往报纸所宣传的日本虐待朝鲜的“谣言”不攻自破。其次是对日本新内阁的“误解”。例如，25 日的“海外要闻”题为《日本新内阁之政纲》，认为有些中国人对新内阁猜疑、不信任，“于不知不识之间暴露其恐怖心，最为识者之所以窃笑也”。在介绍完新内阁的方针后，文章指出：“以上系新内阁参酌民意确定行政之方针，大势所趋。忧国之士何必异常过虑?”还有就是有关报纸涉日报道的“误报”“谬误”。如 4 日“时事要闻”以《某报载日本事之失实》为名，认为北京一著名报纸 3 日有关日本陆军大臣辞职的报道“失实者甚多”，除了相关人员的姓名、官职有误外，还称日本“名为立宪，其实一武人之政治”，藩阀、元老均武人，目的在于扩张兵力侵略邻邦，也是“谬误”，对此加以辩解反驳。

四是报道日中“亲善”活动。这分为两部分，其一为中国要人的访日新闻。该月有同盟会干部胡经武、黄兴之子黄一鸥访日。该报从 1 日起对前者做了大量跟踪报道，主要内容是二人在东京受欢迎的盛况、拜访各界要人的活动、旨在两国“敦笃睦谊，推诚亲交”之类的发言。例如，9 日报道的是胡在出席政友会、东亚同文会的欢迎活动及其下列讲话：“日本为东方之先进国，其文明进步鄙国常钦仰不已。民国建设伊始，凡百事业须俟先进国指导”；民国革命得到日本支持，“现值建国困难百端待理之际”，希望日本继续支持民国。其二是在中国发生的中日“亲善”新闻。如有吉林举行“中日记者恳话会”的消息。报道说，前些时吉林中日各报记者 11 人聚会恳谈，针对东北南部“各报记载殊多误会”，严重影响两国民众感情，“愿此番恳话之后，中日言论一直进行”，记者担负起责任，“各负疏通感情之责，使我兄弟相敬相依”。该报对此报道了 3 次，明显有推广吉林经验的意图。此外，还有北京的“早稻田大学同学会”为欢迎日本议员藏原来京举行活动的报道。报纸特地列举与会者陆宗舆、林长民等中国政要名单，大谈两国同文同种，历史上关系密切，“虽有小嫌疑，不足破坏睦谊”。

五是主张在处理国际关系上以日为师。该报 5 日在头版头条发表“论说”《论中国今日不可失各国之同情》，谓民国刚刚建立，百废待兴，国基不稳,需要友邦助力,但政府在借款上犹豫不决,现在蒙古又出事端,如不改弦易辙,“谋得各国之同情”,而是“挑怒各国,或谓某国夺何土地,或谓某国抱何野心,或谓某国与某国密约瓜分,或谓某国与某国合谋侵略”,反而会失去各国的同情。该文说,应该向日本学习,“昔日俄战役,日本之成功固由于军人忠勇,而能得欧美各国同情,亦未尝非其战胜之一因。今中国国势之强不及日本,乃不思得各国之同情而欲孤立于20世纪,岂可得乎”。

以上内容都是试图从各个方面为日本树立正面形象,拉近读者与日本的距离,对日本产生好感。如果单纯是从两国友好出发加以报道,有些内容无可厚非,但如果别有所图就另作别论了。

如前所述,作为拉拢中国报人的手段之一,日方数十年来时常以优惠条件吸引中国记者组团访日,参观考察日本取得的成就,目的之一在于“使其知晓帝国实情”。不过,“使其知晓帝国实情”的“其”不仅仅是记者,通过这些记者之笔使中国读者“知晓”才是最终目的。

从实际情况看,日方多少实现了以上目的。例如,1917年上海记者访问日本时,中国的一些报纸一直跟踪报道访日盛况。《时事新报》的冯世德(号心支)回国后则在该报连续十多天发表《上海新闻记者赴日消息》《东游漫笔》《上海新闻记者在东京记事》①,报告所见所闻。在《东游漫笔(一)》中,冯世德写道,此行之目的,“一为视察。盖以日本于此数年间自工商业以及社会各方面均有长足的进步,在可为我国借镜”,尤其是学习日本报业先进之处;“二为访问。访问彼邦各地之同业诸君,交换意见,敦厚睦谊,藉以疏通两国民之意思,联络两国民之感情。冀于国民外交上开一新纪元”。从《东游漫笔》看,他不仅达到了考察的目的,而且将日方的“进步”贯穿于“漫笔”的字里行间,对日本工业之强大、商业之繁荣、科技之发达充满溢美之词。至于第二个目的,《东游漫笔(十二)》写道:“此行之所感”,“此半月间饱闻中日亲善两字。殆昔日有所不亲善者在欤。然于两国间种误解之根而致有所不亲善者,果谁当负其责任耶?幸也今日两国多数国民亦既觉悟,而知国民亲善为外交政策之金针,吾人亦乐见夫两国人士之睦谊日臻敦厚,而互以诚意相见焉”。两国亲善固然是好事,但只要日本不放弃其变本加厉的侵

① 外務省:中文剪报,1918年;波多博:上海支那新聞記者团の日本視察に就て,1918年。JACAR:B03040857500。

华政策，这种“亲善”只会徒增中国读者对日方的好感与对中日关系的美好幻想，成为迷惑读者的烟幕。

如果说早期中国有关记者还对日本侵华政策认识不清，在报章上无意为日方贴金，情有可原，那么，即使到了中日关系险恶的 1937 年，仍旧能看到类似的情况发生。如前所述，1937 年 3 月福建记者应邀组团去台湾考察。《福建民报》记者林琴心归来后从 3 月 31 日起连续一周在《福建民报》上连载《台湾视察一周的印象》，文章虽然有对日本统治政策的批评，但也随处可见对台湾文化产业进步显著之惊叹，提倡福建以台湾为榜样，发展科学①。这种内容无形中是为日本的殖民统治唱赞歌，向读者灌输日本统治台湾的“成功”形象。

以上所举之例，都是记者在访问记中集中流露的对日“印象”，相信这种“印象”也会不时流露在其他文章中。如前所述，日方通过邀请访日拉拢中国记者的活动一直持续了几十年，每次都有很多记者参加，日本的“正面”形象一定会不时通过他们的笔端传递给中国读者。

2. 临时指定的报道

外务省或军方等根据需要，往往随时下达指示，要求被操纵者登载特定的内容。临时指令的具体落实情况，通过 1926 年 6 月外务省组织东方通信社及相关报纸进行的宣传行动，可以窥知一二。

1926 年 6 月初关东军司令官白川义则回东京活动，引起各方面关注，日本不少报纸报道说，白川此行与扩充关东军及华北驻屯军有关，并且白川还向外务省、陆军省建议实施“积极”的对“满蒙”政策，获得了日本政府赞同，政府已经决定对张作霖修筑铁路加以经济援助。“电通”等通讯社据此向中国相关报纸发送了以上消息，例如《奉天每日新闻》《满洲日日新闻》在 6 月 12 日同时登载“电通”11 日的电讯说，“满洲”如果发生事变，关东军司令部将获得召集当地预备役军人的“召集权”——此权本该由陆军大臣掌握。次日《满洲日日新闻》登载“电通”电讯称，“在条约允许范围内，断然增加驻屯军”，并且在 1927 年度就会增加。15 日，该报又称：“政府采纳张作

---

① 総領事内田：福建中国新聞記者ノ台湾視察感想ニ関スル件、台湾視察一週間ノ印象（訳文），1937 年。JACAR：B02031015100。

霖先生的希望,进行经济援助。为了开发满蒙之资源,新建四条铁路。"

以上新闻一出现,在中国引起巨大冲击,各报立刻转载,加以抨击。由于日本政府内部在上述问题上还未达成一致意见,外务省便声称这些报道是"无根据的",而且"引起了中国各方面的误解",影响到了中日关系,于是组织灭火,指示"东方"报道"真相",否认以上消息。12 日"东方"向中国各地发出电讯,称"据观察,充实'满洲'军备,实现有困难。政府仍未形成定论"。有关在"满洲"增加驻军之说,"据观察,鉴于现政府的预算方针难以实现","外务省反对增兵"。15 日发电称:"我政府否认铺设满蒙铁路,未交换过任何意见。"各地日方操纵的报刊,在外务省授意下刊登"东方"消息,中国的一些报纸也纷纷转载。

以上海为例,《时报》《时事新报》《新申报》《民国日报》《中国报》就以上正反两方面的消息进行了报道,而与日本外交机构有关系的《申报》、《神州日报》、*Shanghai Times* 仅转载了"东方"否认增兵等的消息①。

为了弄清"东方"的"灭火"效果,1926 年 6 月 21 日币原大臣以"东方电报关于关东军及华北驻屯军扩充说等之件"为题,致电驻华公使,以及上海、奉天、青岛、哈尔滨总领事,要求调查各地报刊此间刊登上述新闻的情况,特别是对"东方"通讯的处理,以及当地的反响等。

从"东方"以及相关报刊的上述行动看,完全贯彻了外务省的意图,发挥了预期的灭火作用。以上仅为普通一例,但完全能反映外务省对通讯社、报刊的利用及其实际效果。

3. 重大事件的报道

在发生重大事件时,日方利用报刊、通讯社宣传的迫切性更为强烈。这种情况一般有两种,一是中国政局发生重大事件。遇此情况,日方往往为了自身的利益,乘机造谣惑众,搬弄是非,推波助澜,搅乱民心,以便浑水摸鱼。例如,1931 年 2 月胡汉民遭蒋介石软禁后,"联合"驻南京通讯员发布不实通讯,挑拨离间,动摇人心,终于被国民政府下令禁发②。

---

① 幣原大臣:関東軍及北支駐屯軍充実説等ニ関スル東方電報ノ件,1926 年;総領事吉田:関東軍及北支駐屯軍充実説等ニ関スル件、剪报,1926 年;総領事矢田:関東軍及ヒ北支那駐屯軍充実説等ニ関スル東方電報ノ件、剪报,1926 年;JACAR: B03040602400。

② 详见赵敏恒:《外人在华新闻事业》,王海等译,第 20、21 页。

二是中日之间发生重大事件，此时日方会动用所有宣传工具，或为日方政策、行为辩解，或歪曲事实，颠倒黑白，混淆视听。《顺天时报》、*North China Standard* 等日方操纵的报纸在五卅运动与济南惨案中的丑恶表演①，以及"东方"在济南惨案中发挥的作用②，已有揭露。以下以五四运动期间的《申报》、*Shanghai Times*、*China Advertiser* 所载内容为例加以考察。

《申报》是 1918 年因借款与日方发生特殊关系的上海中文大报。五四运动中《申报》的对日态度可以通过对"置毒事件"的报道和登载"东方"等日方通讯的情况窥知一斑。

上海从 1919 年 5 月中旬起积极开展抵制日货运动后，民众对日本的反感不断升温。至晚 5 月 30 日起，民间开始传言日本人准备在井水与食品内投毒。6 月 5 日起上海商界罢市，波及民众日常生活，社会空气愈加紧张，上述传言也随着罢市广泛传播，人心惶惶。有研究认为，此传言可以说是当时影响力最大的谣言之一。"这种有关放毒的谣言在上海造成了一场广泛性的群众集体恐慌，此一过程是与五四运动在上海的发展过程紧密相连的。事实上，这一'置毒'风潮也构成了上海五四运动一个重要方面，它牵涉到大多数民众的集体反应，甚至促成了许多的民众'爱国'行动。""在置毒谣言的传播过程中，上海的中文甚至英文报纸最开始扮演着推波助澜的作用。当时在上海的一些中文报纸上几乎无日不有此类日人置毒的新闻。"③

当时上海中文报纸发行量最大的是《新闻报》④。该报有关置毒的报道始于 6 月 6 日，内容是 5 日法租界扭获置毒药于水筒之日人 1 人。9 日有 3 则报道，一是昨晨有两人在菜场企图置毒；二是昨日午后有"乔装之某国人"在一馒头店茶缸内投入一铜钱，形迹可疑；三是前晚"某国人"冒充学生在一水井投毒。以上报道均说明了事发的具体时间、地点、目击者，似乎事实明确，无法怀疑。11 日的报道更直截了当地说"有日人"乔装携带多瓶毒药，

① 详见赵敏恒：《外人在华新闻事业》，王海等译，第 24、25 页；任白涛：《日本对华的宣传政策》，第 70 页；任谢元：《〈顺天时报〉对"济南惨案"的报道》，《青年记者》2016 年第 28 期。

② 详见魏舒歌：《战场之外：租界英文报刊与中国的国际宣传（1928—1941）》，第二章。

③ 冯筱才：《上海下层民众对五四运动的反应：以"日人置毒"风潮为中心》，《历史教学》2006 年第 2 期，第 137—139 页。

④ 1919 年《新闻报》发行量为 27 000 份，《申报》为 25 000 份。数据来源：外務省情報部：支那ニ於ケル新聞及通信ニ関スル調査，1920 年。JACAR：B03040890000。

“经搜检发现”。

与《新闻报》不断报道日本人投毒形成鲜明对比的是,《申报》仅仅登载了能够起辟谣作用的消息。6月5日该报以《内地自来水厂之防范》为题报道说:“商办内地自来水厂因日前有人散布谣言,谓内地自来水厂中有人思下毒药者,有谓置毒药于水塔之中,已将其人查获者,纷纷不一。该公司以此等谣言殊于地方人民食水有关,为防微杜渐,乃规定办法……水塔亦派人守,并即将种种谣传情形登报申明。”7日又以同样标题,除了重复5日的内容,重点介绍新增的防范措施以外,还登载了淞沪警察厅长发布的安民告示原文:“须知该自来水公司水池水塔本无外人放置毒药事情,又经本厅及自来水公司加以防护,以后更可保其断无此等事情发生。尔商民人等切勿轻信谣言,自相惊扰,是为至要。”16日,刊登《警厅长布告勿信谣言》全文,17日以《西报辟谣之评论》为题认为 *North China Daily News* 辟谣之说有理,并且转引外报消息说,因为已经有多个日本人在沪被无辜殴打,如此下去,“日人或将藉口保护日侨派水兵登岸则交涉起矣”。18日刊登北京政府、当地政府发布的严查散布置毒谣言者从严惩处的命令。与此同时,在14日、15日连续刊登4则消息,报道市民因误信谣言,无故怀疑路人投毒而群殴致伤甚至致死而引起的悲剧。17日、18日亦以大量篇幅介绍多起因误信谣言误伤无辜的事件。对于谣言产生的原因,该报在15日以《杂评二息谣之商榷》为题作了分析,认为“食物置毒之说稍有常识者皆知出于奸人有意造谣或故布疑阵,利用中下层社会脑筋简单遇事不究真相,一闻而起,盲从妄动”。作为对策,建议当局查清谣言来源,同时召开演讲会向下层社会宣传,因为老百姓不识字,看不懂告示①。

相比之下,《申报》在此次事件中的对日态度一目了然。《申报》不仅不传谣,而且始终致力于以各种方式辟谣,传布政府的命令,并且强调谣言引起的危害,警示信谣、传谣者,还为“息谣”献计献策。“置毒”事件对于因山东问题焦头烂额的日本而言是“雪上加霜”,并且在当时的处境下有口难辩,《申报》的报道角度无疑有助于日方解脱嫌疑。

据说,上海公共租界工部局曾抱怨某些中文报纸忽视了公众对他们的

---

①　《申报》1919年6月5、7、14、15、16、17日,第11、12版。

信任,每天不断刊登一些假想中的放毒案件,致使中国居民信以为真,造成混乱①。工部局抱怨的某些中文报纸,《新闻报》应该包括在内。当然,客观报道是报纸职责所在,不过在当时气氛下,《申报》对此事件能够保持如此冷静客观之态度,始终坚定不移、不露声色地为"某国人"辩护,不得不令人联想到其与日方的特殊关系。

《申报》此间刊登的电讯也能反映这一点。五四运动前该报就有"日本通信社电"专栏,登载"东方"电讯和"东京电",运动发生后,仍照样登载,可能是因为"日本"两字太刺眼,5 月 10 日起才更名为"各地通信社电",但仍然保留着"东方"电讯,直到 6 月 9 日才停止使用。在此期间,《申报》此栏目基本上充当了日方在山东问题上的"传声筒"。仅就 5 月 4 日至 7 日该栏电讯为例,5 月 4 日是山东问题英、美、法、日四国已经决定完全按照日本提案解决。5 日均为中国各地政闻,无北京相关消息。6 日多为中国各地政治、经济消息,但也开始出现北京相关电讯,一是北京学生游行示威的简讯,最后说"有人目睹有外人三名参加此等行动中";二是北京政府对于山东问题的态度;三是"东京电",均为东京来电,内容是:山东问题现已解决,日本舆论尚盛称对于英美两国之对华竞争须加警戒。"此间一般人士咸希望中国勿为英美所惑而贻累将来也。"7 日电讯两则,一是简单介绍北京学潮,曹汝霖、章宗祥受到攻击之情形;二是《时事新报》社论概要,认为日本主张合理,各国支持,中方毫无道理之主张会使第三方误解,认为"山东问题之决定从中日关系上观之可认为良好之结果。日本人民对于今后中国人之行动将竭力以善意迎之云云"②。

在山东问题上,以上电讯重点在于强调此问题已经在国际上获得解决,如此解决有利于中日关系发展,中国提出的要求无理,并且指出学生运动有外国人参与,暗示甚至直接指出是受英美蛊惑。在日本在华舆论环境日益恶化的状况下,《申报》作为上海第二大中文报,在"通信社电"专栏不断为日本发声,明显充当了替日本官方辩解、宣传的平台。

Shanghai Times 是 1915 年起被外务省完全操纵的上海英文大报之

---

① 中国社会科学院近代史研究所《近代史资料》编辑室主编:《五四爱国运动》下册,知识产权出版社 2013 年版,第 364 页。

② 《申报》1919 年 5 月 4 日至 7 日相关各版。

一。它表面上由英国人经营,真实身份长期不为外人所知。这一披着英国籍的报纸在五四运动后的相关报道上,始终以运动的负面新闻与影响为主。例如,表 17 是 1919 年 6 月 3 日至 19 日该报的主要涉日报道,完全说明了舆论导向所在。

表 17 *Shanghai Times* 涉及中日关系的报道目录(1919 年 6 月 3—19 日)

日期	新闻、报道、社论标题(版面)
3 日	《抵制日货运动爆发:事态严重》(1)、《抵制日货:中方是否受益　真正的意义》(6)、《广东暴乱:暴徒攻击草帽和要求抵制日货》《日本人遭非礼》(7)、《抵制日货运动》《沙面岛情况严重:日货遭破坏》(8)
4 日	《抵制日货运动:天津街头宣讲者被警告》(6)、《抵制日货运动持续》(7)
6 日	《商铺和学生站统一阵线关门:学生会和游行发起者一再警告,但仍有日本人被非礼》《多名警员及华人受伤》(7)
7 日	《示威群众面对支援平静下来》《市政雇员遭围攻》《日本人遭殴打》《学生示威游行》(7)、《北京学生:过百人因示威被捕》(9)
9 日	《学生示威:洋行华人、工厂工人和司机或罢工》《商铺仍关闭:气氛平静》(7)、《扬州新闻:学生及其激进宣传活动》《抵制日货》(8)
12 日	《日本驱逐舰奉命到上海:四艘待命"必要时"起航》(1)
13 日	《中国人对日本的恐惧》(1)、《昨夜发生严重斗殴》《民众试图在租界游行与警方冲突:1 人死亡 9 人受伤》《群众向警方抛物和家具》《韩国人遭攻击》《上海示威:商铺工厂恢复营业》《哈尔滨路动乱》(7)
16 日	《示威抵制运动之际仍平静》《专横的学生》《中国捏造下毒故事》《无根据的报道:死亡或与食品变质有关》《数个恶作剧和荒谬的主意》《粗暴对待日本人》《日方政府与抵制日货活动》(7)
17 日	《下毒事件:无知者造谣生事扭曲事实》《日本人遭攻击》(7)
18 日	《殴打日本人:华籍会审庭遭起诉》(6)、《抵制日货运动:部长谴责抗日运动》(7)
19 日	《下毒事件:日本工厂工人畏惧炸弹》(7)、《抵制日货运动》(9)

资料来源:*The Shanghai Times*,1919 年 6 月 3—19 日相关各版。

据表 17 可知,该报此间基本上未正面报道五四运动,未刊登中国民众在山东问题上的正当诉求,看到的只是标题所强调的"冲突""暴乱""暴徒""破坏""殴打""受伤"等负面内容,甚至还有《抵制日货:中方是否受益　真正的意义》的文章,认为抵制日货,中国只会损害自己的利益,外贸、供需、企业生产都受影响，爱国精神可利用更理智的方式体现，直接向抵货运动泼冷水。对于“置毒”事件，该报也有不少报道，仅看标题就可知都是辟谣的。该报在五四运动中极力向读者传递的信息与对日态度可谓一目了然。

因为是英国人主办，又是英国籍，该报似乎没有发表什么积极支持日方的言论，但其作为与此次运动无关的第三方所刻意传递的大量负面新闻，给读者留下的印象是可想而知的。

China Advertiser 是在军方大力支持下于 1919 年 9 月复刊的天津英文报刊。与 *Shanghai Times* 相比，该报的日本身份是公开的，报方也不隐晦此点，在 1919 年 9 月 28 日的复刊词中还标榜说：“以正义自由为目标，绝对不拥护个人或官方的利益，以期公平无私，不加入任何偏见。对于国际问题，不为日本作曲笔诡辩，光明正大推心置腹加以评论，解开对日本的猜疑误解。”

作为军方全资主办的报纸，根本不可能做到“公正无私”，因而复刊词中的“不为日本作曲笔诡辩”与“解开对日本的猜疑误解”可谓自相矛盾，所持立场不打自招。该报发行后就与京津地区其他国家的英文报纸展开论战，如北京的英文报纸登载了《日本兵在山东杀戮中国人》《日本兵在赤塔杀害中国人》《日本在青岛的不法检疫》等报道，该报则利用日军方提供的材料加以批驳，同时登载《意大利兵器的走私》《朝鲜现状》，“促世人觉醒”，试图转移读者视线。

10 月 1 日起该报与 *North China Star* 展开论战。例如，*North China Star* 指出，日本是始终阻碍中国参战的，对于青岛一直拖延归还，不让美国人评论其在青岛的所作所为，是凭借武力行事而无视国际联盟。该报则主张，日本是主唱中国参战的，对中国怀疑日本归还山东的诚意和好意、狂热的反日“暴举”表示反感，同时指责美国议员多管闲事，对山东问题妄加评论，竭力为日本诡辩①。

表 18 为 1919 年 12 月 2 日至 1920 年 1 月 31 日该报刊登的评论标题，可以集中反映出该报在为日本代言方面做出的“贡献”。

---

①　支那駐屯軍司令部：「チャイナアドバータイザー」紙ノ効果，1919 年。JACAR：B03040612900。

表 18 *China Advertiser* 的评论索引(1919 年 12 月 2 日至 1920 年 1 月 31 日)

日 期	评论的标题(内容提要)
1919 年 12 月 2 日	美国上院的态度与国际联盟(其态度让中国人误解为了他们会反对国联)
12 月 3 日	论福州事件的真相(中国政府不能保护我日本人的生命财产)
12 月 9 日	上海排日运动(仅为没有意义的暴举)
12 月 10 日	山东省议会的决议并非排日而是排外
12 月 11 日	排日运动等于儿戏
12 月 12 日	有关英法两国首相赞成美国上院提出的媾和条约保留提案的电报
12 月 13 日	禁烟问题(鸦片买卖需要由政府严格直接管理)
12 月 16 日	论美国上院的保留提案(有关山东问题,仅仅是离间日中关系)
12 月 17 日—19 日、21 日	学生排日运动(外国人煽动的弊害)
12 月 20 日	英国首相在曼彻斯特的演说(美国上院的态度引起远东的波澜)
12 月 24 日	论朝鲜现状
12 月 28 日	对排日运动的抗议
1920 年 1 月 1 日	日美中三国关系
1 月 7 日	中国与领事裁判权
1 月 10 日	日本与西伯利亚(出兵西伯利亚是因迫不得已)
1 月 13 日	为对船津总领事的误解而辩
1 月 15 日	再驳对船津总领事的误解
1 月 16 日	日本与西伯利亚
1 月 18 日	驳路透社的排日态度
1 月 21 日	驳天津商务总会的排日态度
1 月 23 日	山东问题与俄国过激派
1 月 27 日	论禁烟会(船津总领事上任后严格实行禁止吗啡、鸦片方针)
1 月 31 日	排日大会与山东问题

资料来源:総領事船津:「チャイナアドバータイザー」紙論説集送附ノ件,1920 年。JACAR:B03040613000。

1919年底五四运动已经进入后期，天津总领事馆仍十分关注当地舆论动向，该报的评论标题就是总领事向外务省列表报告的一部分，为了说明评论的要旨，总领事还在一些标题后面加括号说明了内容提要。评论的标题基本上能反映出立场与态度。仅从以上标题就可以看出该报是在赤裸裸地为日本代言，直接驳斥各方面的对日“攻击”，攻击中国的政策，为日本的对华政策辩解，为日本唱赞歌，污蔑抵制日货运动，挑拨中国与他国的关系。

在日本的对华宣传政策中，以上报刊身份不同，因此扮演的角色也有异。有的不隐瞒日系的身份，赤裸裸地为日本辩护，攻击抵制日货运动；有的身份属于第三国，采取貌似中立的立场，实际上刻意抹黑抵制日货运动；有的以中国人的报纸这一身份做掩护，不露声色地为日方提供发声的平台，并且积极为日方“洗冤”。因此它们是殊途同归，发挥的作用都一样。

通过以上典型案例可知，日方操纵的报刊、通讯所刊登的内容，无论是日常性的、临时指定的，还是针对重大事件的，基本上都贯彻了操纵主体的意图。从这一意义上而言，日方基本上获得了预期的操纵效果。

二、报纸的发行量与操纵效果

判断报纸影响力的标准之一是发行量。发行量在当时对报社而言，属于商业秘密，外人难以了解实情。以下利用的数据是日本在华外交机构的调查统计，理论上来说，受操纵者向日方报告的数据应该是真实的，但也可能掺有水分，因为受操纵者为了继续获得或者获得更多补助，有可能虚报发行量，以示报刊的影响之大。不过，这些报纸毕竟处于当地日本外交机构的日常监督之下，即使虚报也不至于过分出格。因此其统计能反映出大致情况。

众所周知，日人早期在华发行的中文报纸，如《汉报》《同文沪报》《国闻报》等因特殊原因，在1900年前后发行量都不少，影响也很大。日俄战争后，日本强化在华宣传工作，操纵的报刊大增，经过第一、二次抵制日货运动后，这类报刊已经遍及中国各大城市。1918年，外务省根据其在华外交机构1917年末的调查，整理出了《基于报纸持有人、经营者、接受补助等理由而有相当关系的报纸国别表》。如表19所示，该表列出了与日方“有相当关系”的报纸发行量。

表 19　基于报纸持有人、经营者、接受补助等理由而有相当关系的报纸国别表(1917 年末调查)

国别	报　　名	语种	发行地	发行量(份)
日本	顺天时报	中文	北京	约 10 000
日本	天津日日新闻	中文	天津	2 500
日本	盛京时报	中文	奉天	约 11 000
日本	芝罘日报	中文	芝罘	约 550
日本	济南日报	中文	济南	约 1 500
日本	亚洲日报	中文	上海	约 1 500
日本	神州日报	中文	上海	4 000
日本	汉口新闻报	中文	汉口	2 500
日本	闽报	中文	福州	约 2 000
日本	全闽新日报	中文	厦门	约 700
日本	泰东日报	中文	大连	2 800
日本	华字日报	中文	香港	3 000
日本	青岛新报	中文	青岛	3 377
日本	间岛时报	朝鲜文、日文	龙井村	不明
日本	The China Advertiser	英文	天津	约 300
日本	North China Daily Mail	英文	天津	约 300
日本	Sunday Times	英文	天津	约 300
日本	The Shanghai Mercury	英文	上海	1 500
日本	The Shanghai Times	英文	上海	1 000
日本	The Manchuria Daily News	英文	大连	1 000
	合计 20 种	中文 13 种 朝鲜文 1 种 英文 6 种	13 地	约 49 827 中文 45 427 朝鲜文不明 英文 4 400
	除了以上报纸外，上海在当地帝国领事馆登记的中文报纸 4 种，我国人名义登记者 1 种。还有，在铁岭有日中合资者 1 种。日文报纸各地共有 35 种。			

续　表

国别	报　　名	语种	发行地	发行量(份)
英国	The Peking & Tientsin Times	英文	天津	约 900
英国	North China Daily Mail	英文	天津	约 300
英国	Sunday Times	英文	天津	约 300
英国	The North China Daily News	英文	上海	约 2 000
英国	The Shanghai Times	英文	上海	1 000
英国	The Shanghai Mercury	英文	上海	1 500
英国	Central China Post	英文	汉口	约 400
英国	Hongkong Daily Press	英文	香港	1 200
英国	China Mail	英文	香港	约 700
英国	京津泰晤士报	中文	天津	约 2 000
	合计 10 种	英文 9 种 中文 1 种	4 地	约 10 300 英文约 8 300 中文约 2 000
美国	The China Press	英文	上海	2 000
美国	Far Eastern Review	英文	上海	约 1 000
美国	Millard's Review	英文	上海	约 400
	合计 3 种	英文 3 种	1 地	约 3 400
法国	Journal de Pékin	法文	北京	约 300
法国	L'Echo de Tientsin	法文	天津	约 300
法国	L'Echo de China	法文	上海	约 800
	合计 3 种	法文 3 种	3 地	约 1 400
俄国	Journai de Pékin	法文	北京	约 300
俄国	Jeleznodorojnik	俄文	哈尔滨	5 110
俄国	NowoschiJizni	俄文	哈尔滨	3 000
俄国	Mongγol-un sonin bičig	蒙古文	哈尔滨	1 000
	合计 4 种	法文 1 种 俄文 2 种 蒙古文 1 种	2 地	约 9 410 法文约 300 俄文 8 100 蒙古文 1 000

续 表

国别	报　　名	语种	发行地	发行量(份)
	共计 40 种	英文 18 种 中文 13 种 朝鲜文 1 种 法文 4 种 俄文 2 种 蒙古文 1 种	23 地	约 74 337 中文 47 427 英文 16 100 法文 1 700 俄文 8 100 朝鲜文不明 蒙古文 1 000

资料来源:外務省政務局:支那ニ於ケル新聞紙ニ関スル調査,1918 年。JACAR: B03040679400。

有关表 19 有两点需要说明:一是表中的 *China Press* 等报纸究竟与日方有何特殊关系,仍有待查明,但外务省既然将其纳入表中,必有其理由;二是表中的报纸总数,从名称看,英文报纸有重复统计的情况,即同样的报纸出现在两国"国别"中,如 *The Shanghai Mercury*、*The Shanghai Times* 等,这类报纸,如果从报社股权看,有的确实存在欧美人与日本人同时持有的情况,如 *The Shanghai Mercury*,但也有报纸此时无日人股权,仅仅是该报的主编等与日人有瓜葛,如 The *North China Daily News*。如果从注册的情况看,这些英文报纸有的是在欧美总领事馆注册,与日本无关,如 *The Shanghai Times* 等,因此无法判断上表的编排标准。如果仅以报名来统计,实际总数是 35 种。

35 种报纸涉及 5 个国家 6 个语种,其中英文为 14 种,中文应为 14 种(原表漏算 1 种),法文 3 种,俄文两种,朝鲜文和蒙古文各 1 种。如果扣除英文重复统计的,各种报纸的实际发行量共达 71 237 份,其中中文最多,达 47 427 份,英文次之,为 13 000 份,其他语种的报纸发行量有多有少,最少的蒙古文也有千份。它们的发行地分布于华北、东北、华东、华南、华中的 14 个城市,主要集中于北京、天津、上海、汉口、福州、厦门、广州、香港。仅仅从以上发行地域来看,各语种报纸,尤其是中文报刊的影响范围还是相当大的。再就发行量而言,虽然无法获知 1917 年中国发行的报纸总量,难以判断其整体影响力,但有些城市的发行量还是大致可查的。例如,上海当年各报发行量约 93 300 份,表格中上海与日方有关的报纸的发行总量为 13 400 份[①],占总数的 14%。上海是当时中国的报刊发行中心,为各种势力代言的报纸都聚集于此,其中与日方有关系的报纸所占比例还是相当高的。

值得强调的是,上表还不包括日侨在华发行的日文报纸。据日方 1917 年底调查统计,中国的各种日文报纸有 35 种,分布于 17 个城市[②]。当然,这 35 种报纸不一定都直接受到操纵,但只要是日人所办,不管是否得到了日本官方等资助,总的原则必然是维护“国家利益”的。而那些获得了各种资助的更会积极充当喉舌。如果算上这些可以间接影响中国舆论的日文报纸,日方的影响力则更广大。仍以 1917 年的上海为例,如果再加上日文报纸数量,与日方有关的报纸的发行量约有 16 500 份,占总数的 18%。

以上是 1917 年的情况,日方操纵的报刊每年都有变化,各报的发行量也有起伏。例如,据外务省 1918 年末的定期调查统计,此年属于日本籍或接受日方补助而与日方有关系的报纸共有 69 种(详见附录),其中中文报纸 26 种,日、汉文双语报纸两种,英文报纸 5 种,法文报纸 1 种,日、朝文报纸 1 种,其他为日文。26 种中文报纸的发行量约 116 650 份,英文报纸 4 100 份。时间仅隔一年,中文报纸的数量和发行量的变化十分显著。它们在当年中国报纸总发行量中所占的比例也有变化。例如,上海当年的中文报纸发行量约为 89 650 份,与日方有关的报纸的发行量为 47 500 份[③],所占比例超过一半,令人触目惊心。1920 年前后是日本在华报刊操纵活动的顶峰期,与其有特殊关系的报刊在此阶段的影响力是不容小觑的。

同样,一些报刊的长期发行量也能作为判断日方影响力的指标。《顺天时报》《盛京时报》《闽报》是日方长期操纵的“以我国文字与我国人之口吻,而攻击我政府与国民”[④]的代表性中文报纸,被外务省称为“对华经营的前卫”,*Shanghai Times* 则是官方在上海暗中操纵时间最长的报纸。以下就

---

① 根据下列资料统计:外務省政務局:支那ニ於ケル新聞紙ニ関スル調査,1918 年。JACAR:B03040679400。

② 外務省政務局:支那ニ於ケル新聞紙ニ関スル調査,1918 年。JACAR:B03040679400。

③ 据下列资料统计:外務省政務局:支那ニ於ケル新聞及通信ニ関スル調査,1919 年。JACAR:B02130261800。

④ 戈公振:《中国报学史》,第 94 页。

这些报纸的发行量加以考察。

《顺天时报》1917 年的发行量为 1 万份，当年北京中文报纸的总发行量有 4 万份左右[①]，该报占四分之一。此后其发行量一直在 1 万份以上，几乎连年位居北京之首，1924 年后经常保持在两万份左右，远远超过北京的另外两大报纸《益世报》《晨报》，它们的发行量基本上在 7 000 份至 1 万份之间。就影响而言，该报“多年来一直是华北的重要日报。《顺天时报》大胆揭露北京政府阴谋，独家报道战争消息，其受欢迎的程度令北平的其他日本报纸乃至当地报纸望尘莫及”[②]。当时的中国报人任白涛在 1916 年专门订阅此报研究数月，认为“在它的宣传阴谋与造谣伎俩上，真叹为观止”，是伪华报中“最大胆、最无耻、最‘露出原形’的”[③]。对于该报在对华宣传中的无耻、大胆以及产生的恶劣影响，周作人 20 年代后期曾经在《语丝》上连续发文加以揭露与抨击[④]。

《闽报》是日本在华操纵时间最长的报纸，1918 年转由善邻协会经营时发行量达两千五六百份左右，在福州位居首位，第二位的《福建日报》仅为千份左右。1919 年五四运动发生后，该报受到重击，发行量锐减至七八百份，但到 9 月时读者数又有增加，超过 1 000 份，销量仍居于中等，1921 年增加至2 700份左右，恢复领先地位。如表 20 所示，该报自 1923 年起至 1931 年，除了济南惨案发生的 1928 年，发行量都在 3 500 份以上，1924 年甚至达到5 000份，在福州一直位居首位。即使是遭到中国读者抵制的 1928 年，发行量也有 1 800 份，而此时期福州中国人办的中文报纸，除了《福建民国日报》的发行量有 1 500 份以外，其他报纸均在千份左右，甚至只有数百份。据研究，《闽报》的销量不仅限于福州，还销往省内各个县城，几乎遍布省内各地，而且在南洋、台湾也有销路[⑤]。

---

① 据下列资料统计：外務省政務局：支那ニ於ケル新聞紙ニ関スル調査，1918 年。JACAR：B03040679400。

② 赵敏恒：《外人在华新闻事业》，王海等译，暨南大学出版社，2011 年，第 24 页。

③ 任白涛：《日本对华的宣传政策》，第 61、62 页。

④ 详见张铁荣：《周作人“语丝时期”之日本观(上、下)》，《鲁迅研究月刊》1994 年第 3、4 期。

⑤ 毛章清：《日本在华报纸〈闽报〉(1897—1945)考略》，《福建论坛・人文社会科学版》2010 年第 2 期，第 124 页。

表 20　20 世纪 20 年代《闽报》的发行量

年代	1921	1923	1924	1925	1927	1928	1929	1930	1931	1932	1933	1935	1936
份数	2 700	4 000	5 000	3 500	3 000	1 800	3 700	3 700	1 000	400	6 000	1 900	1 400

资料来源：许金生主编：《近代日本在华报刊、通信社调查史料集成(1909—1941)》第二册、第三册、第四册、第五册、第七册、第八册、第九册、第十册，"福州"部分。

九一八事变前，该报发行量激增至 5 000 份，南京《中央日报》在事变的前月发表《福州写真》一文指出了其影响力："全市有报馆十余家，以日人所办之《闽报》销数最大。各商店之阅报者，无不以《闽报》为首篇；虽其言论和记载，全以己身为立场，但根深蒂固，阅者已不知觉。"任白涛在《日本对华的宣传政策》中不得不感叹该报的长期毒化效果如此之大，"竟会使他们的良知良能陷于麻醉的境地而'已不知觉'！"①

九一八事变后，因其日本身份以及赤裸裸地为日本侵华政策辩护，受到中国读者抵制，发行量急速下降，如表 20 所示，1932 年跌至 400 份，不仅如此，版面也减至 4 面，但 1933 年"福建事变"发生后，因当地政府实行言论管制，中国方面的报纸难以发声，该报的中国读者骤增，发行量增至6 000 份，甚至一度达 8 000 多份②。据此可见，该报的影响力仍潜在，只要有机会就能表现出来。

在奉天，《盛京时报》发刊后依靠官方、军方全力支持而发展迅速，如表 21 所示，至 1908 年已在旅大、营口、辽阳、铁岭、长春、吉林、安东、新民府设支局，收集新闻兼售报，同时还在金州、开原、兴京、锦州、哈尔滨、齐齐哈尔、昌图、海城、北京、天津、北京等地设售报点，发行量则达到 4 350 份，其中 3 667 份为销售，683 份为赠阅。

1908 年该报在各地的具体销售、赠阅数量如表 21 所示。据此可知其发行初期就表现出了非凡的扩张欲望与能力，已经以奉天为中心，将触角深入至东北二十多个大中城市。此外，还向东北以外的以北京、天津为主的其他地方销售和赠阅，总量达 600 份以上。值得关注的是该报的赠阅数量多，并且其中最多者为"中国内地"。虽然不知道具体赠阅对象，但可以肯定

① 任白涛：《日本对华的宣传政策》，第 107 页。
② 外務省情報部.外国ニ於ケル新聞(上巻)，1934 年。JACAR：B02130840500。

表 21 《盛京时报》在各地的销售、赠阅数量(1908 年)

	奉天	旅大	金州	复州	熊岳城	盖平	营口	海城	辽阳	铁岭	开原	昌图	公主岭	海龙	兴京
销售	930	185	80	25	38	55	250	58	150	130	68	58	33	28	36
赠阅	57	40	3	2	3	3	20	2	20	30	3	6	1	3	5
合计	987	225	83	28	41	58	270	60	170	160	71	74	34	31	41
	通化	安东等	新民府	锦州	长春	吉林	哈尔滨	齐齐哈尔	洮南府	北京	天津	中国内地	日本	合计	
销售	13	135	85	80	245	270	100	135	15	155	90	170	50	3 667	
赠阅	3	35	20	4	25	25	27	25	5	54	22	130	110	683	
合计	16	170	105	84	270	295	127	160	20	209	112	300	160	4 350	

资料来源：中島真雄社長：盛況時報明治 41 年上半期決算書，1908 年。JACAR：B03040610100。

绝大多数是政府部门、教育机构。

其后，该报发行量一直在增加，1917 年底达 1 万份以上，销售地则扩大到上海、山东等地。此后基本保持此数量。1925 年更超过 2 万份，即使在济南惨案发生的 1928 年仍有 25 000 份。可以说，其发行量在 20 年代的东北中文报纸中基本上处于领先地位。不仅如此，该报在有些城市的销量有时还超过当地的中文报纸，例如在 1918 年的哈尔滨，销量甚至超过《远东报》①。在哈尔滨该报更有自己的“别动队”《大北日报》(后称《大北新报》)，发行量也基本上在数千份。《盛京时报》与《大北日报》以及 20 年代后大连的中文报纸《满洲报》(发行量最多时 6 万份)在东北地区南北遥相呼应，共同影响中国读者与舆论。

直至 1930 年底，日方的报告仍坚称：“在中文报纸中，其信誉和地位是其他报纸无法追随的。前些年，该报的言论触及中国官方的忌讳，持续约一年间受到不当打压。最近由于主权回收热的兴起、国民党进入东北及辽宁国民外交协会的活动而受到排斥，但其声望和地位稳固。”②

在上海，英文报刊之间的竞争十分激烈，*Shanghai Times* 在 20 年代的发行量逊色于 *North China Daily News*、*China Press*，但进入 30 年代后一直较高。

表 22　*Shanghai Times* 与上海主要英文报刊的发行量(1930—1934 年、1936 年)

	1930 年	1931 年	1932 年	1933 年	1934 年	1936 年
North China Daily News	6 000	约 6 000	不明	不明	约 9 600	10 000 余
North China Herald	3 000	3 000	3 000	3 000	3 000	不详
Shanghai Times	4 000	4 000	4 000	约 4 000	约 4 000	约 3 000
Shanghai Sunday Times	6 000	6 000	6 000	6 000	约 5 800	不详
China Press	4 000	约 4 000	约 3 000	约 3 000	3 000	约 5 000
Shanghai Evening Post & Mercury		约 3 500	4 500	4 500	5 300	约 7 500

资料来源：许金生主编：《近代日本在华报刊、通信社调查史料集成(1909—1941)》第七册、第八册、第九册、第 10 册，“上海”部分。

① 総領事代理山内四郎：本邦人経営ニ係ル漢字新聞発行ニ関スル件，1918 年。JACAR：B03040701400。

② 外務省情報部：外国ニ於ケル新聞(上卷)，1931 年。JACAR：B02031075000。

表22是30年代前半期上海各英文大报的发行量，据此可知，*North China Daily News* 位居首位，*Shanghai Times* 基本与 *China Press* 持平，同为第二位，甚至有时还能超过 *China Press*。其周刊 *Shanghai Sunday Times* 发行量则连续多年达到6 000份，是 *North China Herald* 的一倍，位居上海同类前列。因此，该报的影响力不可低估。

Shanghai Times 与外务省的关系是极其秘密的，而《顺天时报》《盛京时报》《闽报》作为日方御用宣传机关的身份则早就路人皆知，并且自己也不讳言是官方的代言机关。尽管如此，它们仍能在华长期公然发行，并且发行量往往领先当地其他报纸，在一定程度上受到中国读者欢迎①。其根本原因就在于，中国军政当局对言论的严重压制，给予了它们"绝大推销之机会"②。这类报纸充分利用了治外法权的保护，敢于报道各种对中国与政府要人不利的消息，敢于迅速登载敏感新闻，努力在舆论的政治性与公共性的矛盾中保持微妙的平衡，在充当日本政府喉舌的同时，担当着当地公共舆论机构的功能，以此迎合读者的需求，争取读者，扩大发行量。

被誉为"20世纪中国最牛的记者"赵敏恒③，在1931年的著作中称："日本的新闻通讯社和报纸从中国内战中获得了发展良机，建立了新闻垄断地位，这种垄断地位持续了十余年，直到北京政府垮台。"④确实，日本能在中国建立并维系新闻垄断地位，一是靠"东方"等通讯社，二是靠上述《顺天时报》《盛京时报》《闽报》这类报纸长期以来的发行量。

因此，如果从报刊的发行量来判断，日方操纵的不少报刊所进行的宣传活动长期以来还是十分有效的。

结语

日方在华操纵的报刊等从甲午战争开始就陆续活跃于中国各地，由于以各种"身份"存在，扮演的"角色"也有异，反映到报面上，论调可能有强弱

---

① 周佳荣：《近代日人在华报业活动》，第209页。
② 戈公振：《中国报学史》，第94页。
③ 赵敏恒：《外人在华新闻事业》，王海等译，"译后记"。
④ 赵敏恒：《外人在华新闻事业》，王海等译，第17页。

之差。但从一些代表性报刊、通讯所登载的日常报道、临时指定的报道、针对重大事件的报道来看，无论“身份”与“角色”如何，操纵主体的意图基本上得到了贯彻执行，在报面上得到了反映。这些或明或暗充当日方喉舌的报刊，有的发行量在特定时段内一直很可观，有的销量在当地长期位居首位，它们分布于中国南北要地，形成呼应之势。而日方操纵的通讯社长期以来亦很活跃，给中国通讯市场带来了相当大的影响。正因如此，有评论甚至说，在国民政府建立前，日本在华建立了持续了十余年的新闻垄断地位。从以上角度而言，日本在华的操纵活动还是取得了相当大的成效。

如此有效的操纵必然会影响到中国舆论，获得相应的宣传效果。任白涛在 1940 年著的《日本对华的宣传政策》曾经提到北岩爵士[①] 20 年代初访华时发表的一句名言：“日人在中国之宣传运动，效力奇妙。”因为北岩当初看到 *North China Standard* 时，“亦为所惑”，“该报俨然一美国式之晨报，载英、美消息很多，不乏美国报纸之特色”。据说，他回国后以《提防日本》为题，在伦敦、纽约等地发表文章，除了重复上述内容外，还引用了一位远东通讯社主任的话，“余于德国战前之宣传运动，亦曾经历过，然以之比日人之宣传，则德人直同怀中之婴耳”；并且认为“余之所见，正与彼同”[②]。以上对近代日本在华宣传效果与技巧的评价，可谓一针见血。

不过，尽管出于对华政策的需要，日本政府对在华操纵报刊、通讯社影响舆论的工作越来越重视，投资越来越多，操纵的规模越来越大，20 世纪 30 年代中期还建立起国家宣传中枢“情报委员会”领导宣传工作，但这种操纵活动离日方所追求的目标，例如通过宣传“启发”“善诱”中国民众“理解”日本的“真意”，却越来越远。实际状况是中日关系反而越来越恶化，中国民众对其政策“误解”越来越多，厌恶越来越深。究其根本原因，还在于日本对华政策本身。在变本加厉的侵华政策之下，企图靠宣传施放烟幕，为其侵略行径辩解，替日本树立所谓的正面形象，只能说是南辕北辙、缘木求鱼。

---

① 北岩爵士，即诺思克利夫勋爵（1865—1922 年），英国新闻事业家，19 世纪末 20 世纪初英国现代报业奠基人，曾创办《每日邮报》《每日镜报》，控股《泰晤士报》。

② 任白涛：《日本对华的宣传政策》，第 116 页。

附录

与日方有关系的报纸一览表(1918 年末调查)

(各外国在华报纸中,基于其持有者之国籍、补助金之接受等理由而具有相当关系者,以国别列表如下)

名　　称	种　　类	与日本的关系	发行地	发行份数
顺天时报	中文　日刊	日本人经营,外务省补助	北京	约 10 000
新支那	日文　日刊	日本人经营,外务省补助	北京	不明
新支那	日文　周刊	日本人经营,外务省补助	北京	不明
日本及支那	日文　周刊	日本人经营	北京	不明
Journal de Pékin	法文　日刊	在华公使馆少额补助	北京	不明
天津日日新闻	中文　日刊	外务省补助	天津	约 2 500
天津日报	日文　日刊	日本人经营	天津	约 900
京津日日新闻	日文　日刊	日本人经营	天津	约 600
日华公论	日文　周刊	日本人经营	天津	约 600
天津评论	日文　日刊	日本人经营	天津	约 300
North China Daily Mail	英文　日刊	外务省补助	天津	约 300
North China Sunday Times	英文　周刊	与前者属于同一经营	天津	约 300
极东新报	中文　日刊	日本人经营	哈尔滨	约 1 500
北满洲	日文　日刊	日本人经营	哈尔滨	不明
西伯利新闻	日文　日刊	日本人经营,陆军补助	哈尔滨	约 4 500
北满日报	日文　日刊	日本人经营	长春	约 2 500

续 表

名 称	种 类	与日本的关系	发行地	发行份数
吉长日报	中文 日刊	外务省补助	吉林	约 2 500
吉林时报	日文 周刊	日本人经营	吉林	200
间岛时报	日文 朝鲜文 周两次	日本人经营	龙井村	720
东满通信	日文隔日刊	日本人经营	龙井村	70
铁岭时报	日文 日刊	日本人经营,日本领事馆发布公告的报纸	铁岭	400
铁岭每日新闻	日、中文 日刊	日中两国人共同经营	铁岭	350
盛京时报	中文 日刊	日本人经营,外务省补助	奉天	15 000
醒时报	中文 日刊	外务省补助	奉天	1 000
奉天新闻	日文 日刊	日本人经营,日本领事馆发布公告的报纸	奉天	3 000
大陆日日新闻	日文 日刊	日本人经营	奉天	2 500
满洲通信	日文 晚报	日本人经营	奉天	120
内外通信	日文 日刊	日本人经营	奉天	1 200
共同通信	日文 日刊	日本人经营,总领事馆少额补助	奉天	60
奉天评论	日文 月刊	日本人经营	奉天	300
满蒙日报	日、中文 日刊	日本人经营	郑家屯	500
安东新报	日文 日刊	日本人经营	安东	1 800
辽阳新报	日文 日刊	日本人经营,日本领事馆发布公告的报纸	辽阳	550
满洲新闻	日文 日刊	日本人经营	牛庄	4 000
芝罘日报	中文 日刊	日本人经营,外务省补助	芝罘	550
商务日报	中文 日刊	济南民政部补助	济南	500
济南日报	中文 日刊	日本人经营,外务省和青岛守备军补助	济南	2 000
山东新闻	日文 日刊	日本人经营	济南	1 500
申报	中文 日刊	外务省补助,在日本领事馆登记	上海	22 000

续 表

名　称	种　类	与日本的关系	发行地	发行份数
时报	中文　日刊	在日本领事馆登记	上海	10 000
神州日报	中文　日刊	日本实业家补助，在日本领事馆登记	上海	4 000
时事新报	中文　日刊	在日本领事馆登记	上海	6 000
民国日报	中文　日刊	在日本领事馆登记	上海	4 000
亚洲日报	中文　日刊	日本人经营，外务省补助	上海	1 500
上海日报	日文　日刊	日本人经营	上海	1 300
上海日日新闻	日文　日刊	日本人经营	上海	1 300
周报上海	日文　周刊	日本人经营	上海	1 000
周报　上海经济时报	日文　周刊	日本人经营	上海	300
上海经济时报	日文　日刊	日本人经营	上海	700
Shanghai Mercury	英文　日刊	外务省投资，日本人为董事之一	上海	1 200
Shanghai Times	英文　日刊	外务省和日本实业家出资收购	上海	1 000
国民新报	中文　日刊	外务省补助	汉口	2 000
中西报	中文　日刊	外务省补助	汉口	2 400
新闻报	中文　日刊	外务省补助	汉口	2 500
汉口日报	日文　日刊	日本人经营	汉口	800
汉口日日新闻	日文　日刊	日本人经营	汉口	700
鹤泪	日文　周刊	日本人经营	汉口	200
闽报	中文　日刊	日本人经营，台湾总督府补助	福建	2 200
全闽新日报	中文　日刊	台湾人经营，台湾总督府正商谈收购事宜	厦门	700
中和报	中文　旬刊	日本人经营，台湾总督府补助	厦门	2 000
台湾公会会报	中文　月刊	台湾籍人机关报	厦门	不明
满洲日日新闻	日文　日刊	日本人经营	大连	13 000

续　表

名　　称	种　　类	与日本的关系	发行地	发行份数
辽东新报	中文　日刊	日本人经营	大连	12 000
泰东日报	中文　日刊	日本人经营	大连	2 800
Manchuria Daily News	英文　日刊	“满铁”经营	大连	1 300
青岛新报	中文　日刊	青岛守备军	青岛	3 500
青岛新报	日文　日刊	青岛守备军	青岛	4 800
华字日报	中文　日刊	外务省持股四分之一	香港	3 500
香港日报	日文　日刊	日本人经营	香港	300

资料来源：外務省政務局：支那ニ於ケル新聞及通信ニ関スル調査，1919 年。JACAR：B02130261800。

主要参考文献

一、日文资料

日本国立公文书馆档案。主要来源:アジア歴史資料センター(http://www.jacar.go.jp)。

日本外务省外交史料馆档案。主要来源:同上。

日本防卫省防卫研究所档案。主要来源:同上。

南满洲铁道株式会社庶务部调查课编:《满洲に於ける言論機関の現勢》,1926年。

南满洲铁道株式会社庶务部调查课编:《上海を中心とする新聞雑誌及通信機関》,1926年。

满洲公论社编:《满洲新闻雑志総覧》,1927年。

日本外务省编:《日本外交文書》(明治期、大正期、昭和期Ⅰ、Ⅱ),外务省发行,1961—2007年。

日本外务省百年史编纂委员会编:《外務省の百年》(上),原书房,1969年。

内川芳美编:《現代史資料》第40、41卷,みすず書房,1973年。

石川准吉编:《国家総動員史》(資料編　第4),国家总动员史刊行会,1976年。

奥平康弘编:《言論統制文献資料集成》第17、20卷,日本図書センター,1992年、1999年。

有山辉雄、西山武典编:《同盟通信社関係資料》第1—5卷,柏书房,1999年。

尚友倶乐部、广濑顺晧、樱井良树编:《伊集院彦吉関係文書》第1卷,芙蓉书房，1996 年。

有山辉雄、西山武典编：《情報局関係資料》第 1—3 卷，柏书房，2000 年。

有山辉雄、西山武典编：《国際通信社・新聞連合社関係資料》第 1—5 卷，柏书房，2000 年。

许金生编：《近代日本在华报刊通信社调查史料集成(1909—1941)》(第 1—9 卷)，线装书局，2014 年。

二、日文著作

南满洲铁道株式会社东亚经济调查局编：《支那に於ける新聞発達小史》，1927 年。

中岛真雄：《不退庵の一生：中島真雄翁自叙伝》，我观社，1945 年。

通信社史刊行会编：《通信社史》，通信社史刊行会，1958 年。

中野敬止编：《芳沢謙吉自伝》，时事通信社，1964 年。

波多博：《中国と六十年》，1965 年。

菊池贞二：《秋風三千里：菊池傲霜庵随筆　中国四十年の回顧》，南北社，1966 年。

大谷正：《近代日本の対外宣伝》，研文出版，1994 年。

中下正治：《新聞にみる日中関係史——中国の日本人経営紙》，研文出版，1996 年。

李相哲：《満州における日本人経営新聞の歴史》，凯风社，2000 年。

松村正义：《日露戦争と日本在外公館の"外国新聞操縦"》，成文社，2010 年。

有山辉雄：《情報覇権と帝国日本》(Ⅰ、Ⅱ)，吉川弘文馆，2012 年、2013 年。

熊本史雄：《大戦間期の対中国文化外交》，吉川弘文馆，2013 年。

鸟居英晴：《国策通信社『同盟』の興亡：通信記者と戦争》，花传社，2014 年。

三、日文论文

内川芳美、香内二郎：《日本ファシズム形成期のマス・メディア統制——マス・メディア組織化の政策および機構とその変容-1-》,《思想》第445号,岩波书店,1961年。

福岛铸郎:《戦時言論統制機関の再検証「情報局」への道程-1-内閣情報委員会設立とその背景》,《総合ジャーナリズム研究》第23卷(1—3),1986年。

中村孝志:《福州「閩報」と厦門「全閩新日報」——台湾総督府華南新聞工作の開始》,《天理大学学報》(169),1992年。

大谷正:《中国および朝鮮における日本外務省の「新聞操縦」——1894年～1913年》,《専修法学論集》第55、56、57号,1992年。

大谷正:《「新聞操縦」から「対外宣伝」へ——明治・大正期の外務省対中国宣伝活動の変遷》,メディア史研究会编:《メディア史研究》第5期,1996年。

小野晋史:《陸軍省新聞班の設立とその活動——大正期日本陸軍の言論政策》,《法学政治学論究》第55期,2002年。

森田贵子:《日本陸軍の中国における新聞操縦》,《東京大学日本史学研究室紀要》(8),2004年。

四、中文著作

任白涛:《国际通讯的机构及其作用》,商务印书馆,1939年。

任白涛:《日本对华的宣传政策》,商务印书馆,1940年。

方汉奇:《中国近代报刊史》(上、下),山西教育出版社,2012年。

王向远:《日本对中国的文化侵略》,昆仑出版社,2005年。

翟新:《近代以来日本民间涉外活动研究》,中国社会科学出版社,2006年。

周佳荣:《近代日人在华报业活动》,岳麓书社,2012年。

冯悦:《日本在华官方报:英文〈华北正报〉(1919—1930)研究》,新华出版社,2008年。

臧运祜:《近代日本亚太政策的演变》,北京大学出版社,2009年。

戈公振:《中国报学史》,岳麓书社,2011年。

赵敏恒:《外人在华新闻事业》,王海等译,暨南大学出版社,2011年。

秦绍德:《上海近代报刊史论》(增订版),复旦大学出版社,2014 年。

阳美燕:《日本在华首家政论报纸〈汉报〉(1896—1900)研究》,中国社会科学出版社,2015 年。

五、中文论文

梁华璜:《台湾总督府对"闽报"及"全闽新日报"的操纵策略》,《台湾风物》季刊第 31 卷第 3 期,1980 年。

郑匡民:《明治时期日本在中国经营的中文报刊》,《西方思想在近代》,社会科学文献出版社,2005 年。

刘爱君:《20 世纪在华日本报人与中日关系——以〈顺天时报〉为中心》,《贵州民族学院学报》2006 年第 2 期。

阳美燕:《汉口乐善堂据点与〈汉报〉(1896—1900)——日本在华第一家舆论机关的诞生背景及编辑方针探析》,《湖南大学学报》2008 年第 6 期。

孔祥吉、村田雄二郎:《从中日两国档案看〈国闻报〉之内幕(上、下)——兼论严复、夏曾佑、王修植在天津的新闻实践》,《学术研究》2008 年第 7、9 期。

毛章清:《略论日据时期台湾总督府对厦门的新闻殖民活动》,《中国青年政治学院学报》2010 年第 1 期。

毛章清:《日本在华报纸〈闽报〉(1897—1945)考略》,《福建论坛》2010 年第 2 期。

阳美燕:《日本在华第一家舆论机关〈汉报〉的"中日关系"报道及其论调——基于〈汉报〉原件的文本分析》,《新闻与传播研究》2010 年第 5 期。

毛章清:《从〈全闽新日报〉(1907—1945)看近代日本在华南报业的性质》,《国际新闻界》2010 年第 9 期。

程丽红、叶彤:《日本侵华新闻事业的先锋分子——〈盛京时报〉主笔菊池贞二初探》,《东北史地》第 2011 年第 3 期。

刘爱君:《日本侵华新闻史研究——以创刊初期的〈盛京时报〉为中心》,《大连大学学报》2012 年第 4 期。

后记

说到近代日本与中国报纸的关系，学生时代有两件事印象深刻。一是大学时看周作人的散文，多次看到《顺天时报》，尤其是《日本浪人与〈顺天时报〉》《日本人的好意》那几篇，好生奇怪：怎么日本人把报纸办到中国首都来了，而且动静很大，连周作人都忍无可忍，口诛笔伐？二是读研究生时，恩师吴杰先生有次偶然提到甲午战争期间日本驻沪总领事曾经利用过上海英文报纸作宣传。因为当时有关甲午战争的知识仅集中于战事方面，听到日方还有此等活动时感到不可思议。不知何故，当年没有请恩师释疑，痛失良机。

重新唤起以上记忆并寻找答案是在研究近代日本对华军事谍报活动过程中。谍报、宣传、谋略是"孪生兄弟"，谍报史料中常常有宣传方面的档案。随着查阅史料的增多，对近代日本在华宣传活动的认识不断加深。与在华谍报活动一样，近代日本官方、军方的在华报刊操纵活动也同样令人震惊。因为这些史料大多未能被史学界利用，相关史实未被揭露，深感有弄清此段历史全貌的必要。在谍报史研究告一段落之后，便以近代日本的对华宣传政策与在华操纵报刊、通讯社操纵活动为专题，集中收集史料，试以系统解读，并且先就弄清的一些问题写成论文，得到《江海学刊》编辑潘清博士的热情支持而发表，大受鼓舞。2016 年获得国家社科基金一般项目资助后，信心倍增，经过多年努力，最终顺利完成此课题。呈现在此的便是根据结项报告修改而成的书稿。

本书稿的完成，与笔者以往的研究积累密切相关。书稿的一些章节是在发表的以下论文基础上形成的，行文中没有加注，特此说明。

第二章的"一"的相关内容，不少来自《宣传战的前奏：近代日本在华报刊定期调查活动探析》(载《江海学刊》2015 年第 3 期)。第五章的"三" *Shanghai Times* 的有关内容,基本来自《〈上海泰晤士报〉与近代日本官方关系考》(载复旦大学《新闻大学》2016 年第 5 期)。第六章"一""1"的内容,大多来自《〈清国通讯纲要〉与近代日本官方对华宣传战》(载《江海学刊》2016 年第 4 期)。同章节"2"基本来自《近代日本官方在华宣传与谍报机构东方通信社研究》(载《史林》2014 年第 5 期)。同章"二""2"基本来自《天津编译社与近代日本在华舆论操纵活动》(载《江海学刊》2013 年第 5 期)。

复旦大学出版社史立丽编辑对于鄙人的笔耕成果付梓总是鼎力支持,承蒙不弃,此次对于拙著的出版也同样花费了大量精力,在此深表谢忱!

许金生

2021 年 2 月 22 日

图书在版编目(CIP)数据

近代日本对华宣传战研究:1868—1937/许金生著.—上海:复旦大学出版社,2021.9
ISBN 978-7-309-15849-6

Ⅰ.①近… Ⅱ.①许… Ⅲ.①侵华战争-宣传工作-研究-日本-1868-1937 Ⅳ.①K313.460.6

中国版本图书馆 CIP 数据核字(2021)第 157859 号

近代日本对华宣传战研究:1868—1937
许金生 著
责任编辑/史立丽

复旦大学出版社有限公司出版发行
上海市国权路 579 号 邮编:200433
网址:fupnet@fudanpress.com http://www.fudanpress.com
门市零售:86-21-65102580 团体订购:86-21-65104505
出版部电话:86-21-65642845
上海盛通时代印刷有限公司

开本 787×960 1/16 印张 25.5 字数 392 千
2021 年 9 月第 1 版第 1 次印刷

ISBN 978-7-309-15849-6/K·764
定价:88.00 元